"十三五"国家重点出版物出版规划项目
中国工程院重大咨询项目

# 制造强国战略研究（三期）

## 综合卷

制造强国战略研究项目组　著

电子工业出版社

Publishing House of Electronics Industry

北京·BEIJING

## 内 容 简 介

"制造强国战略研究"重大咨询项目自 2013 年开始,至今已经开展了三期研究工作。项目研究取得了重要成果,为中央决策和地方发展做出了积极贡献。中国工程院制造强国战略研究(三期)课题组深入全国各地对制造业企业进行调研,与企业家和生产第一线的工程技术人员广泛交流,形成了我国建设制造强国切实可行的战略规划和行动计划。试点示范经验的推广,使人们更加明确了建设制造强国、强市、强企的具体和可操作路径。

本书内容包括 1 个综合报告和 7 个课题研究报告。综合报告:推动制造业高质量发展,坚定不移建设制造强国;课题 1:2018 中国制造强国发展指数报告;课题 2:制造业结构优化研究;课题 3:中国智能制造发展战略研究;课题 4:中国优质制造行动对策研究;课题 5:中国绿色制造行动对策研究;课题 6:新业态新模式助力制造业高质量发展;课题 7:强化工业基础能力,支撑制造强国。本书汇集了数十位院士、专家的经验、智慧和思路,他们竭心尽力为建设制造强国、为中华民族的伟大复兴奉献思路与建议,供国家决策部门参考。

本书可为在政府部门、制造业企业和研究机构中从事制造业政策制定、管理决策和咨询的研究人员提供参考,也可供高等院校相关专业师生及其他对制造业感兴趣的社会读者阅读。

未经许可,不得以任何方式复制或抄袭本书之部分或全部内容。
版权所有,侵权必究。

**图书在版编目(CIP)数据**

制造强国战略研究. 三期. 综合卷 / 制造强国战略研究项目组著. —北京:电子工业出版社,2020.5
ISBN 978-7-121-38326-7

Ⅰ. ①制⋯ Ⅱ. ①制⋯ Ⅲ. ①制造工业—经济发展战略—研究—中国 Ⅳ. ①F426.4

中国版本图书馆 CIP 数据核字(2020)第 021957 号

责任编辑:郭穗娟
印　　刷:北京捷迅佳彩印刷有限公司
装　　订:北京捷迅佳彩印刷有限公司
出版发行:电子工业出版社
　　　　　北京市海淀区万寿路 173 信箱　邮编 100036
开　　本:787×1 092　1/16　印张:19.75　字数:502 千字
版　　次:2020 年 5 月第 1 版
印　　次:2023 年 5 月第 2 次印刷
定　　价:198.00 元(全彩)

凡所购买电子工业出版社图书有缺损问题,请向购买书店调换。若书店售缺,请与本社发行部联系,联系及邮购电话:(010)88254888,88258888。
质量投诉请发邮件至 zlts@phei.com.cn,盗版侵权举报请发邮件至 dbqq@phei.com.cn。
本书咨询联系方式:(010)88254502,guosj@phei.com.cn。

# 编委会

顾　　　问：路甬祥　徐匡迪　苗　圩　潘云鹤　陆燕荪

主 任 委 员：周　济　朱高峰

副主任委员：辛国斌　陈　钢　徐德龙　田红旗　尤　政

委　　　员：（按姓氏笔画排序）

| | | | | | | |
|---|---|---|---|---|---|---|
| 丁荣军 | 干　勇 | 王天然 | 王礼恒 | 王华明 | 卢秉恒 | 冯培德 |
| 吕　薇 | 朱森第 | 邬贺铨 | 刘人怀 | 刘友梅 | 刘永才 | 刘怡昕 |
| 刘经南 | 刘韵洁 | 孙传尧 | 孙优贤 | 李　骏 | 李伯虎 | 李培根 |
| 李德群 | 杨凤田 | 杨华勇 | 吴　澄 | 吴有生 | 余少华 | 余晓晖 |
| 张　纲 | 张广军 | 张玉卓 | 张锁江 | 陈　警 | 陈丙珍 | 陈左宁 |
| 陈学东 | 陈雪峰 | 陈建峰 | 邵新宇 | 林忠钦 | 金　涌 | 金东寒 |
| 周艳红 | 单忠德 | 屈贤明 | 柳百成 | 钟志华 | 钟　掘 | 段正澄 |
| 袁晴棠 | 桂卫华 | 柴天佑 | 柴旭东 | 钱　锋 | 钱旭红 | 钱清泉 |
| 徐佳宾 | 殷瑞钰 | 奚立峰 | 高从堦 | 高金吉 | 唐守廉 | 涂善东 |
| 黄伯云 | 黄群慧 | 屠海令 | 董景辰 | 蒋庄德 | 韩布兴 | 惠　明 |
| 蔡惟慈 | 蔡鹤皋 | 管晓宏 | 谭天伟 | 谭建荣 | 瞿金平 | |

# 序 言

"制造强国战略研究"重大咨询项目自2013年开始,至今已经开展了三期研究工作。项目研究取得了重要成果,为中央决策和地方发展做出了积极贡献。

2019年是建设制造强国战略实施的第六年,正值中华人民共和国成立70周年。经过70年特别是改革开放以来40多年的发展,如今的中国已经彻底改变了"一穷二白"的面貌,成为世界第二大经济体,经济总量占全球的14.8%,人均GDP达到8836美元,工业增加值接近28万亿元。中国的改革开放和经济发展,使全球1/5的人口摆脱了贫困,同时为世界各国创造了巨大的市场和机会,给中国人民和世界人民带来了福祉。70年的变迁,让我们更加坚定了信心:依靠中国人民的勤劳与智慧,我们一定能够实现建设社会主义现代化强国的宏伟目标。

当前,国际形势复杂多变,逆全球化暗流涌动,世界各国合纵连横、多边竞争愈演愈烈。在新时期,我们要深入推动制造业高质量发展,更加坚定不移地推进建设制造强国战略。

我国全面实施制造强国战略4年多来,制造业转型升级明显加快,制造业的综合实力、创新能力和国际影响力又上了一个新台阶,为我国经济发展取得历史性成就、发生历史性变革做出了重要贡献。

在课题研究过程中,中国工程院制造强国战略研究(三期)课题组深入全国各地对制造业企业调研,与企业家和生产第一线的工程技术人员广泛交流,了解到他们对建设制造强国战略的高度认可。一方面,制造强国战略起到了凝聚人心的作用,已成为我国振兴制造业、遏制"脱实向虚"趋势的一面大旗和利器;党和国家方针政策的传播,鼓舞了企业的广大员工和科技工作者,促使更多青年投身制造业。另一方面,形成了我国建设制造强国切实可行的战略规划和行动计划。试点示范经验的推广,使人们更加明确了建设制造强国、强市、强企的具体和可操作路径。

制造强国战略研究报告(三期,包括综合卷及各分卷)集中了数百位院士、专家的经验、智慧和思路,他们从世界高度看中国,从历史角度看当下,从行业角度看全局,从地区角度看全国,竭心尽力为建设制造强国、为中华民族的伟大复兴奉献思路与建议,供国家决策部门参考。

我们相信,在党中央的正确领导下,中国人民一定能够克服前进道路上的一切艰难险阻,将我国建设成为富强、民主、文明、和谐的社会主义现代化强国。

# 目 录

**综合报告　推动制造业高质量发展，坚定不移建设制造强国**……………… 1

一、制造强国建设成效显著，面临严峻的挑战…………………………………… 2
　（一）中国与制造强国的差距缩小，高质量发展任重而道远………………… 2
　（二）部分重点产业达到世界领先水平，大部分产业差距很大……………… 4
　（三）创新能力建设持续推进，创新体系亟待完善和加强…………………… 5
　（四）智能制造发展势头强劲，整体尚处在初级阶段………………………… 7
　（五）工业强基发展态势良好，任务仍然十分艰巨…………………………… 7
　（六）绿色制造取得成效，可持续发展困难巨大……………………………… 9
　（七）高端装备创新结硕果，短板亟须补强…………………………………… 9
　（八）新模式新业态亮点凸显，但仍然处在探索阶段………………………… 10

二、制造强国建设面临的新形势…………………………………………………… 11
　（一）国际经济形势复杂严峻…………………………………………………… 12
　（二）中国经济进入高质量发展新阶段………………………………………… 14
　（三）新一轮科技革命和产业变革与中国转变发展方式形成历史性交汇… 15

三、中国制造业发展存在的重大问题……………………………………………… 16
　（一）制造业比重下滑，发展动力不足………………………………………… 17
　（二）核心技术、工业"四基"和关键装备受制于人………………………… 19
　（三）制造业质量效益、结构问题突出………………………………………… 20
　（四）企业经营压力大，活力不足……………………………………………… 22
　（五）产业共性技术研发体制机制亟待改革…………………………………… 24

四、下一阶段制造强国建设的对策建议…………………………………………… 25
　（一）推动制造业高质量发展，坚定不移建设制造强国……………………… 25
　（二）集中力量办大事，攻克技术、装备和产业短板………………………… 27
　（三）实施"卓越工程"，做优做强新兴产业和优势产业…………………… 27
　（四）以智能制造为主攻方向，全面推动制造业技术创新转型升级………… 28
　（五）坚持将创新作为制造强国建设的第一动力……………………………… 29
　（六）坚持将人才作为制造强国建设的第一资源……………………………… 30
　（七）坚持将企业作为制造强国建设的主体力量……………………………… 30

综合报告成员名单…………………………………………………………………… 31

## 课题 1　2018 中国制造强国发展指数报告 ·········· 33

一、制造强国指标体系与制造强国战略 ·········· 35

二、2017 年九国的制造强国发展指数测评结果 ·········· 35

（一）制造强国发展指数 ·········· 35

（二）分项数值 ·········· 36

三、2012—2017 年九国制造强国发展进程分析 ·········· 38

四、中国制造强国发展进程分析与展望 ·········· 42

（一）规模发展对推动中国制造强国建设起到了重要的基础支撑作用，要坚定不移地走"又强又大"的高质量发展道路 ·········· 43

（二）质量效益是中国建设制造强国的主要发力点，要力促产业链和价值链向高端升级 ·········· 44

（三）结构优化是一个艰巨的历史过程，要全力建设新兴产业与传统产业协同发展的现代化工业体系 ·········· 44

（四）持续发展是制造业高质量发展的内生动力，要充分挖掘创新驱动、绿色发展、智能升级的增长潜力 ·········· 45

附录 A　制造强国评价指标体系十八项二级指标趋势分析 ·········· 47

（一）规模发展数值所辖具体指标分析 ·········· 47

（二）质量效益数值所辖具体指标分析 ·········· 50

（三）结构优化数值所辖具体指标分析 ·········· 55

（四）持续发展数值所辖具体指标分析 ·········· 59

课题 1 成员名单 ·········· 65

## 课题 2　制造业结构优化研究 ·········· 67

### 子课题 1　制造业结构优化中新旧动能转换及其路径选择 ·········· 68

一、制造业结构优化与新旧动能转换的内涵 ·········· 68

（一）制造业结构优化的内涵 ·········· 68

（二）新旧动能转换的内涵 ·········· 69

二、旧动能的特征表现及其带来的结构优化困境 ·········· 70

（一）粗放式的大量要素投入，成为规模快速扩张的主要动能 ·········· 71

（二）以技术模仿为重要驱动方式，整体创新动能严重不足 ·········· 76

（三）追求规模扩张的体制环境和政策倾向，是构成旧动能体系的关键组成部分 ·········· 78

三、制造业结构优化的新动能形成及其路径转换 ·········· 80

（一）创新制造业发展的模式，拓展结构优化的新维度 ·········· 81

（二）创新制造业运行的机制，构建结构优化的新方式 ·············· 82
　　（三）创新制造业要素的配置，形成结构优化的新品质 ·············· 84
　四、总结 ············································································ 87
　子课题1成员名单 ································································ 89

## 子课题2　从制造大国迈向制造强国——中国制造业的结构升级 ········ 90
　一、中国已建成了独立完整的制造业体系 ···································· 90
　二、中国制造业结构高级化的轨迹 ············································ 91
　三、中国制造业转型升级的关键变量 ········································· 92
　四、改革开放以来中国制造业的变革特点 ···································· 93
　五、智能制造是中国制造业发展的主攻方向 ································· 94
　六、中国制造业升级的难点 ····················································· 95
　子课题2成员名单 ································································ 97

## 课题3　中国智能制造发展战略研究 ············································ 99
　一、发展智能制造的战略意义 ················································· 100
　二、加快制定并实施中国智能制造发展战略 ······························· 101
　三、智能制造的3种基本范式 ················································· 103
　　（一）数字化制造 ··························································· 104
　　（二）数字化网络化制造——"互联网+制造" ······················ 106
　　（三）数字化网络化智能化制造——"人工智能+制造" ·········· 108
　四、智能制造发展的技术路线——"并行推进、融合发展" ··········· 109
　五、新一代智能制造系统 ······················································ 109
　六、智能制造的发展战略 ······················································ 111
　　（一）战略目标 ······························································ 112
　　（二）战略方针 ······························································ 112
　　（三）发展路径 ······························································ 113
　　（四）深化国际交流合作 ·················································· 114
　　（五）尽快出台关于智能制造发展的指导意见文件 ················· 114
　附录B　"中国智能制造发展战略研究"课题简介 ······················· 114
　　（一）智能产品与制造装备发展研究 ··································· 115
　　（二）离散型制造智能工厂发展研究 ··································· 116
　　（三）流程型制造智能工厂发展研究 ··································· 119
　　（四）制造业新模式新业态发展研究 ··································· 121
　　（五）工业互联网发展研究 ··············································· 123
　　（六）智能制造云平台发展研究 ········································· 127
　课题3成员名单 ·································································· 130

## 课题4　中国优质制造行动对策研究 ... 131

### 一、优质制造的背景分析 ... 134
（一）质量发展的新要求 ... 134
（二）国际形势研判 ... 136
（三）中国经济及制造质量发展的状况分析 ... 141
（四）中国实施优质制造的必要性 ... 148

### 二、优质制造的技术体系 ... 150
（一）优质制造的内涵与特征 ... 151
（二）优质制造的四大关键技术 ... 155

### 三、国家质量基础设施促进优质制造的路径 ... 161
（一）国家质量基础设施的内涵 ... 161
（二）国家质量基础设施促进优质制造的作用机理 ... 164
（三）中国的国家质量基础设施服务优质制造时存在的短板 ... 167

### 四、优质制造评价 ... 168
（一）国家层面的优质制造评价体系 ... 169
（二）指标的测算 ... 171

### 五、优质制造行动计划 ... 175
（一）总体要求 ... 175
（二）主要任务 ... 177
（三）进度安排 ... 181

### 六、实施优质制造行动的主要对策和政策建议 ... 182
（一）主要对策 ... 182
（二）政策建议 ... 184

附录C　出口产品召回通报指数测算说明 ... 186
附录D　2005—2016年14个对标国的优质制造水平的量化测算结果 ... 187
课题4成员名单 ... 188

## 课题5　中国绿色制造行动对策研究 ... 189

### 一、绿色制造研究的背景 ... 191
（一）绿色制造的重要性与紧迫性 ... 191
（二）绿色制造前期研究的进展与成果 ... 192
（三）中国绿色制造仍然面临的问题 ... 192

### 二、中国绿色制造行动对策的研究目标、方案与思路 ... 193
（一）研究目标 ... 193
（二）方案 ... 194

（三）研究思路 ································································ 195
三、中国绿色制造行动对策课题执行情况 ······································· 196
四、绿色制造战略及行动对策国内外比较研究 ································ 197
　　（一）发达国家绿色制造发展战略及政策分析 ····························· 197
　　（二）典型行业绿色制造国内外比较研究——化工行业 ················ 206
　　（三）国内外绿色制造发展经验 ·············································· 212
　　（四）国内外绿色制造发展带来的启示 ····································· 216
五、中国绿色制造典型案例研究 ····················································· 218
　　（一）中国绿色制造典型地区案例研究 ····································· 218
　　（二）中国绿色制造典型行业、产业案例研究 ··························· 226
　　（三）绿色制造典型企业案例分析 ··········································· 231
六、绿色制造指数 ········································································ 235
　　（一）构建中国绿色制造指数的意义 ········································ 235
　　（二）绿色制造评价体系 ······················································· 236
　　（三）中国绿色制造评价指标体系构建的建议 ··························· 241
七、中国绿色制造行动对策 ··························································· 245
　　（一）加强顶层设计 ····························································· 245
　　（二）培育生态文化和绿色生活方式 ········································ 246
　　（三）完善绿色标准，营造公平、公正、高效的发展环境与氛围 ··· 246
　　（四）建立绿色制造激励机制 ················································· 247
　　（五）强化绿色制造的示范作用 ·············································· 247
　　（六）推动绿色制造理念、文化、技术引领世界 ······················· 248
　　（七）大力推进人才培育与激励政策的制定 ······························· 248
　　（八）构建新时代绿色制造指数 ·············································· 248
　　课题5成员名单 ······································································ 249

## 课题6　新业态新模式助力制造业高质量发展 ·························· 251

一、新业态新模式的发展背景 ······················································· 252
　　（一）制造模式的发展现状与价值链 ········································ 252
　　（二）经济动能转换呼唤模式创新 ··········································· 254
　　（三）新业态新模式不断涌现 ················································· 256
二、典型新业态新模式的发展现状 ················································· 258
　　（一）远程运维服务模式 ······················································· 258
　　（二）规模定制化生产模式 ···················································· 261
　　（三）共享制造模式 ····························································· 263

三、新业态新模式的形成机制 ········································· 267
　（一）当前主流制造业模式与业态的形成机制 ····················· 267
　（二）新一代信息技术引领下制造业的转变 ······················· 269
　（三）制造业模式和业态创新的演进趋势 ························· 271
四、未来制造模式与商业形态的展望 ··································· 272
　（一）未来发展愿景 ··········································· 272
　（二）影响未来发展的若干关键要素 ····························· 273
课题6成员名单 ··················································· 275

## 课题7　强化工业基础能力，支撑制造强国 ······························ 277

一、工业强基发展态势良好 ········································· 278
　（一）从发展阶段看工业强基 ··································· 278
　（二）部分"四基"产品和技术有力支撑了我国重大工程和重点产业发展 ···· 280
　（三）"链式突破"逐步解决自主化产品和技术的应用难题 ············ 280
　（四）专精特新"小巨人"企业正在逐步成长 ······················ 281
二、当前工业强基领域面临的一些新形势和新问题 ······················· 282
　（一）新形势 ················································· 282
　（二）新问题 ················································· 284
三、工业强基的典型范式和专精特新冠军企业的成长模式 ················· 284
　（一）工业强基的典型范式 ····································· 284
　（二）专精特新冠军企业的成长模式 ····························· 286
四、工业强基链式突破重点方向和路径 ································· 288
　（一）超大型构件先进的成形及加工制造工艺 ····················· 288
　（二）轨道交通装备用碳化硅IGBT器件 ·························· 290
　（三）机器人用减速器及伺服系统 ······························· 290
　（四）工程机械用高压重载轴向柱塞变量泵、液压多路控制阀、轴向柱塞
　　　　马达减速总成 ············································ 291
　（五）发动机电控喷油系统 ····································· 292
　（六）工业基础领域数据平台 ··································· 294
五、政策措施 ····················································· 297
　（一）提供法律法规和财税政策保障 ····························· 297
　（二）发挥金融体系的作用 ····································· 297
　（三）实施重点产品突破与"链式突破"协同推进 ·················· 298
　（四）将专精特新冠军企业的培育作为工业强基的重点任务 ·········· 298
　（五）人才永远是决定性的资源 ································· 298
课题7成员名单 ··················································· 300

**参考文献** ······················································· 301

# 综合报告
## 推动制造业高质量发展，坚定不移建设制造强国

制造强国战略研究（三期）
项目综合组

# 一、制造强国建设成效显著，面临严峻的挑战

制造强国战略全面实施 4 年多来，大大推进了中国制造业转型升级的进程，主要表现在以下 5 个方面：

（1）已成为凝聚人心、动员全社会力量、实现制造强国"三步走"战略的一面旗帜，也成为抵制"脱实向虚"倾向的一把利器。重视实体经济、重视制造业转型升级的共识和浓厚氛围已在全社会逐步形成。

（2）形成了"主攻智能制造、强化优质制造、推行绿色制造、发展服务型制造、夯实工业基础"全面推进制造强国建设的主要路径和抓手，在市场驱动和政府助推下取得了全面进展。

（3）创新驱动战略在一些领域取得显著效果，促使通信设备、轨道交通装备、电力装备、家用电器等优势产业的国际竞争力处于世界领先地位。这些产业已摆脱了"跟随创新"模式，经过"并列创新"正在向"领跑创新"模式转变，提升了中国制造业在国际上的话语权。

（4）除制造强国战略提出的十大领域外，传统产业特别是其中的民生产业，如纺织产业和食品产业成为数字化网络化智能化制造和绿色制造发力的主要领域，依靠企业自身转型升级的强烈内在需求，这些产业正在摆脱传统落后的面貌，从所谓的"夕阳产业"蜕变为"朝阳产业"。

（5）各地区争当试点示范城市的热情很高，有利于调动各地的积极性，建设各具特色和优势的世界级产业集群。

目前，制造强国建设已经有了很好的开端，使我们更清楚地认识到制造业是立国之本、强国之基。制造强国战略是实现习近平总书记提出的"强国梦"、实现中华民族伟大复兴的核心内容和关键要素。

## （一）中国与制造强国的差距缩小，高质量发展任重而道远

2018 年 11 月 24 日，中国工程院发布了《2018 中国制造强国发展指数报告》。该报告基于制造强国评价指标体系，分别测算了美国、德国、日本、英国、法国、韩国、印度、巴西和中国九国制造强国综合指数（2012—2017 年），见综合报告表 1-1。

综合报告表 1-1　九国制造强国综合指数（2012—2017年）

| | 2012年 | 2013年 | 较2012年增长 | 2014年 | 较2013年增长 | 2015年 | 较2014年增长 | 2016年 | 较2015年增长 | 2017年 | 较2016年增长 |
|---|---|---|---|---|---|---|---|---|---|---|---|
| 第一阵列 | 美国 160.35 | 161.22 | 0.87 | 163.83 | 2.61 | 165.12 | 1.29 | 172.28 | 7.16 | 170.99 | -1.29 |
| 第二阵列 | 日本 124.29 | 117.69 | 3.37 | 119.92 | 2.23 | 118.73 | -1.19 | 121.31 | 2.58 | 124.96 | 3.65 |
| | 德国 114.32 | 116.49 | -7.80 | 114.03 | -2.46 | 107.13 | -6.90 | 112.52 | 5.39 | 111.84 | -0.68 |
| 第三阵列 | 中国 92.31 | 97.84 | 5.53 | 103.35 | 5.51 | 105.78 | 2.43 | 104.34 | -1.44 | 108.94 | 4.60 |
| | 法国 70.32 | 72.74 | 6.60 | 70.85 | -0.08 | 68.60 | -1.84 | 69.87 | 1.27 | 78.11 | 8.24 |
| | 韩国 66.14 | 70.93 | 0.61 | 70.44 | -2.30 | 68.01 | -2.84 | 67.72 | -0.29 | 67.82 | 0.10 |
| | 英国 64.78 | 65.30 | 0.52 | 67.93 | 2.63 | 66.86 | -1.07 | 63.64 | -3.22 | 63.46 | -0.18 |
| 其他国家 | 印度 42.75 | 42.90 | 0.15 | 43.65 | 0.75 | 42.69 | -0.96 | 42.77 | 0.08 | 43.80 | 1.03 |
| | 巴西 36.43 | 31.55 | -4.88 | 37.66 | 6.11 | 29.25 | -8.41 | 34.26 | 5.01 | 32.96 | -1.30 |

从综合报告表 1-1，可以看到 2017 年九国的制造强国综合指数。美国的这一项指数为 170.99，继续遥遥领先，属于第一阵列；德国的这一项指数为 124.96，日本的这一项指数为 111.84，属于第二阵列；中国的这一项指数为 108.94，位于第三阵列前列；同属第三阵列的还有韩国、法国和英国。2012—2017 年，中国的制造强国综合指数总体呈现增长态势，从 2012 年的 92.31 提升至 2017 年的 108.94，增长了 16.63 点。2012—2017 年，中国与美国的制造强国综合指数的差距由 68 缩小到 62，与德国的差距由 22 缩小到 16，与日本的差距由 32 缩小到 3。从总体上看，中国与制造强国的差距正在缩小。

当然，我们也必须认识到，中国与制造强国的差距缩小，主要原因还是来自产业规模的扩张，但在创新、质量效益、产业结构、可持续发展等方面，中国仍与美、德、日等制造强国差距巨大。中国制造业总体上仍然处于中低端，建设制造强国所面临的挑战十分严峻。

## （二）部分重点产业达到世界领先水平，大部分产业差距很大

根据各专题组的院士、行业专家分析，在"制造强国战略"规划的十大重点领域的 20 个细分产业中，目前已有 3 个产业处于世界领先水平，有 3 个产业达到世界先进水平；但与美国、德国、日本等制造强国相比，仍有 14 个产业差距大或差距巨大，十大重点领域的产业综合水平评估见综合报告表 1-2。

综合报告表 1-2　十大重点领域的产业综合水平评估

| 序号 | 重点领域 | 产　业 | 综合水平 |
| --- | --- | --- | --- |
| 1 | 新一代信息技术产业 | 集成电路及专用设备 | 差距巨大 |
| | | 通信设备 | 世界领先 |
| | | 操作系统与工业软件 | 差距巨大 |
| | | 智能制造核心信息设备 | 差距巨大 |
| 2 | 高档数控机床和机器人 | 高档数控机床 | 差距大 |
| | | 机器人 | 差距大 |
| 3 | 航空航天装备 | 飞机 | 差距大 |
| | | 航空发动机 | 差距巨大 |
| | | 航空机载设备与系统 | 差距大 |
| | | 航天装备 | 世界先进 |
| 4 | 海洋工程装备及高技术船舶 | — | 差距大 |

续表

| 序 号 | 重点领域 | 产 业 | 综合水平 |
|---|---|---|---|
| 5 | 先进轨道交通装备 | — | 世界领先 |
| 6 | 节能与新能源汽车 | 节能汽车 | 差距大 |
| | | 新能源汽车 | 世界先进 |
| 7 | 电力装备 | 发电装备 | 世界先进 |
| | | 输变电装备 | 世界领先 |
| 8 | 农业装备 | — | 差距巨大 |
| 9 | 新材料 | — | 差距大 |
| 10 | 生物医药及高性能医疗器械 | 生物医药 | 差距大 |
| | | 高性能医疗器械 | 差距大 |

（1）中国的通信设备、轨道交通装备、输变电装备三大产业处于世界领先水平。中国通信设备产业经过多年发展，已经形成了较为完整的产业链，产业规模达到世界第一，重点核心技术取得突破，涌现出了华为、中兴等知名企业。轨道交通装备是中国高端装备"走出去"的重要代表，产业的整体研发能力和产品水平大幅提升；目前已基本掌握了高速动车组、大功率交流传动机车、列车运行控制等产品制造技术。输变电装备产业形成了以中国为主导的国际特高压交/直流输电成套装备标准体系，装备关键部件自主化率达到 90% 以上，产品可靠性及技术指标达到国际先进水平。

（2）中国的航天装备、发电装备、新能源汽车三大产业处于世界先进水平。中国的这些产业都有了较大的规模，并拥有一批龙头企业和较为完整的产业链，在国际市场上有较大的竞争力。

但我们也必须看到，中国十大重点领域中的高档数控机床、机器人、飞机、航空机载设备与系统、海洋工程装备及高技术船舶、节能汽车、新材料、生物医药、高性能医疗器械九大产业，与国际先进水平相比仍存在较大差距。特别值得注意的是，中国的集成电路及专用设备、操作系统与工业软件、智能制造核心信息设备、航空发动机、农业装备五大产业与制造强国差距巨大。

## （三）创新能力建设持续推进，创新体系亟待完善和加强

### 1. 制造业研发经费投入力度进一步加大

2017 年，中国制造业研发经费投入总量为 11624.7 亿元，比 2016 年增长 9.87%，比

2013 年增长 46%；制造业研究与试验发展（R&D）经费投入强度（与主营业务收入之比）为 1.14%，比 2016 年提高 0.13 个百分点，比 2013 年提高 0.26 个百分点。从产业部门看，2017 年高技术产业（制造业）[①]研究与试验发展经费为 3182.6 亿元，投入强度为 2%，比 2016 年提高 0.1 个百分点；装备制造业[②]研究与试验发展经费为 6725.7 亿元，投入强度为 1.65%，比 2016 年提高 0.14 个百分点[③]。

### 2. 制造业创新中心建设取得积极进展

截至目前，已建立了动力电池、增材制造、信息光电子、印刷及柔性显示、机器人、集成电路、智能传感器、轻量化材料、数字化设计与制造、先进轨道交通装备 10 个国家制造业创新中心。制造业创新中心整合各类创新资源，开展机制创新、模式创新和管理创新，探索制造业创新发展的新模式。例如，由中科院沈阳自动化研究所牵头组建的国家机器人创新中心，联合哈工大、新松公司等多家科研单位或企业，采用"公司+联盟"运营模式，建设集共性技术研发、成果转化、行业服务、人才培养于一体的协同创新基地；以机器人创新中心为支点，构建国家机器人产业技术体系，为国家机器人领域创新提供战略支撑。

### 3. 制造业企业创新能力提高

根据世界知识产权组织发布的数据，2017 年，中国专利申请量占全球专利申请量的 44%。2018 年上半年，中国（不含港澳台地区）发明专利授权量排名前 10 位的企业中有 6 家制造业企业：华为（1775 件）、欧珀移动通信（1520 件）、中兴（1028 件）、京东方（904 件）、格力电器（787 件）、联想（北京）（697 件）。

虽然中国制造业创新能力建设不断加强，但是面对新一轮科技革命和产业变革的挑战，制造业创新体系建设仍亟待完善和加强。目前存在的创新体制机制不健全、核心关键技术被"卡脖子"问题突出，产业共性技术研发薄弱、产业链"链式创新"缺失、创新成果转让路径不畅、中小企业创新能力薄弱等严重问题亟待破解。

---

① 包括医药制造、航空航天器及设备制造、电子及通信设备制造、计算机及办公设备制造、医疗仪器设备及仪器仪表制造、信息化学品制造 6 大类。
② 包括通用设备制造业、专用设备制造业、汽车制造业、铁路、船舶、航空航天和其他运输设备制造业、电气机械和器材制造业。
③ 资源来源：《2017 年全国科技经费投入统计公报》。

## （四）智能制造发展势头强劲，整体尚处在初级阶段

根据对苏州、宁波、东莞等 8 个城市智能制造情况的调查，由于对提高效率、提升质量、降低成本的迫切需求，73%的企业对智能化改造需求强烈；近 5 年共有 4433 家企业实施智能化改造，共投入改造资金 2230 亿元。其中，国家财政和地方财政奖励仅占 1%。这表明，企业对智能化改造有强烈的内生动力，企业已成为智能化改造的需求主体和投入主体。

### 1. 数字化制造已在较大范围推广应用

数字化制造成为各地区发展智能制造首选的突破方向。根据对泉州市制造业的调研，该市全力推动纺织鞋帽、建材等传统产业技术改造和智能升级，持续开展"数控一代"工程和智能制造工程，已有 2200 多家规模以上企业参与。另据宁波市对本市 500 余家汽车及零部件企业的调查，进行数字化改造的企业占 75%；在近 500 家石化企业中进行数字化改造的企业占 90%。在推广数字化制造的同时，数字化网络化制造也进入了试点示范和推广应用阶段，人工智能技术也开始在制造业部分产业和部分环节应用。

### 2. 智能制造推广应用取得明显经济效益

根据 2016 年杭州市实施的 71 个生产过程智能化改造项目的统计，劳动生产率提升 20%以上的企业有 33 家，设备利用率提升 20%以上的企业有 8 家，产品合格率平均提升 3.32 个百分点、产品库存率降低 20%以上的企业有 10 家。中石化下属单位九江石化、镇海石化、茂名石化 3 家企业的劳动生产率提高 10%以上，万元产值能耗降低 6%，3 年综合增效超过 10 亿元，产品出厂合格率保持在 100%。

目前，中国智能制造发展仍很不平衡。少部分企业已实现数字化制造，并在进行数字化网络化制造的试点示范；大多数企业仍然在进行数字化制造的"补课"。工业互联网、网络协同制造、大数据、云计算技术在企业中的实际应用尚处在初级阶段，人工智能应用于制造业刚刚开始探索，成果犹如凤毛麟角。总之，我们距真正意义上的智能制造还相差很远。

## （五）工业强基发展态势良好，任务仍然十分艰巨

自 2013 年以来，工业强基工程专项支持中国核心基础零部件（元器件）、关键基础材

料、先进基础工艺和产业技术基础的重大突破及提升与高质量产品供给。经过5年多的实施，一批关键产品和技术、工艺解决了重点领域的"卡脖子"问题，为重大工程建设和重点产业的发展提供了有力支撑。

### 1. 从无到有，从有到优，逐个突破

在专项资金的支持下，在工业强基方面已经开展了314个项目，突破了一些关键产品技术，部分产品有力支撑了航空航天、轨道交通装备、机器人、工程机械、节能与新能源汽车等领域的发展。在航空航天领域，航空铆钉的应用提升了中国高端航空紧固件的制造能力，为C919大飞机制造奠定了坚实基础。在轨道交通装备领域，高速动车组齿轮传动系统的应用解决了制约高铁装备发展的重要基础瓶颈，打破了德国和日本企业的垄断。在机器人领域，伺服电机、减速器、控制器"三大件"依赖进口的趋势正在扭转，部分产品进入产业化阶段。在工程机械领域，通过国际资本运作成功地收购了林德液压，并实现国产化制造与生产。在节能与新能源汽车领域，混合动力汽车从关键基础材料——电池基体，到核心基础零部件——镍氢动力电池，再到混合动力总成系统，实现了全产业链国产化。

### 2. 链式突破，互融协同，联合实施

根据重点产品和工艺"一条龙"应用计划，在绝缘栅双极型晶体管（IGBT）器件、轻量化材料、工程机械高压油泵和多路控制阀、超大型构件先进成形工艺4个方面开始试点，探索全产业链互动协作，从研发、原材料、工艺、零部件、整机装备、检测检验设备到试验验证，解决产品全产业链、全生命周期中存在的脱节问题。例如，利用轻量化材料精密成形技术，共设置复合材料精密成形件、超高强钢精密成形件和轻合金精密成形件3个产品链，包括产品的所有重要环节，共22个子类别。

### 3. 专精特新"小巨人"企业快速成长

一批中小企业长期专注于关键零部件、基础材料的研制，逐步成长为行业的冠军企业。例如，上海市经过多年努力，共培育制造业专精特新中小企业982家。苏南地区共培育专精特新"小巨人"企业216家；2015年，这些企业营业总收入达到679亿元。宁波市一批创新能力突出、具有"冠军"特质的企业已经崛起，其中在全国细分领域市场占有率第一的企业已达140家。这些专精特新企业快速成长。例如，上海大郡动力控制公司专注于新能源汽车电机驱动系统的研发与生产，主要产品的市场占有率超过10%。江苏永瀚公司从事燃气轮机高温热部件制造，按照全产业链，针对高温热部件所有关键制造环节开展研发，掌握核心技术，成为多家世界著名公司的燃气轮机叶片供应商。宁波江丰电子材料股

份有限公司致力于半导体、平板显示器和太阳能用溅射靶材的研发与生产,突破了日本及美国的技术封锁和垄断。

工业强基工程虽然取得了一些进展,但这项工程的难度要远远大于预期。目前,不少领域的基础材料、关键零部件、先进工艺被"卡脖子"问题还没有得到根本解决,工业软件研发应用薄弱的问题突出,国产"四基"产品的应用推广机制还不顺畅,协同推进机制仍需进一步完善。

## (六)绿色制造取得成效,可持续发展困难巨大

绿色制造工程实施以来,启动了绿色制造体系建设,发布了《绿色制造标准体系建设指南》,促进节能技术与装备产业化和推广应用。围绕 7 个重点行业,共实施了 366 个重点项目。为树立绿色制造示范标杆,提升工业绿色制造水平,先后发布了 3 批绿色制造示范名单,包括 800 家绿色工厂、726 种绿色设计产品、79 家绿色园区和 40 家绿色供应链管理示范企业。

节能降耗取得了初步成效。2016—2018 年,全国规模以上企业单位工业增加值能耗累计下降 9.82%,单位工业增加值用水量累计下降 11.5%,单位工业增加值二氧化碳排放累计下降约 13.4%[①]。

绿色制造在各省市积极推广,取得了显著成效。例如,浙江省湖州市秉持习近平总书记"绿水青山就是金山银山"的重要理念,协调生态文明建设和经济社会发展,探索出了一条独具特色的绿色制造之路,为其他城市做出了榜样。

绿色短板是中国经济发展"不平衡不充分"的突出体现,制造业的绿色可持续发展在区域、企业间不平衡的问题仍然突出,行业低效产能占比仍然较高。相对于老百姓的高品质消费需求,绿色产品的供给能力亟须提升。生态文明建设对制造业发展提出了新要求,出口产品的环保要求提高对绿色制造提出了新挑战。中国制造业的绿色可持续发展仍然任重道远。

## (七)高端装备创新结硕果,短板亟须补强

高端装备创新工程实施以来,随着国家科技重大专项的深入实施、增强制造业核心竞争力三年行动的扎实开展,以及首台(套)保险补偿工作的加快推进,政府给予政策推动,统筹协调高端装备研发、制造和应用各个环节。在企业和科研单位的共同努力下,中国成

---

① 数据来源:工信部节能司。

功研制出了一批高端装备，并在国际市场上占据了一席之地。

高端装备经过协同创新、攻克难点、实现工程化产业化，取得一批新的重大成果，如 5G 通信装备、"神威太湖之光"超级计算机、"长征"系列火箭和"神舟"系列卫星、"北斗"导航等。C919 大型客机进入密集试飞期，ARJ21-700 翔凤客机投入商业运营。拥有自主知识产权的高速动车机组成为中国制造业发展的名片，"复兴号"高速列车实现时速 350km 商业运营。世界首台百万千瓦超超临界二次再热燃煤发电机组成功投产。世界上电压等级最高、输送容量最大、输送距离最远的特高压输电工程新疆准东—安徽皖南 ±1100kV 特高压直流输电工程建设按计划推进，新疆段已全线贯通。多轴精密重型机床、400HP（1HP=0.735kW）无级变速拖拉机等产品跻身世界先进行列。首台自主研制的 112 环全数字化光导 PET-CT 进入三甲医院临床使用。骨科手术机器人技术达到国际先进水平。

高端装备是中国制造业的重中之重，但是重点领域，特别是涉及国防和经济安全的高端装备，仍然是制造业的突出短板。一些国家以国家安全为由，禁止向中国出口高端设备。因此，重点领域的关键装备，特别是涉及国防和经济安全的重大装备，中国除了依靠自主创新，别无他路可寻。

## （八）新模式新业态亮点凸显，但仍然处在探索阶段

新一代信息技术与制造业的深度融合，推动新模式新业态加速涌现，成为中国制造业转型升级的一个新亮点。服务型制造内涵日渐丰富：处于互联网时代，被客户的个性化需求、降本增效、提高盈利的期望驱动，制造模式正在从只注重产品向注重"产品+服务"的方向发展和演进。

### 1. 远程运维服务正逐渐成为装备整机和数字化车间的标准配备

企业采用传感数据采集、网络通信、自动化和大数据分析等先进技术，对生产过程的关键工艺参数进行在线监测，实现对关键设备的实时、准确、远程、网络化管理。远程运维服务已经成为装备整机行业的标准配备和新的收入增长点；特别是在轨道交通、电梯、风电装备、通用旋转机械、工程机械、航空发动机等领域得到推广应用，并取得一定的成功经验。例如，三一重工通过云平台，联网接入分布在全球的 30 万台设备，实时采集近 1 万个运行参数。远程监测管理设备群的运行状况，不仅实现了故障维修人员 2 小时内到现场、24 小时内完成，还大大减轻了库存压力。

### 2. 规模定制化生产已成为消费品产业的普遍追求

在互联网时代，"满足个性化需求，提高设计和生产的柔性"成为制造业企业追求的

目标。大规模生产转向规模定制化生产（服务），经济模式由生产者主导转向消费者主导，满足消费者个性化需求成为制造业企业的重要竞争策略。例如，海尔集团建立了规模定制服务平台，将用户融入互联工厂，实现产销合一；推进生产系统的数字化和柔性化，实现了定制产品的高精度、高效率生产。维尚家具公司针对个性化产品多品种、小批量的特点，借助新一代信息技术实现客户需求数字化、需求信息标准化、生产过程可视化，缩短设计周期，满足市场的快速变化。酷特智能公司从纵向整合技术流、资金流、人才流、物流，以消费者需求数据为驱动，可以在7个工作日内满足全球个性化订单的需求。

### 3. 共享制造已在易产生污染的行业及产业集群中开始应用

随着经济全球化及专业化分工的深入发展，产业集群的升级和环境保护问题日益受到关注。在互联网广泛应用的基础上，在多个行业、多个地区出现了能为多家企业提供加工工艺、工艺装备、检测方法及加工服务的企业，具有共性和共享性的特点，催生了共享制造这种新的生产模式。例如，山东康平纳集团通过跨行业联合开发，实现了筒子纱数字化自动染色成套技术与装备的重大突破。在2014年获得国家科学技术进步奖一等奖之后，康平纳集团在2016年又将这一科技成果工程化、产业化，建成了一个示范性的数字化"母工厂"。鉴于山东省各纺织产业集聚区对筒子纱染色有很大需求，康平纳集团将在山东省各地复制建设7个数字化子工厂，并逐渐推广到全国其他地区；预计到2025年，将在全国建设60个子工厂。

随着新一代信息技术与制造业持续深度的融合，新模式新业态将不断涌现。由于新模式新业态是新技术创新的产物，必然引发生产组织的变革，因此其产生、试点、推广的难度较大，对此应有充分的认识和思想准备。

## 二、制造强国建设面临的新形势

当前，国际经济形势复杂严峻，世界各国争先布局，抢占先进制造业制高点；中国经济稳中有进，但下行压力加大，高质量发展需求强烈；新一轮科技革命和产业变革与中国加快转变经济发展方式形成历史性交汇。当今世界正经历"百年未有之大变局"，世界政治经济重心已经开始向亚太地区转移，中国已经成为世界第二大经济体，中国科技从来没有像今天这样距世界最先进水平如此之近。总之，中国发展正处于重要战略机遇期。

## （一）国际经济形势复杂严峻

### 1. 中美贸易摩擦持续升级

自 2018 年以来，美国对华贸易摩擦愈演愈烈，早已超出了关税和贸易范畴，向投资限制、技术封锁、企业制裁和人才交流中断等方面全面升级。在中美贸易谈判中，美方对中方顾全大局、求同存异的诚意视而不见，一再以"侵犯知识产权""强制技术转让""政府干预市场"等为由，向中国极限施压，力图让中国屈服。美国不惜动用国家力量，公然打压华为、中兴等中国高科技企业，甚至宣称进入"国家紧急状态"。这些破坏市场经济和运行规则的行为更使我们清楚地认识到，美国挑起贸易摩擦绝不是为了几千亿美元的贸易逆差，其根本目的就是要遏制中国制造业向中高端发展，进而保住美国在全球的霸主地位。我们必须认识到中美争端的长期性和严峻性。美国已将战略中心转移到亚太地区，将中国视为主要威胁并与中国对抗是美国两党、国会和政府内部形成的普遍共识，是不可能轻易改变的。

1）中美贸易摩擦对中国制造业发展的影响

（1）提高关税将对中国机械电子等行业的出口造成直接冲击，甚至可能扩展到服装及纺织品、家用产品、玩具等消费品制造业，将对中国珠三角、长三角地区的外向型经济城市造成很大影响。

（2）贸易摩擦严重影响企业家和投资人对宏观经济的发展信心，不愿或不敢向制造业投资；特别是外资企业为规避风险，可能关闭在华工厂，向东南亚等地区加速转移。

（3）由于中国高科技企业在核心零部件、核心装备和核心软件、关键材料等方面对西方国家的依赖性很大，制裁将严重影响中国重点领域企业的产品研发创新，严重阻碍中国制造业向高端发展。尽管如此，中国也并不惧怕打一场"持久战"。经过四十多年改革开放，中国的经济实力已今非昔比。再者，中美双方利益交融，贸易战没有赢家，公平合作是唯一正确选择，零和博弈必将失败。而且，中国拥有庞大的国内市场和消费群体，"一带一路"倡议将推动中国与世界各国共同发展，中国走向现代化的步伐是任何人都无法阻挡的。

2）中美贸易摩擦更加坚定我们建设制造强国的决心

一方面，中美贸易摩擦固然会严重影响中国高端制造业的发展，但也使我们更加认定中国建设制造强国战略的正确性，更加坚定建设制造强国的决心。我们清楚地认识到，对中国来说，建设制造强国是关系到国家前途和人民幸福的核心利益，在这方面我们绝不可能向任何人让步。我们要沉着应对，保持战略定力，首先把自己的事情做好，瞄准建设制造强国、实现中华民族伟大复兴的总目标，踏踏实实地向前迈进。另一方面，中美贸易摩擦也使我们更清醒地认识到中国制造业存在的严重短板，感受到受制于人之苦和被"卡脖子"之痛，认识到加强核心技术研发创新的必要性和紧迫性，促使我们弘扬"两弹一星"精神，以举国之力，加强在核心技术领域的研发创新。

### 2. 世界各国争夺先进制造业制高点

1）美国力争确保全球制造业领导地位

美国在贸易摩擦中指责中国政府过多干预市场的同时，自己也在加紧制定制造业发展战略。2018年10月，美国国家科学技术委员会下属的先进制造技术委员会发布了《先进制造业美国领导力战略》。该战略彰显了美国推动制造业回归、保持全球制造业领导地位的决心，还提出了美国制造业发展的3个主要方向：

（1）开发和转化制造新技术。

（2）教育、培训和集结制造业劳动力。

（3）扩大国内制造业供应链能力。

2019年2月，美国白宫发布了《未来工业发展规划》，重点关注人工智能、先进制造技术、量子信息科学和5G技术。该规划称，为了确保美国的领导地位，必须制定新的规划和相关法律。特朗普总统呼吁，对有发展前景的基础设施项目进行投资，以确保美国在未来工业中的主导地位。同年2月11日，特朗普签署了题为《维护美国人工智能领导地位》的行政命令，正式启动美国人工智能计划；集中联邦政府资源，保持美国在人工智能领域的优势。

2）德国持续维护工业高度繁荣

德国联邦经济事务与能源部在2019年2月发布了《德国工业战略2030》战略规划，提出"在全球化趋势不断发展、创新进程极大加快、其他国家扩张性和保护主义工业政策日益抬头的背景下，必须可持续地维护德国工业的高度繁荣。"对此，该规划提出一系列措施，还提出了"工业在经济附加值总额中的占比是判断德国是否朝着正确方向发展的一个重要指标。将工业在经济附加值总额中的占比提高到25%，对于德国来说是合适的，也是可能的"[①]。

3）新兴市场国家振兴制造业

中美贸易摩擦的加剧，使跨国公司向东南亚和印度等地区实施产业转移的步伐加快，

---

① 资源来源：《德国工业战略2030》，工业4.0研究院翻译。

以规避美国对中国商品征收高额关税带来的风险，如电子行业的英特尔、富士康、LG 和三星等知名制造商都加速把在中国的产能向东南亚转移。与此同时，东南亚国家也雄心勃勃。例如，越南政府最新发布了《2030 年面向 2045 年越南制定工业发展政策方向的决议》，提出到 2030 年基本建成现代工业国家，部分工业行业具有国际竞争力，深入参与全球价值链。具体目标如下：工业在 GDP 中占比超过 40%，其中制造业和加工业在 GDP 中的占比超过 30%，高科技产品产值在制造业和加工业中占比超过 45%，创建一批具有国际竞争力的大型跨国工业企业和产业集群。

## （二）中国经济进入高质量发展新阶段

党的十九大报告指出，中国经济增长已经由高速增长阶段转向高质量发展阶段。高质量发展要求中国制造业的发展速度由高速向中高速转变，产业结构由中低端向中高端转变，增长动力由要素驱动向创新驱动转变。

（1）经济增长由高速向中高速转变。在经历了 30 多年的两位数高速增长后，近年来中国经济增速明显放缓。从 2013 年到 2017 年，中国国内生产总值从 54 万亿元增加到 82.7 万亿元，年均增长 7.1%[①]。据国家统计局 2019 年 1 月 21 日公布的数据，2018 年，全年国内生产总值 90.03 万亿元，按可比价格计算，比 2017 年增长 6.6%。

（2）资源环境约束向日益趋紧转变。2017 年，中国进口石油量突破 4 亿吨大关，进口依存度升至 72.3%。天然气进口量增加近 30%，对外依存度高达 39%[②]。同时，土地价格在过去十几年已经翻了一番。环境保护对经济可持续发展的重要性已成为全社会共识；从 2016 年起环保督查在全国范围内展开，制造业企业面临的环保压力进一步增大。

（3）工业增长与投资由高速向中速转变。据国家统计局公布的数据，2018 年中国规模以上工业增加值同比增长 6.2%，11 月和 12 月的增速仅分别为 5.4% 和 5.7%；2019 年第一季度工业增加值同比增长 6.1%。2018 年，国内手机市场出货量同比下降 15.6%；汽车销量也出现了 20 年来的首次下滑，同比下跌 6%。此外，2018 年 1—11 月全国固定资产投资同比增长 5.9%，增速比 1—3 月回落 1.6 个百分点。

（4）劳动力供给向结构性短缺转变。一方面，中国已经出现人口老龄化现象。2017 年中国劳动年龄人口为 90199 万，已连续 6 年下降；而 60 周岁及以上人口达到 24090 万，占总人口的 17.3%。中国社科院的一份研究报告指出，中国劳动年龄人口在未来很长一个时期内将持续地加速减少，到 2050 年将减少 2 亿人[③]。另一方面，随着制造业的转型升级，

---

① 数据来源：国家统计局。
② 数据来源：国家发改委。
③ 资料来源：《中国人口与劳动问题报告》，中国社科院人口与劳动经济研究所，2019 年 1 月 3 日发布。

熟悉先进制造业工艺流程、能熟练操作数控设备的专业技能型人才严重短缺。劳动力短缺导致工资上涨。2017年，全国城镇非私营单位就业人员年平均工资为74318元，比2016年增长10.0%，增速比2016年提高1.1个百分点，扣除物价因素，实际增长8.2%[①]。

（5）产能过剩从低端产业向中高端新兴产业蔓延。钢铁、水泥、电解铝、平板玻璃、船舶、光伏等产业的产能过剩问题表现得尤为突出。在一些新兴产业如机器人、新能源汽车、光伏等领域，也出现了低端产业产能过剩现象，但高端产业仍为国外企业把控。以机器人产业为例，据初步统计，全国已建成和在建的机器人产业园区超过了40个，短短几年时间，机器人企业的数量超过了800个。而据《中国机器人产业发展报告（2018）》分析，2018年全球市场规模约为298.2亿美元，中国机器人市场规模约为87.4亿美元，根本无法容纳各地规划的高达几千亿元的产能。

随着经济社会环境的变化，中国经济发展依靠资源要素投入和规模扩张的传统发展模式已经难以为继，必须转向高质量发展。经济高质量发展的主要动力来源于制造业的高质量发展，新旧动能转换的关键时期迫切需要深化制造业供给侧结构性改革，提高市场供给侧效率，有效满足市场需求，减缓经济下行压力。近年来，党中央、国务院实施战略性供给侧结构性改革，中国经济建设在"去产能、去库存、去杠杆、降成本、补短板"等方面取得了显著成效。供给侧结构性改革的核心是通过技术、产品和模式创新，构建高质量、高效率、差异化产品的新型生产体系。在中国经济发展进入新常态的形势下，加快供给侧结构性改革，是增强发展动力，提高全要素生产率、长期稳增长的最有力措施。推进供给侧结构性改革，为中国制造业高质量发展提供了良好的政策环境。

经济高质量发展的可持续性需要全球化发展，新旧动能转换的关键时期更需要制造业坚定不移地走对外开放合作之路，深度融入全球产业分工和市场体系。中国制造业已经具备良好的基础和条件，只要坚持开放，就可以纳入国际分工体系。开放能够使中国及时利用人类社会经济发展最好的实践成果，享受到全球分工的巨大利益。中国政府提出"一带一路"倡议，顺应了全球经济发展的必然趋势，得到了很多国家的积极响应。一方面，推进区域经济一体化，将有利于培育中国制造业发展的新动能；另一方面，"一带一路"建设将沿途各国的生产要素互联互通，将带动各个国家和地区的经济发展。以开放促改革，以开放促发展，是中国经济发展的重要路径。

## （三）新一轮科技革命和产业变革与中国转变发展方式形成历史性交汇

当今世界，新一轮工业革命方兴未艾，其根本动力在于新一轮科技革命。20世纪90

---

① 数据来源：国家统计局。

年代以来，互联网、超级计算、大数据、云计算、物联网等新一代信息技术日新月异、飞速发展，并极其迅速地普及应用，形成了群体性跨越，并集中汇聚在新一代人工智能技术的战略性突破。新一代人工智能技术已经成为新一轮科技革命的核心技术，正在形成推动经济社会发展的巨大引擎。中国充分认识到新一代人工智能技术的发展将深刻改变人类社会生活、改变世界，发布了《新一代人工智能发展规划》，以抓住机遇，抢占先机。

新一代人工智能技术与先进制造技术的深度融合，形成了新一代智能制造技术，成为新一轮工业革命的核心驱动力。新一代智能制造技术正在引领和推动新一轮工业革命，引发制造业发展理念、制造模式发生重大而深刻的变革，重塑制造业的技术体系、生产模式、发展要素及价值链，推动中国制造业获得竞争新优势，推动全球制造业发展步入新阶段，实现社会生产力的整体跃升。

2018年5月28日，习近平总书记在中国科学院第十九次院士大会、中国工程院第十四次院士大会上的讲话中指出，"现在，我们迎来了世界新一轮科技革命和产业变革同我国转变发展方式的历史性交汇期，既面临着千载难逢的历史机遇，又面临着差距拉大的严峻挑战。我们必须清醒认识到，有的历史性交汇期可能产生同频共振，有的历史性交汇期也可能擦肩而过。"当前，中国和发达国家掌握新一轮工业革命的核心技术的机会是均等的，这为中国发挥后发优势、实现跨越式发展提供了可能。"变"，就是机遇，我们可以通过掌握新工业革命的核心技术，成为新的竞赛规则的重要制定者、新的竞赛场地的重要主导者，可以不再跟在西方发达国家后面一步一步地顺序发展，而是依靠工程科技创新和"并联式"发展，在比较短的时间内追赶发达国家的先进水平，这将大大加快中国工业现代化的进程。今后20年，正是"智能制造"这个新一轮工业革命核心技术发展的关键时期，中国制造业完全可以抓住这一千载难逢的历史机遇，集中全国优势兵力打一场战略决战，实现战略性的重点突破、重点跨越，实现与西方发达国家并行甚至超越，实现中国制造业的"换道超车"、跨越式发展。

## 三、中国制造业发展存在的重大问题

在国内外社会经济环境发生巨大变化的背景下，中国制造业发展已经进入新时期。旧动能已然乏力，但新动能尚待培育。在制造强国建设稳步推进的同时，也还有诸多重大问题尚待破解。

## （一）制造业比重下滑，发展动力不足

国家统计局数据显示，2008—2017 年，中国第二产业生产总值占 GDP 的比重从 46.9% 下滑至 40.5%，第三产业生产总值占 GDP 的比重从 42.8% 提升至 51.6%，如综合报告图 1-1 所示。

综合报告图 1-1  2008—2017 年中国第二、三产业生产总值占 GDP 的比重变化趋势

尽管三大产业结构的变化符合世界各国经济发展的一般规律，但必须充分认识到制造业在中国经济中的重要地位和作用。中国 14 亿人口的生活和就业、人民群众物质和文化需求的满足、服务业的发展没有一项能够离开制造业。在矛盾纷争不断、局部战争彼起此伏的世界，中国必须建设强大的国防，更需要制造业作支撑。

值得警惕的是，近年来中国制造业增加值在 GDP 中的比重下滑过快，出现了"过度去工业化"和"脱实向虚"倾向。2006 年中国制造业增加值占 GDP 的比重为 32.5%，到 2017 年这一比重降至 29.3%，2018 年为 29.4%。此趋势若不及时扭转，极有可能产生"产业空心化"的险情，并引发吸纳就业人口的机会快速减少。

综合报告表 1-3 所列为美国、德国、日本 3 个发达国家在工业化进程中制造业增加值占 GDP 的比重变化时间点。在工业化中后期和后工业化初期，这些国家制造业增加值占 GDP 的比重均高于 30%。

综合报告表 1-3  美国、德国、日本 3 个发达国家在工业化进程中制造业增加值占 GDP 的比重变化时间点

| 国　家 | 制造业增加值占 GDP 的比重首次低于 30% | | 制造业增加值占 GDP 的比重首次低于 25% | |
|---|---|---|---|---|
| | 年　份 | 当年国民人均制造业增加值（可比价 2010 年美元，美元/人） | 年　份 | 当年国民人均制造业增加值（可比价 2010 年美元，美元/人） |
| 美国 | 1939 年 | 4800.91 | 1961 年 | 5033.90 |
| 德国 | 1989 年 | 4455.58 | 1996 年 | 5974.98 |
| 日本 | 1987 年 | 5260.44 | 1999 年 | 7466.09 |

数据来源：美国商务部、德国联邦统计局、日本内阁府。

而中国 2017 年国民人均制造业增加值仅为 2590.15 美元，远远低于综合报告表 3-1 所列的发达国家几十年前的水平，制造业增加值占 GDP 的比重已下滑至 29.3%，跌破业界公认警戒线 30% 的关口。如果不加控制地任其下滑，即使按照未来人均 GDP 年均增速为 5.5% 计算，且人均制造业增加值逐年增长，那么到 2025 年中国制造业增加值占 GDP 的比重也将下降到 25.9%。

中国目前尚未完全实现工业化，在工业化发展不平衡、不充分的前提下，作为工业主体的制造业增加值近年来在 GDP 中的占比快速下降，呈现出"过度去工业化"特征。在这方面，其他国家的教训尤为深刻：美国是"金钱游戏"的最大玩家，长期以来泡沫经济膨胀，直到 2008 年国际金融危机爆发，方才吸取教训，提出"重振制造业""再工业化"；以阿根廷为代表的一些拉美国家，由于过度去工业化，导致跌入"中等收入陷阱"，经济发展长年停滞不前。我们必须对此保持高度的警惕。

制造业在创造价值和吸纳就业两方面均发挥着重要作用。据国内学者研究，2007—2017 年中国第二产业的人均年增加值始终高于第三产业，2017 年这一差距扩大至人均 3.1 万元。如果就业人员由第二产业快速转移到第三产业，会显著地拉低单位就业人员所创造的 GDP，拖累经济增长[1]。而且，中国今后仍有数以亿计的农业人口需要转移就业，而这些人口难以适应知识密集型产业，制造业仍然是吸引农业人口转移的主要部门。因此，在今后相当长的一段时期内，以先进制造业为主体的工业依然是支撑中国经济实现持续稳定的中高速增长的主要动力。

造成制造业比重下降过快的原因主要有 3 个方面：

（1）社会经济整体"脱实向虚"趋势没有得到根本扭转。属于服务业的房地产业和金融业利润普遍过高，而制造业的利润率不足其一半，资本趋利特性犹如脱缰野马，大量涌入房地产业和金融业，而工业固定资产投资下降，必然带来产值走低。

（2）制造业高质量发展仍存在较大阻力，产业结构仍处于中低端，产品附加值低，制造业增加值率和全员劳动生产率低。

（3）国家对于制造业的关注和支持与企业家的预期仍存在一定差距，企业家对发展前景信心不足。

当前，中国制造业发展遇到很大阻力，增长速度明显放缓。主要表现在以下 3 个方面：

（1）工业领域的民间投资增速持续疲软。据统计，2012—2016 年，工业领域的民间投资增速出现断崖式下滑态势，从 26.6% 跌至 3.4%[2]。2017 年，受全国民间投资整体回暖的影响，工业领域的民间投资增速为 4.8%，比 2016 年略有好转，但仍低于 6% 的全国民间投资增速。同时应该注意到，扣除价格因素后的实际投资为负增长。工业领域的民间资本吸引力和活力与其他领域相比有较大差距，社会资本并没有从虚拟经济流入实体经济。

---

[1] 中国过度去工业化现象剖析与理论反思，魏后凯、王颂吉，《工业经济》2019 年第 1 期。
[2] 数据来源：赛迪根据国家统计局数据整理。

尤其值得关注的是，2018年12月，制造业采购经理（PMI）指数为49.94%，两年来首次跌破荣枯线（50%）；2019年5月跌至49.4%[①]。

（2）新开工或新建项目进展平缓，经济发展后劲不足。2017年，施工项目计划总投资131.16万亿元，比2016年增长18.2%，增速比1—11月份回落0.5个百分点；新开工项目计划总投资51.91万亿元，增长6.2%，增速与1—11月份持平。与2016年新开工项目相比，投资增速不及1/3，实体经济发展形势较为严峻。从企业存款和贷款数据来看，企业中长期贷款偏弱，企业家在面临经济形势下行压力较大时，贷款行为趋向谨慎，扩大再生产意愿不足。2018年10月，中国社会融资规模增量为7288亿元，创2017年1月以来新低。2018年6月，广义货币（M2）增速为8%，创历史新低[②]。企业盈利面临较大压力。

（3）制造业大企业并没有快速成长起来。在2018年《财富》公布的"世界500强"企业中，中国上榜企业120家，创历年新高。除了10家属于金融业，中国上榜最多的行业是19家能源、炼油、采矿公司和14家房地产、工程与建筑公司。此外，根据2013—2016年的经营数据，中国上榜企业的销售收益率和净资产收益率两个指标都在下滑，而且10家银行的利润占了中国大陆上榜公司总利润的为50.7%，60家制造业企业的利润占比仅20.16%。制造业企业没有得到本应获得的利润，很难发展壮大。

## （二）核心技术、工业"四基"和关键装备受制于人

近年来，美国对中兴、华为等中国高科技公司的制裁，更加暴露出中国制造业大而不强的严重问题。以工业基础为代表的制造业核心技术仍然主要依赖国外，发达国家能够轻而易举地通过各种规则、手段制约中国国防建设和经济安全，芯片只是该领域的"九牛一毛"；根据中国工程院发布的《工业强基战略研究报告》，中国关键基础材料、核心基础零部件（元器件）、先进基础工艺、产业技术基础等对外依存度仍在50%以上。

在集成电路产业中，计算机和服务器的CPU芯片以及手机等移动终端中需求量最大的存储芯片几乎完全依赖进口。CPU芯片和存储芯片的进口额占国内集成电路进口总额的75%。2013—2016年，存储芯片进口额从460亿美元增至680亿美元，2017年突破700亿美元[③]。存储芯片已经成为中国半导体产业受外部制约最严重的基础产品之一。

更为严峻的是，当前中国正处于人工智能战略布局期；与人工智能关联度很高的传感器依然存在高端产品供给被国际寡头垄断、低端产品供给在国内过剩的现象。以霍尼韦尔

---

① 数据来源：国家统计局。
② 数据来源：中国人民银行。
③ 数据来源：赛迪智库发布的《集成电路研究报告》。

公司、西门子公司、ABB 公司等为代表的国际传感器产业巨头通过兼并重组和国际协作，抱团抢占传感器产业顶端，并加速从高端市场扩展至中低端市场，垄断态势日益显现。中国传感器企业虽然众多，但是大部分属于小微企业，拥有的核心技术少，创新能力弱，新的创新原理和新器件研发凤毛麟角。目前传感器进口占比达 80%，传感器芯片进口占比达 90%。

在基础材料方面，由于很多新材料尚未突破，重大装备、重大工程"等米下锅"的现象非常突出。工信部对全国 30 多家大型企业的 130 多种关键基础材料调研结果显示，32% 的关键基础材料在中国仍为空白，52% 依赖进口。

没有工业软件的支撑，现代工业体系根本无法运行。但目前中国高端工业软件市场 80% 被国外垄断，中低端工业软件市场的自主率也不超过 50%。至今还没有一家中国软件公司能够具备与世界级工业软件公司"掰手腕"的核心能力。工业软件是中国制造业的明显短板。

高端装备的生产更是一直被发达国家所掌控。例如，美国在汽车、航空、建筑和医疗设备等行业具有明显竞争优势；德国装备制造商在 32 个细分装备领域的 16 个领域居于世界第一，掌握着这些领域的主导权。而中国很多高端装备至今仍严重依赖进口。例如，在机床领域，目前 80% 的高端数控机床和 90% 的数控系统均依靠进口。

基础薄弱造成中国制造业大而不强，在汽车产业表现出的"空心化"尤为突出。从整车来看，近 40 年取得了巨大进步，上汽、东风都已跃居世界前十。但是，车辆"缺心少魂"，零部件主要依赖外资企业或进口，从制动系统到发动机、从电控系统到尾气处理装置都被德国博世、日本电装、德国大陆等企业垄断；智能网联汽车、无人驾驶汽车的关键零部件和核心元器件也尽数被国外垄断。根据《美国汽车新闻》公布的 2018 年全球汽车零部件配套供应商百强数据，中国企业排名最前的为延锋公司（排全球第 16 位），主要从事内外饰、座椅等边缘业务，营业收入也仅为博世公司的 30% 左右。

## （三）制造业质量效益、结构问题突出

### 1. 当前中国制造业总体上仍未摆脱规模拉动的路径依赖

中国制造业规模持续扩大，2017 年中国制造业增加值达到 3.59 万亿美元，是 2013 年的 1.37 倍，占世界制造业增加值的比重为 28.57%。反映到制造强国指数上，2017 年中国的规模发展指数值远高于美国、德国、日本等九国（见综合报告图 1-2），在综合指数中的占比也达到近年最高，成为中国与制造强国差距缩小的主要因素。

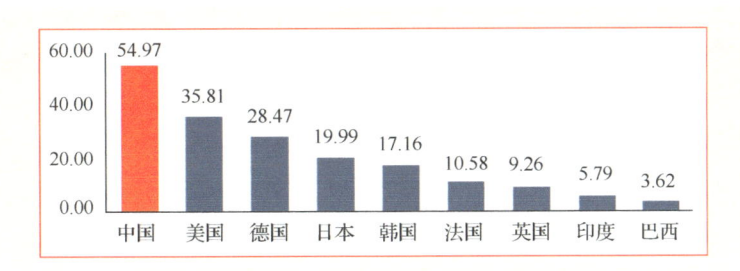

综合报告图 1-2　2017 年九国规模发展指数值

## 2. 质量效益提升缓慢

中国制造业增加值率逐渐走低，世界知名品牌数量不足美国的 20%。在制造业增加值率、制造业全员劳动生产率这两个反映效益的指标上，中国与制造强国的差距较大。例如，2017 年，中国的制造业增加值率为 19.37%，美国的为 33.47%，德国的为 32.58%，日本的为 25.28%。在制造业全员劳动生产率上，中国与美国、德国、日本等国存在数量级上的差距：中国的为 29053 美元/人，美国的为 142298 美元/人，德国的为 95170 美元/人，日本的为 79431 美元/人。反映到制造强国指数上，2017 年，中国的质量效益指数值相比美国、德国、日本的，差距更明显，如综合报告图 1-3 所示。

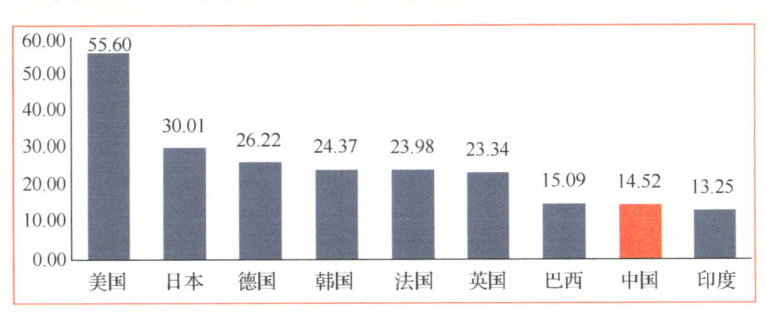

综合报告图 1-3　2017 年九国质量效益指数值

## 3. 产业结构亟待优化

中国制造业高技术产品贸易竞争优势指数低，在制造业高端领域的竞争力薄弱，产业仍处于中低端。2013—2017 年，中国基础产业（主要包括基础零部件、数控机床、仪器仪表产业）增加值占全球比重从 11.536% 跌至 6.915%，与美国、日本、德国的差距拉大。核心基础零部件（元器件）、基础材料、基础工艺的制约性日益凸显，已成为制约制造强国建设的最大瓶颈。反映到制造强国指数上，中国产业结构优化指数值已连续两年下降，与美国、德国、日本相比，依然存在较大差距，如综合报告图 1-4 所示。

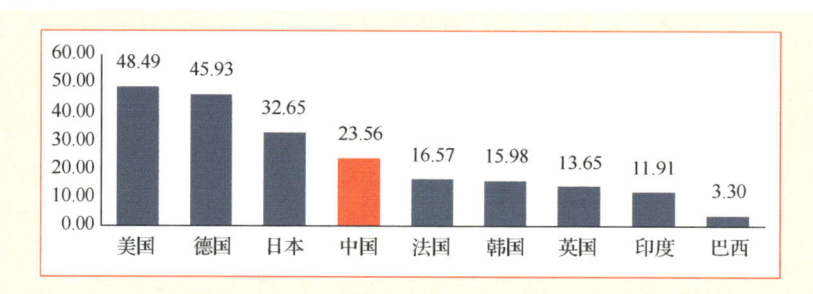

综合报告图 1-4　2017 年九国产业结构优化指数值

### 4. 创新动力不足，可持续发展能力亟须提高

中国制造业的创新投入和产出与制造强国的相比，存在较大差距。中国制造业的研发人员占比与制造强国的差距巨大：2017 年，中国每百万从业人员中的研发人员数仅为 1789 人，而美国、日本、德国的这一人数都接近 2 万人。此外，创新产出效率低，中国的每亿元制造业增加值的全球发明专利授权量仅有 6 项，而美国有 15 项，日本有 10 项，德国有 5.75 项。企业对基础研究的意愿低、投入少、能力弱，原始创新能力薄弱。"产、学、研、用、金"深度融合的协同创新体系尚存在缺陷和不足，阻碍科研成果转化为生产力。反映到制造强国指数上，中国制造业的持续发展指数值整体偏弱（见综合报告图 1-5），出现了近年来的首次下降情况。

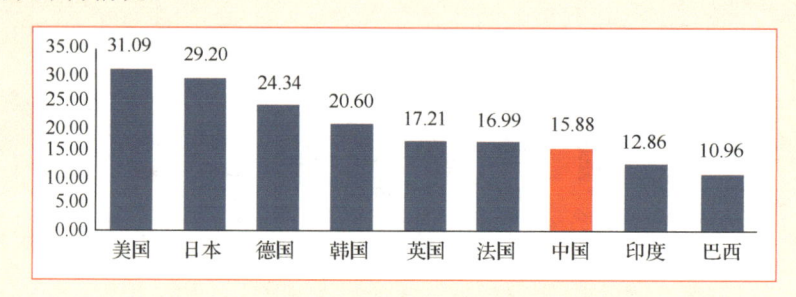

综合报告图 1-5　2017 年九国制造业持续发展指数值

## （四）企业经营压力大，活力不足

习近平总书记在 2018 年 11 月举行的民营企业家座谈会上曾引用某企业家的话并指出，中国企业遇到"市场的冰山、融资的高山、转型的火山"这三座大山的重压，经营和生存面临很多困难。

### 1. 制造业整体利润水平偏低，部分企业的利润难以覆盖融资成本

相关统计数据显示，2017 年，规模以上工业企业实现利润总额 75187.1 亿元，主营业

务收入利润率为 6.46%；而同期的商业银行全年实现净利润 1.75 万亿元，平均资本利润率为 12.56%；A 股房地产板块净利润率也达到 11.7%；商业银行利润率及大型房地产企业利润率几乎都是制造业企业的两倍。据全国工商联对制造业民营企业的调查，净利润在 5% 以下和 5%~10% 的企业占了近 70%。这种利润率很难覆盖融资成本，也就很难追加投资。企业利润低造成员工可支配收入减少，部分企业和员工都不愿参保，部分企业选择雇用劳务派遣人员，甚至将长期用工"短工化"。

### 2. 制造业企业税费负担过重

制造业企业承担的综合税费成本包括税收、社会保险（五险一金）费用以及政府行政性收费等。综合税费成本过高，将导致企业营商成本高、负担沉重，扼杀企业的活力和持续扩大经营的能力。根据世界银行发布的《2018 营商环境报告》，中国企业的综合税费率（一年内企业须缴纳的综合税费占企业利润的百分比）为 67.3%，而亚太地区国家的平均综合税费率是 33.6%，经济合作与发展组织（OECD）国家的平均综合税费率是 40.1%。企业对国家和地方政策的预期和有感度与实际落地的政策之间有一定差距。企业不能真正感受到国家的关心以及国家对制造业的重视，导致对制造业发展和再投资信心缺失。

### 3. 制造业企业的土地成本、能源成本、物流成本等大幅度升高

根据第一财经研究院在 2018 年博鳌论坛期间发布的《中国与全球制造业竞争力》报告，2008 国际金融危机后，大多数经济体的平均劳动成本增长速度大幅度放缓，而中国制造业的平均劳动成本增长速度却从 11.0% 上升到了 13.1%，为全球主要制造业国家的最高水平。根据瑞士洛桑国际管理学院的世界竞争力在线（IMD）数据库信息，2015 年中国雇主社保缴费有效费率（相对于人均 GDP 的收入水平）为 41.7%，在 61 个参评国家和地区中排在第 60 位，远高于其他主要制造业国家。通过对北京、上海、深圳等 12 个城市数据的分析，企业的综合税费率平均为 67.2%。能源成本与美国、俄罗斯、墨西哥与印尼的相比，中国明显处于劣势。2017 年，中国社会物流总费用占 GDP 的比重为 14.6%，大大高于欧盟、美国、日本等发达国家和地区，严重影响中国制造业运行效率。

### 4. 流动资金不足，企业经营困难

由于国内承兑汇票的泛滥和三角债的蔓延，部分企业流动资金周转困难。企业应收账款持续增加，资金紧张状况加剧，部分企业亏损严重。截至 2018 年 7 月，中国工业类企业应收账款余额为 13.93 万亿元，同比增长 11.5%。从近年来全国工业类企业应收账款余额来看，每年的期末余额都呈递增的趋势，规模以上工业企业的流动性风险增加。同时，

股市一度震荡走低，部分制造业企业银行抵押股份持续贬值，导致部分企业游离在破产与流动资金链断裂之间。由于国家扶持政策偏向大型企业，中小企业融资难、融资贵的问题没有得到有效解决；大多数中小企业技术水平不高，竞争力不强，导致近期出现大批倒闭现象，劳动就业问题令人担忧。

#### 5. 研发人员和技术工人短缺

部分制造业企业工作条件艰苦、工资水平低，使得许多年轻人望而生畏。高等院校招生已经从原来的工科均分最高，变成了文科均分最高；经济、金融、管理等专业已经成为高中毕业生的首选。即使是工科专业的毕业生很多也宁愿到房地产、互联网企业工作，不愿意到制造业企业上班。企业招工难，留住人更难。新一代技术工人不愿吃苦、流动性大，缺少技能培训，很多难以胜任先进数控装备的操作岗位。制造业未来十年将可能出现"无人可用"的局面，特别是既掌握先进制造技术，又熟悉新一代信息技术的复合型工程技术人才和技能型人才严重短缺。

#### 6. 企业活力和创造力不足

（1）产品竞争力弱。据统计，中国工业产品有220多种，产量世界第一，但是自有品牌在世界100强品牌当中只有华为一家上榜。

（2）部分国有企业活力不足。其主要原因在于体制机制障碍，虽然国家出台了一系列改革措施，但仍然面临着很多具体困难。

（3）中小企业活力不足。社会上短期诱惑太多，一些企业家抱着"赚一笔就走"的观念，不愿意专注于做实业。日本超过150年历史的企业有2万多家，而中国的百年企业却少之又少。

（4）企业文化建设滞后，职工没有归属感，企业留不住人才。根据东莞某人才市场对60家企业所做的调查，2016年员工整体流失率为80%，产业工人的年流失率最高达到108%。

### （五）产业共性技术研发体制机制亟待改革

产业共性技术也称为竞争前技术，其特殊的公共品属性决定了其研发过程可能出现市场失灵和组织失灵现象。政府应该在产业共性技术研发上发挥重要作用。根据发达国家的经验，在工业化中后期，德国、日本、韩国、美国都设立或正在建设从事制造业或工业共性技术的研究机构。例如，德国弗劳恩霍夫协会在德国创新体系中占有重要地位，它填补了介于具有优良科研基础的高校和企业之间的鸿沟，而这一鸿沟通常被称为"死亡之谷"。

该协会拥有 66 个研究所和独立研究单位，共 2.2 万员工；年研究经费超过 20 亿欧元，其中 70%来自企业和公助研发项目，30%来自联邦和各州政府。再如，美国近几年建立了 15 家制造业创新中心，弥补因基础研究和产业化中间环节缺失而造成的创新效益外溢，提高在境内将发明成果转化为产品的能力。

从基础研究来看，2017 年，中国基础研究经费为 975.5 亿元，占全国研究与试验发展（R&D）经费的 5.54%，占国内生产总值的 0.12%。与发达国家相比差距很大，例如，美国基础研究的投入经费占研发经费的比重为 15%~20%。国家对基础研究投入不足是中国科技创新能力薄弱的根源之一，也导致产业共性技术十分薄弱，产业发展陷入中低端。

截至 2017 年，中国已设立的国家重点实验室达到 494 个，国家工程实验室达到 217 个，国家工程技术研究中心达到 346 个，国家工程研究中心达到 131 个，国地联合工程研究中心达到 896 个，国家企业技术中心达到 1276 个。国家给予了大量财政资金支持，旨在支持这些机构开展基础研究和共性技术研究，但是效果不佳。主要原因如下：

（1）"以企业为主体"的创新体制存在一定的误区。由于很多研究机构隶属于某一家企业，而行业内企业之间具有较强的竞争关系，企业不可能将实验室和研究中心向第三方开放，研究成果也不可能共享。

（2）设在高校、科研院所的创新机构的一些科研项目过于追求"高、大、上"，不接地气，能为企业转型升级提供服务、获得实效的研究成果不多。这些现象导致了国家重点实验室、国家工程实验室、国家工程研究中心没有发挥应有的作用，产业共性技术缺失问题依然没有得到解决，造成产业发展后劲不足。

# 四、下一阶段制造强国建设的对策建议

面对日趋错综复杂的国际国内形势，我们必须做好应对各种困难局面的准备，奋发图强，做好自己的事情，努力实现建设制造强国的历史任务。

为此，我们提出下一阶段推进制造强国建设的对策建议。

## （一）推动制造业高质量发展，坚定不移建设制造强国

### 1. 凝聚共识，坚定建设制造强国的决心和信心

建设制造强国是习近平新时代中国特色社会主义思想的重要组成部分。习近平总书记

在党的十九大报告中提出了"加快建设制造强国，加快发展先进制造业"的战略任务。在2018年12月中央经济工作会议上，习近平总书记强调，要推动制造业高质量发展，坚定不移建设制造强国。制造强国战略是实现习近平总书记提出的"强国梦"的核心内容和战略支撑，是实现中华民族伟大复兴的坚强保障，是根本性的国家战略。

全党全国人民要认真学习，凝聚共识，齐心合力，坚定不移地推进制造强国建设。

### 2. 加快制定制造业中长期发展规划

建议加快制定《制造业中长期发展规划（2020—2035）》（以下简称"规划"），并把它作为在全国推动建设制造强国的纲领性文件。

规划将高高举起建设制造强国的旗帜，明确建设制造强国"三步走"的战略目标：到2025年，中国制造业进入世界第二方阵，迈入制造强国行列；到2035年，中国制造业位居世界第二方阵前列，成为具有全球竞争力和影响力的制造强国；到新中国成立一百年时，中国制造业进入世界第一方阵，成为世界领先的制造强国。

规划将强调深化供给侧结构性改革，建设现代化制造业体系，推进中国制造业迈向全球价值链中高端。

规划将强调体制机制的改革和创新，加快完善社会主义市场经济体制，在建设制造强国的过程中，充分发挥市场机制的决定性作用，更好地发挥政府的重要作用。

规划的重点是"十四五"时期建设制造强国的谋划。应坚持"创新驱动、质量为先、绿色发展、结构优化、人才为本"的方针，着力推进智能制造、工业强基、高端装备创新、优质制造、绿色制造、服务型制造、创新体系建设七大工程，突破核心关键技术，提升产业基础能力，发展战略性新兴产业，做强传统优势产业，实现制造业的整体转型升级。

### 3. 确保制造业在经济发展中的主导地位

习近平总书记指出："中国是靠实体经济起家的，也要靠实体经济走向未来。"因此，必须确保制造业在国民经济中的主导地位，遏制"脱实向虚"，防范化解出现"中等收入陷阱"的重大风险。建议在《制造业中长期发展规划（2020—2035）》中明确提出，确保制造业占中国GDP的比重不低于30%。

## （二）集中力量办大事，攻克技术、装备和产业短板

### 1. 实施"突破工程"，突破"卡脖子"技术，发展战略必争产业

面对当前国际形势的严峻挑战，对于那些"卡脖子"的关键技术（如高端芯片、核心软件、关键材料等）和直接关系到国防安全、经济安全的战略必争产业（如5G技术、人工智能、集成电路等），建议实施"突破工程"。发挥"集中力量办大事"的政治优势和体制优势，发扬"两弹一星"精神，倾全国之力集中攻关，由国家制造强国领导小组直接领导、统一指挥，实行特殊状态下的特别创新政策和产业政策，力争在尽可能短的时间内，突破"卡脖子"技术，发展战略必争产业。

### 2. 实施"短板工程"，补强工业基础技术和关键装备

建议集中力量攻克"短板"基础技术，如基础元器件和零部件、基础材料、基础工艺、基础软件和开发平台等；集中力量攻克"短板"关键装备，如工作母机、电子制造装备、智能检测装备等。组织有关部门，梳理出关系到国计民生、国防安全的"短板"基础技术和"短板"关键装备，中央地方联动，国企民企齐动员，力争在较短时间内补上"短板"。

## （三）实施"卓越工程"，做优做强新兴产业和优势产业

到2035年，中国将在世界领先产业、世界级产业集群、世界一流大企业和世界级冠军企业4个方面走在世界前列。只有这样，中国制造业才能高质量发展，才能从中低端走向中高端。这是中国成为制造强国的必要条件和重要标志。

### 1. 培育世界领先产业和创建世界级先进制造业产业集群

1）培育世界领先产业

（1）巩固提升中国的通信设备、轨道交通装备、输变电装备三大产业的世界领先地位。
（2）着力提升航天装备、发电装备、新能源汽车三大产业，努力赶超世界最先进水平。
（3）做优做强钢铁、石化、建材、家电、纺织、食品六大传统优势产业，把它们培育成为世界领先产业。
（4）着力发展新一代信息技术产业、高档数控机床和机器人、航空装备、农业装备、

新材料、生物医药及高性能医疗器械，努力达到国际先进水平。

2）创建世界级先进制造业产业集群

到 2035 年，努力形成 40～50 个产业规模，使之在全球占有较大比重、拥有世界一流的领军企业和产业链、专业化分工系统与协作网络，具有世界领先的核心技术和持续创新能力的世界级先进制造业产业集群。

### 2. 培育世界一流大企业和世界级冠军企业

1）培育世界一流大企业

大企业是维系产业体系和产业链的骨干力量，是参与国际竞争的重要支柱。到 2035 年，要培育出 50 家世界一流大企业。这些企业能够在国际资源配置中占据主导地位，引领全球行业技术发展，在全球产业发展中具有话语权和影响力。

2）培育世界级冠军企业

引导中小型企业走"专精特新"道路，到 2035 年，培育出 3000 家世界级冠军企业。这些企业能够持之以恒，深耕于基础零部件、元器件、材料、工业软件等细分领域，拥有一流的产品质量、创新能力和人才团队，市场占有率位居世界前列。

## （四）以智能制造为主攻方向，全面推动制造业技术创新转型升级

### 1. 将智能制造作为制造业转型升级的主要抓手

智能制造——数字化网络化智能化制造，是先进信息技术和先进制造技术深度融合的大系统，包括数字化制造、互联网+制造和新一代智能制造 3 个基本范式，由智能产品、智能生产及智能服务三大功能系统和工业互联网这一支撑系统集合而成。智能制造将重塑制造业的技术体系、产业模式和价值链，为制造业高质量发展提供强大新动能，是建设制造强国的主攻方向。

制造强国战略实施 4 年多来，智能制造工程得到广大企业的积极响应，需求强劲。我们要加倍珍惜"需求"这一宝贵资源，充分发挥需求对产业升级的拉动作用。建议在全国深入持久地推进智能制造，常抓不懈，并推动制造业转型升级急需的装备、软件和系统集成等产业的蓬勃发展，使智能制造成为企业转型升级的强大动力。

### 2. 在全国大规模推进新一轮技术改造

建议在全国大规模推进新一轮技术改造，理由如下：

技术改造是实现企业整体水平转型升级的主要途径，也是今后工业投资的主要流向。新一轮技术改造要走以提升质量效益和结构效益为目标、以创新促进可持续发展的内涵式道路。

（1）产品创新升级，以新产品研发为核心提升企业的竞争力。

（2）生产能力创新升级，全面推进生产能力的数字化网络化智能化改造。

（3）产业模式创新升级，以服务型制造等新模式新业态为着力点拓展企业发展的新空间。

围绕企业发展的需求，建立"产、学、研、金、政、用"相结合的创新机制，完善和加强推进企业技术改造的普惠性财税政策和金融政策。建议将企业技术改造中的制造和检测装备购置费用视同研发费用加以扣除，以支持企业持续实施高质量的技术改造。

传统产业是新一轮技术改造的重点。通过提高传统产业的创新能力、质量、效益和市场竞争力，盘活和提升巨大经济存量，产生优质的发展增量。

## （五）坚持将创新作为制造强国建设的第一动力

科学技术是第一生产力，必须坚持把创新摆在制造强国全局的核心位置。

（1）完善和优化先进制造业技术创新体系。建议加强集中统一领导，加快完善和优化以企业为主体、市场为导向的"产、学、研"紧密结合的国家制造业创新体系。

（2）以国家实验室和国家制造业创新中心为核心，对现有国家重点实验室、国家工程研究中心等进行重组和集成，构建开放、协同、高效的共性技术研发体系，其主要任务是加强产业技术基础研究和攻克核心关键技术难关。

（3）对重点产业，建立全产业链协同持续创新模式，开展"链式创新"，建立上中下游互融共生、分工合作、利益共享的一体化组织新模式，形成持续创新能力。

（4）建立完善制造业共性技术转化应用服务体系。完善为中小企业技术升级服务的生产力促进中心体系，建立以共性技术共享平台和公共服务平台为支撑的制造业创新网络，培育一大批主要任务是应用共性技术帮助中小企业转型升级的新型科技创新机构。

（5）强化军民一体化创新，将战略性新兴产业和优势产业作为军民一体化创新的重点领域。

(6) 推进国际科技合作，坚持更高水平的开放创新，主动构筑全球产业链和价值链，广泛开展知识产权和人才培养的国际交流合作。

## （六）坚持将人才作为制造强国建设的第一资源

人才为本。人才是建设制造强国的决定性因素，构建先进制造业人才培养体系、培养先进制造业人才队伍是建设制造强国的根本之策。

（1）完善和优化先进制造业人才培养体系。建议加大力度，聚集制造业发展急需的各类人才。着力提升制造业人才的能力和素质，造就世界一流的工程师、技能人才和企业家队伍。

（2）积极引进世界优秀人才，深化本国教育改革。以企业需求为导向，改革高等院校和职业院校的人才培养体系、学科和课程体系，着力加强学生创新能力和实践能力，培养大批高质量制造业人才。

（3）大规模开展继续教育和技术培训。推进企业职工全员再学习，推行终身教育，大规模开展工程技术人员和工人的技术培训；鼓励企业与高校、职业院校合作，开展技能资格继续教育和专业技术职业资格继续教育。

## （七）坚持将企业作为制造强国建设的主体力量

企业是经济发展的主体力量。激发企业内在活力、建设又大又强的企业集群是建设制造强国的核心任务。

营造良好发展生态，切实减轻企业负担，为企业提供优质服务。建议采取强有力的措施，把中央减轻企业负担的政策落到实处；进一步规范清理涉企收费，改革调整企业"五险一金"缴费比例，确保企业社保缴费有实质性的下降。

（1）政府为企业提供优质服务。建设服务型政府，将政府职能转到为企业创造公平竞争市场环境和提供优质服务上来。加强财政资金对制造业的支持，完善支持企业技术创新和工业投资的税收政策。

（2）金融为企业提供优质服务。完善和加强金融扶持政策，加强金融服务实体经济的能力；着力引导金融机构加大对制造业的资金支持，探索新的投融资方式；降低企业融资成本，切实解决企业"融资难、融资贵"问题，大力推进产融结合的新模式新业态改革。

（3）培育和建设优秀企业家群体。增强企业家在经济发展中的引领地位，提高企业家社会地位，营造企业家健康成长的环境，培育和发展一支高质量高水平的中国企业家队伍。

## 综合报告成员名单

顾　问：路甬祥　徐匡迪　苗　圩　潘云鹤　陆燕荪
组　长：周　济　朱高峰
副组长：辛国斌　陈　钢　徐德龙　田红旗　尤　政
成　员：（按姓氏笔画排序）

丁荣军　干　勇　王天然　王礼恒　王华明　卢秉恒
冯培德　吕　薇　朱森第　邬贺铨　刘人怀　刘友梅
刘永才　刘怡昕　刘经南　刘韵洁　孙传尧　孙优贤
李　骏　李伯虎　李培根　李德群　杨凤田　杨华勇
吴　澄　吴有生　余少华　余晓晖　张　纲　张广军
张玉卓　张锁江　陈　警　陈丙珍　陈左宁　陈学东
陈雪峰　陈建峰　邵新宇　林忠钦　金　涌　金东寒
周艳红　单忠德　屈贤明　柳百成　钟志华　钟　掘
段正澄　袁晴棠　桂卫华　柴天佑　柴旭东　钱　锋
钱旭红　钱清泉　徐佳宾　殷瑞钰　奚立峰　高从堦
高金吉　唐守廉　涂善东　黄伯云　黄群慧　屠海令
董景辰　蒋庄德　韩布兴　惠　明　蔡惟慈　蔡鹤皋
管晓宏　谭天伟　谭建荣　瞿金平

执笔人：陈　警　杨晓迎　古依莎娜　朱明皓　孔德婧
　　　　臧冀原　薛　塬

# 课题 1
# 2018 中国制造强国
# 发展指数报告

"制造强国战略研究"课题组

习近平总书记在党的十九大报告中指出：建设现代化经济体系，必须把发展经济的着力点放在实体经济上，把提高供给体系质量作为主攻方向，显著增强中国经济质量优势；加速建设制造强国，促进中国产业迈向全球价值链中高端。加快建设制造强国既是推进经济结构战略性调整的重要途径，也是加快社会主义现代化建设的重要实践，对实现中华民族伟大复兴的中国梦具有十分重要的现实意义。

为系统地反映制造强国发展进程，中国工程院持续组织开展了年度指标基础数据的收集整理及测评分析工作[①]。2014年，本项目组首次正式对外公布了2012年中国制造强国发展指数。在中国工程院制造强国战略研究二期、三期项目组的持续支持下，分别于2016年5月、2018年4月发布了《2015中国制造强国发展指数报告》《2017中国制造强国发展指数报告》。《2018中国制造强国发展指数报告》基于世界银行、世界贸易组织等权威机构发布的最新数据，应用制造强国评价指标体系（见表1-1）分别测算了美国、德国、日本、英国、法国、韩国、印度、巴西和中国九国在2017年的制造强国综合指数，并对中国在2012—2017年的制造强国发展进程进行了总结及展望。

表1-1 制造强国评价指标体系

| 一级指标 | | | 二级指标 | | |
|---|---|---|---|---|---|
| 指标 | 权重 | 权重排名 | 具体指标 | 权重 | 权重排名 |
| 规模发展 | 0.1951 | 4 | 制造业增加值 | 0.1287 | 1 |
| | | | 制造业出口占全球制造业出口总额比重 | 0.0664 | 9 |
| 质量效益 | 0.2931 | 1 | 质量指数 | 0.0431 | 11 |
| | | | 一国制造业拥有世界知名品牌数 | 0.0993 | 2 |
| | | | 制造业增加值率 | 0.0356 | 13 |
| | | | 制造业全员劳动生产率 | 0.0899 | 3 |
| | | | 制造业销售利润率 | 0.0252 | 14 |
| 结构优化 | 0.2805 | 2 | 高技术产品贸易竞争优势指数 | 0.0689 | 7 |
| | | | 基础产业增加值占全球比重 | 0.0835 | 4 |
| | | | 全球500强中一国制造业企业营业收入占比 | 0.0686 | 8 |
| | | | 装备制造业增加值占制造业增加值比重 | 0.0510 | 10 |
| | | | 标志性产业的产业集中度 | 0.0085 | 18 |
| 持续发展 | 0.2313 | 3 | 单位制造业增加值的全球发明专利授权量 | 0.0821 | 5 |
| | | | 制造业研发投入强度 | 0.0397 | 12 |
| | | | 制造业研发人员占从业人员比重 | 0.0132 | 15 |
| | | | 单位制造业增加值能耗 | 0.0748 | 6 |
| | | | 工业固体废物综合利用率 | 0.0116 | 16 |
| | | | 信息化发展指数（IDI指数） | 0.0099 | 17 |

---

① 为保证评价的权威性，制造强国评价指标体系近400个基础数据都采集于世界银行、世界贸易组织及主要国家统计局发布的数据。由于主要数据源滞后一年以上及事后修正，因此各年数据测评结果也滞后一年。

制造强国评价指标体系十八项二级指标趋势分析详见本报告附录 A。

# 一、制造强国指标体系与制造强国战略

2013 年，中国工程院会同工业和信息化部、国家质检总局等多个部门组织开展了重大长期咨询项目——"制造强国战略研究"。制造强国战略研究项目组首次构建了"制造强国评价指标体系"，并应用该体系对典型国家[①]的制造强国发展水平进行了评价分析及未来发展预测，明确提出了中国跨入制造强国行列的"三步走"（三个十年）战略目标，即"2025 年进入制造强国第二阵列、2035 年进入制造强国第二阵列前列、2045 年开始进入制造强国第一阵列"。

# 二、2017 年九国的制造强国发展指数测评结果

## （一）制造强国发展指数

2017 年，九国制造强国指数值从高到低依次为美国、德国、日本、中国、韩国、法国、英国、印度、巴西，九国的指数值分别为 170.99、124.96、111.84、108.94、78.11、67.82、63.46、43.80、32.96（见表 1-2 和图 1-1），分别较 2016 年增长 -1.29、3.65、-0.68、4.60、8.24、0.10、-0.18、1.03、-1.30 个点，增幅和降幅最大的分别为韩国（增加 8.24 个点）和巴西（降低 1.30 个点）。

---

① 项目组基于数据可得性等多种因素，仅选择美国、德国、日本、中国、法国、英国、韩国、印度、巴西九国作为研究对象。

表 1-2　2017 年九国制造强国发展指数值

| 对比项目 | 第一阵列 | 第二阵列 | | 第三阵列 | | | | 其他国家 | |
|---|---|---|---|---|---|---|---|---|---|
| 国家 | 美国 | 德国 | 日本 | 中国 | 韩国 | 法国 | 英国 | 印度 | 巴西 |
| 指数值 | 170.99 | 124.96 | 111.84 | 108.94 | 78.11 | 67.82 | 63.46 | 43.80 | 32.96 |

图 1-1　2017 年九国制造强国发展指数值

## （二）分项数值

### 1. 规模发展数值

2017 年，九国的制造强国规模发展数值较 2016 年均实现正增长。中国（54.97）表现突出，居九国之首，领先排名第 2 的美国（35.81）19.16 个点；第 3~9 名分别为德国（28.47）、日本（19.99）、韩国（17.16）、法国（10.58）、英国（9.26）、印度（5.79）、巴西（3.62）。此外，得益于上游行业持续回温，2017 年中国规模发展数值增幅（4.66）为 2012 年以来最高，其数值及增幅都呈现绝对优势。2017 年九国制造强国规模发展数值如图 1-2 所示。

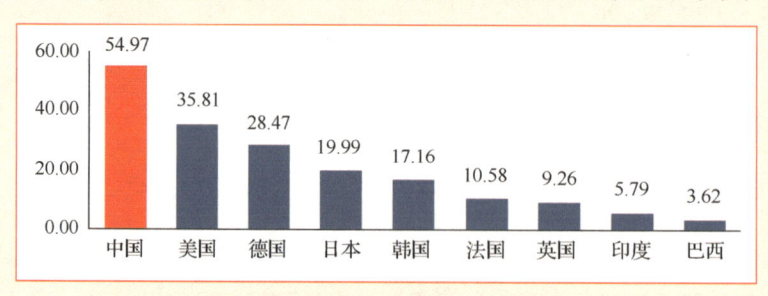

图 1-2　2017 年九国制造强国规模发展数值

## 2. 质量效益数值

2017 年，美国在九国中绝对优势依旧明显，其制造强国质量效益数值（55.60）遥遥领先；其他八国的制造强国质量效益数值分别为日本（30.01）、德国（26.22）、韩国（24.37）、法国（23.98）、英国（23.34）、巴西（15.09）、中国（14.52）、印度（13.25）。因受到一国制造业拥有世界知名品牌数、出口产品召回通报指数等指标变化的影响，部分国家的制造强国质量效益数值较 2016 年波动较大。2017 年九国制造强国质量效益数值如图 1-3 所示。

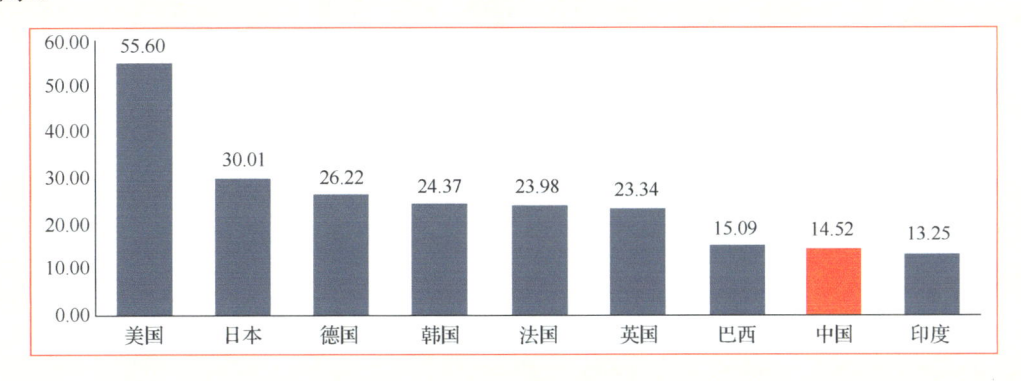

图 1-3　2017 年九国制造强国质量效益数值

## 3. 结构优化数值

2017 年，在制造强国结构优化方面，美国（48.49）、德国（45.93）领先，日本（32.65）排名第 3。相对于法国（16.27）、韩国（15.98）和英国（13.65），中国（23.56）在制造强国结构优化方面具有一定国际竞争力，但与美国、日本、德国相比依然存在较大差距，产业结构升级的突破性成效尚待时日。2017 年九国制造强国结构优化数值如图 1-4 所示。

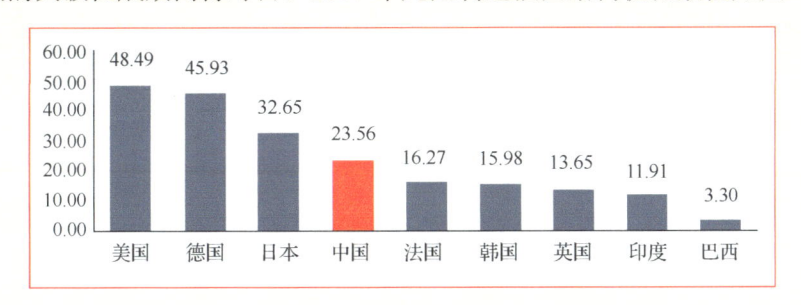

图 1-4　2017 年九国制造强国结构优化数值

## 4. 持续发展数值

2017 年，在制造强国持续发展方面，美国（31.09）和日本（29.20）并驾齐驱，其次为德国（24.34）和韩国（20.60）。中国（15.88）的制造强国持续发展数值虽与英国（17.21）、法国（16.99）的数值接近，但整体上仍然偏弱；排在最后两位的分别为印度（12.86）和巴西（10.96）。2017年九国制造强国持续发展数值如图1-5所示。

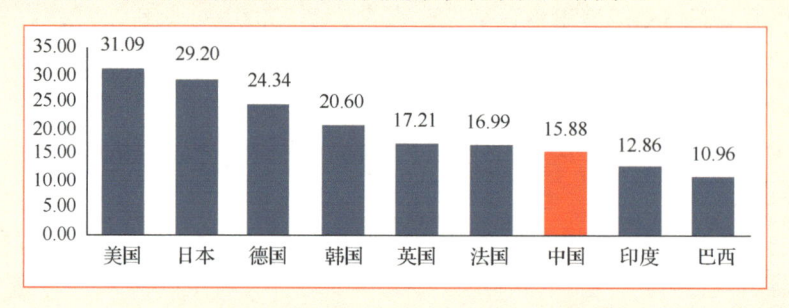

图1-5　2017年九国制造强国持续发展数值

综上所述，2017年美国持续领跑各国，属于第一阵列，制造业综合优势大幅领先；德国和日本稳居第二阵列；中国、韩国、法国和英国属于第三阵列。

## 三、2012—2017年九国制造强国发展进程分析

2012—2017年九国制造强国发展指数见表1-3，2012—2017年九国制造强国发展进程如图1-6所示。

2012—2017年，美国、德国、中国、韩国、印度五国的制造强国发展指数在总体上呈现增长态势。在发达国家中，美国和德国的制造强国地位不断巩固；在后发国家中，中国和韩国的制造强国发展指数增长较快，与强国的差距不断缩小，而日本、法国、英国、巴西四国的相关指数出现一定幅度的下滑趋势。总体来看，美国在小幅波动中稳定上升，其制造业在全球的优势地位持续巩固，始终处于全球制造业"第一阵列"；德国稳步前进，其实施的"工业4.0战略"成效显著；日本受汇率影响，相关指数波动较大，德国和日本两国在"第二阵列"内奋力实现突破性发展；中国在总体上提升较快，依然处于"第三阵列"前列。

以下对2012—2017年九国制造强国发展指数的分项数值进行对比，2012—2017年九国制造强国进程分项数值见表1-4。

（1）规模发展数值。2012—2017年，在规模发展数值方面，在发达国家制造业回归和发展中国家制造业崛起的国家战略推动下，中国、美国、英国、德国、韩国和印度六国

表 1-3　2012—2017 年九国制造强国发展指数

| | 2012年 | 2013年 | 较2012年增长 | 2014年 | 较2013年增长 | 2015年 | 较2014年增长 | 2016年 | 较2015年增长 | 2017年 | 较2016年增长 |
|---|---|---|---|---|---|---|---|---|---|---|---|
| 第一阵列 | 美国 160.35 | 161.22 | 0.87 | 163.83 | 2.61 | 165.12 | 1.29 | 172.28 | 7.16 | 170.99 | -1.29 |
| 第二阵列 | 日本 124.29 | 117.69 | 3.37 | 119.92 | 2.23 | 118.73 | -1.19 | 121.31 | 2.58 | 124.96 | 3.65 |
| | 德国 114.32 | 116.49 | -7.80 | 114.03 | -2.46 | 107.13 | -6.90 | 112.52 | 5.39 | 111.84 | -0.68 |
| 第三阵列 | 中国 92.31 | 97.84 | 5.53 | 103.35 | 5.51 | 105.78 | 2.43 | 104.34 | -1.44 | 108.94 | 4.60 |
| | 韩国 70.32 | 72.74 | 6.60 | 70.85 | -0.08 | 68.60 | -1.84 | 69.87 | 1.27 | 78.11 | 8.24 |
| | 法国 66.14 | 70.93 | 0.61 | 70.44 | -2.30 | 68.01 | -2.84 | 67.72 | -0.29 | 67.82 | 0.10 |
| | 英国 64.78 | 65.30 | 0.52 | 67.93 | 2.63 | 66.86 | -1.07 | 63.64 | -3.22 | 63.46 | -0.18 |
| 其他国家 | 印度 42.75 | 42.90 | 0.15 | 43.65 | 0.75 | 42.69 | -0.96 | 42.77 | 0.08 | 43.80 | 1.03 |
| | 巴西 36.43 | 31.55 | -4.88 | 37.66 | 6.11 | 29.25 | -8.41 | 34.26 | 5.01 | 32.96 | -1.30 |

■ 美国　■ 德国　● 日本　■ 中国　☯ 韩国　■ 法国　▣ 英国　⦿ 印度　◉ 巴西

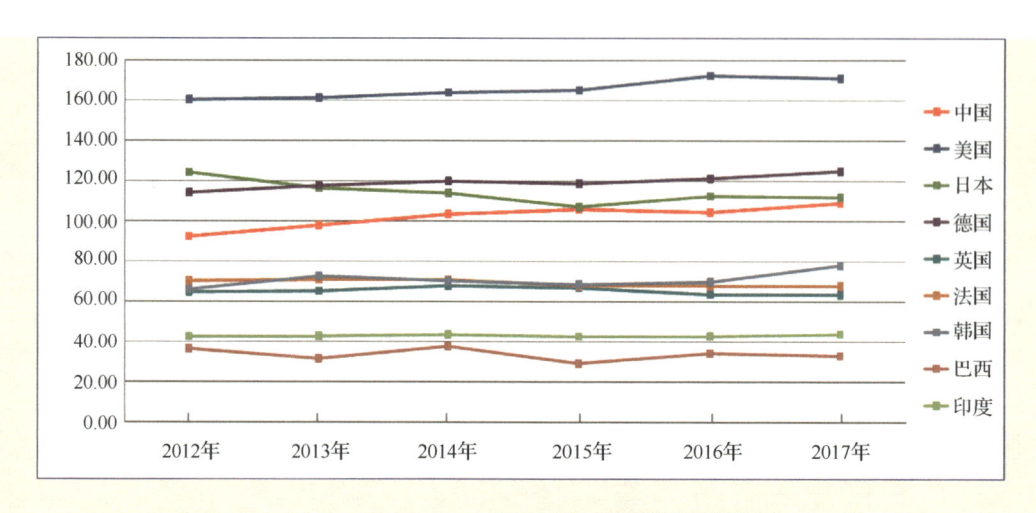

图1-6 2012—2017年九国制造强国发展进程

实现了增长,而日本、法国和巴西三国出现下滑趋势。其中,德国、法国和韩国三国在2012—2014年实现持续增长后,在2015年均首次出现了负增长,在2016年和2017年又迎来了总体向好的势头;中国、美国和英国在2012—2015年经历连续增长后,在2016年均出现了不同程度的下滑,但在2017年均恢复了平稳增长。

(2)质量效益数值。2012—2017年,在质量效益数值方面,除日本和法国外,其他七国均实现了总体增长,但不稳定波动态势明显,而中国逐年小幅度增长。其中,2012—2015年,美国、英国和中国三国表现良好,日本下滑趋势最明显,德国、韩国和印度三国总体上保持平稳调整。2017年,日本、德国、韩国、巴西和印度五国实现了连续两年的强势回升,美国和英国出现回落。从质量效益数值变动趋势看,九国制造业质量效益强国格局相对稳定,当前中国制造业要打破现有格局的难度较大。

(3)结构优化数值。2012—2017年,在结构优化数值方面,德国是唯一实现持续稳定增长且增幅最大的国家,其推动制造业产业结构迈向高端的国家战略成效明显。与此同时,其他八国普遍处于不稳定波动状态,特别是2017年,中国、日本和英国三国延续了两年的下滑态势,高端制造业培育周期较长,对工业体系的升级完善造成较大压力,产业结构升级的突破性成效尚待时日。法国、韩国和美国三国明显回升,在国家对制造业加强重视和引导的利好情况下,先期高端制造业培育成效逐渐显现,有效地推动了产业结构向全球价值链高端升级。

(4)持续发展数值。2012—2017年,在持续发展数值方面,九国均出现数值波动的现象,在全球经济艰难复苏的大背景下,创新、绿色、智能等工业发展潜力培育难度加大,但发达国家波动幅度远远小于发展中国家,在一定程度上说明发达国家的制造业自身持续发展能力相对稳定。其中,美国和日本的持续发展数值基本稳定在30以上的领先水平,德国稳定在25左右的较高水平,其他国家均处于20以下的较低水平。中国在2017年达到15的水平,但绝对差距依然较大。

综上所述，2012—2017 年，九国制造强国进程"态势整体向好、指数频繁波动、格局基本稳定"。

表 1-4　2012—2017 年九国制造强国进程分项数值

| 国 别 | 年 份 | 规模发展数值 | 质量效益指数值 | 结构优化指数值 | 持续发展指数值 |
|---|---|---|---|---|---|
| 中国 | 2012 年 | 42.9256 | 11.0103 | 24.1044 | 14.2713 |
| | 2013 年 | 46.7675 | 11.7074 | 25.0632 | 14.3066 |
| | 2014 年 | 50.6723 | 12.4065 | 25.4408 | 14.8338 |
| | 2015 年 | 51.9309 | 12.6166 | 25.7831 | 15.4479 |
| | 2016 年 | 50.3108 | 13.5860 | 24.3672 | 16.0788 |
| | 2017 年 | 54.9744 | 14.5233 | 23.5610 | 15.8793 |
| 美国 | 2012 年 | 31.8000 | 51.2007 | 46.3644 | 30.9868 |
| | 2013 年 | 31.9850 | 52.8958 | 45.6410 | 30.6968 |
| | 2014 年 | 33.7596 | 53.9359 | 45.0017 | 31.1360 |
| | 2015 年 | 35.1533 | 53.9686 | 45.3822 | 30.6197 |
| | 2016 年 | 34.9947 | 59.5620 | 47.6149 | 30.1077 |
| | 2017 年 | 35.8066 | 55.5992 | 48.4942 | 31.0910 |
| 日本 | 2012 年 | 25.0428 | 31.6995 | 35.8292 | 31.7187 |
| | 2013 年 | 20.8293 | 29.0888 | 34.3747 | 32.2016 |
| | 2014 年 | 19.8541 | 27.3043 | 34.6796 | 32.1967 |
| | 2015 年 | 17.6944 | 25.5314 | 32.4069 | 31.4933 |
| | 2016 年 | 19.5117 | 28.6171 | 32.7557 | 31.6382 |
| | 2017 年 | 19.9872 | 30.0121 | 32.6460 | 29.1953 |
| 德国 | 2012 年 | 26.3447 | 25.6919 | 37.9338 | 24.3471 |
| | 2013 年 | 27.1755 | 26.7456 | 38.8774 | 24.8921 |
| | 2014 年 | 28.2923 | 27.0300 | 39.9787 | 24.6204 |
| | 2015 年 | 25.7877 | 25.9290 | 42.7217 | 24.2879 |
| | 2016 年 | 26.7280 | 25.4535 | 44.9787 | 24.1538 |
| | 2017 年 | 28.4693 | 26.2187 | 45.9280 | 24.3400 |
| 英国 | 2012 年 | 8.6845 | 23.1882 | 16.6341 | 16.2761 |
| | 2013 年 | 9.1500 | 23.4576 | 15.8947 | 16.7932 |
| | 2014 年 | 9.5703 | 24.3717 | 16.8721 | 17.1139 |
| | 2015 年 | 9.9812 | 25.2689 | 15.1579 | 16.4517 |
| | 2016 年 | 9.1270 | 23.4587 | 14.1426 | 16.9119 |
| | 2017 年 | 9.2636 | 23.3387 | 13.6472 | 17.2127 |
| 法国 | 2012 年 | 10.7788 | 26.7685 | 16.4441 | 16.3271 |
| | 2013 年 | 11.0655 | 27.4728 | 16.1261 | 16.2666 |
| | 2014 年 | 11.1060 | 26.9882 | 16.4353 | 16.3169 |
| | 2015 年 | 10.0096 | 24.6820 | 16.2046 | 17.1136 |
| | 2016 年 | 10.1528 | 24.4339 | 16.1705 | 16.9653 |
| | 2017 年 | 10.5847 | 23.9760 | 16.2667 | 16.9908 |

续表

| 国 别 | 年 份 | 规模发展数值 | 质量效益指数值 | 结构优化指数值 | 持续发展指数值 |
|---|---|---|---|---|---|
| 韩国 | 2012 年 | 14.4091 | 17.5146 | 15.0944 | 19.1243 |
| 韩国 | 2013 年 | 15.1290 | 22.5510 | 15.1981 | 19.8629 |
| 韩国 | 2014 年 | 15.9141 | 19.1029 | 16.3871 | 19.0317 |
| 韩国 | 2015 年 | 15.2682 | 17.7771 | 15.5003 | 20.0512 |
| 韩国 | 2016 年 | 15.3036 | 18.2088 | 15.6453 | 20.7169 |
| 韩国 | 2017 年 | 17.1614 | 24.3685 | 15.9803 | 20.5980 |
| 巴西 | 2012 年 | 4.0702 | 11.3974 | 6.0069 | 14.9549 |
| 巴西 | 2013 年 | 3.9733 | 8.5364 | 4.9547 | 14.0838 |
| 巴西 | 2014 年 | 3.6776 | 13.7935 | 4.7113 | 15.4793 |
| 巴西 | 2015 年 | 3.0623 | 8.1942 | 4.8540 | 13.1348 |
| 巴西 | 2016 年 | 3.2002 | 14.9230 | 4.2735 | 11.8643 |
| 巴西 | 2017 年 | 3.6162 | 15.0925 | 3.2982 | 10.9580 |
| 印度 | 2012 年 | 4.6913 | 12.4130 | 11.2882 | 14.3544 |
| 印度 | 2013 年 | 4.6119 | 12.2623 | 11.8068 | 14.2229 |
| 印度 | 2014 年 | 5.0094 | 11.5237 | 12.3156 | 14.7978 |
| 印度 | 2015 年 | 4.8140 | 11.4236 | 12.7719 | 13.6791 |
| 印度 | 2016 年 | 5.1473 | 11.4016 | 13.2514 | 12.9650 |
| 印度 | 2017 年 | 5.7876 | 13.2486 | 11.9127 | 12.8559 |

## 四、中国制造强国发展进程分析与展望

2012—2017 年，中国制造强国发展指数在小幅度波动[①]中从 92.31 增长至 108.94，制造业的整体国际竞争力实现了持续稳定增长，表现出较为突出的发展实力。2012—2017 年中国制造强国发展指数走势如图 1-7 所示。随着中美贸易摩擦、经济复苏周期性波动等影响，全球经济走势因素的不确定性日益增强，制造业日益成为保障中国经济发展的"稳定器"。

---

① 人民币兑美元汇率大幅下滑、生产价格指数（PPI）持续为负，以及国际市场不景气导致出口下降等因素造成了 2016 年中国制造强国发展指数首次下滑。

图 1-7　2012—2017 年中国制造强国发展指数走势

## （一）规模发展对推动中国制造强国建设起到了重要的基础支撑作用，要坚定不移地走"又强又大"的高质量发展道路

2012—2017 年，规模发展对提升中国制造强国发展指数起到了良好的基础支撑作用。目前，中国已覆盖了国际标准行业分类中制造业大类所涉及的 24 个行业组、71 个行业和 137 个子行业，基本形成了门类齐全、具有相当规模和一定水平的产业体系。2012—2017 年中国规模发展数值与主要构成指标变动趋势分析如图 1-8 所示。近年来中国稳定提升的规模发展水平，为质量效益提高、结构升级优化和创新培育突破提供了难得的转型空间和良好的产业环境。随着中国规模发展优势提升压力持续加大，应抓住来之不易的产业转型升级窗口期，全力打造高质量的工业发展体系。

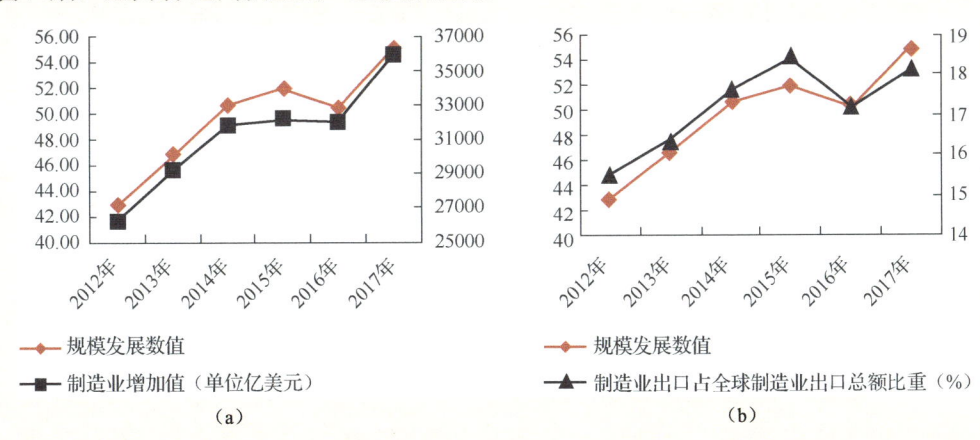

图 1-8　2012—2017 年中国规模发展数值与主要构成指标变动趋势分析

## （二）质量效益是中国建设制造强国的主要发力点，要力促产业链和价值链向高端升级

2012—2017 年，中国质量效益数值小幅度增加，制造业拥有的世界知名品牌数和制造业全员劳动生产率始终保持稳定增长，但制造业增加值率整体下降。2012—2017 年中国质量效益数值与主要构成指标变动趋势分析如图 1-9 所示。在现代化工业体系中，工业增长的核心是质量和效益，应依靠质量变革、效率变革、动力变革实现高质量增长，提升产业体系质量，实现新旧动能转换，形成更高效的工业运转模式和发展方式。

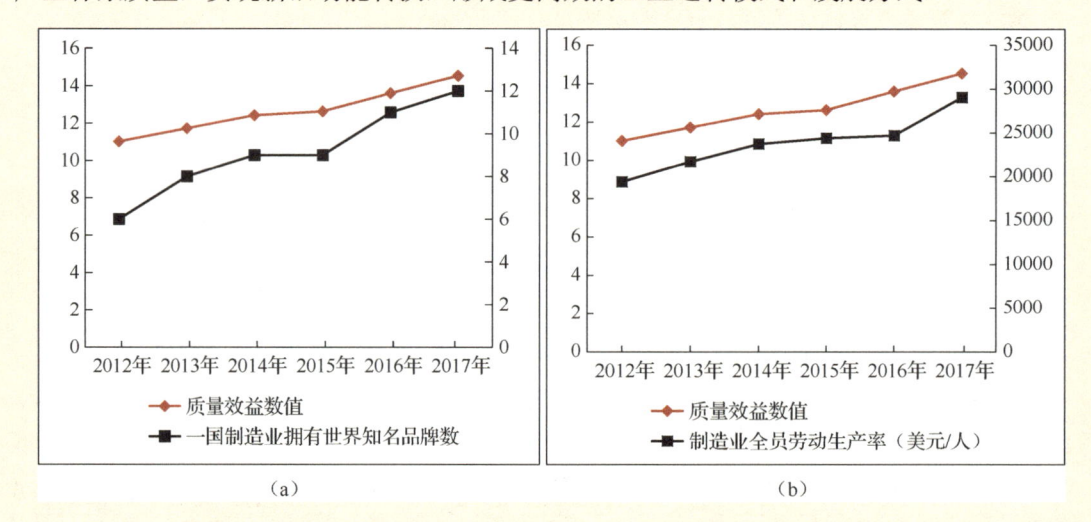

图 1-9　2012—2017 年中国质量效益数值与主要构成指标变动趋势分析

## （三）结构优化是一个艰巨的历史过程，要全力建设新兴产业与传统产业协同发展的现代化工业体系

2012—2017 年，中国结构优化数值出现波动。其中，基础产业（具体包括轴承、通用零部件、数控机床、仪器仪表产业）增加值占全球增加值的比重波动较为明显，新兴产业和基础产业的升级均处于关键时期，亟待通过加强全局谋划和顶层设计加强各行业间协同发展能力。2012—2017 年中国结构优化数值与主要构成指标变动趋势分析如图 1-10 所示。近年来，中国新兴产业的高增长有效地带动了产业转型升级步伐，但在拉动制造业整体增长水平、结构升级能力、基础产业国际竞争力等方面仍有待加大培育力度。同时，亟待提升新兴产业增长点与制造业转型升级要点的结合能力，力促新兴产业与基础产业形成发展合力。

图1-10 2012—2017年中国结构优化数值与主要构成指标变动趋势分析

## （四）持续发展是制造业高质量发展的内生动力，要充分挖掘创新驱动、绿色发展、智能升级的增长潜力

2012—2017年，中国持续发展数值在小幅波动中总体向好，在创新驱动、绿色发展、智能升级相关分项数值代表的领域均取得了一定的发展成效。但随着中国进入制造业转型升级的攻坚期，培育制造业持续发展潜力的压力日益增大。

（1）创新驱动在持续拉动产业效益提升的同时，应注重培育原始创新能力，加大创新成果转化力度。2012—2017年，中国创新驱动有效拉动持续发展指数值总体向好。2012—2017年中国持续发展数值与创新主要构成指标变动趋势分析如图1-11所示。通过创新研发资本和人力的持续投入，近年来中国的研发投入规模总量和专利类研发产出总量令全球瞩目，但中国在全球产业价值链中的地位尚待提升。应加强培育企业内生创新能力，进一步提高"产、学、研"合作层次，通过国家平台降低企业创新成本，对接"学、研"机构创新方向与企业创新需求，使企业创新落到实处，实现创新成果与生产水平提升的高度协同。

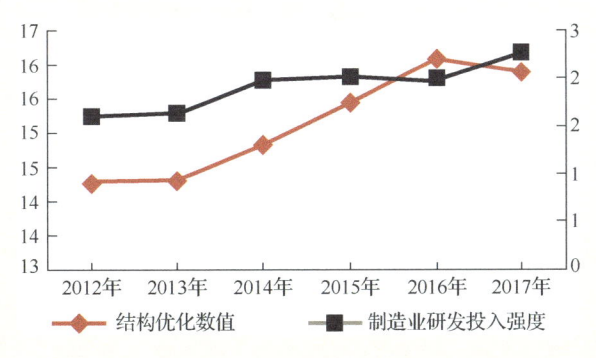

图1-11 2012—2017年中国持续发展数值与创新主要构成指标变动趋势分析

（2）绿色发展战略的全面实施极大地提升了制造业资源（能源）的循环高效运转效率，由粗放型向集约型转变的高质量发展模式已现雏形。2012—2017 年，中国工业单位能源产出水平和工业固体废物综合利用率均明显提升，但与发达国家相比有较大差距，制造业领域绿色发展模式的持续任务依然艰巨。制造业是国民经济实现绿色发展的重点领域，应注重节能、减排和循环利用等绿色技术的应用，以资源集约利用生产方式，积极破解资源环境瓶颈的制约，力促形成制造业绿色发展体系，最终建成人与自然和谐的绿色工业发展模式。2012—2017 年中国持续发展数值与绿色主要构成指标变动趋势分析如图 1-12 所示。

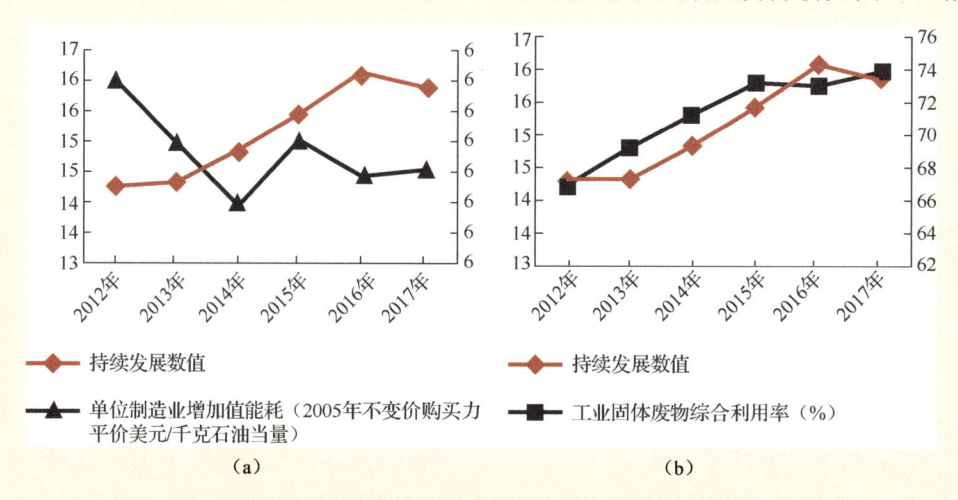

图 1-12　2012—2017 年中国持续发展数与绿色主要构成指标变动趋势分析

（3）制造业与信息化融合取得显著成效，制造业数字化网络化智能化步伐持续加快。2012—2017 年，通过大力推进两化融合和智能制造，在一定程度上提升了制造业体系的智能化水平和产出效率。2012—2017 年中国持续发展数值与信息化主要构成指标变动趋势分析如图 1-13 所示。信息化是建立现代化制造业体系的基石，应针对传统产业转型升级、新兴产业发展壮大的特色需求，以提升生产质量和效率为核心，针对不同行业制定更加精准的智能化升级措施，进而推动企业生产方式转型和效率的全面提升。

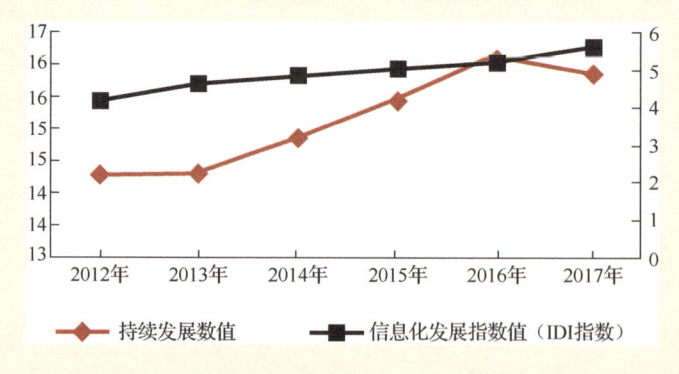

图 1-13　2012—2017 年中国持续发展数值与信息化主要构成指标变动趋势分析

综上分析可知，中国制造强国进程总体上呈"规模发展优势强化，质量效益亟待提升、结构优化任务艰巨、持续发展面临挑战"的态势。当前，中国经济发展面临的国内外形势错综复杂，从国内看，改革开放全面深化，供给侧结构性改革深入推进，工业体系区域间、行业间发展不平衡不充分的形势严峻，三大攻坚战面临较大挑战。从国际看，贸易保护主义加剧，逆全球化思潮抬头，主要经济体政策调整对世界经济的发展带来变数，特别是中美经贸摩擦及中国改革过程中的波动将对世界经济格局及中国经济发展带来一定影响。下一步，应强调"5个坚持"：

（1）坚持制造业国民经济主体地位不动摇，坚定不移地推进制造强国战略。
（2）坚持高质量发展，大幅度提升制造业的质量效益。
（3）坚持推进供给侧结构性改革，推动制造业从中低端加速向中高端转型。
（4）坚持绿色发展，推动由粗放型向集约型转变。
（5）坚持创新驱动战略，加快推动增长动力向创新驱动转变，打造具有国际竞争力的制造业，这是中国应对外部冲击、防控重大风险的战略选择。

# 附录 A　制造强国评价指标体系十八项二级指标趋势分析

2017年，中国的制造业全员劳动生产率、质量指数、制造业研发投入强度、全球500强中一国制造业企业营业收入占比、制造业增加值5项指标发展良好；高技术产品贸易竞争优势指数、基础产业增加值占全球比重、单位制造业增加值的全球发明专利授权量3项指标出现较大幅度的波动。

## （一）规模发展数值所辖具体指标分析

规模发展数值由国民人均制造业增加值、制造业增加值、制造业出口占全球制造业出口总额比重3项具体指标构成，其中，"国民人均制造业增加值"和"制造业增加值"分别从"人均"与"总量"两个维度共同标度一国制造业的总体生产规模发展能力；"制造业出口占全球制造业出口总额比重"用来标度一国制造业的全球市场规模发展能力。

从"国民人均制造业增加值"的变动情况看，2012—2017年，中国的"国民人均制造业增加值"从 2012 年的 1939.44 美元提升至 2017 年的 2590.15 美元（见附录图 A-1），年均增速达到 5.96%，在九国中位列第一；除了 2016 年出现小幅度下滑，整体上呈现稳定上升态势。但是，当前中国"国民人均制造业增加值"仍远落后于全球制造强国的。例如，2017 年，中国的国民人均制造业增加值仅分别相当于美国、日本、德国、英国、法国、韩国的 37.59%、39.59%、28.19%、70.85%、66.40%、31.58%。可见，中国全力提升国民人均制造业增加值刻不容缓且任重道远。

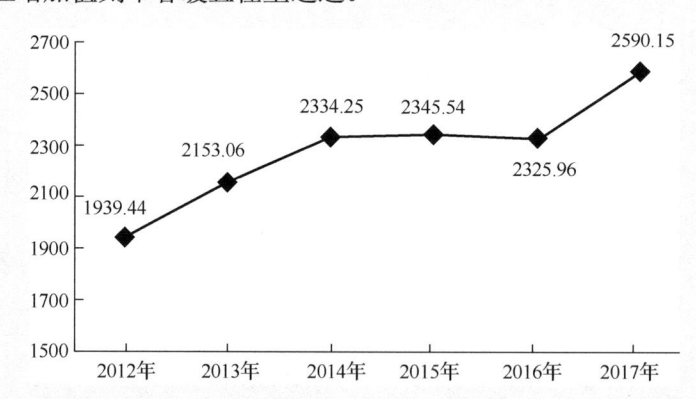

附录图 A-1　中国的"国民人均制造业增加值"变动情况（单位：美元/人，现价美元）

中国等九国的"国民人均制造业增加值"变动情况分析见附录表 A-1。

附录表 A-1　中国等九国的"国民人均制造业增加值"变动情况分析（单位：美元/人，现价美元）

| 国　别 | 2012 年 | 2017 年 | 年均增速 |
| --- | --- | --- | --- |
| 中国 | 1939.44 | 2590.15 | 5.96% |
| 美国 | 6087.50 | 6890.22 | 2.51% |
| 日本 | 8640.78 | 6543.09 | -5.41% |
| 德国 | 8926.37 | 9189.24 | 0.58% |
| 英国 | 3641.91 | 3655.65 | 0.08% |
| 法国 | 4154.57 | 3901.01 | -1.25% |
| 韩国 | 6888.34 | 8200.81 | 3.55% |
| 巴西 | 1193.28 | 997.36 | -3.52% |
| 印度 | 240.06 | 290.86 | 3.91% |

从"制造业增加值"的变动情况看，2012—2017 年，中国的"制造业增加值"从 2012 年的 26196 亿美元提升至 2017 年的 35910 亿美元（见附录图 A-2），自 2010 年起连续 8 年保持世界制造业第一大国的地位。但从 2012 年起中国制造业增加值增速持续下滑，与 2016 年同比增速降至谷底，在 2017 年虽有回升，但年均增速降至 6.51%，低于 2006—2011 年的年均增速（8.23%）1.72 个百分点，中国制造业通过转型升级实现突破发展成为当务之急。与此同时，与中国形成鲜明对比的是，美国、德国和韩国进一步加快旨在巩固本国制造业发展的步伐，实现了制造业增加值增速的平稳提升，2012—2017 年的

年均增速分别为 3.25%、1.14%和 4.15%，分别高于 2006—2011 年的年均增速（1.50%）1.75、（0.82%）0.32 和（3.50%）0.65 个百分点。

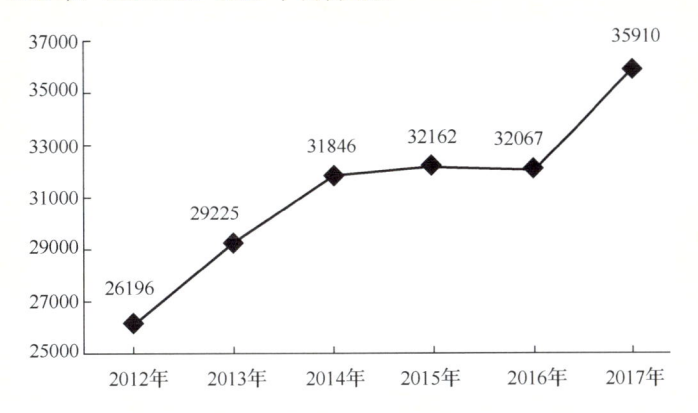

附录图 A-2　中国的"制造业增加值"变动情况（单位：亿美元，现价美元）

中国等九国的"制造业增加值"变动情况分析见附录表 A-2。

附录表 A-2　中国等九国的"制造业增加值"变动情况分析（单位：亿美元，现价美元）

| 国　别 | 2012 年 | 2017 年 | 年均增速 |
| --- | --- | --- | --- |
| 中国 | 26195.90 | 35909.80 | 6.51% |
| 美国 | 19121.60 | 22442.80 | 3.25% |
| 日本 | 11022.30 | 8295.71 | -5.53% |
| 德国 | 7179.10 | 7599.04 | 1.14% |
| 英国 | 2319.91 | 2413.54 | 0.79% |
| 法国 | 2727.06 | 2618.31 | -0.81% |
| 韩国 | 3444.48 | 4220.65 | 4.15% |
| 巴西 | 2415.21 | 2087.35 | -2.88% |
| 印度 | 3033.40 | 3895.08 | 5.13% |

从"制造业出口占全球制造业出口总额比重"指标的变动情况看，2012—2017 年，"中国制造业出口占全球制造业出口总额比重"总体保持上升态势，从 15.52%提升至 18.15%（见附录图 A-3），在 2015 年达到最高水平，即 18.45%。但在 2016 年下滑至 17.20%，虽在 2017 年回升明显，但仍低于 2015 年 0.3 个百分点。2012—2017 年同期，除了日本的制造业国际市场份额略减少，美国、德国、英国、法国、韩国、巴西和印度的制造业国际市场份额分别增长了 0.32、1.24、0.40、0.12、0.64、0.02 和 0.27 个百分点。中国制造业国际市场份额同时面临来自传统制造强国和后发制造大国日益加剧的双重挤压，国际市场竞争压力持续增大，亟须通过提升本国在制造业国际产业链中的地位，拓展国际市场空间。

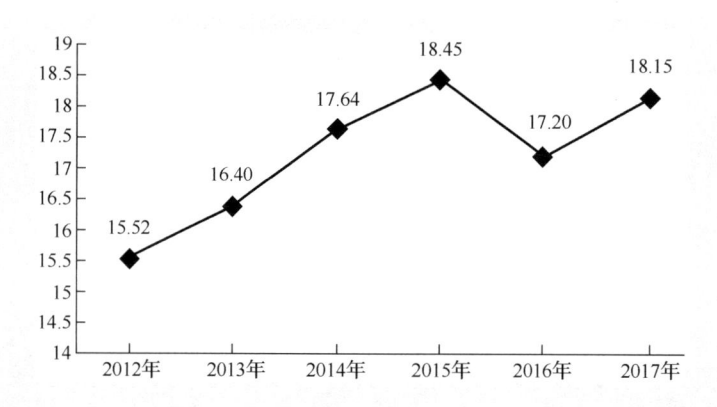

附录图 A-3　中国的"制造业出口占全球制造业出口总额比重"变动情况

中国等九国的"制造业出口占全球制造业出口总额比重"变动情况分析见附录表 A-3。

附录表 A-3　中国等九国的"制造业出口占全球制造业出口总额比重"变动情况分析（%）

| 国　别 | 2012 年 | 2017 年 | 5 年增长百分点 |
| --- | --- | --- | --- |
| 中国 | 15.52 | 18.15 | 2.63 |
| 美国 | 7.85 | 8.17 | 0.32 |
| 日本 | 5.79 | 5.26 | -0.53 |
| 德国 | 9.28 | 10.52 | 1.24 |
| 英国 | 2.51 | 2.91 | 0.40 |
| 法国 | 3.53 | 3.65 | 0.12 |
| 韩国 | 3.75 | 4.39 | 0.64 |
| 巴西 | 0.68 | 0.70 | 0.02 |
| 印度 | 1.55 | 1.82 | 0.27 |

综上分析可知，确保"国民人均制造业增加值"的平稳提升、稳定"制造业增加值"的中速增长水平、防止"制造业出口占全球制造业出口总额比重"过快下滑，成为提升中国制造业"规模发展"水平的关键。

## （二）质量效益数值所辖具体指标分析

质量效益数值由质量指数、一国制造业拥有世界知名品牌数、制造业增加值率、制造业全员劳动生产率、销售利润率 5 项具体指标构成。其中，"质量指数"和"一国制造业拥有世界知名品牌数"分别从"内在质量"与"外在影响"两个维度共同标度一国制造业的产品质量国际认可能力；"制造业增加值率""制造业全员劳动生产率"和"销售利润率"分别从"生产过程运转效益""人力要素产出效益"与"市场盈利效益"3 个维度共同标度一国制造业的产业体系运营质量提升能力。

以"质量指数"中的典型构成指标——各国（指对标的九国）对美国和欧盟的制造业商品出口额及美国和欧盟对各国的制造业产品召回通报数的变动情况看，2012—2017年，中国对美国和欧盟的商品出口额均呈稳中略升态势，5年间分别增长了64.08亿美元和32.73亿美元，总增幅分别达到18.18%和9.80%。同时，美国和欧盟对中国的制造业产品召回通报数均呈稳中略降趋势，5年间均分别降低了35次，总降幅分别达到19.77%和3.13%。其中，美国对中国制造业产品总需求量略高于欧盟，但欧盟对中国的制造业产品召回通报数远高于美国，在2017年这一数量是美国的7.63倍。2017年，美国、日本、德国、英国、法国、韩国、巴西和印度收到的由美国与欧盟共同发出的制造业产品召回通报次数分别是中国的7.10%、1.88%、14.61%、4.65%、9.39%、0.41%、0.16%和1.14%。该指标虽受各国出口产品结构的影响，但在同等贸易规模和条件下，中国的制造业产品质量受到严重的质疑。2012—2017年中国"质量指数"具体构成指标变动情况如附录图A-4所示。

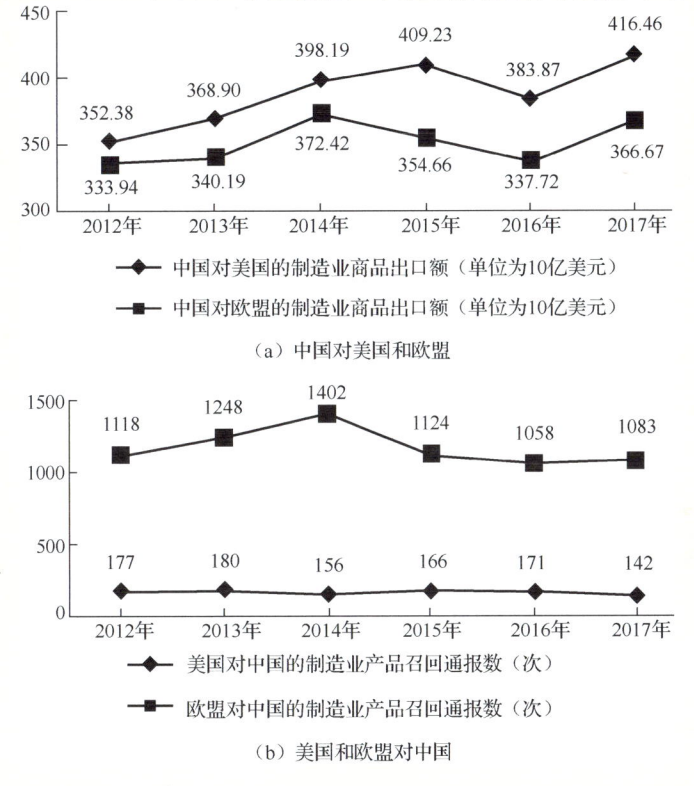

（a）中国对美国和欧盟

（b）美国和欧盟对中国

附录图A-4　2012—2017年中国"质量指数"具体构成指标变动情况

从"一国制造业拥有世界知名品牌数"指标的变动情况看，2012—2017年，"中国制造业拥有世界知名品牌数"从2012年的6个提升至2017年的12个（见附录图A-5），国际市场品牌影响力提高。然而，当前中国制造业拥有世界知名品牌数仍远远落后于全球制造强国的。2017年，中国制造业拥有世界知名品牌数仅分别相当于美国、日本、德国、英国、法国的15.19%、41.38%、75%、75%、57.14%，中国知名品牌数虽在5年间的增长个数位列第一，但除日本和巴西外，美国、德国、英国、法国、韩国和印度均积极培育本国世界知名品牌，中国培育本国制造业世界知名品牌总量的国际竞争力尚待时日。

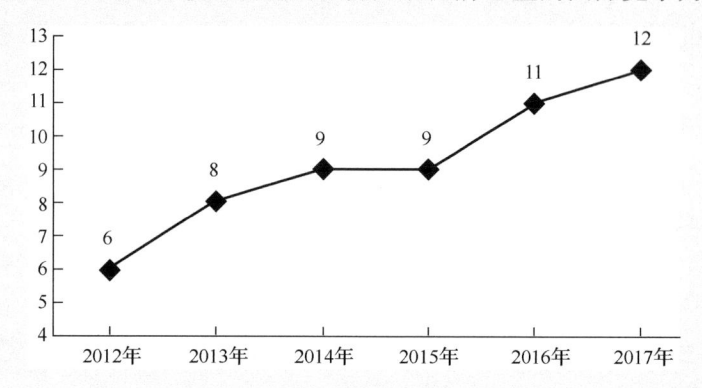

附录图 A-5　中国的"一国制造业拥有世界知名品牌数"指标变动情况（单位：个）

中国等九国的"一国制造业拥有世界知名品牌数"变动情况分析见附录表 A-4。

附录表 A-4　中国等九国的"一国制造业拥有世界知名品牌数"变动情况分析（单位：个）

| 国　别 | 2012 年 | 2017 年 | 5 年增长个数 |
| --- | --- | --- | --- |
| 中国 | 6 | 12 | 6 |
| 美国 | 75 | 79 | 4 |
| 日本 | 31 | 29 | -2 |
| 德国 | 15 | 16 | 1 |
| 英国 | 14 | 16 | 2 |
| 法国 | 21 | 21 | 0 |
| 韩国 | 4 | 5 | 1 |
| 巴西 | 3 | 2 | -1 |
| 印度 | 5 | 6 | 1 |

从"制造业增加值率"指标的变动情况看，2012—2017 年，中国的"制造业增加值率"呈现极为不利的下滑态势，总体上从 21.05% 降至 19.37%（见附录图 A-6）。在

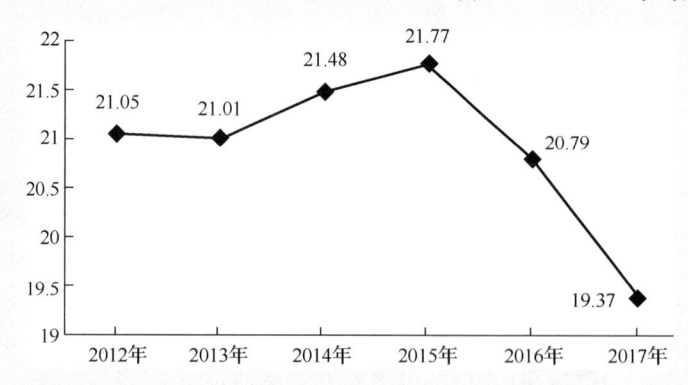

附录图 A-6　中国的"制造业增加值率"指标变动情况（%）

2015年以前尚能保持基本平稳的发展态势，但2016年和2017年出现明显的连续下降，在2017年更是首次回落至20%以下。可见，中国的制造业增加值率水平的劣势突显。2017年，美国和德国的制造业增加值率保持在30%以上，处于全球领先水平，日本、英国、法国、韩国和印度的制造业增加值率虽有波动，但保持在26%以上的较高水平，而中国仅处于与巴西基本相当的水平，与全球制造强国和后发发展中国家的差距明显拉大。中国制造业产业体系运转效率仍然处于较低水平，传统制造强国和后发制造大国均在加速本国制造业产业体系的升级，进一步加大了中国制造业产业体系升级的难度和压力。

中国等九国的"制造业增加值率"变动情况分析见附录表A-5。

附录表A-5　中国等九国的"制造业增加值率"变动情况分析（%）

| 国　别 | 2012年 | 2017年 | 5年增长百分点 |
|---|---|---|---|
| 中国 | 21.05 | 19.37 | -1.68 |
| 美国 | 32.73 | 33.47 | 0.74 |
| 日本 | 32.81 | 25.28 | -7.53 |
| 德国 | 31.84 | 32.58 | 0.74 |
| 英国 | 30.53 | 26.24 | -4.29 |
| 法国 | 27.71 | 26.02 | -1.69 |
| 韩国 | 25.67 | 26.18 | 0.51 |
| 巴西 | 23.80 | 18.36 | -5.44 |
| 印度 | 28.59 | 26.93 | -1.66 |

从"制造业全员劳动生产率"指标的变动情况看，2012—2017年，中国的"制造业全员劳动生产率"从2012年的19413.10美元/人提升至2017年的29052.72美元/人（见附录图A-7），呈逐年稳定上升趋势，年均增速达到8.40%。然而，当前中国的"制造业全员劳动生产率"仍远远落后于全球制造强国。例如，2017年中国的制造业全员劳动生产率仅分别相当于美国、日本、德国、英国、法国、韩国的20.42%、36.58%、30.53%、36.45%、36.52%和31.85%。虽然中国的制造业全员劳动生产率在2012—2017年的年均增速位列第一，但除日本、英国和法国外，美国、德国和韩国均保持了总体平稳增长，其中美国增长势头更为突出。中国的制造业全员劳动生产率具有一定的后发优势，但仍需进一步巩固和提升。

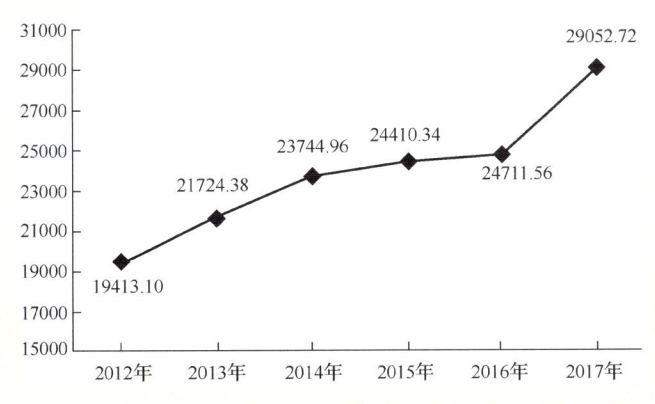

附录图A-7　中国的"制造业全员劳动生产率"指标变动情况（单位：美元/人，现价美元）

中国等九国的"制造业全员劳动生产率"变动情况分析见附录表 A-6。

附录表 A-6　中国等九国的"制造业全员劳动生产率"
变动情况分析（单位：美元/人，现价美元）

| 国别 | 2012 年 | 2017 年 | 年均增速 |
| --- | --- | --- | --- |
| 中国 | 19413.10 | 29052.72 | 8.40% |
| 美国 | 130202.71 | 142298.30 | 1.79% |
| 日本 | 106826.02 | 79431.58 | −5.75% |
| 德国 | 93017.66 | 95170.98 | 0.46% |
| 英国 | 79996.79 | 79707.57 | −0.07% |
| 法国 | 82538.01 | 79549.51 | −0.73% |
| 韩国 | 83909.29 | 91216.16 | 1.68% |
| 巴西 | 6782.37 | 5938.22 | −2.62% |
| 印度 | 12115.68 | 12591.32 | 0.77% |

从"制造业销售利润率"指标的变动情况看，2012—2017 年，中国的"制造业销售利润率"从 2012 年的 6.03% 提升至 2017 年的 6.51%（见附录图 A-8），提升了 0.48 个百分点。其中，2013 年的制造业销售利润率跌至 5.62%，随后逐年上升，持续稳定在 6% 以上的较高水平，整体上处于"初步确立后发优势但波动明显"的状态。虽然 2017 年中国的制造业销售利润率水平与美国的基本相当，但 2012—2017 年，美国、日本和德国的制造业销售利润率显示出极强的增长能力，5 年间这三国的制造业销售利润率总体上分别增长了 1.92、2.03 和 1.85 个百分点。日本在这方面的增幅位居第一，而中国仅增长了 0.48 个百分点。中国的制造业在全球市场的盈利能力和保持较高运转效率的能力仍有待增强。

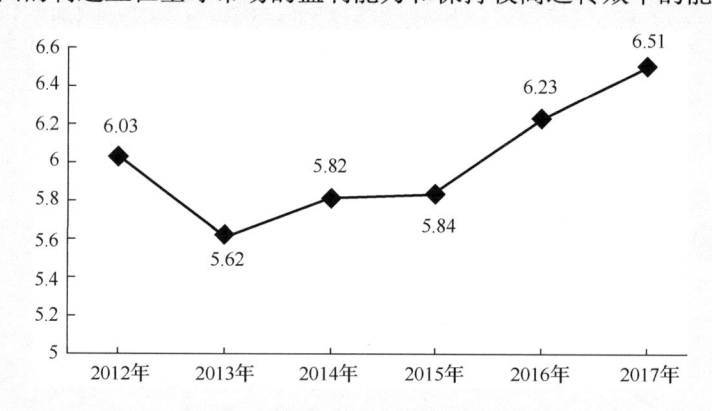

附录图 A-8　中国的"制造业销售利润率"指标变动情况（%）

中国等九国的"制造业销售利润率"变动情况分析见附录表 A-7。

附录表 A-7　中国等九国的"制造业销售利润率"变动情况分析（%）

| 国别 | 2012 年 | 2017 年 | 5 年增长百分点 |
| --- | --- | --- | --- |
| 中国 | 6.03 | 6.51 | 0.48 |
| 美国 | 4.84 | 6.76 | 1.92 |

续表

| 国 别 | 2012 年 | 2017 年 | 5 年增长百分点 |
|---|---|---|---|
| 日本 | 3.51 | 5.54 | 2.03 |
| 德国 | 3.98 | 5.83 | 1.85 |
| 英国 | 4.53 | 4.31 | -0.22 |
| 法国 | 4.13 | 4.53 | 0.40 |
| 韩国 | 3.86 | 4.43 | 0.57 |
| 巴西 | 2.54 | 3.01 | 0.47 |
| 印度 | 6.80 | 5.59 | -1.21 |

综上分析可知，着力弥补"质量指数"和"制造业增加值率"的短板、巩固增强"一国制造业拥有世界知名品牌数""制造业全员劳动生产率"和"制造业销售利润率"的后发优势，成为提升中国制造业"质量效益"水平的关键。

## （三）结构优化数值所辖具体指标分析

结构优化数值由高技术产品贸易竞争优势指数、基础产业增加值占全球比重、全球500强中一国制造业企业营业收入占比、装备制造业增加值占制造业增加值比重、标志性产业的产业集中度（C5）5 项具体指标构成，其中，"高技术产品贸易竞争优势指数""基础产业增加值占全球比重"和"全球500强中一国制造业企业营业收入占比"分别从"中高端产业国际竞争实力""基础产业国际竞争实力"与"跨国企业运营实力"3 个维度共同标度一国制造业的全球产业链结构优化能力；"装备制造业增加值占制造业增加值比重"和"标志性产业的产业集中度（C5）"分别从"产业类型优化"与"产业组织优化"2 个维度共同标度一国制造业的本国产业链结构优化能力。

从"高技术产品贸易竞争优势指数"指标的变动情况看，2012—2017 年，中国的"高技术产品贸易竞争优势指数"在小幅度波动中呈现极为不利的下滑态势，总体上从 0.24 降至 0.02（见附录图 A-9），跌至近 10 年来的最低水平，在九国中降幅最大，甚至已经滞后于印度和巴西。中国高技术产品的国家竞争力在发达国家高端封锁和后发国家低端抢占的双重压力下，在全球市场的空间明显萎缩，向全球产业链的高端升级难度持续加大。中国等九国的"高技术产品贸易竞争优势指数"变动情况分析见附录表 A-8。

从"基础产业增加值占全球比重"指标的变动情况看，2012—2017 年，中国的"基础产业增加值占全球比重"总体上大幅度下降，从 2012 年的 11.54%加速降至 2017 年的 6.91%（见附录图 A-10），总降幅接近 50%，在 2016 年和 2017 年更是每年降低约 2 个百分点。与之形成鲜明对比的是，2017 年，美国、日本和德国的基础产业增加值与全球比重分别达到 20.42%、11.13%和 24.62%的高水平；2012—2017 年，美国、德国和韩国的年平均增速分别为 3.93%、5.58%和 9.26%，印度也保持了整体增长，而中国的降幅远高于传统制造强国和后发制造大国，中国制造业基础产业的全球产业链升级步伐明显滞后。

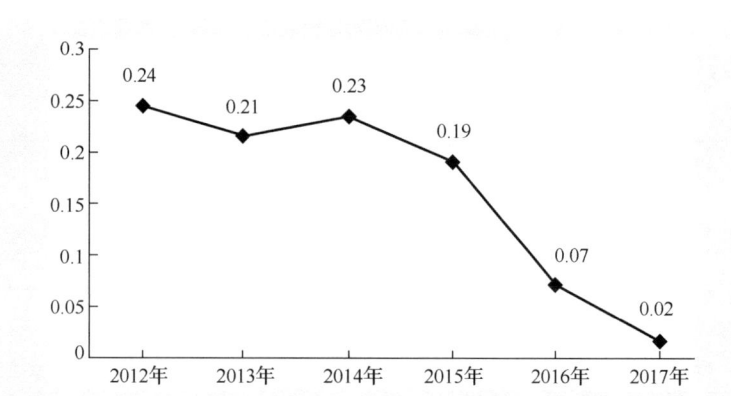

附录图 A-9　中国的"高技术产品贸易竞争优势指数"指标变动情况（%）

附录表 A-8　中国等九国的"高技术产品贸易竞争优势指数"变动情况分析（%）

| 国别 | 2012 年 | 2017 年 | 年均增速 |
|---|---|---|---|
| 中国 | 0.24 | 0.02 | -39.16 |
| 美国 | 0.79 | 0.72 | -1.84 |
| 日本 | 0.87 | 0.88 | 0.23 |
| 德国 | 0.86 | 0.88 | 0.46 |
| 英国 | 0.72 | 0.71 | -0.28 |
| 法国 | 0.65 | 0.68 | 0.91 |
| 韩国 | 0.74 | 0.63 | -3.17 |
| 巴西 | -0.26 | -0.39 | 8.45 |
| 印度 | 0.26 | 0.21 | -4.18 |

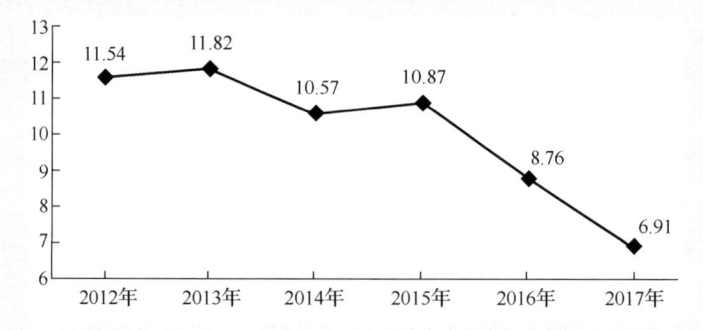

附录图 A-10　中国的"基础产业增加值占全球增加值的比重"指标变动情况（%）

中国等九国的"基础产业增加值占全球比重"变动情况分析见附录表 A-9。

附录表 A-9　中国等九国的"基础产业增加值占全球增加值的比重"变动情况分析（%）

| 国　别 | 2012 年 | 2017 年 | 年均增速 |
|---|---|---|---|
| 中国 | 11.54 | 6.91 | -9.75 |
| 美国 | 16.84 | 20.42 | 3.93 |
| 日本 | 13.75 | 11.13 | -4.14 |
| 德国 | 18.77 | 24.62 | 5.58 |

续表

| 国　别 | 2012 年 | 2017 年 | 年均增速 |
|---|---|---|---|
| 英国 | 4.26 | 3.14 | −5.92 |
| 法国 | 3.13 | 3.49 | 2.20 |
| 韩国 | 2.55 | 3.97 | 9.26 |
| 巴西 | 1.35 | 0.49 | −18.35 |
| 印度 | 2.96 | 3.06 | 0.67 |

从"全球 500 强中一国制造业企业营业收入占比"指标的变动情况看，2012—2017 年，在全球 500 强中，中国制造业企业营业收入占比从 2012 年的 8.49%提升至 2017 年的 16.72%（见附录图 A-11），呈逐年稳定上升的趋势，年均增速达到 14.52%，居九国之首。然而，当前全球 500 强中的中国制造业企业面临较大的国际竞争，虽然在营业收入总量上初步确立了规模优势，但仍低于美国 9.72 个百分点，存在较大差距。

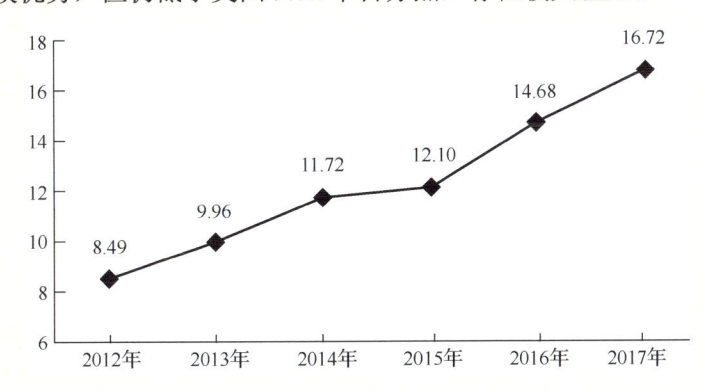

附录图 A-11　中国的"全球 500 强中一国制造业企业营业收入占比"指标变动情况（%）

中国等九国的"全球 500 强中一国制造业企业营业收入占比"变动情况分析见附录表 A-10。

附录表 A-10　中国等九国的"全球 500 强中一国制造业企业营业收入占比"变动情况分析（%）

| 国　别 | 2012 年 | 2017 年 | 年均增速 |
|---|---|---|---|
| 中国 | 8.49 | 16.72 | 14.52 |
| 美国 | 26.78 | 26.44 | −0.26 |
| 日本 | 14.47 | 12.28 | −3.23 |
| 德国 | 7.58 | 9.44 | 4.49 |
| 英国 | 4.83 | 3.27 | −7.50 |
| 法国 | 5.43 | 4.71 | −2.80 |
| 韩国 | 4.89 | 5.74 | 3.26 |
| 巴西 | 1.46 | 1.29 | −2.45 |
| 印度 | 2.45 | 1.98 | −4.17 |

从"装备制造业增加值占制造业增加值比重"指标的变动情况看，2012—2017 年，中国的"装备制造业增加值占制造业增加值比重"呈先升后降的大幅度波动态势，从

2012 年的 32.07% 逐年递增至 2015 年的最高水平 34.25%，随后快速下降，在 2017 年降至 32.74%（见附录图 A-12），比 2015 年低 1.51 个百分点，与 2012 年的水平基本持平。2017 年美国、日本和德国的装备制造业增加值占制造业增加值比重分别达到 35.44%、33.90%、52.51%，处于各自的历史较高水平，2012—2017 年除美国的平均增速略有波动外，日本和德国的平均增速高达 1.08% 和 3.66%，印度的也高达 4.35%，传统制造强国和后发制造大国均通过全力提升本国装备制造业增加值占制造业增加值比重，以期实现制造业产业链的整体升级。中国等九国的"装备制造业增加值占制造业增加值比重"变动情况分析见附录表 A-11。

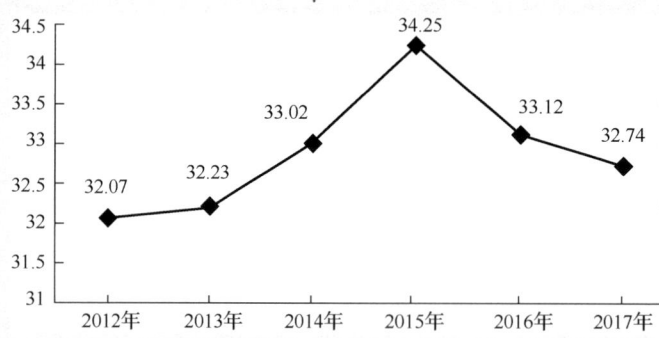

附录图 A-12　中国的"装备制造业增加值占制造业增加值比重"指标变动情况（%）

附录表 A-11　中国等九国的"装备制造业增加值占制造业增加值比重"变动情况分析（%）

| 国　别 | 2012 年 | 2017 年 | 年均增速 |
| --- | --- | --- | --- |
| 中国 | 32.07 | 32.74 | 0.41 |
| 美国 | 35.60 | 35.44 | -0.09 |
| 日本 | 32.12 | 33.90 | 1.08 |
| 德国 | 43.87 | 52.51 | 3.66 |
| 英国 | 14.26 | 9.08 | -8.63 |
| 法国 | 18.87 | 17.35 | -1.67 |
| 韩国 | 12.91 | 13.02 | 0.17 |
| 巴西 | 29.18 | 24.63 | -3.33 |
| 印度 | 23.09 | 28.57 | 4.35 |

从"标志性产业的产业集中度（C5）"指标的变动情况看，2012—2017 年，中国的"标志性产业的产业集中度（C5）"总体下降，从 2012 年的 46.25% 降至 2017 年的 42.53%（见附录图 A-13），总降幅为 3.72 个百分点，在 2017 年降至 5 年的最低水平。这一情况说明当前中国标志性产业的产业集中度（C5）提升难度持续加大，中国制造业产业体系结构优化的步伐相对缓慢。

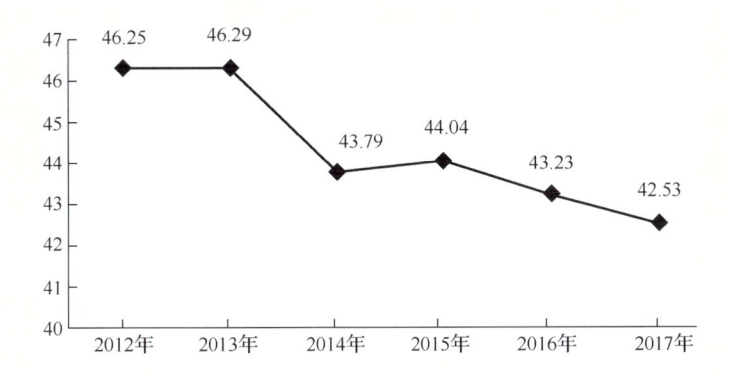

附录图 A-13　中国的"标志性产业的产业集中度（C5）"指标变动情况（%）

中国等九国的"标志性产业的产业集中度（C5）"变动情况分析见附录表 A-12。

附录表 A-12　中国等九国的"标志性产业的产业集中度（C5）"变动情况分析（%）

| 国　别 | 2012 年 | 2017 年 | 年均增速 |
| --- | --- | --- | --- |
| 中国 | 46.25 | 42.53 | −1.66 |
| 美国 | 86.75 | 88.12 | 0.31 |
| 日本 | 82.12 | 86.87 | 1.13 |
| 德国 | 93.25 | 95.77 | 0.53 |
| 英国 | 70.43 | 75.18 | 1.31 |
| 法国 | 75.66 | 80.55 | 1.26 |
| 韩国 | 68.29 | 74.56 | 1.77 |
| 巴西 | 55.96 | 69.23 | 4.35 |
| 印度 | 41.31 | 59.59 | 7.60 |

综上分析可知，全面遏制"高技术产品贸易竞争优势指数""基础产业增加值占全球比重""装备制造业增加值占制造业增加值比重"和"标志性产业的产业集中度（C5）"的下滑态势，着力保持"全球 500 强中一国制造业企业营业收入占比"的上升态势，成为提升中国制造业产业体系"结构优化"水平的关键。

## （四）持续发展数值所辖具体指标分析

持续发展数值由单位制造业增加值的全球发明专利授权量、制造业研发投入强度、制造业研发人员占从业人员比重、单位制造业增加值能耗、工业固体废物综合利用率和信息化发展指数（IDI 指数）6 项指标构成，其中，"单位制造业增加值的全球发明专利授权量""制造业研发投入强度"和"制造业研发人员占从业人员比重"分别从"创新成果产出""创新经费投入"与"创新人力投入"3 个维度共同标度一国制造业的创新持续发展能力；"单位制造业增加值能耗"和"工业固体废物综合利用率"分别从"节能减排"与"循环利用"2 个维度共同标度一国制造业的绿色持续发展能力；"信息化发展指数（IDI 指数）"

用来标度一国制造业的信息化持续发展能力。

从"单位制造业增加值的全球发明专利授权量"指标的变动情况看，2012—2017年，中国的"单位制造业增加值的全球发明专利授权量"在连续4年平稳增长后，在2017年下滑。在2012年为5.48项/亿美元，2016年提升至最高水平6.67项/亿美元，在2017年回落至6.03项/亿美元（附录图A-14）。此外，2017年，中国的单位制造业增加值的全球发明专利授权量虽仅分别相当于美国和日本的39.08%、58.20%，但中国在2012—2017年的年均增速保持了1.93%的正增长水平，明显有别于传统制造强国普遍呈现的负增长态势。中国在制造业科技成果产出方面，正处于加速追赶状态，后发优势突显。

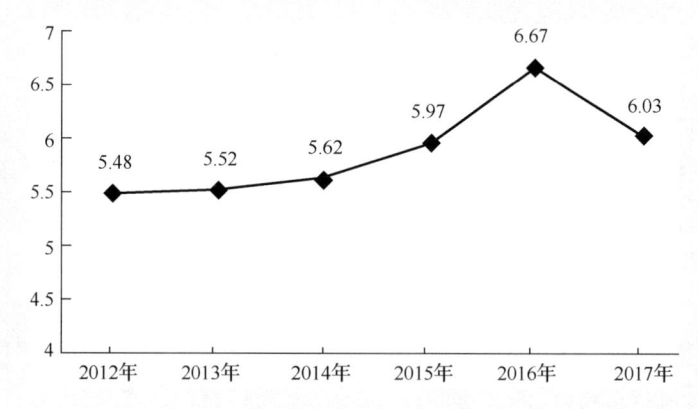

附录图A-14 中国"单位制造业增加值的全球发明专利授权量"指标变动情况（单位：项/亿美元）

中国等九国的"单位制造业增加值的全球发明专利授权量"变动情况分析见附录表A-13。

附录表A-13 中国等九国的"单位制造业增加值的全球发明专利授权量"变动情况分析（单位：项/亿美元）

| 国 别 | 2012年 | 2017年 | 年均增速 |
| --- | --- | --- | --- |
| 中国 | 5.48 | 6.03 | 1.93% |
| 美国 | 16.25 | 15.43 | -1.03% |
| 日本 | 13.69 | 10.36 | -5.42% |
| 德国 | 6.75 | 5.75 | -3.16% |
| 英国 | 1.59 | 1.48 | -1.42% |
| 法国 | 2.96 | 2.73 | -1.60% |
| 韩国 | 5.32 | 5.57 | 0.92% |
| 巴西 | 3.25 | 2.04 | -8.89% |
| 印度 | 4.78 | 4.48 | -1.29% |

从"制造业研发投入强度"指标的变动情况看，2012—2017年，中国的"制造业研发投入强度"由1.60%提升至2.26%（见附录图A-15），年均增速达到7.15%，增长势头持续强劲，中国在制造业研发经费投入方面，正处于加大制造业研发培育力度的厚植期。虽然研发经费投入的产出实效受研发周期影响并未充分展现，但是已充分体现了后发优势。

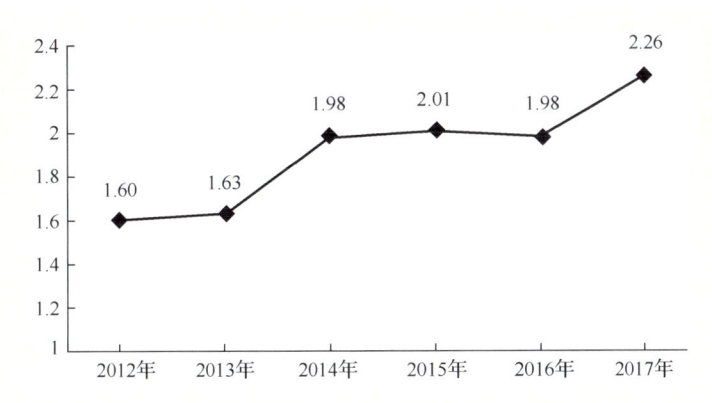

附录图 A-15　中国的"制造业研发投入强度"指标变动情况（%）

中国等九国的"制造业研发投入强度"变动情况分析见附录表 A-14。

附录表 A-14　中国等九国的"制造业研发投入强度"变动情况分析（%）

| 国　别 | 2012 年 | 2017 年 | 年均增速 |
| --- | --- | --- | --- |
| 中国 | 1.60 | 2.26 | 7.15 |
| 美国 | 2.85 | 2.95 | 0.69 |
| 日本 | 3.48 | 3.55 | 0.40 |
| 德国 | 2.87 | 3.32 | 2.96 |
| 英国 | 1.84 | 2.53 | 6.58 |
| 法国 | 2.24 | 2.50 | 2.22 |
| 韩国 | 3.45 | 3.88 | 2.38 |
| 巴西 | 1.52 | 0.65 | −15.62 |
| 印度 | 1.45 | 1.24 | −3.08 |

从"制造业研发人员占从业人员比重"指标的变动情况看，2012—2017 年，中国的"制造业研发人员占从业人员比重"稳步提升，由 1526 人/百万人提升至 1789 人/百万人（见附录图 A-16），年均增速达到 3.23%，但与全球制造强国差距明显。2017 年，中国的制造业研发人员占从业人员比重仅分别相当于美国、日本、德国、英国、法国、韩国的 10.20%、9.05%、9.52%、21.72%、19.90%和 16.56%，与印度的水平基本相当。在传统制

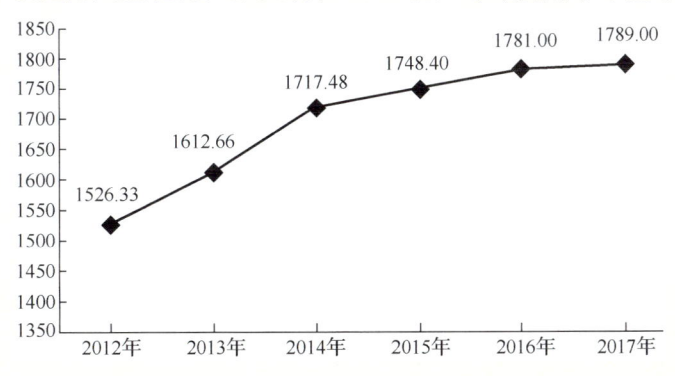

附录图 A-16　中国的"制造业研发人员占从业人员比重"指标变动情况（单位：人/百万人）

造强国和后发制造大国的双重挤压下，研发人员严重缺失，使得制造业研发经费的使用效率和研发成果的产业化能力均被压制在较低水平，严重影响了中国制造业创新发展对产业升级的支撑成效。

中国等九国的"制造业研发人员占从业人员比重"变动情况分析见附录表 A-15。

附录表 A-15　中国等九国的"制造业研发人员占从业人员比重"变动情况分析（单位：人/百万人）

| 国　别 | 2012 年 | 2017 年 | 年均增速 |
| --- | --- | --- | --- |
| 中国 | 1526 | 1789 | 3.23% |
| 美国 | 16240 | 17546 | 1.56% |
| 日本 | 18012 | 19777 | 1.89% |
| 德国 | 17235 | 18798 | 1.75% |
| 英国 | 7320 | 8238 | 2.39% |
| 法国 | 8347 | 8989 | 1.49% |
| 韩国 | 9135 | 10802 | 3.41% |
| 巴西 | 1145 | 1103 | -0.74% |
| 印度 | 1252 | 1687 | 6.15% |

从"单位制造业增加值能耗"指标的变动情况看，2012—2017 年，中国每单位能源的制造业产出水平从 2012 年的 6.30 美元/千克石油当量略降至 2017 年的 6.01 美元/千克石油当量（见附录图 A-17），能源产出能力稳定保持在 6 美元/千克石油当量以上水平。然而，当前中国每单位能源的制造业产出水平仍远远落后于全球制造强国。2017 年，中国每单位能源的制造业产出水平仅分别相当于美国、日本、德国、英国、法国、韩国的 67.38%、50.17%、47.51%、49.55%、59.56% 和 75.98%。2012—2017 年，中国年均增速在波动中始终难以实现明显的突破，制造业能源使用方式、生产模式正面临较为严峻的高效化、集约化瓶颈，亟待提升传统能源的使用效率并积极拓展新能源。

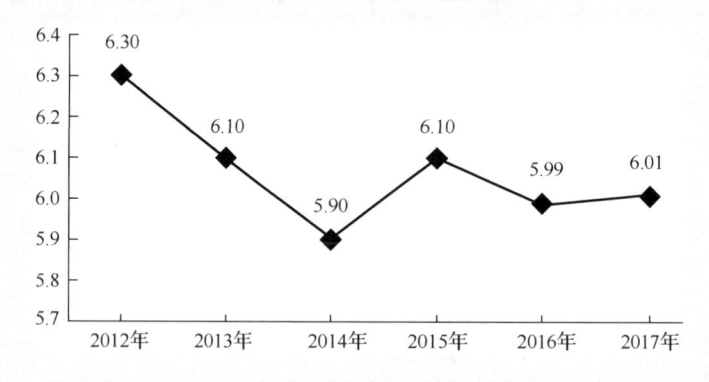

附录图 A-17　中国"单位制造业增加值能耗"指标变动情况
（单位：2005 年不变价购买力平价美元/千克石油当量）

中国等九国的"单位制造业增加值能耗"变动情况分析见附录表 A-16。

附录表 A-16　中国等九国的"单位制造业增加值能耗"变动情况分析
（单位：2005 年不变价购买力平价美元/千克石油当量）

| 国别 | 2012 年 | 2017 年 | 年均增速 |
| --- | --- | --- | --- |
| 中国 | 6.30 | 6.01 | −0.94% |
| 美国 | 8.10 | 8.92 | 1.95% |
| 日本 | 11.10 | 11.98 | 1.54% |
| 德国 | 12.50 | 12.65 | 0.24% |
| 英国 | 12.30 | 12.13 | −0.28% |
| 法国 | 9.60 | 10.09 | 1.00% |
| 韩国 | 7.50 | 7.91 | 1.07% |
| 巴西 | 10.60 | 8.33 | −4.71% |
| 印度 | 8.10 | 6.69 | −3.75% |

从"工业固体废物综合利用率"指标的变动情况看，2012—2017 年，中国的工业固体废物综合利用率逐年稳定提升，由 2012 年的 66.82%提升至 2017 年的 73.86%（见附录图 A-18），增长 7.04 个百分点。然而，当前中国的工业固体废物综合利用率仍远远落后于全球制造强国。2017 年，中国的工业固体废物综合利用率分别低于美国、日本、德国、英国、法国、韩国 14.12、22.00、19.01、16.09、14.06 和 12.11 个百分点。虽然中国的工业固体废物综合利用率在 2012—2017 年的年平均增速位居前列，但除日本外，传统制造强国和后发制造大国总体上均保持了平稳增长，其中韩国的增长速度居首，中国的制造业工业固体废物综合利用率仍有较大的提升空间。

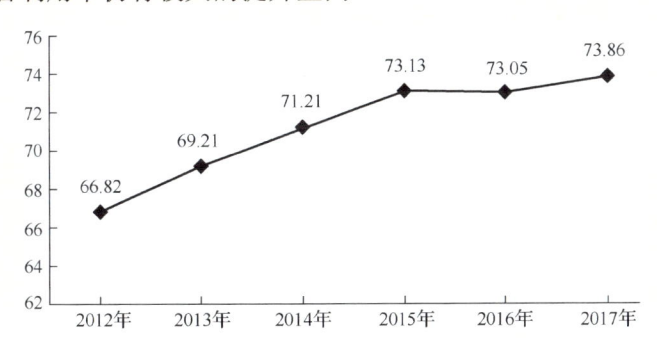

附录图 A-18　中国的"工业固体废物综合利用率"指标变动情况（%）

中国等九国的"工业固体废物综合利用率"变动情况分析见附录表 A-17。

附录表 A-17　中国等九国的"工业固体废物综合利用率"变动情况分析（%）

| 国　别 | 2012 年 | 2017 年 | 5 年增长百分点 |
| --- | --- | --- | --- |
| 中国 | 66.82 | 73.86 | 7.04 |
| 美国 | 87.65 | 87.98 | 0.33 |
| 日本 | 95.95 | 95.86 | −0.09 |
| 德国 | 91.76 | 92.87 | 1.11 |
| 英国 | 88.51 | 89.95 | 1.44 |
| 法国 | 86.35 | 87.92 | 1.57 |

续表

| 国 别 | 2012 年 | 2017 年 | 5 年增长百分点 |
|---|---|---|---|
| 韩国 | 78.78 | 85.97 | 7.19 |
| 巴西 | 62.14 | 65.55 | 3.41 |
| 印度 | 65.48 | 66.58 | 1.10 |

从"信息化发展指数（IDI）"指标的变动情况看，2012—2017 年，中国的信息化发展指数由 2012 年的 4.18 提升至 2017 年的 5.60（见附录图 A-19），5 年间共增长 1.42 个点，增幅居九国首位，且逐年上升态势平稳。需要注意的是，巴西和印度的信息化发展指数在 2012—2017 年的年增长能力是明显高于传统制造强国的，分别增长 1.12 和 0.82 个点，2017 年巴西的制造业信息化发展指数已领先于中国和印度，达到 6.12。可见，后发制造大国在制造业信息化领域的竞争日趋激烈。

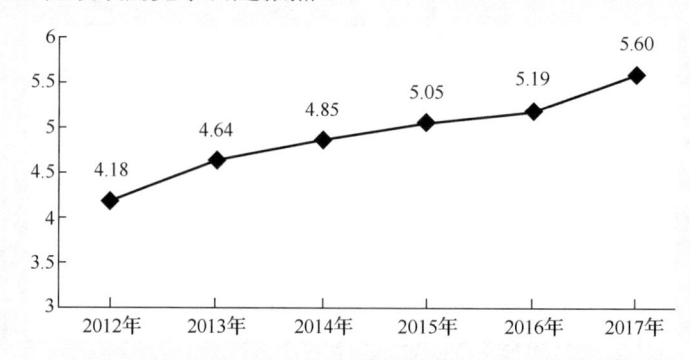

附录图 A-19　中国的"信息化发展指数"指标变动情况

中国等九国的"信息化发展指数"变动情况分析见附录表 A-18。

附录表 A-18　中国等九国的"信息化发展指数"变动情况分析

| 国 别 | 2012 年 | 2017 年 | 5 年增长数值 |
|---|---|---|---|
| 中国 | 4.18 | 5.60 | 1.42 |
| 美国 | 7.53 | 8.18 | 0.65 |
| 日本 | 7.82 | 8.43 | 0.61 |
| 德国 | 7.46 | 8.39 | 0.93 |
| 英国 | 7.98 | 8.65 | 0.67 |
| 法国 | 7.53 | 8.24 | 0.71 |
| 韩国 | 8.57 | 8.85 | 0.28 |
| 巴西 | 5.00 | 6.12 | 1.12 |
| 印度 | 2.21 | 3.03 | 0.82 |

综上分析可知，全力支持"单位制造业增加值的全球发明专利授权量"的突破，继续加大"制造业研发投入强度"和"制造业研发人员占从业人员比重"的培育力度，平稳降低"单位制造业增加值能耗"，积极挖掘"工业固体废物综合利用率"的提升空间，系统开发"信息化发展指数"的发展潜力，成为提升中国制造业"持续发展"水平的关键。

## 课题 1 成员名单

组　　长：朱高峰

副组长：单忠德

成　　员：吕　薇　朱森第　蔡惟慈　周学文　张卫华
　　　　　徐佳宾　延建林　邱　城　杨　波　杨晓迎
　　　　　古依莎娜　于学军　贵斌威　朱金周
　　　　　叶振宇　李媛恒　任　博

执笔人：吴进军　赵　蔷　刘　丹　王　迪　夏　鹏
　　　　　王　营　刘　云

# 课题 2
# 制造业结构优化研究

子课题1：制造业结构优化中新旧动能转换及其路径选择

子课题2：从制造大国迈向制造强国——中国制造业的结构升级

"制造业结构优化研究"课题组

# 子课题 1　制造业结构优化中新旧动能转换及其路径选择

制造业是经济持续发展最为关键的领域和基础。制造业既直接为经济活动提供切实的物质产品，又为经济活动创造实际的市场价值。因而，无论是对整体经济的数量增长还是对质量效益的提升都具有关键意义。同时，制造业本身也是技术创新活动发生最密集、效率迭代速度最快的领域。随着制造业外延式发展空间日益缩小，以强调结构优化和效率提升为主要导向的内涵式发展应当成为中国制造业发展的方向。

制造业结构优化涉及丰富的内涵，既包括内部各产业之间的数量比例关系、生产技术关联等问题，又包括制造业技术体系升级的视角。在此过程中，首先应当明确的问题就是驱动制造业结构优化的动力来源于何处，即对驱动结构优化的动能问题的分析。

在上一阶段制造业发展及结构调整中，市场和政府都发挥了重要的作用。要素投入、技术模仿和体制政策等因素构成了动能体系的主要因素。然而，由于旧动能在制造业发展中发挥作用的局限性，旧动能在驱动结构优化中逐渐显得后劲不足，甚至成为阻碍下一步制造业结构优化的不利因素。

为此，必须结合制造业发展的实际要求，加快调整旧动能、培育新动能，以便平稳有序地推进制造业结构优化中的新旧动能转换过程。明确制造业结构优化中新旧动能转换的主要内涵和实现路径，对提升中国制造业体系的整体效率具有关键意义。

## 一、制造业结构优化与新旧动能转换的内涵

### （一）制造业结构优化的内涵

首先，制造业结构是一个包含多种视角、多个维度的概念集合。如果将制造业视为一

个生产转换系统，即将其理解为通过"输入"生产要素，并利用制造加工技术等手段，最终"输出"产品的过程，那么制造业结构就包括要素投入结构、产出结构以及在投入产出转换过程中起关键作用的技术结构等；如果从制造业分工的角度来理解，那么制造业结构不仅包括同一产业内产业链各环节之间所形成的分工结构，而且包括产业间结构，即不同产业链之间的分工结构；如果从制造业空间布局的角度来理解，那么既包括制造业在一国内部不同区域之间的分工布局结构，又包括制造业在不同国家之间，通过国际产业分工而形成的全球价值链空间分布结构等。因此，在探讨制造业结构问题的时候，一定要尽可能地充分考虑不同层面的结构表现。同时，制造业结构会随时间而不断调整变化，因而，不仅要考虑某一个时点上制造业结构的表现形态，而且要把握不同时点之间制造业动态变化的完整逻辑。这样，才能深入理解制造业结构演进的前因后果和趋势特征。制造业结构优化过程实际上是制造业的动态变化过程。

其次，制造业结构的优化目标主要是实现结构合理化和结构高度化的协调。借鉴产业结构合理化及高级化的理解[1]，可以认为，制造业结构合理化关注的是在一定技术水平条件下，制造业内部产业之间以及产业内部不同环节之间的关系、数量比例关系和技术关联关系，其目的是尽可能地保证制造业内部的合理分工、紧密关联及协调发展，并最终实现产出结构与需求结构的合理联动，推动制造业内部资源合理配置；而制造业结构高度化关注的是在更高水平的技术体系上，所实现的制造业内部的数量比例关系和生产技术联系上的变化，因此强调的是结构随技术水平变动，从低水平形态向高水平形态的转变，其目的是实现向高附加值方向攀升和技术水平不断提高，以及制造业结构整体效率不断向着更高层次突破。另外，制造业结构优化的最终目标还应当形成广泛的带动性，即通过结构优化，不仅要实现制造业自身质量效益的提升，而且还要能通过产业关联效应和外溢作用，带动就业、资源、环境、技术等协调发展。考虑到制造业结构优化在时间和空间上的动态变化，必须认识到制造业结构调整是个长期系统的变化过程，要充分结合过去的发展实践和未来的发展方向，培育制造业可持续的结构优化能力。

## （二）新旧动能转换的内涵

制造业结构优化的过程就是制造业结构新旧动能转换的过程。动能则是驱动制造业结构优化的深层能力，直观上理解为驱动制造业结构优化的"发动机"。动能之所以具有驱动结构优化的能力，是因为它们与制造业的深层次的构成要素或关键基础直接密切相关，如要素供给、技术创新、体制政策等。从这个角度来看，动能常常不是由单一因素构成的，往往是由多种因素共同构成的，并且共同作用于一个体系。这个动能体系的各个因素发挥相应的作用，但表现为由一个关键驱动因素统领整个动能体系。

动能往往是为解决某一发展阶段的主要问题和适应该阶段发展的主要任务而逐渐形成的，因而当发展阶段的主要任务基本完成以后，必然会涉及新旧动能调整的动态过程；

否则，就会使发展出现动能断层。中国自改革开放后相当长的时期内，制造业发展面临着整体基础薄弱、技术水平较低、经济规模弱小的局面，因此，当时的主要发展目标是通过制造业生产能力扩张，实现经济总量的跨越式发展。制造业发展的旧动能的首要目标就是实现数量扩张和产能增长，从而采取短期内快速见效的强刺激手段但附加值也较低的粗放驱动方式。但在长期发展过程中，旧动能所带来的问题也是显而易见的，追求短期增量快速膨胀、忽视既有存量的调整，重"数量"轻"质量"，缺乏长期可持续性等问题，由此带来的结构失衡风险累积成为制造业生产效率低下的重要原因。

伴随着新一轮国际产业分工格局的形成和中国传统比较优势的逐渐丧失，中国经济进入新的发展阶段。旧的动能体系在驱动制造业发展和结构调整上，已经表现出明显的后劲不足。然而，新的动能体系还未完全建立，必须加快新旧动能转换过程，真正形成制造业结构优化的内生动力。结合当前制造业的结构优化，新动能应当具有新兴产业的特征，生产效率和整体素质具有明显优势，创新驱动特征明显；而原有的旧动能更加具有成熟产业的特征，规模经济和价格水平具有明显优势，成本驱动特征明显。中国经济由规模经济驱动的经济增长，转向由质量效益驱动的发展阶段。中国制造业参与产业竞争的优势将由成本优势转向创新优势。创新是制造业结构优化的关键新动能。

新旧动能的转换过程是动能系统的扬弃过程，这个过程将导致制造业结构的变革。新旧动能转换有两个主要途径：培育新的发展动能因素；对原有的动能系统进行改造和创新，由低质量、粗放式的旧动能转变为高质量、精细的新动能，使其成为新动能体系中的主导动能。在新旧动能的转换过程中，旧动能的不断消失必然会引发旧技术、旧模式、旧产业的淘汰；而新动能的不断增强必然会引发新技术、新模式、新产业的兴起，从而使制造业内外分工重构。因此，新旧动能转换之间保持一定的联系，能够缓解动能转换过程中制造业发展所承担的经济波动风险，实现新旧动能之间的平稳转换。

## 二、旧动能的特征表现及其带来的结构优化困境

借鉴经济增长理论的分析视角，可以将劳动、资本的要素投入与全要素生产率统筹考虑，可以分析制造业发展及结构调整的动能。结合制造业发展的实际情况，全要素生产率主要包括技术水平提高、生产模式创新、组织及管理创新以及制度变革等。由此，可以将旧动能的内涵主要归纳为以下3点。

（1）以大量粗放式的要素投入为主要动能。
（2）简单的技术模仿成为重要的驱动方式。
（3）体制环境和政策取向构成了原有旧动能的关键组成部分。

应当看到，在制造业结构优化的旧动能中，涉及两个不同主体的驱动作用，即市场和政府的驱动作用。一方面在旧动能中，市场和政府都起到了重要的驱动作用；另一方面，也存在因市场化进程和政府职能改革都不到位的问题所表现出的局限性，从而导致制造业的下一步结构优化的部分困境。

## （一）粗放式的大量要素投入，成为规模快速扩张的主要动能

从整体上看，大规模低成本的劳动力数量投入与大量粗放的资本投入构成了上一轮制造业发展及结构调整的极其重要的旧动能，制造业的发展在一定程度上有过度依赖的特征。

首先，庞大的劳动力人口和较低的劳动力成本是支撑中国制造业长期以来发展的重要基础，依托于此，中国得以承接国际产业分工中大量的加工制造环节，成为世界制造大国。从要素结构和资源配置的角度来看，这是对中国比较优势的充分利用，符合经济学基本原理，因而劳动密集型产业得以迅速发展，在较长一段时间内承担着重要的主导产业地位，在居民就业、人均收入提高以及带动经济增长等方面发挥了重要作用。然而，这种驱动方式也对制造业结构产生了明显影响，即劳动密集型产业数量占比过高，同时由于劳动力整体素质不高、发展方式比较初级，不仅制约了制造业技术体系的升级，而且制造业内部的生产技术关联也不够紧密；在全球价值链分工上也长期处于低端的组装加工环节，表现为制造业发展的"低端锁定"。从出口结构来看，2011年，中国加工贸易出口与一般贸易出口近乎持平，近年来，加工贸易出口额及其在出口总额中所占比重虽然有所下降，但总体来看，占比仍然在30%以上，加工制造再出口的发展特征仍然比较明显。2011—2016年中国出口结构基本情况如图2-1所示。

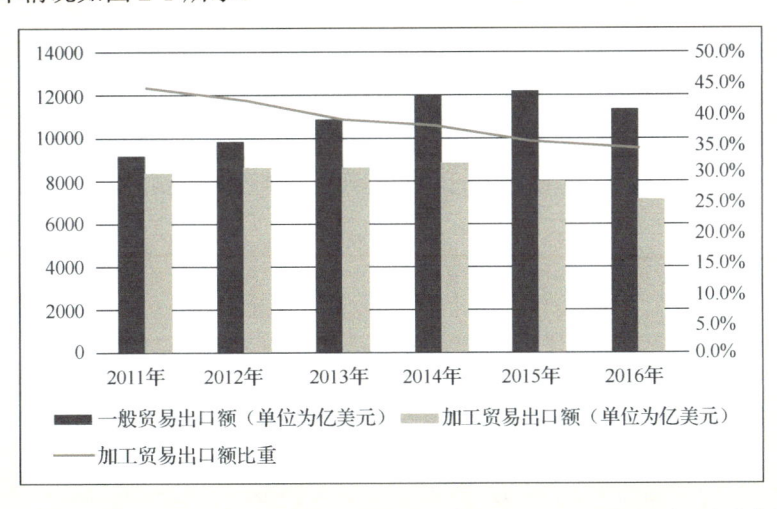

资料来源：根据《中国贸易外经统计年鉴（2017）》中"6-8 一般贸易与加工贸易进出口额"整理绘制

图2-1 2011—2016年中国出口结构基本情况

其次，大量粗放式的资本投入也是制造业发展旧动能的重要部分。一方面，大量的政府直接投资成为支撑众多制造行业发展的重要来源，资本要素的市场化特征不明显；另一方面，民间资本投资由于追随选择性产业政策所形成的"投资热点"，造成制造业中某些传统基础产业产能过剩，尤其是大量低端制造业由于资本盲目进入，出现投资过度和产能过剩的局面。根据国家统计局公布的2012—2018年度全国工业产能利用率数据（见图2-2），可以发现，中国的总体工业产能利用率始终低于80%，且从2012年至2016年存在下降趋势，在2017年虽出现上扬趋势，但也只达到77%左右，如果结合2018年的工业产能利用率数据，情况也不容乐观。总之，工业产能利用率不高意味着一定程度上的产能过剩。如果将庞大的在建或拟建生产能力考虑在内，产能过剩问题可能更加严重[3]。然而，那些产业开发难度较大、高附加值、高技术含量的制造细分行业和细分环节，却存在着资本进入不足的问题，造成国外产能的大量占据。另外，资本要素市场化程度不高将会扭曲资本价格的作用机制，导致制造业企业优化资本利用方式的激励不足，资本利用效率较低，从而使资本要素的驱动作用没有得到充分发挥。

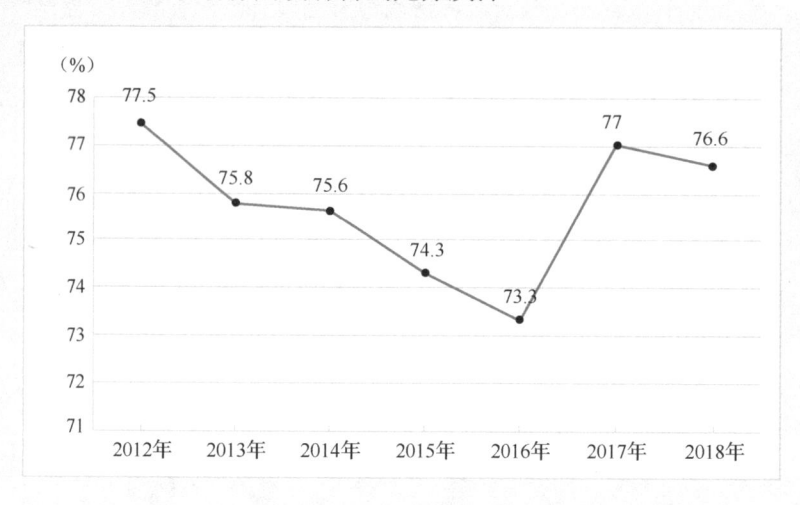

图2-2 2012—2018年度全国工业产能利用率①

---

① 资料来源：根据国家统计局发布的信息整理绘制，其中2012—2017年数据来源于国家统计局报道《2017年四季度全国工业产能利用率为78.0%》（见http://www.stats.gov.cn/tjsj/zxfb/201801/t20180119_1575361.html），2018年前三季度数据来源于国家统计局报道《2018年三季度全国工业产能利用率为76.5%》（见http://www.stats.gov.cn/tjsj/zxfb/201810/t20181019_1628847.html）。
注：（1）2018年数据为前三季度工业产能利用率数据；（2）工业产能利用率是指实际产出与生产能力的比率，产能利用率是衡量产能过剩最为常用的指标之一。一般而言，低产能利用率意味着实际产出相较于潜在产能比例低，即存在产能过剩。

因此，从制造业发展的整体趋势来看，制造业的资本投入广度有所增加，即在要素结构中表现为资本要素投入所占比重上升。这在产业间结构中表现为（与劳动密集型行业相比较）资本密集型行业规模及比重增加。制造业固定资产投资额具有比较明显的逐年上升趋势（见图2-3），在2017年已经达到193615.7亿元的水平。其中，新建固定资产投资额也有明显上升趋势，由2011年的54311.1亿元上升到2017年的90835.6亿元。由此可知，对于制造业整体发展而言，资本投入广度不断增加。然而，资本投入的高度化仍然不足，或者说资本与技术的结合（尤其是高端技术）以及资本转化为更高生产力的能力不足，从而直接制约了制造业技术体系的升级和深度生产技术关联的形成。相关数据显示，2010—2015年，中国研发投入强度数值从1.71上升到2.06。然而，从图2-4中可以明显看出，主要发达国家的研发投入强度数值始终在2.5以上。因此，事实上中国的研发投入水平仍然显著低于主要发达国家的水平。根据国家统计年鉴的数值计算，2017年中国研发投入强度数值虽达到2.1，但差距依然比较明显；而规模以上工业企业研发投入经费占主营业务收入的比重在2017年达到了1.06%（见图2-5）。然而，如果进行横向对比，就可发现发达国家的这个指标大致为2.5%～4%[4]，差距相当明显。因此，可以看出中国制造业发展过程中，资本要素大量扩张的同时，资本与技术研发活动结合不强，并在最终转化为更高生产率方面仍然存在较大不足，体现出资本投入的深化程度不够。

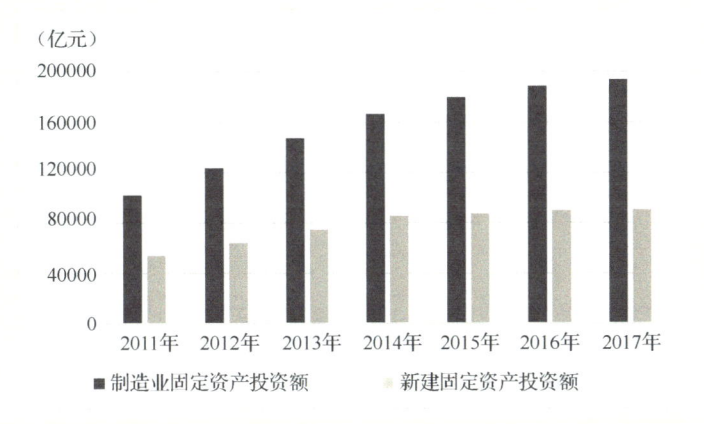

图 2-3　制造业固定资产投资额情况①

---

① 资料来源：根据《中国统计年鉴（2017）》中"10-9 各行业按建设性质和构成分固定资产投资（不含农户）"、2014—2016年《中国统计年鉴》中"10-10 各行业按建设性质和构成分固定资产投资（不含农户）"、《中国统计年鉴（2013）》中"5-11 各行业建设规模和构成、建设性质分固定资产投资（不含农户）"和《中国统计年鉴（2012）》中"5-13 各行业建设规模和按构成、建设性质分固定资产投资（不含农户）"整理绘制。

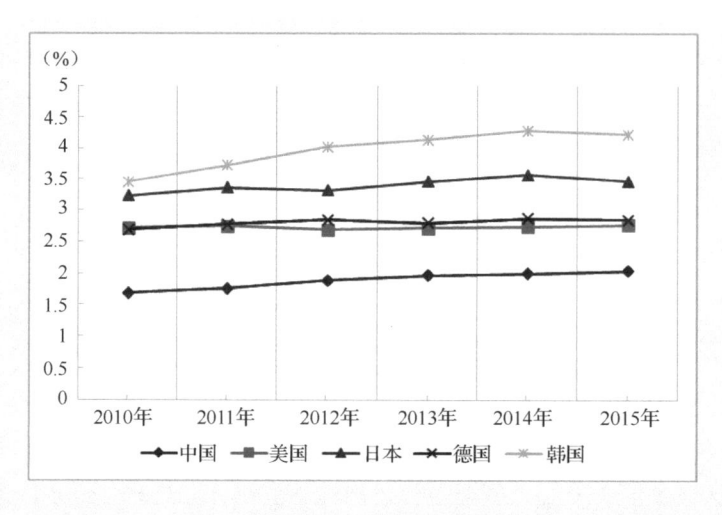

图 2-4　主要国家研发投入强度对比①

随着国内外经济环境的变化以及对制造业结构持续优化能力要求的提高,通过大量粗放的劳动力和资本要素投入的驱动方式面临较大的挑战。在劳动力方面,首先,随着中国劳动力成本的不断上升,传统的低成本优势不断丧失。近年来中国制造业就业人员的平均工资持续上涨,增长率虽然有所下降,但仍然保持在8%左右。2017年制造业城镇单位就业人员的平均工资达到了64452元(见图2-6)。此外,根据相关数据统计和研究结果[5],1990—2015年,中国制造业劳动力成本上升了26倍,而同期美国劳动力成本仅上升了1.96倍,美中之间制造业就业人员的平均工资差距已经缩减到2015年的6倍左右。可以看出,从制造业长期发展角度看,大规模低素质的劳动力投入所形成的驱动空间缩减,在国际市场上的价格优势也将逐渐丧失。其次,中国制造业发展还面临着发达国家和其他发展中国家的"双重挤压":一方面,为重振制造业,抢占高端制造市场,发达国家分别实行"再工业化"及"制造业回归"策略,包括美、德、英、法等国纷纷发布了相关文件,如《美国先进制造业国家战略计划》《德国工业4.0战略》《英国工业2050计划》《新工业法国计划》等[6];另一方面,其他发展中国家也纷纷利用其人口结构和成本竞争优势承接加工制造活动,例如,柬埔寨、刚果(金)、越南、印度、缅甸等国家的人口规模均已超过1000万,GDP规模超过100亿美元,国际货币基金组织将这些国家定义为"高增长低成本国家"[5]。可以预见,未来这些国家将凭借成本优势给中国制造业造成极大压力。为了摆脱制造业结构优化的困境,必须更多地依靠劳动力素质的提高和人力资本的积累,才能支持高端制造业占比的提高和研发设计等高附加值产业环节的提升。然而,目前中国的劳动力

---

① 资料来源:根据《中国科技统计年鉴(2017)》中"10-1 研究与试验发展(R&D)经费及占国内生产总值的比重"整理绘制。

队伍大而不强，低素质劳动力结构性过剩与高素质劳动力结构性短缺同时存在，尤其是高级技术人才、创新人才、领军型人才储备不足。有鉴于此，高端人才将是新动能培育中要重点关注的方向。

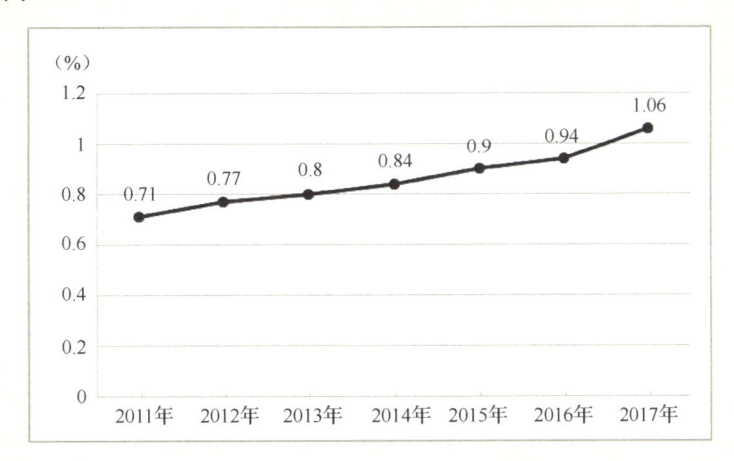

图 2-5 中国规模以上工业企业科学研究与试验发展经费支出占主营业务收入比重[①]（%）

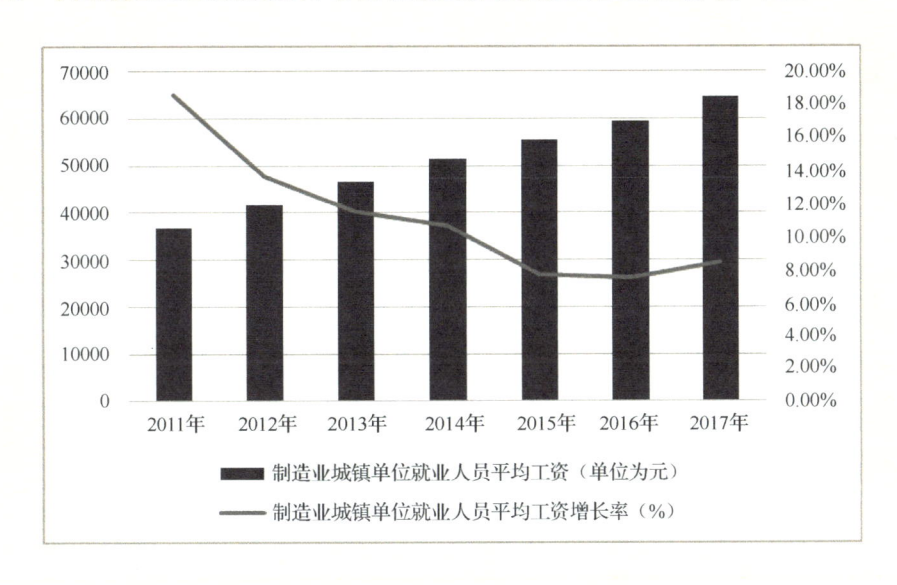

图 2-6 2011—2017 年中国制造业城镇单位就业人员平均工资变动情况[②]

---

[①] 资料来源：根据 2018 年度、2016 年度和 2014 年度《中国统计年鉴》中"20-4 规模以上工业企业的科技活动基本情况"和 2012 年度《中国统计年鉴》中"20-44 规模以上工业企业的科技活动基本情况"整理绘制。

[②] 资料来源：根据国家统计局公布的相关数据整理，见 http://data.stats.gov.cn/easyquery.htm?cn=C01&zb=A040I&sj=2017。

在资本要素驱动方面，由于市场化导向不明显，简单粗放的投入方式也使制造业结构优化面临困境。突出表现在以下两个方面：低技术行业占比过高，过度投资，重复建设；在战略性新兴行业、高端装备制造业等行业，对具有引领制造业结构高级化的行业投资力度明显不足。此外，由于分税制的实行以及地方政府 GDP 考核体系等原因，大量政府直接投资的驱动方式还引发了区域之间重复建设，带来制造业空间结构不合理分布等问题。此外，资本要素利用效率低下的问题，也造成制造业资本要素比例不断上升，资本投入没有有效地转换为研发投入等技术创新活动，因而在驱动制造业结构优化方面的作用有限。

## （二）以技术模仿为重要驱动方式，整体创新动能严重不足

在原有的旧动能体系当中，创新发挥的作用比较有限，相比于大规模要素投入驱动和体制政策驱动，创新驱动始终未成为主导动能。在这当中，以技术模仿为主要发展及驱动方式是旧动能的重要特征表现。

中国对外开放所带来的技术模仿空间，是上一轮经济增长过程中全要素生产率提升的主要来源之一[7]，也是驱动制造业发展的旧动能之一。为了实现制造业的快速发展，培育具有规模效应的制造业产业体系和技术结构体系，同时考虑到当时中国整体技术水平与发达国家技术水平之间的差距十分明显，因而通过国际贸易、外商投资等方式，模仿发达国家的先进生产技术，借鉴发达国家的先进生产设备等。这相比于自主研发创新，不仅风险小、难度低，而且见效快，能迅速实现本国制造业产出的跨越式增长。因此，充分利用技术模仿所带来的驱动能力成为当时制造业发展的主要选择。

随着经济发展过程的不断推进，一方面由于中国制造业借由技术模仿实现了明显的技术水平的提高，逐渐接近了发达国家所愿意共享的技术空间的"天花板"；而对于更高层次的核心技术和关键技术，发达国家通过严密控制研发设计环节、关键生产环节外流的方式将其牢牢握在他们自己手中，绝无可能会与我们共享，因而继续进行技术模仿的空间将会逐渐变窄。另一方面，过度依赖技术模仿，反复进行技术引进，而忽视技术的吸收消化再创新或自主创新能力的培育，只会进一步拉大中国制造业与发达国家制造业之间的距离，使我国制造业发展始终被其他国家主导，并服务于他们的制造业发展，而中国自己的制造业增长空间也无法得到实质性的重大突破。根据有关数据，用于技术消化吸收的经费支出还占不到用于引进国外技术经费支出的一半。最近几年，这一数据进一步下降到了 30% 以下，说明了重技术引进、轻消化吸收的简单技术模仿方式是中国上一阶段制造业技术驱动发展的主要方式。此外，购买国内技术的经费支出大约只占用于引进国外技术经费支出的一半，这也从一个侧面说明了当前中国技术来源主要为国外引进，本国技术积累不足。2011—2017 年规模以上工业企业技术获取途径的基本情况如图 2-7 所示。

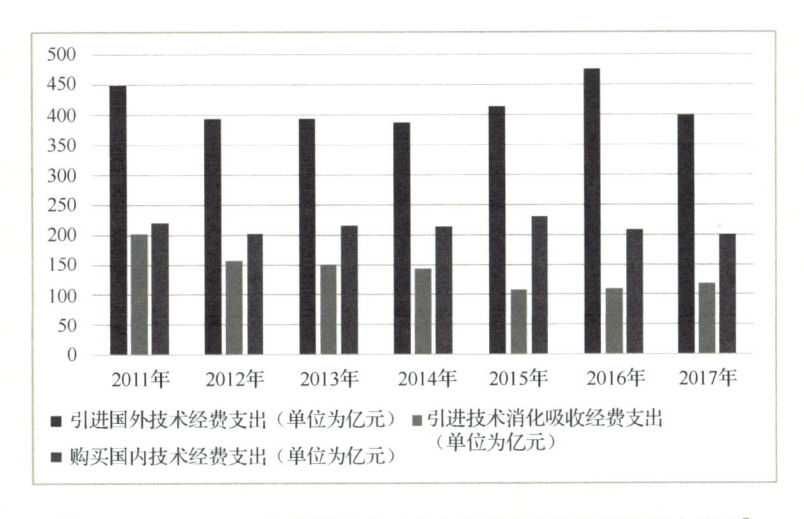

图 2-7　2011—2017 年规模以上工业企业技术获取途径的基本情况[①]

从目前来看，以技术模仿为主的驱动方式所提供的旧动能的作用十分有限，这种旧动能甚至还带来了当前制造业结构优化面临的一大困境。中国制造业技术创新水平低，直接表现为发展过程中技术结构高度化不足、技术积累水平较低、基础技术和关键共性技术比较薄弱，前沿和高端技术水平也较低，由此造成制造业结构的低端化。与部分主要发达国家相比，中国在试验发展上的投入偏高，基础研究和应用研究投入占比严重偏低。而基础研究投入所占比重过低，往往意味着一个国家的技术创新层次比较低，将会直接限制一个国家在基础性、革命性的原创技术创新能力上的发展[3]。中国与部分发达国家的研究与试验发展经费的投入结构如图 2-8 所示。关于中国当前制造业技术发展水平及结构上存在的问题，究其原因，主要在于制造业技术创新激励与技术创新能力双重不足的困境。一方面，制造业企业创新激励不足，主要原因可能在于由于长期的技术模仿驱动，造成中国在知识产权保护以及创新成果产业化等方面存在较多缺陷和不完善的地方，创新的成果收益可能得不到高水平的保证，而自主创新本身是一个成本和不确定性风险都比较高的活动，因而在成本与收益之间得不到有效平衡可能极大抑制了中国制造业企业创新的内在激励；另一方面，中国制造业企业创新的能力也存在较大不足，这可能与中国的人才体系质量不高、共性技术及基础技术研究不足、创新基础设施、创新资源不足等原因直接相关。

---

① 资料来源：根据 2018 年度、2016 年度和 2014 年度《中国统计年鉴》中"20-4 规模以上工业企业的科技活动基本情况"和 2012 年度《中国统计年鉴》中"20-44 规模以上工业企业的科技活动基本情况"整理绘制。

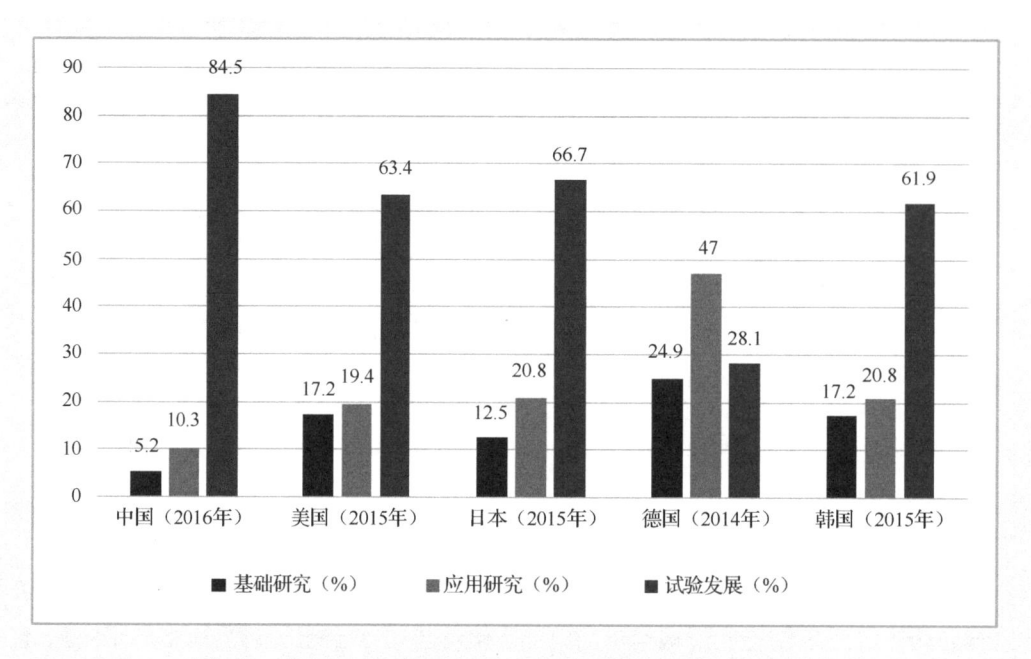

图 2-8　中国与部分发达国家的研究与试验发展经费投入结构①

具体来看，目前以技术模仿为主的驱动方式以及创新水平较低所带来的制造业发展及结构优化困境主要表现在以下几方面：从不同产业之间的发展来看，高端制造业缺位，战略性新兴产业发展缺乏稳固基础和先进动能，传统基础行业生产效率水平较低，不同产业之间的数量比例结构不合理；而从生产制造过程来看，研发投入不足，而且关键技术和关键零部件在较大程度上依赖进口，自主生产能力不足，因而表现出一方面更加重视整体装配而忽视技术更为复杂的关键配套零件制造，另一方面，相比于硬件开发，在软件开发上存在许多缺陷不足，尤其是在通用性软件和高度精细化的专业软件开发上主要依靠引进、购买国外软件，制约了技术变动所带来的制造业结构高度化的过程；而从最终产品产出上来看，产品的创新性和复杂性不够，因而产品本身的附加值也比较有限，导致制造业内部常常陷入同质化竞争的局面，而且产品大都表现为组装装配，因而产业之间的生产技术关联也比较简单[4]。

## （三）追求规模扩张的体制环境和政策倾向，是构成旧动能体系的关键组成部分

在中国制造业发展过程中，除了市场驱动方式，体制环境和政策倾向也是重要的发展驱动力。这对于制造业中的某些企业或行业的发展甚至起到了主导作用，因而是旧动能体

---

① 资料来源：根据《中国科技统计年鉴（2017）》中的"10-2 研究与试验发展（R&D）活动的国际比较"整理绘制。

系中绝对不能忽略的一个关键组成部分。

在制造业整体发展水平较低且与发达国家存在明显差距的阶段,主要目标是实现规模赶超,主要发展方式是数量扩张和外延式发展。在这种情况下,相对于发挥市场机制的分散作用的动能,政府能通过长期和持续的资源配置调整方式,发挥有限资源集中配置的独特驱动能力。在上一轮制造业的技术创新活动中,由于主要表现为学习模仿特征,因而其发展目标和方向是比较明确的[7]。此时,政府就能通过政策支持或者以国有企业参与市场的方式,以资源的倾斜配置支持主要技术引进和重点发展的领域,从而加快技术水平提升和结构调整。制造业的产业政策的实施,提供相对稳定的外部环境,降低了制度性交易成本,促进了制造业形成较为完整且有重点的制造业体系。

但这些动能有些明显特征,由于体制改革不到位,在一定程度上影响了制造业结构持续优化的进程。为了能够实现快速驱动、短期见效的目的,体制建设和政府政策的制定、实施过程表现出较为明显的政府直接参与性,在许多领域出现了压缩市场作用边界、削弱了市场机制的作用空间;而且部分政策没有充分考虑不同行业、不同地区、不同企业之间所存在的差异性,从而将复杂问题进行简单化的统一处理,因而影响了政策的有效性。同时,过于依赖政府直接投资等外部强刺激手段驱动制造业发展,造成制造业内部部分企业市场竞争能力不足。总之,体制改革和政策制定形成的动能具有目标单一明确的特征,这虽然能够以最快速度、最大限度保证目标的实现,但是这种动能对于一个具有丰富内涵的制造业结构体系来说,会在一定程度上削弱制造业结构优化中的合理化和高度化的系统协调性。

新旧动能转换并不意味着抛弃体制改革和政策支持这一重要部分,与之相反,我们还必须继续深化体制机制创新,以形成驱动制造业结构优化的新动能。体制机制中出现的政府职能界限不清、缺乏全面系统协调性、过度强调短期效益的部分才是我们所要转换的旧动能特征,因为它们不仅难以继续驱动制造业结构调整,甚至还在某些层面阻碍了下一步的制造业结构优化过程。具体可能表现在以下几方面:首先,制造业内部一些行业或企业长期过度依赖政府政策的支持而发展,市场竞争能力和自我成长能力不足,从而可能影响了不同行业之间数量比例的合理化布局,由此也会造成产能过剩等结构失衡问题;其次,地方政府之间的政策不协调、缺乏统筹布局,会制约制造业空间结构的优化布局,带来之前提到的区域重复建设等问题;再次,市场基本环境建设不够全面、政策的过度干涉则可能会影响制造业合理有效的市场竞争结构的形成等;最后,对追求短期效益的过度强调,可能会忽视对创新体系、人才激励以及公共服务能力的深化建设,从而在支撑制造业长期发展和全局性优化能力上出现不足。这些问题应当都是新动能转换及培育过程中需要重点关注和解决的。

总之,大量的要素投入、简单的技术模仿方式,以及以"规模赶超"为目标的体制环境和政策倾向,构成了驱动制造业发展和结构调整的旧动能的主要内涵。在旧动能的驱动下,制造业虽然得到了快速发展,但也因此导致了一些目前制造业所面临的结构问题。这些结构问题主要可以归纳为以下3个方面。

（1）从制造业内部的数量比例关系理解结构优化，一方面，在产业之间，劳动密集型产业占比过高，高端技术密集型产业数量结构性偏低；另一方面，在同一产业链内部，低附加值的加工制造活动占的比重过高，从而没有实现资源合理配置的结构目标。

（2）从制造业内部的生产技术联系理解结构优化，一方面，由于技术和产品复杂性、高度化不足，生产方式较为初级；另一方面，由于对某些领域的关键中间品生产制造的自主创新性不足，更多发展的是最终产品的组装过程，这两方面因素共同导致了制造业内部生产技术联系不够紧密，甚至存在一定脱节，没有发展出深度产业关联关系，从而限制了内部结构平衡的实现，表现为诸如产能结构性失衡等问题。

（3）从技术体系水平的角度来理解结构优化，制造业的结构问题主要体现为技术结构高度不足，尤其是在基础研究、关键共性技术和前沿技术上存在较大缺陷，且在关键零部件和软件上的自主创新性不够，较多依赖进口，从而影响了制造业结构高度化进程。因此，所谓新旧动能转换，就是要通过旧动能的调整和新动能的培育过程，逐步解决制造业当前所面临的主要结构问题，最终驱动结构优化。

## 三、制造业结构优化的新动能形成及其路径转换

加快制造业新旧动能的转换，可以实现制造业结构优化，促进中国经济持续稳定发展。随着生产要素价格上涨、资源环境约束加强，原有的旧动能本身也难以为继，依靠规模扩张和外延式发展推动制造业发展的空间也将进一步缩减。同时，单纯依靠要素投入和技术模仿获取成本优势的旧动能，在推动制造业结构优化过程中显得动能不足，难以持续，甚至在某种程度上强化了原有制造业结构的难点和困境，制造业的新旧动能转换迫在眉睫。

新旧动能的转换是旧动能逐渐消退和新动能逐步形成的过程。新旧动能转换的关键在于动能因素的适当调整，重构组合成为更加高效的动能系统，适时调整要素投入、体制政策等动能驱动因素，从而解决旧动能遗留下来的结构困境。在制造业发展的新阶段，创新逐渐成为新一代动能[10]。通过创新制造业的发展模式、运行机制、配置方式，在更高的产业层次上形成合理的技术体系，提升制造业的生产率水平和差异化水平，从而实现制造业合理的数量比例关系和先进的生产技术联系。

因此，创新驱动应当成为新动能中的主导因素，新旧动能转换包含的丰富内涵，可以认为是通过创新所主导的动能因素的延伸。因而新动能中所强调的"创新"，不仅包括技术创新，还包括产品创新、模式创新、产业创新、配置方式创新、体制机制创新等内涵，

最终形成创新主导的动能合力。由此可将新动能的内涵归纳为以创新驱动为主导动能,具体表现为创新制造业发展的模式、创新制造业运行的机制和创新制造业配置的组合。这些构成了动能系统的重要组成部分。

## (一)创新制造业发展的模式,拓展结构优化的新维度

所谓通过创新形成制造业新的发展空间,并由此形成驱动制造业发展及结构优化的新动能,既包括从制造技术创新到生产运营管理创新,再到最终产品创新的过程,又包括制造业空间布局方式的创新以及制造业新业态的培育等内容。这些制造业新动能的培育,将直接影响制造业运营效率和分工程度,决定制造业结构合理化和高级化程度。

(1)最终产品的创新。最终产品的创新不仅能够强化制造业发展的高附加值导向,使之沿着价值链向上攀升,实现制造业产品产出结构的升级,还能通过差异化竞争,优化制造业内部竞争结构和资源配置效率。具体来看,产品创新的主要途径有两条:一是产品功能的创新,尤其是随着智能信息技术、数字技术的发展,可以通过诸如小微型传感器或者通信装置的嵌入,推动数控技术及智能技术应用于产品创新中,并从本质上丰富产品的功能[8,9];二是产品组合的创新,除了可以为客户提供不同产品之间的新组合,还可以实现向服务领域的延伸,例如,在制造、销售产品以外,通过智能化手段,提供远程监测、远程维护以及更高质量的售后服务等,提供"产品+服务"的最终组合。面向消费者创新,满足市场多样化需求,将能够明显地提升制造业的有效供给水平[10],从而推动产能过剩等结构性失衡问题的解决。

(2)制造过程智能化。实现从产品设计到最终生产完成的整个制造过程的智能化,其主要思路为首先发展关键技术创新和制造装备智能化,然后通过集成化应用,搭建数字化智能工厂,最后通过数字信息技术实现产品全生命周期以及制造全过程的数字信息感知和效率优化[9]。由于中国长期以来以技术模仿为主,造成整体技术层级较低,而且在关键部件、装置以及软件上存在水平低、自主性差的特征,而这些问题都严重制约了实现智能制造的创新过程。因此,为驱动制造业结构优化,应当解决的首要问题是在制造业关键共性技术、前沿技术上的突破,如工业数据采集与管理、建模与仿真、面向工业的云制造、大数据以及人工智能技术等,而且还应当提高在传感器、工业机器人、精密仪器仪表、数控系统等关键零部件和高端核心工业软件方面的自主创新水平。在此基础上,要通过集成化应用,最终搭建起数字化智能工厂,将制造工艺流程、技术装备、生产线以及物流配送系统等集成起来,实现从产品设计到最终生产完成的全过程智能化创新[4,9]。

(3)运营管理信息化。随着制造业发展水平的提高,原有运营管理模式的效率提升空间逐渐缩小,因而需要通过模式创新培育制造业结构优化新动能。新一轮信息技术的发展提供了重要的支撑手段,通过数据采集、信息集成、算法决策和自动化执行,运营管理的

精细化及柔性化程度将会得到极大提升,从而逐步提高企业微观主体活力,为制造业结构优化奠定高质量的微观基础,尤其是对于复杂性程度更高的高端制造业和战略性新兴行业而言,运营管理模式创新所产生的驱动作用更为明显。除此之外,通过互联网及信息技术,提升对市场需求的感知、识别、开发和满足能力,将能够形成驱动制造业产出结构与需求结构联动匹配的新动能。

(4)制造业新业态的创新。创新制造业新业态主要体现为发展服务型制造业。服务型制造是制造与服务融合发展的新型产业形态,相比于生产加工制造过程,服务处于价值链的高端区域,因此创新发展服务型制造,将驱动制造业向高附加值区域延伸。一方面,随着产品技术复杂性和专业性程度的提升,客户对于售后服务、远程使用指导、监测以及维修等服务的需求也会日益提升;另一方面,定制化服务、搭建产品智能服务平台、专业研发设计服务、提供系统解决方案集成服务等也是未来制造业向服务领域延伸的重点发展方向。但是,绝不能把服务型制造业简单地理解为制造业的"去制造化"过程,一方面,对于大多数制造业企业而言,以产品为基础构建"产品+服务"的完整组合才是创新转型能够成功的重要基础,考虑到当前制造业的服务化水平较低,不应当将"服务化"转型看成主要发展方向;另一方面,相比于服务数量增长,市场更看重的是服务质量及功能[4]。因此,制造业的业态创新虽然能够成结构优化新动能,但必须把握好业态创新的方向及重点。

(5)培育制造业产业集群。制造业的空间布局应该集群化,通过空间集聚强化产业关联,从而将产业链不同环节的资源要素集中在一地,高质量地创新发展制造业的产业集群。产业集群内各个主体实现自我调整,拓宽制造业发展的空间格局,形成制造业空间结构优化的新动能,实现制造业产业集群的创新发展。首先,要打造产业集群内部完整的产业链条,发挥产业集群内部基于技术因素形成的资源优势,在产业集群内建立起企业之间的生产技术关联,更多培育以技术创新为导向的制造业产业创新集群,发挥制造产业在特定空间布局上的集群效应。其次,重视不同地区的制造业产业集群重点突破方向,充分考虑区域内在产业链条的独特性。制造业产业集群发展要基于本土的技术、资源、交通的区位优势,避免不同区域之间的产业集群之间开发相同的技术。为此,对于制造业产业集群化的创新发展,应当重点关注不同地区产业集群之间的协同性和差异性,集中地区力量有重点地突破不同的产业方向。最后,解决产业集群内公共服务建设存在的不足,重视区域内公共服务体系的建设。产业集群的发展不仅要将企业、政府、高校、科研机构等完整组织起来,还应当在不同地区的产业集群之间建立联系,充分发挥产业集群的制造业创新的辐射、扩散以及外溢作用。

## (二)创新制造业运行的机制,构建结构优化的新方式

深化体制机制创新,充分发挥体制改革红利和实现政策体系质量的提升,同样是制造业结构优化新旧动能转化的重要内涵。中国的现代制造业从小到大,再到成为全球制造大国,与中国的体制改革、政策支持等密切相关,这是原有制造业发展中最为重要的动能。

由于受到发展阶段和发展目标的约束，制造业发展中出现了政府与市场职能不清的问题，这些体制机制和政策体系阻碍了制造业结构进一步优化。发展本身就是一个不断调整的过程，体制机制改革和政策体系调整也是一个循序渐进的过程，新旧动能转化的过程就是调整旧动能、增添新动能、优化动能体系的过程。

（1）强化企业的市场主体地位。制造业结构转型是一个试错过程，需要频繁且大量的市场试错过程，才能最终寻找到可行的关键实现路径，因此必须依靠大量的市场主体的主动作为。同时，制造业企业作为制造业结构优化的最终承担主体，制造业企业必须承担制造业结构优化中产生的收益和风险。在原有的制造业发展过程中，企业参与创新的动能不足，企业的动能在相当程度上来自对政府支持和政府参与的依赖。在新旧动能转换过程中重点解决企业创新的风险收益机制。企业既要承担创新成本，又要保证创新收益，加强企业知识产权保护，从而激发企业创新动能。

（2）调整政府和市场的职能边界。体制机制创新表现为对政府现有职能的缩小，涉及缩小政府微观职能范围，强化政府宏观职能范围，及时调整政府职能的方向。在创新政府职能发挥方式的过程中，要充分借鉴发达国家的发展经验和战略布局范例，强化政府在发挥宏观调控和总体战略规划方面的作用，形成建立在可持续发展视角下的"总体性政策+关键领域+重点行业"有机结合的战略规划；强化政府在规范行业市场环境上的作用，完善有关市场准入、市场监管、行业标准体系等方面的建设，形成公平有序的市场竞争环境；强化政府对制造业发展基础设施、制造业基础研究、制造业人才体系、制造业公共服务平台等这些公共领域的引导作用，加强公共领域的投资建设力度。政府应当减少直接干预的方式，让产业政策具有更多的普适性。在划分关键领域和重点行业时，对确定行业选择范围、支持手段和政策倾斜程度，尤其要审慎，要综合听取"产、学、研、政"各方主体的意见及建议，避免重新对市场过度干涉，让微观企业主体的正常市场活动，成为制造业发展的主要动力。因此，政府职能的调整转为重点关注总体性、全局性战略规划以及基础环境建设等方面的宏观调控和公共服务的能力构建。

（3）有效发挥政府对制造业创新公共领域的引导作用。政府应当搭建创新型公共服务平台，加强在基础设施、基础研究和关键共性技术上的支持力度。通过推动制造业创新中心的建设，引导创新主体和创新要素的汇集，并结合不同地区的技术创新基础和既有的能力特色，在全国范围内合理布局，集中各地创新资源，有重点地推进关键技术、核心技术、共性技术的突破。由于创新成果产业化过程中存在着"死亡鸿沟"，政府应当推动社会风险分担机制建设，尽量减少制造业企业的创新风险成本，在全社会形成创新激励氛围。可以通过财政资金的示范效应、关键共性技术等重点领域的政策支持，以及深化科研成果产权制度改革，完善知识产权保护等方式，强化制造业企业创新的市场环境要求。

（4）提高制造业对外开放合作的水平。积极推进"引进来"，对高端技术人才的引进有助于提升中国制造业劳动力素质结构；通过知识和技能传播及外溢，能够帮助实现劳动力要素质量的提升。同时，要逐步放开高端领域的外资准入限制，以充分发挥各种资本在推动中国制造业发展的活力。在引进和利用外资上，要更多地鼓励资金投到高端制造业和智能制造上，提升制造业的技术体系水平以及中高端制造业的数量规模。

要积极推动中国制造业"走出去"的进程。过去，我们的制造业大量占据的只是国际产业分工中的低端环节，在国际化布局上高附加值产业与低附加值产业的比例严重失衡，而且缺乏国际性知名品牌。为此，应当在先进材料、清洁能源、信息网络、航空航天重要战略领域，培育起能够引领全球同行高端制造的大企业集团[11]，占据全球制造业的制高点，优化中国制造业在全球价值链的分工格局。此外，中国制造业的发展应充分利用"一带一路"倡议，推动制造业在对外开放合作中创新发展。

总之，制造业结构优化的过程离不开体制机制建设和政府政策的支撑。新旧动能转化应当体现为对原有体制机制和政策体系的调整，即通过体制机制和政策体系的创新方式，形成驱动制造业结构优化的新动能。同时，政策的制定和实施要更加关注战略布局和关键领域，并培育以长期市场竞争能力为导向的新动能体系，而不是依靠政府直接参与市场微观活动和追求数量规模为发展目标的旧动能体系。

## （三）创新制造业要素的组合，形成结构优化的新品质

在驱动制造业发展及结构调整的原有旧动能体系中，大规模要素的粗放投入是重要的驱动力。正如前面指出，旧动能的驱动能力已经明显不足，因此，制造业的新动能的形成不是主要依靠要素数量的投入规模，而是主要依靠要素的生产效率的提高来实现。这需要创新要素驱动方式，不仅要提升每个要素的技能素养，而且要改进要素之间的配置组合，从而实现从依靠要素数量驱动向依靠要素质量驱动转变。

虽然制造业发展离不开劳动力和资本要素投入所发挥的巨大动能作用，但仍需要防止生产要素以粗放方式流入过剩的低端产业。更为重要的是，要素投入驱动方式的创新是通过要素质量和要素生产效率的提升实现的，从而在解决旧动能所带来的结构困境时，进一步优化并形成具有持续性驱动力的动能体系。这不仅涉及传统要素投入的质量提升，即包括劳动力素质的全方位提高以及资本要素配置效率的提升，同时考虑到数字技术的发展，数据要素也逐渐成为一种关键的高质量要素。因而，通过数字化网络化智能化制造，实现数据要素的利用效率的提升，也应当成为要素质量驱动的重要内涵。

### 1. 创新人才培养体系，实现制造业结构优化中的人才激励机制

低素质劳动力投入的驱动方式在相当长的时期内支撑了中国制造业的快速发展，但也造成在产业价值链上长期被"低端锁定"等问题。为此，从以劳动力数量驱动转换到以劳动力质量驱动创新人才培养体系及内容，形成适应新一轮信息技术革命和制造业发展所需要的人才队伍，使劳动力队伍素质结构向更高层次优化。

制造业的创新活动离不开人才的支持，只有形成庞大且整体结构合理、质量水平较高的人才体系，才能真正实现制造业的创新驱动。提升劳动生产率应当是制造业结构优化过程中新旧动能转换的重要内涵之一。培育人才新动能主要包括以下3个方面的内容：

（1）创新人才培养体系，首先应当解决的是在人才培养过程中高校与企业之间的断层问题，即如果经由高校培养体系所形成的人才在能力结构、知识结构以及思维方式等方面与制造业发展的要求不相匹配，那么就谈不上真正形成驱动制造业结构优化的人才新动能，而这个问题在我们过去的人才培养过程中较为突出。因此，要重视加强企业参与人才培养过程，加强制造业企业与高等院校、职业技术学校或者其他科研机构、科研中心的联系，丰富人才培养的主体，这也是"产、学、研、用"一体化发展的重要体现之一。要鼓励产教结合、"产、学、研"结合，同时高等院校及科研机构要结合制造业发展的实际需求，增加工业工程类、信息技术类博士专业学位研究生的培养[3]，依托制造业发展重大项目、科技重大专项等进行高端工业经济人才的培养。

（2）创新人才培养体系，还应当体现在对人才培养内容上的创新和发展。首先，应当看到，当前中国的高级技术人才、创新人才和领军型人才储备不足，因此应当重视专业人才的知识更新，例如，在人才培养过程中，要重视数字信息技术、智能制造技术以及创新能力等方面的培训，更新符合新一代信息技术革命的知识体系。其次，培养创新人才要加强复合人才的培养。这种复合人才培养，既有学科知识的复合、制造技术与信息技术知识的复合、制造技术与工业经济知识的复合、工科各领域知识之间的复合，还包括理论知识与实践经验的复合（通过学校与企业的密切合作，同时强化理论知识和实践能力的提升）、研究型大学的培养体系与职业型技能大学培养体系的双轨复合。最后，加强职业技能教育，人才队伍的强大不仅要有高层次顶尖人才，还应当以庞大的基础技术人才为基础。因此，要重视职业技能培训，形成一批专业技能培训水平较高的应用技术类学校。

（3）创新人才培养体系，还应当重视体制机制方面的创新和发展。首先，要改革收入分配机制和人才激励机制，探索市场化分配机制，并鼓励以智力资本入股或参与分配[8]，通过建立国家人才专项基金，完善股权激励、技术入股、收益奖励等方面的优惠政策[3]。其次，要完善人才流动机制和评价机制，人才要素的充分流动能够引导人才资源在不同主体之间优化配置，而结合不同制造业行业发展特点以及不同层次的人才特点发展多层面、全方位的人才考核体系，也能够使人力资本得到最大限度的发挥。最后，还应当完善人才方面的公共服务平台，通过发展人才信息库等方式提高公共服务能力。

## 2. 创新资本要素利用方式，提升制造业结构优化中的资本配置效率

资本要素的粗放投入，给制造业结构优化带来两个明显问题：一是传统工业行业及低端制造行业投资过剩，而代表先进制造业发展方向的高端装备制造业和战略性新兴行业，则投资不足；二是资本要素利用方式粗放，利用效率低下。因此，优化资本要素在制造业中的配置效率，提升资本要素质量，目的是形成带动制造业下一轮结构优化的新动能。

关于创新资本要素利用方式，主要关注 3 个方面：优化资本要素流向、提高资本利用效率、强化资本对制造业创新的支持。

（1）防止资本流向已经出现收益递减趋势的行业，加大对资本边际收益高、综合带动能力强的行业投资。事实上，资本要素流向低边际收益行业，与资本要素市场化程度不高紧密相关。以政府为主体的大规模资本的直接支持，相应地会使获取行业资本的成本较低，从而引导民间资本追随政府投资流向。这些行政性特征明显的行业的资本供给，会直接削弱价格机制在资本要素市场的配置作用。因此，要重点推进资本要素的市场化进程。

（2）提高资本利用效率的前提是资本要素市场的价格机制有效地发挥。资本要素配置效率的提升，能自觉引导资本流向高收益的高研发行业。然而，能以不合理的低成本获取资本要素的行业，将会缺乏动力去提升资本利用效率，这些行业发展只需简单地增加资本要素投入；而对于那些得不到充分投资，或者说获取资本的成本较高的行业而言，由于行业获得资本要素投入程度较低，将失去资本要素转化为现实生产力的机遇，从而削弱了资本利用效率的正向激励效用。

（3）强化资本对制造业创新的支持。制造业是技术创新的主要领域，制造业领域的技术创新成功将会形成较大的外溢效应。通过规范金融领域，使之健康发展，强化资本对制造业创新的支持。解决技术创新的市场失灵问题，可以通过建立风险分担机制等方式，降低创新失败的风险成本，使技术创新活动得到足够的资本要素支持。政府可以在重点行业和关键领域，采取适当的财政资金政策形成示范效应，引导金融市场发挥市场机制活力，促进资本市场和信贷市场对制造业创新的支持。

### 3. 深化数字经济与制造业的融合，形成由数据要素驱动制造业结构优化的新动能

随着信息技术的深入发展，数据已成为制造业发展的重要生产要素，而互联网已成为制造业依托的平台。数字经济与制造业的深度融合发展，造就了制造业数字化网络化的发展。数据不仅可以作为制造业创新中高质量的投入要素，发挥独自的效率优势，而且还能够作用于制造业发展中的传统生产要素，与劳动力和资本要素一起提升制造业整体的生产效率，从而形成数据要素驱动的新动能。数字经济与制造业的深度融合创新，之所以具有驱动制造业结构优化的能力，主要原因如下。

（1）利用数据要素可以对制造业系统进行数字化改造。制造业内部的运作流程、生产全过程、产业链上下游间的协同联系等都可以通过数据化的方式体现出来，大数据本身成为制造业可利用的一种关键的生产要素。制造业既可以利用大数据深度挖掘消费需求、将消费者需求引入产品创新过程当中，从而提高制造业有效供给；同时也可以通过制造过程的数字化网络化，提高制造业运行过程的精细化和柔性化程度。

（2）数据要素能够有效地提升生产要素的配置效率。推动生产制造过程的数字化，通过开发高效实时的数据平台、生产工艺数字化控制系统，实现制造业运行的数字化监测，优化了劳动力和资本要素在生产制造各环节之间的配置，从而驱动生产要素质量的提升。这对于制造业结构优化而言，极大地改造了传统产业，支持新兴产业的发展。同时，能够

极大地优化制造业内部的生产技术联系，打破原有产业链线性、单向发展的形态，使之向工业网络形态转变[5]。

（3）加大对制造业数字化转型的支持力度。对于政府而言，充分发挥国家科技计划资金扶持政策的作用，支持大数据基础技术、关键共性技术的发展，鼓励引导资源向制造业数字化利用过程适当汇集[5]。同时，加快培养建设数据公共服务能力，通过支持工业数据平台的发展，提高数据交流及利用效率，积极推动有关数据安全、数据交易等方面的法律法规和政策监管的完善。

当前，中国制造业新旧动能处在转换过程中，不同细分产业的创新程度具有差异性。应当根据不同细分行业创新动能的具体状况，合理地规划各个产业的发展路径及重点领域。根据产业属性循序渐进提高产业创新的强度，不能一味地追求各个细分领域同种程度地快速创新。对于传统产业而言，主要应该通过技术发展实现改造，先通过数字化网络化降低生产成本，提高生产效率和产品品质，优化产出结构，最终逐步迈向智能化；对于高端装备制造业而言，应当提高自主创新能力和研发能力，从而在高端装备上打造制造业核心竞争力，重视关键零部件和生产技术的掌握，并通过模式创新和培育新的产业形态，使制造业向着价值链的高端攀升；对于战略性新兴行业而言，应当大力发展智能制造，其整体发展要与国际发达国家的制造业发展水平对标，占据国际发展制高点。在新旧动能转换过程中，不仅要重视大型制造业企业的创新作用，还应当关注大量中小企业的创新活力。关于中小企业的创新动能，可以通过日常技术能力的积累，积少成多，源源不断地积累微小创新经验，从而推动制造业结构长期优化过程。因此，要重视完善中小企业创新的市场环境，加大对中小企业创新的政策支持力度。

# 四、总结

毋庸置疑，制造业是整体经济发展的重要根基。随着以数量扩张为导向的发展阶段转向以质量效益为导向的发展阶段，国内外经济环境已发生变化，驱动制造业结构优化便成为迫在眉睫的重要任务。为此，要厘清制造业结构优化过程中新旧动能的内涵以及实现动能转换的具体路径。驱动上一轮制造业发展及结构优化的旧动能可以归纳为以大量粗放式的要素投入为重要动能，同时体制环境及政策倾向是旧动能体系中的关键组成部分，而在创新动能上严重不足，主要依靠技术模仿的驱动方式。随着旧动能作用空间的缩小，旧动能体系在驱动制造业结构优化的过程中后劲不足，甚至给制造业结构优化造成新的难题。

为此，需要加快新旧动能转换的进程，在制造业新动能的形成中，创新驱动应当成为

"统领"其他因素的主导动能,即创新是新动能的核心。具体来看,主要包括创新制造业发展模式、创新制造业运行方式以及创新制造业要素的组合等几个方面。制造业新旧动能转换的过程是制造业原有动能体系扬弃的过程。虽然以创新驱动为主导,但原有动能体系中合理的要素、政策等因素并没有被抛弃,而是更多地通过创新和改进融入新动能,从而成为驱动制造业结构优化的新动能体系。

在新旧动能转换过程中,必然会遇到一定的风险,因而一方面要坚定转换的决心,因为如果不进行调整,中国的制造业发展必然走进一个更加严峻的困境当中,长期来看损失更高,而且可能是我们难以承受的;另一方面也要尽力化解可能的风险,关键途径就是明确新动能的转换方向,加快推进新动能体系的整体培育,从而实现逐步转换,尽可能平稳地接替旧动能。

总之,通过新旧动能转换实现制造业结构优化的最终目的是,提升中国制造业乃至中国经济增长的产出率,使中国制造业的生产率在时间维度上得到持续突破,在某些关键领域赶上乃至最终超过主要发达国家的制造业发展水平,由"制造大国"真正迈入"制造强国"行列。

## 子课题 1 成员名单

组　长：尤　政　徐佳宾

成　员：屈贤明　陈　劲　徐佳蓉　李晓华　徐跃华
　　　　乔　标　虞义华　杨晓迎　古依莎娜
　　　　刘勇凤　杨艳明　邵珠峰　孙晓谛　宋　腾

执笔人：徐佳宾　庄逸群

# 子课题 2　从制造大国迈向制造强国
## ——中国制造业的结构升级

## 一、中国已建成了独立完整的制造业体系

中国在 1978 年走上了改革开放之路，到 2018 年已经有 40 年。在这 40 年间，国民经济保持了年均 9.5%的高速增长，工业经济也保持了年均 10.8%的高速增长，工业对国民经济增长的贡献率达到 33.8%（按当年物价计算）。改革开放 40 年（1978—2017 年）中国人均 GDP 从 185 美元跃升到 8836 美元，从一个低收入穷国成为中等收入国家。

1978—2017 年，中国全部工业增加值由 1621.5 亿元增至 27.9 万亿元，扣除价格因素增长了 32.7 倍。其中，制造业增加值从 1195 亿元增长到 24.3 万亿元，2017 年制造业增加值占国民经济的比重为 29.34%，是支持中国经济发展的第一大产业。

自 1978 年以来，无论是传统制造业还是现代制造业，在改革开放的推动下都实现了规模扩张，虽然各个制造行业在不同时期的发展程度是不同的。按照国际标准工业分类，在 22 个大类中，中国产品产量有 12 个大类名列第一；在中国生产的 500 种主要工业品中，有 220 种产量位居全球第一。2010 年以后，中国就已成为世界产出第一的制造大国。在联合国工业大类目录中，中国是唯一具有所有工业门类制造能力的国家。相关数据显示，到 2016 年，中国制造业增加值达到 30798.95 亿美元，占全球制造业增加值的比重达到 24.5%，接近排世界第二位的美国和排第三位的日本两国制造业增加值的总和。

中国是全球制成品出口第一大国，是全球重要的制造业基地。改革开放初期，中国商品出口以农产品和矿产品等初级产品为主。1980 年，中国制成品出口额仅为 87 亿美元，占全球制成品出口额的 0.8%，是当时排名第一的德国制成品出口额的 5.38%。随着中国制造业生产体系的不断完善，制成品不仅满足了本国日益增长的需求，而且使得各类制成品逐步出口到国际市场。2008 年，中国制成品出口额首次超过德国，排名全球第一。此后，中国制成品出口增长率连续多年稳步增长。截至 2016 年，中国制成品出口额占全球

制成品出口总额的比重已达 18%，是排名第二的德国的 1.75 倍。同时，制成品出口结构也发生了较大变化，高技术含量制成品已具备国际竞争优势，如轨道交通装备、电力设备产品、电信设备制造等产业竞争优势大幅提升。

## 二、中国制造业结构高级化的轨迹

中国成为工业大国的核心是制造业的发展。伴随着中国快速的工业化进程，中国制造业不断发展壮大，制造大国的地位得到进一步巩固。

制造业结构成功转型是成为发达经济体的重要标志。而制造业结构成功转型升级的主要内容是，制造业技术水平整体提升，中高端制造业的比重不断提高，高加工度、高智能化、高附加值制造业成为经济增长中的主导产业。

改革开放初期，中国调整了之前优先发展重工业的战略，以消费品为主体的轻工业得到充分重视，促进了食品、纺织、服装等产业的快速发展，轻加工制造业产值占工业产值的比重迅速上升。

20 世纪 80 年代中后期，随着城乡居民收入水平的提高，中国居民对电视机、洗衣机、冰箱、空调等需求快速增长，这又带动了耐用消费品加工制造业迅猛发展。

20 世纪 90 年代，城乡居民的住行需求开始增长，住宅产业、汽车产业等重加工制造业快速发展，从而带动了能源、运输等相互关联的基础产业的发展，石油加工炼焦产业、交通运输设备制造、通信电子设备制造业、电气机械及器材制造业等上升幅度较大，导致重加工制造业的比重迅速上升。

进入 21 世纪，低加工度的重化工业的比重有所下降，能源、原材料产业的比重呈现下降趋势；而高加工度的重化工业的比重明显上升，高端装备制造业转型升级的步伐明显快于其他制造业。

中国制造业结构转型升级的历程说明，不同经济规模的经济体和不同发展阶段的经济体，对经济体制的要求是有差异的。当一个国家处在较低发展阶段、较小经济规模时，由于产业分工比较简单，经济关系比较明确，这时计划经济体制还能对经济活动的利益关系发挥积极作用；当一个国家经济规模较大、经济发展进入较高阶段时，由于产业分工比较迂回，经济关系比较复杂，这时需要市场经济体制对经济活动的利益关系发挥决定作用。中国自改革开放以来从计划经济体制向市场经济体制转型，为制造业产业结构的升级厘清了经济活动的利益关系。因此，改革开放以来制造业结构的优化升级，都是在深化市场取向改革的过程中进行的。

中国制造业结构转型升级的历程同时说明，制造业结构的优化升级的过程，就是消费层级不断升级的过程，也是制造业结构适应消费层级的过程。随着中国城乡居民的吃、穿、住、行消费需求层次的提升，中国制造业的主导产业随之由轻纺工业转向耐用消费品制造业，再到住宅产业、汽车产业等重加工制造业和基础产业，直到现在的高端装备制造业，制造业的加工深度、技术含量、附加价值的水平不断提升。消费结构引导制造业结构，深刻影响了制造业升级的全过程。改革开放前后变化的对比说明，消费结构的升级是有层次的，初级消费与高级消费、生活消费与生产消费既要保持消费的层次性，又要保持连贯性。因而，制造业结构升级既要保持一定的层次性，又要一定的连贯性。消费层级可以在一定程度上错位提升，生产消费可以适度领先生活消费，高级消费可以适度领先初级消费，但是，若由生产消费和高级消费引导制造业结构升级，则只能保持一定范围内的适度超前，制造业结构升级终究要适应消费层级升级的过程。

## 三、中国制造业转型升级的关键变量

改革开放 40 年来，中国制造业的发展取得伟大成就，中国制造业呈现由大转强的基本态势。中国主动作为，使制造业转变产业发展模式、优化产业供给结构、增强创新引领能力、深化市场取向改革，着手解决中国制造业发展中的不平衡和不充分问题。

就转变制造业发展模式而言，40 年来，中国制造业正在逐步实现由粗放式向集约式发展的转变。制造业发展中的高投入、高消耗、高排放、高污染带来了资源能源过度消耗和生态环境严重破坏。中国自然资源较为稀缺，能源资源供求缺口较大，以致每年大量进口这些短缺资源。制造业实现集约式高质量发展的转变，降低了中国制造业的单位物耗和能耗水平，提升了中国制造业的绿色生态发展能力。

就优化制造业供给结构而言，改革开放初期，中国调整了重工业优先发展的战略，让制造业的发展反映居民消费需求的基本国情。40 多年来，中国制造业顺应了中国社会消费层级升级的需求，制造业的发展满足了中国居民吃、穿、住、行的主流需要。社会消费需求引导了制造业的主导产业循序更替过程，有力地带动了传统制造业的改造和新兴制造业的培育。2017 年，高端装备制造业和高技术制造业工业增加值占规模以上工业增加值的比重分别达到 32.7% 和 12.7%。

就增强制造业创新引领能力而言,改革开放以来,中国制造业加强了研发投入的强度,产业技术水平得到了极大的改善。为了获得制造业发展中的"成本优势"和"规模优势",中国制造业通过模仿吸收,消化了引进的国际先进技术。随着制造业产业体系向中高端攀升,制造业重点领域的自主创新能力有所突破。中国制造业的发展从追求要素规模转向追求要素效率,强化数据、信息、知识等新要素的支撑作用,培育和发展智能制造、绿色制造、服务型制造等新型制造模式。

就制造业深化市场取向改革而言,改革开放以来,中国采取了渐进式市场化改革的制度创新,确立了市场在资源配置中的决定性地位,矫正了原先体制中的激励机制扭曲的现象,充分调动了国内各种微观经济主体的主动性和创造性。这极大地增强了企业对国内外市场需求变化的反应和调整能力,在国内市场上,民营经济和国有经济获得了市场经济公平竞争的同等地位;在国际市场上,制造业发展获得了大量先进的技术和管理经验以及稀缺的资源,为制造业高速增长提供了强大的内在原动力。

改革开放40多年来,中国制造业的发展过程是转变产业发展模式、优化产业供给结构、增强创新引领能力、深化市场取向改革等因素共同作用的过程。中国制造业发展的进程波澜壮阔,是各种复杂的制度变量、技术变量、结构变量等因素综合作用的结果。以制造业发展为代表的中国工业化进程,与发展模式的转变、市场化改革进程、全球产业变革以及世界技术革命的进程牢牢地叠加在一起。

# 四、改革开放以来中国制造业的变革特点

制造业是国民经济的主体,是立国之本、兴国之器、强国之基。历史经验表明,大国经济必须依靠实体经济,而实体经济的核心是制造业。制造业从低端逐步向中高端升级迈进,是支撑大国经济实现工业化和现代化的根本力量。改革开放以来,中国制造业的变革特点如下:

(1)中国制造业的发展过程具有政府引导的性质。中国制造业的发展需要政府的引导和支持,但这并不否定企业按照市场原则从事经济活动。中国高端先进制造业的发展是与整个国家利益密切相关的。中国是一个发展中的大国,制造业发展所需的高端技术、人才资源和资金要素都很稀缺,这尤其需要政府从战略层方面统筹引领。同时,中国正处于技

术变革和产业变革时代，需要明确整个技术变革的方向和整个产业路线的走向。这需要政府从长远利益考虑，有步骤地稳妥推进，从战略高度引领中国制造业有规划地发展。

（2）中国制造业的发展过程是个集成创新的过程。中国制造业技术的不断进步，是因为汲取了发达国家先进制造业优势。中国作为后发的制造业大国，长期进行模仿创新，在消化吸收再创新的基础上，进行了系统的集成创新。中国制造业发展的重要特点是继承别国的先进技术、吸收别国的先进技术，集成各国先进技术进行系统创新。目前，中国主要的技术创新，还处在集成创新阶段。因此，中国制造业在某些基础技术、某些关键技术、某些核心技术上还没有突破，这些基础技术、关键技术、核心技术正是中国制造业下一步自主创新的目标。

（3）中国制造业的发展过程是个系统推进的过程。中国发展高端先进的制造业，并非单个产业发展的问题。一个产业在研发、规模化、商业化的过程当中，每一步都会遇到重重障碍。从一个简单的创意到试样、小批量、大批量生产的过程当中，都会涉及产业发展的瓶颈问题。为了解决制造业发展瓶颈，需要以行业领先企业为主体、"产、学、研"深度融合的产业协作方式，突出制造业创新中心建设，面向行业关键共性技术，解决行业专用设备、材料、工艺等突出的共性问题，实现科技成果产业化的跨越。

（4）中国制造业的发展过程是个优势集聚的过程。中国制造业发展的过程具有明显的区位优势指向。由改革开放初期东部的珠江三角洲地区、长江中下游地区，开始向中西部的长株潭地区、成渝高新开发区、郑洛新自主创新区扩散的趋势，区位集聚增长向区域集群发展的趋势明显。这些产业发展的集聚区和集群区，正是中国制造业发展的制高点。产业集聚式的发展，有利于先进的资源要素向该区位的汇集，区位内产业之间相互关联发展，形成技术、市场、设施的互为配套格局。中国制造业产业集聚式的发展，既提高了这些地区内的专业化水平，又突出了这些地区间的差异化分工。

# 五、智能制造是中国制造业发展的主攻方向

当前，中国先进制造业发展面临难得的历史机遇。新一代信息技术、材料技术、能源技术正在带动群体性技术突破，新的商业模式创新起到推波助澜的作用。全球新一轮技术革命和产业革命的历史性交汇，促进新一代信息技术和先进制造技术深度融合，柔性制造、网络制造、智能制造日益成为全球制造业发展的重要方向。

中国以智能制造为制造业发展的主攻方向，推动互联网、大数据、人工智能和制造业深度融合，促进中国制造业向高端先进的方向快速发展。智能制造作为新一轮科技革命和产业变革的重要驱动力，正在催生大量新产业、新业态、新模式。制造业的数字化网络化智能化为全球制造业发展注入了新动能。

智能制造是基于新一代信息技术与先进制造技术的深度融合，贯穿于设计、生产、管理、服务等制造活动的各个环节，具有自感知、自学习、自决策、自执行、自适应等功能的新型生产方式。智能制造是全价值链上的工业技术和信息技术的深度融合，目的是为了通过制造业的内部和外部网络互联互通，打造产品、装备、生产、管理、服务全过程的智能化，实现优质、高效、低耗、清洁、精益的生产。

中国是制造业大国，也是互联网大国，拥有完备的产业体系、坚实的制造业基础和巨大的国内市场，在新兴科技和产业领域已取得一定突破，具备抓住这次科技变革和产业革命的有利条件。为此，中国政府高度重视智能制造的发展。在中央政府的决策部署下，在有关部门的共同努力下，中国智能制造发展取得了积极成效。这体现在通过政府与企业联动，确立了中国制造业数字化网络化智能化并行推进的发展路径，初步形成了智能制造推进体系；通过填补一批关键装备、工业软件空白，初步建立起智能制造标准、工业互联网体系架构，实现了某些关键领域的突破；通过国家层面实施智能制造试点示范项目，形成了一批可以推广到相关行业的新模式，生产率明显提高；通过不断深化开放合作，在标准体系架构、标准路线图制定、标准互认、产业园区建设等方面开展了务实合作。相关数据显示，中国智能制造试点示范项目实施前后的生产率平均提升30%以上，运营成本平均降低20%左右。

## 六、中国制造业升级的难点

中国制造业升级的难点是在工业化尚未完成的基础上，进行整个制造产业体系的升级。制造业是为整个国民经济提供装备的部门，制造业的水平决定了整个国家工业化的水平。在经济新常态背景下，中国制造业成长的重点已从追求规模扩张转向追求质量提升，制造业结构总体上呈现从以资源和资金密集为主导转向以技术密集为主导的转型升级趋势。培育新兴产业和改造传统产业，是为了顺应新一轮科技革命和产业变化趋势。

工业化进程的核心是通过技术创新实现产业效率的不断提升和产业结构的持续高级化。当前，中国所实现的工业化并不是传统经济条件下的工业化，而是信息经济条件下的工业化，是信息化与工业化深度融合的"新型工业化"。中国提出的"制造强国战略"正是对这种世界工业化的发展趋势做出的深度响应。这是基于全球产业竞争与合作、着眼于国内国际经济社会发展大趋势而制定的产业发展和技术进步的高端战略规划蓝本，它明确以推进智能制造为主攻方向，通过实施国家制造业创新、智能制造、工业强基、绿色发展、高端装备"五大工程"建设，明确了未来需要主攻的十大重点领域，提出中国从制造大国向制造强国的转变路径。

中国制定的"制造强国战略"具有"竞争+合作"的性质，这是由中国目前所处的发展中大国的地位决定的。中国既是一个制造大国又是一个发展中国家。作为一个制造大国，具有比较完整的产业体系，中国必然按照竞争优势，在全球产业体系中与其他国家发生竞争关系。同时，作为一个发展中国家，整个产业体系虽然门类齐全，但产业体系的核心环节存在缺失，中国必然按照比较优势，在全球产业体系中与其他国家发生合作关系。因此，中国制造业在技术水平相近的产业领域发生竞争，而在技术水平有差距的产业领域进行合作。如果只是按照比较优势而不是按照竞争优势来发展中国的制造业，那就失去了制定和实施制造强国战略的本意。

中国制造业在全球化进程中，无须从事全部的制造业领域，但中国的制造业必须掌握关键的和核心的制造业环节。在本轮全球科技革命和产业变革中，中国制造业会不断提升全球产业体系中的差异竞争程度和合作开放水平。"制造强国战略"作为一个合作的战略，为各国制造业企业来华发展提供了有利的政策环境。为了提升中国制造业的开放发展水平，明确地将"自主发展，开放合作"作为战略制定的基本原则。中国制造业秉承开放合作、互利共赢的发展理念，营造稳定、透明、可预期的营商环境，建立外商投资准入前国民待遇加负面清单管理机制。中国作为后起的制造大国，制造业发展必须学习和借鉴欧美国家的成熟经验，走高品质高端化的发展道路。因此，中国制造业发展的核心动力唯有自主创新，既有包括技术领域的创新，更包括体制和制度层面的创新。

## 子课题 2 成员名单

组　长：尤　政　徐佳宾

成　员：屈贤明　陈　劲　徐佳蓉　李晓华　徐跃华
　　　　乔　标　虞义华　杨晓迎　古依莎娜
　　　　刘勇凤　杨艳明　邵珠峰　孙晓谛　宋　腾

执笔人：尤　政　徐佳宾

# 课题 3
# 中国智能制造发展战略研究

"制造强国战略研究"课题组

习近平总书记在党的十九大报告中号召:"加快建设制造强国,加快发展先进制造业。"习近平总书记指出,要继续做好信息化和工业化深度融合这篇大文章,推进智能制造,推动制造业加速向数字化网络化智能化发展。为此,从国家层面确定了中国建设制造强国的总体战略,明确提出要以加快新一代信息技术与制造业深度融合为主线,以推进智能制造为主攻方向,实现制造业由大变强的历史跨越。

# 一、发展智能制造的战略意义

智能制造是新一轮全球制造业竞争的战略制高点。自 2008 年国际金融危机爆发之后,世界主要国家都认识到制造业对国家经济发展的重要意义,纷纷出台振兴制造业的战略和政策。近几年,美国、德国发布了一系列报告,把发展制造业进一步提升到国家战略的层面。美国在 2018 年 10 月 5 日发布的《先进制造业美国领导战略》中提出了"先进制造是美国经济实力的引擎和国家安全的支柱""坚实的国防基础,包括具有弹性的供应链的、创新和可赢利的国内制造业是国家头等大事,对经济繁荣和国家安全至关重要"。德国在 2019 年 2 月 5 日发布的《德国工业战略 2030》中提出了"增强德国工业实力关乎德国的国家利益,已成为一项重要的国家任务";该战略报告还对未来工业在经济附加值总额中的占比提出量化指标,即到 2030 年工业在德国经济附加值总额中的占比应达到 25%,并以此作为判断德国是否朝着正确方向发展的标志。因此,在未来国家之间的竞争中,制造业将是最关键的领域之一。

进入 21 世纪以来,新一代通信、大数据、云计算、人工智能等新兴技术出现了群体性的突破。这些新兴技术与制造业的深度融合,推动制造业的生产技术和商业模式发生革命性的变化,使制造业向"智能制造"转型。新兴技术的应用将改变生产活动的成本效益关系,对价值链进行重新定义。这一变化不但带来了一系列新生产业,同时也为制造业落后国家实现跨越式发展、迎头赶上发达国家带来了机会。每个国家必须争取在全球价值链中占据有利位置,否则,它可能会被淘汰出局。因此,各国都充分认识到这次工业革命的重要性,大力加强新兴技术的研发和应用。

美国在 2019 年 2 月 7 日和 2 月 11 日,连续发布了两个关于推动人工智能技术研发和应用的文件。2 月 7 日发布的《未来的产业发展规划》中指出,在未来的产业规划中,将关注人工智能、先进制造业、量子信息科学和 5G 技术 4 项关键技术,以推动美国繁荣和保护国家安全。为此,美国将制定新战略,关注研发投资重点,减少创新的监管障碍,为未来工业的发展做好准备。2月11日，特朗普总统签署了《维护美国人工智能领导地位》的行政命令，正式启动美国人工智能计划。该计划提出5项指导原则和5个重点发展领域，全面指导美国人工智能的研发工作。

在德国，将人工智能的应用视为自蒸汽机发明以来最大的突破性创新，认为它将渗透到经济、工业和服务领域、物流和运输、工作、私人和社会生活中。机器与互联网的相互连接（工业4.0）是另一个重要的突破性创新。《德国工业战略2030》明确指出，虽然德国在传统强势领域不断增长，但创新和数字化对这些传统强势领域的冲击十分显著，使这些领域面临直接的风险。只有把新的未来领域做大做强，才能维持核心工业领域的传统强势地位。

由此可知，世界主要国家都把发展智能制造作为经济发展的战略方向。智能制造也是中国建设制造强国的主攻方向，中国高度重视制造业的发展，发布了《制造强国战略》，确定了把中国建设成为制造强国的战略目标。2018年12月在中央经济工作会议上，习近平总书记再次强调，在2019年要抓好的重点工作任务中，第一条就是推动制造业高质量发展，坚定不移地建设制造强国。

国家对新一轮科技变革高度重视。习近平总书记指出，新一轮科技革命和产业变革与中国加快转变经济发展方式形成历史性交汇，为我国实施创新驱动发展战略提供了难得的重大机遇。习近平总书记还指出，要推进互联网、大数据、人工智能同实体经济深度融合，做大做强数字经济。要以智能制造为主攻方向推动产业技术变革和优化升级，推动制造业产业模式和企业形态根本性转变，以"鼎新"带动"革故"，以增量带动存量，促使中国产业迈向全球价值链的中高端。

各部委纷纷制定相应的政策，如《智能制造"十三五"规划》《智能制造工程行动计划》《智能制造试点示范行动》等，使中央推进智能制造的决策得到落地实施。各级地方政府也出台了一系列推动智能制造发展的具体政策和措施。智能制造在中国已经形成一整套行之有效的政策体系，有力推动了中国智能制造的快速发展。

智能制造是中国制造业创新发展的主要抓手，是制造业转型升级的主要路径，是建设制造强国的主攻方向。推进智能制造发展，是中国加快建设制造强国的一项重大战略决策。

# 二、加快制定并实施中国智能制造发展战略

当前，制造强国建设进入全面部署、加快实施、深入推进的新阶段，企业对于实现智

能转型愿望迫切。中国虽然确立了以智能制造为主攻方向，但尚未形成清晰的智能制造发展战略，特别是发展的技术路线，我们对于"为什么发展智能制造？什么是智能制造？怎么发展智能制造？"等问题还需要进行深入的研究和谋划。广大企业在智能制造的理性认识、发展方向、工作重点、路径选择、实施策略等方面还存在许多困惑和误区。要推动中国智能制造持续健康快速发展，必须把握世界技术发展趋势，提出适合中国国情的智能制造发展战略，特别是发展的技术路线，明确智能制造发展的战略目标、方针和优先行动，加快推进中国制造智能转型，进而实现中国由制造大国向制造强国的转变。

特别需要指出的是，智能制造的发展战略必须符合本国的国情。世界经济论坛在全球100个国家进行调研后，发布了2018年《"制造业的未来"准备状况调查报告》。该报告提出，"各国制造业转型的探索之路将会产生不同的发展路径。对任何一个国家而言，关键在于建设差异化产业，发挥竞争优势，最终形成本国独特的制造业发展战略和整体经济战略"。它还指出，"不存在一种适合所有国家的制造业发展方法，各国需要有意识地选择不同路径"。

根据中国国情，可以总结出中国制造业的五大特点：

（1）中国具有全球最完整的工业体系。联合国发布的制造业552个产业类别，全世界只有中国全部具备。这一特点使中国具有世界上最完备的产业链，对今后智能制造的发展是一个很大的支撑。而且，中国已经建设起比较强的工业基础，有220种产品的产量位居世界第一。中国在高铁、超高压输变电设备等产业及在一些大型工程项目建设方面的技术水平达到了世界领先水平，为下一步实施制造业转型打下了良好的基础。

（2）中国信息产业的技术水平和产业规模处于世界先进水平。中国有4家互联网企业排名世界前十；互联网技术在电子商务、智能手机和智能支付等应用领域的水平超过其他发达国家；在通信技术领域的研究方面，如窄带物联网、时间敏感网络、5G技术等，中国与世界同步乃至略有超前；在人工智能的研发方面，2018年中国颁布了《人工智能发展规划》，提前布局。中国被列为世界人工智能技术水平领先的3个国家之一。

（3）中国是世界上最大的工业产品市场，对制造业的转型有迫切的要求。因此，智能制造有巨大的发展和应用空间。大量的应用将产生海量的数据，而数据正是未来制造业最重要的制造资源，这也将成为中国发展智能制造的一大优势。

（4）与发达国家已经有上百年发展历史的制造业相比，中国制造业发展时间还比较短，在品牌、质量和核心技术等方面还缺少历史积累，有较大的差距。差距主要表现在以下几方面：关键装备、核心零部件和基础软件等严重依赖进口；支撑产业升级的技术储备明显不足；产品质量、劳动生产率等重要指标也与发达国家有较大差距。需要通过智能制造的转型对中国制造业现存问题进行补课。

（5）中国不同行业、地区的制造业发展水平有很大差异。以不同产业为例，大型流程型制造业企业已经基本完成自动化数字化转型，融入世界产业链的大型代加工企业和一些高精密大型复杂装备的制造业企业，在数字化制造和信息化管理方面也已经打下较好的基础。但是一些需要尽快满足市场快速变化需求的消费品企业以及一大批中小企业，都还没有完成自动化、数字化的转型。

中国的智能制造是一个大概念。针对中国制造业的特点，制定适合中国的智能制造发展时，战略应该既要体现前瞻性，又要具备实用性。前瞻性就是要充分考虑大数据、工业互联网和人工智能等前沿技术对制造业带来的影响，特别要认识到只有实现人工智能技术与制造技术的结合制造业才能实现真正的智能化制造这一趋势。实用性是指要针对当前中国还有相当一部分企业没有完成数字化转型，还需要进行自动化、信息化等方面的补课，必须把数字化制造纳入智能制造的概念中，满足广大企业的实际需求。

因此，符合中国国情的智能制造应当是一个大概念，而不是从严格的技术角度定义的智能制造，它包含了数字化制造、数字化网络化制造和数字化网络化智能化制造 3 种基本范式。根据智能制造的大概念，"机器换人"也应纳入智能制造的范畴，它属于数字化制造中的制造设备数字化；在当前推行智能制造试点示范的企业中，尽管大多数企业并没有体现智能的元素，但是它们都实现了数字化制造或者数字化网络化制造的内容，同样也属于智能制造的范畴。

## 三、智能制造的 3 种基本范式

如上所述，智能制造是一个大概念，也是一个不断演进的大系统。智能制造概念与技术的发展，经历了几十年的进程。在这一过程中，与智能制造相关的各种范式相继出现、相互交织，形成了精益生产、柔性制造、数字化制造、云制造、网络化制造、并行工程、敏捷制造等十几种制造范式。这些范式都体现出信息技术和制造业的不断融合与发展，在不同程度、不同视角上反映了制造业的数字化、网络化、智能化。但是，多种范式的并存使得企业在推进技术升级的过程中面临概念纷繁的问题，造成了许多困惑和迷乱，因此需要梳理出智能制造的基本范式。

从技术发展延续性的视角，可以把制造业相关的十几种范式归纳为 3 种基本范式，即数字化制造、数字化网络化制造（或称为互联网+制造）及数字化网络化智能化制造，如图 3-1 所示。

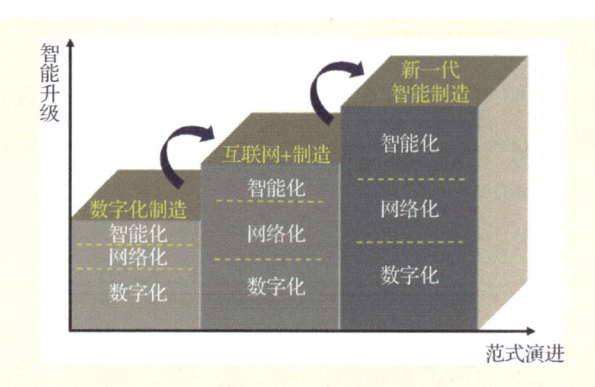

图 3-1　智能制造的 3 种基本范式

## （一）数字化制造

数字化制造是智能制造的第一种基本范式。数字化制造的主要任务是通过对企业内部业务的数字化转型，提升企业的竞争力，它主要解决企业"围墙内"的问题。

20 世纪 50 年代，以数字化为主要特征的信息技术开始应用于制造业，逐步推动制造业由自动化向数字化转变。数字化制造是在数字化技术和制造技术融合的背景下，通过对产品信息、工艺信息和资源信息进行数字化描述、分析、决策和控制，快速生产出满足用户要求的产品的过程。

数字化制造的基本特征表现在以下 6 个方面：

### 1. 产品设计/工艺设计数字化

（1）产品设计数字化。指采用基于模型的设计方法或者采用三维 CAD 数字化设计工具进行设计或仿真，生成产品数字化设计文件 BOM 表。

（2）工艺设计数字化。指采用计算机辅助工艺过程设计（CAPP）等数字化工具进行设计，进行工艺布局仿真、生产线运行仿真以及数控制造装备的制造过程仿真，生成工艺设计数字化文件 PBOM。

（3）建立产品/工艺设计数字化文件管理系统，即 PDM 系统。

### 2. 生产现场数字化

（1）制造装备和设备的数字化。建立制造装备和设备的信息模型，用数据对装备和设备进行描述。

（2）生产现场"物"的数字化。通过二维码、射频识别（RFID）等技术对生产现场的"物"（如模具、刀具、材料、元器件、被加工的零部件等）进行数字化描述。

（3）对"人"的数字化。通过扫码、人脸识别等辨认技术，实现对"人"的数字化描述。

### 3. 互联互通

（1）建立通信网络系统，实现各类制造装备/设备之间、生产现场与管理系统之间的信息互联。

（2）建立信息交互架构，明确各类制造装备/设备之间、生产现场与管理系统之间信息的流动。

（3）编制数据字典，具体规定需要交互的信息内容与语意。数据字典应包括设备数据、生产过程数据和管理数据三类数据。

### 4. 建立信息管理系统

（1）建立制造执行系统（MES），确定其应具有的功能模块。
（2）建立企业层管理（ERP）系统，确定其应具有的功能模块。
（3）建立物流仓储系统（WMS），确定其应用的功能模块。

### 5. 实现信息集成

（1）建立各管理系统模块之间，以及模块与生产现场之间的信息交互。
（2）利用这些信息构建功能模块的运行模型，并输出运算的结果。

### 6. 数字化管理

（1）可视化管理。用可视化的技术展示相关的信息，使生产过程监控人员、生产现场工作人员和其他管理人员及时了解生产过程的实际状态。可视化管理是"以人的决策为主、机器决策为辅"的管理方式。系统做出的决策不直接送到生产现场执行，而要通过人的调整和认可后，方能执行。

（2）闭环管理。闭环管理实现了管理系统与生产现场的闭环运行，是"以系统决策为主，人对执行情况进行监控"的管理方式。这种方式能够对生产现场出现的各种情况进行自适应调整，保证生产过程稳定运行，体现了信息技术与制造技术的融合。

（3）优化管理。优化管理不仅仅是维持生产过程的稳定运行，而是对采集到的各种数据进行分析，找出薄弱环节，进行改进，从而提高生产系统的运行质量。优化管理需要采用大数据技术，并且需要较大的数据计算和处理资源。因此，往往需要在企业中建设数据中心或者云平台（边缘计算模块或者私有云）。有条件的企业可以采用数字孪生技术，在虚拟空间建立一个与物理系统呈映射关系的实时数字样机，在虚拟空间中对各种优化措施进行仿真和验证；然后再下载到物理系统中实施，大大降低优化可能带来的风险。

20世纪80年代以来，中国企业逐步推广应用数字化制造，推进设计、制造、管理过程的数字化，推广数字化控制系统和制造装备，推动企业信息化，取得了巨大的技术进步。特别是近年来，各地大力推进"机器换人""数字化改造"，一大批数字化生产线、数字化车间、数字化工厂被建立起来，众多的企业完成了数字化制造升级。

由工信部与财政部共同实施的智能制造专项行动，共支持和培育试点示范项目386个。其中，离散型制造项目223个，流程型制造项目163个，并且遴选出一批试点示范企业，对这些项目和企业的数字化转型成效进行了广泛宣传。各地区也纷纷遴选和支持本地的数字化制造试点示范企业。例如，江苏省遴选了700家企业，湖北省遴选了350家企业，长沙市遴选了700家企业。这些试点示范企业的数字化转型几乎全部取得了明显的经济效益。根据智能制造工程专项调查，2015—2017年，308家企业在进行智能化改造后，生产效率平均提高34%，能源利用率平均提高17.2%，运营成本平均降低22%，产品研制周期平均缩短32.4%，产品不良品率平均降低29.4%。实践表明，实施数字化制造转型确实给企业带来了经济效益，为企业持续发展指出了方向。这些成绩使广大企业对数字化转型有了较深刻的认识，产生了进行数字化转型的内生动力。根据中国工程院对11个城市、22个行业、1859家企业的调研，73%的企业具有强烈的改造愿望。应该说，目前中国制造业数字化转型正在从培育期走向成长期。

但同时我们必须清醒地认识到，中国的大多数企业特别是广大中小企业，还没有完成数字化制造转型。面对这样的现实，中国在推进智能制造过程中必须实事求是，踏踏实实地完成数字化"补课"，进一步夯实智能制造发展的基础。

## （二）数字化网络化制造——"互联网+制造"

数字化网络化制造是智能制造的第二种基本范式，也可称为"互联网+制造"，与国际上推行的Smart Manufacturing相对应。数字化网络化制造的主要任务是帮助企业实现商业模式的转型和实现企业之间价值链的优化，它主要解决企业与企业之间的业务问题。

20世纪90年代末以来，互联网技术逐步成熟，中国"互联网+"行动推动了互联网和制造业深度融合，人、流程、数据和事物等过去相互孤立的节点被网络连接起来，通过企业内、企业间的协同、各种社会资源的集成与优化，"互联网+制造"重塑制造业的价值链，将制造业从数字化制造阶段推进到数字化网络化制造阶段。

数字化网络化制造的基本特征表现如下：

（1）通过通信网络，实现相关企业之间的互联。

（2）建立工业互联网平台。该平台可以是私有云、公有云或者混合云，但需要有能够满足要求的数据计算、存储资源以及数据的处理系统。

（3）通信网络和工业互联网平台应采取适用的信息安全措施。

（4）工业互联网平台有明确的服务对象和要求，并配置相应的工具软件和应用软件。

（5）具有业务关系的企业之间应采用统一的标识解析系统。

（6）应编制企业之间业务相关的数据字典。

（7）应提供信息诚信规范，提供可信服务。

目前，中国的数字化网络化制造尚处于试点示范项目的培育期。由于工业互联网面向的是工业企业，个性化强，标准化难度大，所涉及的设备多种多样，业务链条长、模型复杂，而且工业互联网对响应速度、可靠性、安全性、资本的要求都更加苛刻，因此，工业互联网平台难以复制消费互联网快速规模化的经验，面临更复杂多样的落地考验。

当前数字化网络化制造的应用主要体现在企业商业模式的转变和价值链的优化两个方面。在商业模式转变方面，主要体现在个性化定制和远程运维。

（1）个性化定制的商业模式使企业从以生产为中心向以用户为中心转变。个性化定制必须建立企业与用户之间的交互平台。用户可以通过交互平台在企业设定的范围内对自己需要的产品进行各种配置的选择，或者在产品设计之前就先在交互平台上与用户进行沟通，再根据用户的要求进行产品设计，即先有用户要求，后有产品设计。

（2）远程运维则使企业从单纯的生产型企业向生产服务型企业转变。若要实现设备远程运维，则必须建立一个能够实时采集用户设备各种信息的设备运维平台。该平台可以根据所采集到的数据，对用户的设备进行日常运行状况的监测，并具有故障预警和提示、故障诊断等功能。更高层次的服务可以做到设备健康状态的检测、剩余寿命预测和提出预测性维护方案。

在价值链优化方面，主要表现在供应链协同、协同设计和协同制造。

中国工业界紧紧抓住互联网发展的战略机遇，大力推进"互联网+制造"，制造业、互联网龙头企业纷纷布局，将工业互联网、云计算等新技术应用于制造领域。一方面，一批数字化制造基础较好的企业成功实现了数字化网络化升级，成为数字化网络化制造示范；另一方面，大量原来还未完成数字化制造的企业则采用并行推进数字化制造和"互联网+制造"的技术路线，通过"以高打低、融合发展"，完成了数字化制造的"补课"，同时跨越到"互联网+制造"阶段,实现了企业的优化升级。

"德国工业4.0"和"美国工业互联网"完整地阐述了数字化网络化制造范式,精辟地提出了实现数字化网络化制造的技术路线。但由于这两个理论提出较早,当时人工智能还没有实现战略突破,因此,这些理论总体上还只适用于数字化网络化制造范式,并没有进入智能化制造范式,还不是真正意义上的第四次工业革命。同时,这也正是中国制造业"换道超车"的重大历史机遇。

### (三)数字化网络化智能化制造——"人工智能+制造"

数字化网络化智能化制造是智能制造的第三种基本范式,与国际上推行的 Intelligent Manufacturing 相对应。

近年来,在互联网、云计算、大数据和物联网等新一代信息技术飞速发展并形成群体性突破的带动下,以大数据智能、跨媒体智能、人机混合增强智能、群体智能等为代表的新一代人工智能技术加速发展,实现了战略性突破。新一代人工智能技术与先进制造技术深度融合,将形成数字化网络化智能化制造范式。

新一代人工智能本质的特征是具备了学习的能力,具备了生成知识和更好地运用知识的能力,实现了质的飞跃。数字化网络化智能化制造将为制造业的设计、制造、服务等各环节及其集成带来根本性的变革,新技术、新产品、新业态、新模式将层出不穷,深刻影响和改变社会的产品形态、生产方式、服务模式乃至人类的生活方式和思维模式,极大地推动社会生产力的发展。它将给制造业带来革命性的变化,成为制造业未来发展的核心驱动力。

当今的技术发展十分迅速。目前仍有大量的技术创新涌现,在通信领域,5G 技术、时间敏感网络等技术已经趋于成熟,但尚未实现产业化应用。人工智能技术在近几年虽有突破,但在与场景结合应用方面只是刚刚起步。在这样的环境下,数字化网络化智能化制造的特征将具有很大的"不确定性"。这些新技术会对哪些行业带来冲击和损害?传统产业将如何发生变化?变化幅度多大?速度多快?对这些问题都无法做出正确判断。因此,我们还不能准确地描述出未来数字化网络化智能化制造的愿景。

虽然我们无法对数字化网络化智能化制造给出一个整体性的描述,但是现阶段人工智能的具体技术在制造业中得到很多应用。例如,利用机器视觉进行生产过程的产品检验、在保安系统中采用人脸识别技术、利用语音识别技术发现设备故障点、将 AR/VR 技术应用于复杂产品(如飞机)的装配等。

无论是国内还是国外的预测都认为,真正实现数字化网络化智能化制造范式至少还需要 20 年。

## 四、智能制造发展的技术路线——"并行推进、融合发展"

智能制造的 3 种基本范式体现了智能制造发展的阶段性和融合性特点：3 种基本范式沿时间脉络逐一展开，既是相关技术发展到一定阶段和产业结合并各有阶段性特点，又都面临着当时阶段所需要重点解决的问题，体现着先进信息技术与制造技术融合发展的阶段性特点；在发展过程中，3 种基本范式在技术上并不是割裂的，而是相互交织、迭代升级，通过技术融合相互促进发展，体现着智能制造发展的融合性特点。

中国应发挥后发优势，采取 3 种基本范式"并行推进、融合发展"的技术路线，走一条数字化、网络化、智能化三化并行推进的智能制造创新之路，实现中国制造业的智能升级、高质量发展。一方面，中国必须坚持"创新引领"，直接利用互联网、大数据、人工智能等最先进的技术，推进先进信息技术和制造技术的深度融合；瞄准高端方向，加快研究、开发、推广、应用新一代智能制造技术。另一方面，必须实事求是，"因企制宜"、循序渐进地推进企业的技术改造、智能升级。充分利用中国推进"互联网+制造"的成功实践给我们提供的重要启示和宝贵经验，企业根据自身发展的实际需要，"以高打低"——采取先进的技术解决传统制造难以解决的问题，扎扎实实地完成数字化"补课"，同时向更高的智能制造水平迈进。

下一个阶段，中国推进智能制造的重点是推广和大规模应用"互联网+制造"——数字化网络化制造。到 2025 年以后，随着"互联网+制造"的普及和新一代人工智能技术成熟，中国推进智能制造的重点将转入推广和应用数字化网络化智能化制造。

## 五、新一代智能制造系统

新一代智能制造系统是一个大系统，主要是由智能产品、智能生产及智能服务三大功能系统，以及工业智联网和智能制造云两大支撑系统集成而成的，如图 3-2 所示。

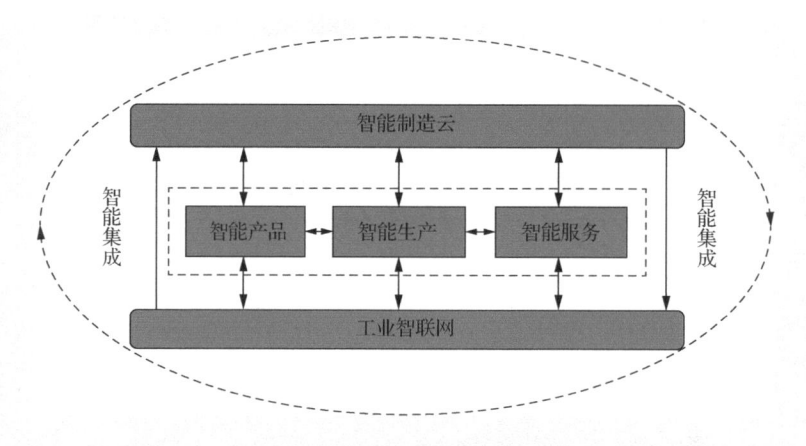

图 3-2　新一代智能制造系统

（1）智能产品和智能制造装备是新一代智能制造系统的主体。智能产品是智能制造和服务的价值载体，智能制造装备是智能制造的技术前提和物质基础。新一代智能制造将给产品与制造装备带来无限的创新空间，使产品与制造装备产生革命性变化。

智能手机和智能汽车是两个典型的例证：最新上市的 iPhone X 和华为 Mate 10 已经搭载了人工智能芯片，开始具有学习功能。不久的将来，新一代人工智能全面应用到手机上，将为智能手机带来新的革命性变化。汽车正在经历燃油汽车→电动汽车（数字化）→网联汽车（网络化）的发展历程，将朝着无人驾驶汽车（智能化）的方向快速前进。

新一代智能制造技术将为产品和制造装备的创新插上腾飞的翅膀，开辟更为广阔的天地。到 2035 年，中国各种产品与制造装备都将从"数字一代"整体跃升到"智能一代"，升级为智能产品和智能制造装备。一方面，将涌现出一大批先进的智能产品，如智能终端、智能家电、智能服务机器人、智能玩具等，为人民更美好的生活服务。另一方面，着重推进重点领域重大装备的智能升级，如信息制造装备、航天航空装备、海洋工程与船舶装备、汽车、轨道交通装备、农业装备、医疗装备、能源装备等，特别是要大力发展智能制造装备，如智能机器人、智能机床等，我们的"大国重器"将装备"工业大脑"，更加先进、更加强大。

近期要突破的重点是研制十大重点智能产品：智能工业机器人、智能加工中心、无人机、智能舰船、智能汽车、智能列车、智能挖掘机、智能医疗器械、智能手机、智能家电。

（2）智能生产是新一代智能制造系统的主线。智能工厂是智能生产的主要载体，智能工厂根据行业的不同可分为离散型智能工厂和流程型智能工厂。智能生产所追求的目标都是生产过程的优化，大幅度提升生产系统的性能、功能、质量和效益，其重点发展方向都是智能生产线、智能车间、智能工厂。

新一代人工智能技术与先进制造技术的融合，将使生产线、车间、工厂发生颠覆性的大变革，企业将向自学习、自适应、自控制的新一代智能工厂进军。实行"机器换人"后，企业生产能力的技术改造、智能升级不仅能解决一线劳动力短缺和人力成本高的问题，更是从根本上提高制造业的质量、效率和企业竞争力。在今后相当长的一段时期内，企业的生产能力升级——生产线、车间、工厂的智能升级将成为一个推进智能制造的主战场。

流程型工业在国民经济中占有基础性的战略地位，产能高度集中且数字化网络化基础较好，最有可能率先突破新一代智能制造。例如，石化行业的智能工厂建立数字化、网络化、智能化的生产运营管理新模式，可极大地提高生产率、安全环保水平。

离散型智能工厂将应用新一代人工智能技术实现加工质量的升级、加工工艺的优化、加工装备的健康保障、生产的智能调度和管理，建成真正意义上的智能工厂。

近期要突破的重点是在以下领域建设 10 家智能工厂原型：钢铁、电解铝、石油化工、煤化工、酒/醋/酱油酿造、3C 产品加工、TFT 制造、汽车覆盖件冲压、基于 3D 打印的铸造、家电制造互联工厂。

（3）以智能服务为核心的产业模式和业态变革是新一代智能制造系统的主题。新一代人工智能技术的应用，将推进制造业从以产品为中心向以用户为中心的根本性转变，产业模式从大规模流水线生产转向规模定制化生产，产业形态从生产型制造向生产服务型制造转变，完成深刻的供给侧结构性改革。

近期要突破的重点是在以下 10 个行业推行两种智能制造新模式：规模化定制在家电、家具、服装行业的推广应用；远程运维服务在航空发动机、高铁装备、通用旋转机械、发电装备、工程机械、电梯、水/电/气表监控管理行业的推广应用。

（4）智能制造云和工业智联网是新一代智能制造系统的重要支撑。"网"和"云"带动制造业从数字化向网络化、智能化发展，重点表现在"智联网""云平台"和"网络安全"3 个方面。

（5）系统集成将智能制造的各功能系统和支撑系统集成为新一代智能制造系统。系统集成是新一代智能制造最基本的特征和优势，新一代智能制造内部和外部均呈现系统"大集成"态势，具有集中与分布、统筹与精准、包容与共享的特性。

## 六、智能制造的发展战略

未来 20 年，是中国制造业实现由大到强的关键时期，也是制造业发展质量变革、效率变革、动力变革的关键时期。我们必须紧紧抓住新一轮科技革命与产业变革带来的千载难逢的战略机遇，以实现制造强国为目标，以深化供给侧结构性改革为主线，以智能制造为主攻方向，科学地研究并制定中国智能制造发展战略；坚持"并行推进、融合发展"的技术路线，围绕产业链部署创新链，围绕创新链完善资金链；形成经济、科技和金融的深度融合及良性循环，实现中国制造业智能升级、跨越式发展。

## （一）战略目标

未来 20 年，中国的智能制造发展战略目录将分成两个阶段目标来实现。

第一阶段目标：到 2025 年，"互联网+制造"——数字化网络化制造在全国得到大规模推广应用，在发达地区和重点领域实现普及。同时，新一代智能制造在重点领域试点示范中取得显著成果，并开始在部分企业推广应用。

第二阶段目标：到 2035 年，新一代智能制造在全国制造业实现大规模推广应用，中国智能制造技术和应用水平走在世界前列，实现中国制造业的转型升级；中国制造业总体水平达到世界先进水平，部分领域处于世界领先水平，为 2045 年中国实现世界领先的制造强国目标奠定坚实的基础。

## （二）战略方针

未来 20 年，中国发展智能制造必须坚持"需求牵引、创新驱动、因企制宜、产业升级"的战略方针，持续有力地推动制造业实现智能转型。

（1）需求牵引。需求是发展最为强大的牵引力，中国制造业高质量发展和供给侧结构性改革对制造业的智能升级提出了强大需求，中国发展智能制造必须服务于制造强国建设的战略需求，服务于制造业转型升级的强烈需要。企业是经济发展的主体，也是智能制造的主体，发展智能制造必然要满足企业在数字化、网络化、智能化不同层面的产品、生产和服务需求，满足提质增效、可持续发展的需要。

（2）创新驱动。中国制造业要实现智能转型，必须抓住新一代人工智能技术与制造业融合发展带来的新机遇，把发展智能制造作为中国制造业转型升级的主要路径，用创新不断实现新的超越，推动中国制造业从跟随、并行转向引领，实现"换道超车"、跨越式发展。

（3）因企制宜。推动智能制造，必须坚持以企业为主体，以实现企业转型升级为中心任务。中国制造业企业的水平参差不齐，实现智能转型不能搞"一刀切"，不能"贪大求洋"。各个企业特别是广大中小微企业，要结合企业自身的发展情况，实事求是地探索适合本企业转型升级的技术路径。要充分激发企业的内生动力，帮助和支持企业特别是广大中小企业的智能升级。

（4）产业升级。推动智能制造的目的在于产业升级，要着眼于广大企业、各个行业和整个制造业。各级政府、科技界、学术界、金融界要共同营造良好的生态环境，推动中国制造业整体的发展质量变革、效率变革、动力变革，实现中国制造业全方位的现代化转型升级。

## （三）发展路径

### 1. 在战略层面：总体规划—重点突破—分步实施—全面推进

在国家层面，要抓好智能制造发展的顶层设计、总体规划，明确各阶段的战略目标和重点任务。对有条件的经济发达地区、重点产业、重点企业，要加快重点突破，先行先试，发挥好引领和表率的作用。分步实施，重点突破的范围逐步扩大，从企业（点）到城市（线），再到区域（面），按梯级展开。在此基础上，在全国范围内根据不同情况，全面推进，逐步达到普及。

### 2. 在战术层面：探索—试点—推广—普及

根据近几年推行数字化制造的经验，"探索—试点—推广—普及"的有序推进模式是合理和有效的选择。探索是为了验证技术的可行性，通过探索，可以确认某项技术在企业中是可实施的。在此基础上，可以在少数企业进行试点。通过试点，一方面摸索出技术应用中出现的问题，进一步改善；另一方面让其他企业实实在在地看到智能转型的好处，激发企业转型升级的内生动力。通过推广，扩大应用范围，并进一步发现问题，予以改进，使技术、装备、系统解决方案越来越成熟。通过普及，逐步在地区、行业、全国全面推广应用。这样分步实施、循序渐进的推进模式，可操作性强，风险小，成功率高，是一条可持续的、有效的实施路径。

### 3. 在组织层面：营造"用、产、学、研、金、政"协同创新的生态系统，实施有组织的创新

智能制造的发展一定是起源于企业的需求的，因此，制造业企业在发展过程中起着主体的地位。必须由一批系统集成商、设备和软件供应商以及开发技术和产品的研究机构形成产业集群，帮助企业实现转型升级，从技术上保证成功。金融机构将在发展过程中创新商业模式，通过融资租赁、融资担保等方式，为企业在资金上保驾护航。政府将制定并实施相应的政策，为企业营造有利的发展环境，包括为产业集群的形成招商引资，降低金融机构的投资风险，为人才引进创造优惠的条件。总之，需要汇集各方力量，实施有组织的创新。

## （四）深化国际交流合作

加快与各国政府建立高级别智能制造合作的对话机制。在智能制造标准制定和知识产权等方面广泛开展国际交流与合作。支持国内外企业及行业组织开展智能制造技术交流与合作，做到引资、引技、引智相结合。鼓励跨国公司、国外机构等在华设立智能制造研发机构和人才培训中心，建设智能制造示范工厂和产业园区。鼓励国内企业通过参与国际并购、参股国外先进的研发制造等方式，掌握智能制造的关键技术，逐步实现自主发展。积极推动国际智能制造联盟建设，依托世界智能制造大会、智能制造国际会议等开展学术交流。坚持企业主体与市场导向，实现智能制造更高水平的开放。

## （五）尽快出台关于智能制造发展的指导意见文件

建议国务院制定并出台《关于推进智能制造，加快建设制造强国的指导意见》，明确智能制造的重要意义和基本形势，阐明中国智能制造的总体要求、发展战略、主要任务和支撑保障条件，落实智能制造优先行动，动员全社会力量共同推进智能制造，为建设制造强国而奋斗。

"中国智能制造发展战略研究"课题简介详见附录 B。

# 附录 B　"中国智能制造发展战略研究"课题简介

2017 年，中国工程院开展了"制造强国战略研究（三期）"项目，智能制造是其中的 1 个课题。这个课题形成了 1 个主报告和 6 个子报告。主报告的题目为"中国智能制造发展战略研究"，6 个子报告分别为"智能产品与制造装备发展研究""离散型制造智能工厂发展研究""流程型制造智能工厂发展研究""制造业新模式新业态发展研究""工业互联网发展研究"和"智能制造云平台发展研究"。这 6 个子报告与新一代智能制造系统的 3 个功能系统以及 2 个支撑系统相对应。

主报告"中国智能制造发展战略研究"即本书课题 3。下面对 6 个子报告的主要内容做简要介绍。

## （一）智能产品与制造装备发展研究

智能产品与制造装备的水平是一个国家智能制造水平的重要标志。智能产品是我们落实国家供给侧结构性改革的落脚点，是满足人民美好生活愿望的具体体现；智能制造装备则是制造业发展的基础和支撑，是制造业由大变强的关键。

智能产品与制造装备的内涵既可指智能技术的产品化，也可指传统产品的智能化。本子报告主要是研究传统产品的智能化，即通过"智能+"实现对传统装备制造业的升级，培育新增长点，形成新动能。

智能产品与制造装备以知识工程为核心，以自感应、自适应、自学习和自决策为显著特征。

### 1. 十二大领域

本子报告综合考虑了"制造强国战略"提出的十大装备，结合近几年人工智能在制造领域的应用，突出装备制造业产业链集群式的发展思路，提出智能产品与制造装备重点发展的十二大领域：

（1）智能机床装备。
（2）智能热工装备。
（3）智能动力装备。
（4）智能工程机械。
（5）智能航空航天装备。
（6）智能海洋工程与船舶装备。
（7）智能机器人。
（8）智能轨道交通与运载装备。
（9）智能网联汽车。
（10）智能农业装备。
（11）智能家居产品。
（12）智能终端产品。

### 2. 十大关键技术

本子报告提出了智能产品与制造装备涉及的十大关键技术：
（1）多源多通道数据实时采集感知技术。
（2）异构数据内容融合与传输共享技术。
（3）复杂工况的多任务自适应协同技术。

（4）多机协同的集群化交互与控制技术。
（5）大数据驱动的故障诊断深度学习技术。
（6）数字孪生与数字样机建模分析技术。
（7）多技术路线工作方案优化决策技术。
（8）工艺工装协同推送与自动装夹技术。
（9）产品知识图谱与知识网络构建技术。
（10）机电液一体化云平台知识服务技术。

### 3. 六项优先行动

本子报告认为，近期要突破的重点主要聚焦以下六项优先行动：
（1）智能注塑装备。
（2）智能挖掘装备。
（3）智能压缩机组。
（4）智能机器人。
（5）智能网联汽车。
（6）智能手机。

## （二）离散型制造智能工厂发展研究

智能生产是新一代智能制造系统的主线，智能工厂是智能生产的主要载体。智能工厂追求的目标是生产过程的优化，以及生产系统的性能、功能、质量和效益目标。本子报告重点讨论离散型制造智能工厂。

智能工厂是面向工厂层级的智能制造系统，它通过物联网对工厂内部参与产品制造的设备、材料、环境等全要素的有机互联与泛在感知，结合大数据、云计算、虚拟制造等数字化、智能化技术，实现对生产过程的深度感知、智慧决策、精准控制等功能，达到对制造过程的高效、高质量的管控一体化运营目的。

智能工厂的基本架构如附录图 B-1 所示。

### 1. 价值维

价值维即产品从虚拟设计到物理实现的路径，主要价值活动包括以下 4 项。
（1）智能设计。
（2）智能工艺。
（3）智能物流。
（4）智能生产。

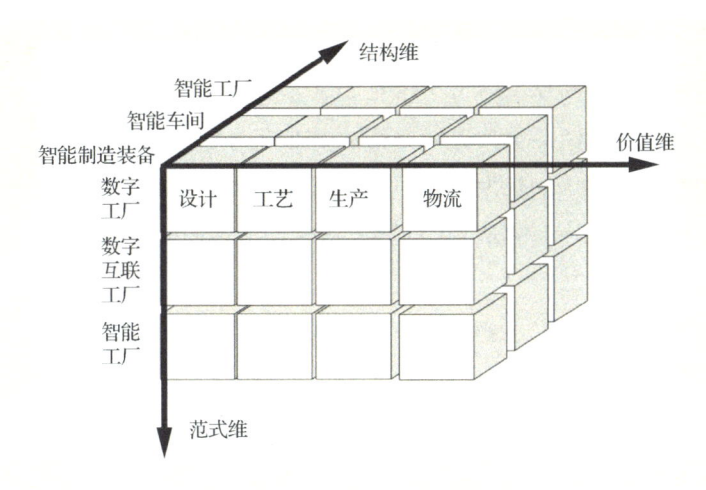

附录图 B-1　智能工厂的基本架构

## 2. 范式维

范式维即从数字工厂、数字互联工厂到智能工厂的演变路径。数字化、网络化、智能化技术是智能制造的 3 项关键技术。这 3 项关键技术对应制造工厂层面，表现在范式维上就是数字工厂、数字互联工厂和智能工厂。

## 3. 结构维

智能可以在不同层次上得以体现，可以是单个制造设备层面的智能、生产线的智能、单元等车间层面的智能，也可以是工厂层面的智能。表现在结构维上就是智能制造装备、智能车间和智能工厂。

1）智能工厂的基本特征

（1）从建设目标的角度看，智能工厂具备五大特征：敏捷、高生产率、高质量产出、可持续、舒适人性化。

（2）从技术的角度看，智能工厂具备五大特征：全面数字化、生产过程柔性化、工厂互联化、人机高度协同和过程智能化（实现智能管控）。

2）智能工厂的基本要素

智能工厂应具备如下基本要素：

（1）车间/工厂的总体设计、工艺流程及布局均已建立数字化模型，并进行模拟仿真，实现规划、生产、运营全流程数字化管理。

（2）应用数字化三维设计与工艺技术进行产品、工艺设计与仿真，并通过物理检测与试验进行验证与优化，建立产品数据管理（PDM）系统，实现产品设计、工艺数据的集成管理。

（3）制造装备数控化，实现制造装备与工业机器人、智能传感与控制装备、智能检测与装配装备、智能物流与仓储装备等关键技术装备之间的信息互联互通与集成。

（4）建立生产过程数据采集和分析系统，实现生产进度、现场操作、质量检验、设备状态、物料传送等生产现场的数据自动上传，并实现可视化管理。

（5）建立车间（生产线）制造执行系统（MES），实现计划、调度、质量、设备、生产、能效等管理功能。

（6）建立制造装备及生产线的运行监测、故障预警与远程诊断系统。

（7）建立工厂内部通信网络架构，实现设计、工艺、制造、检验、物流等制造过程各环节之间，以及制造过程与制造执行系统和企业资源计划（ERP）系统的信息互联互通。

（8）建立企业资源计划系统，实现供应链、物流、成本等企业经营管理功能。

（9）建立工业信息安全管理制度和技术防护体系，具备网络防护、应急响应等信息安全保障能力；建立功能安全保护系统，采用全生命周期方法有效避免系统失效。

3）智能工厂的发展愿景

智能工厂的发展愿景如附录图 B-2 所示。

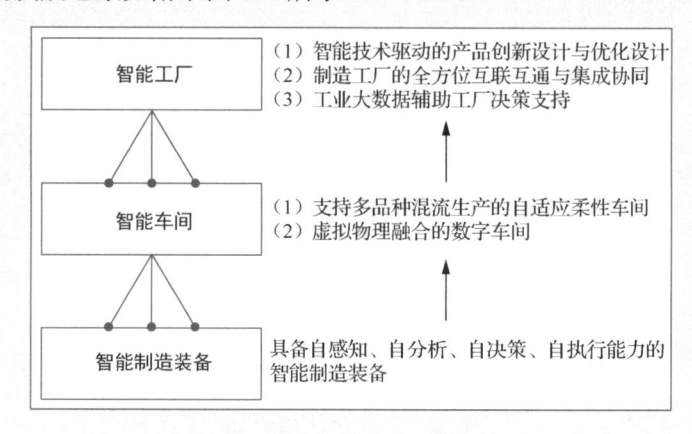

附录图 B-2　智能工厂的发展愿景

本子报告还介绍了东莞劲胜、青岛海尔、宁夏共享、广州明珞 4 家智能工厂的实际案例。最后，本子报告提出了 4 个重点突破方向：

（1）智能工厂的基础建设——智能制造装备与工业大数据技术。

（2）制造资源建模与优化组织。

（3）智能工厂使能技术。

（4）技术验证与示范区域规划。

## （三）流程型制造智能工厂发展研究

本子报告以流程型制造过程为研究对象，围绕"新一代智能制造系统"的智能生产，开展流程型制造智能工厂的研究。

本子报告从流程型工业的特征出发，首先，分析流程型工业智能制造所需的创新模式，梳理了流程型工业数字化网络化制造发展的特征。其次，提出了新一代流程型工业智能制造的模式——智能优化制造及其内涵，给出了流程型工业智能制造的架构与愿景功能。最后，提出了流程型工业智能制造的发展目标与战略实施路径，指出了重点领域、"2025 优先行动"和 2020 年重点突破的方向。

中国流程型工业的发展正受到资源紧缺、能源消耗大、环境污染严重的制约，鉴于此，高效化和绿色化是中国流程型工业发展的必然方向。

流程型工业生产运行模式特点突出，例如，原料变化频繁，生产过程涉及物理和化学反应，机理复杂；生产过程连续，不能停顿，任一工序出现问题必然会影响到整个生产线和最终的产品质量；部分产业的原料成分、设备状态、工艺参数和产品质量等无法实时或全面检测。流程型工业的上述特点突出地表现为测量（数字化）难、建模难、控制难和优化决策难。因此，流程型工业不能采用以"工业4.0"为代表的离散型工业智能制造模式，要想实现流程型工业的高效化和绿色化，必须自主创新适合中国流程型工业的智能制造模式。

流程型工业智能制造的内涵：以企业全局及生产经营全过程的高效化与绿色化为目标，以生产工艺智能优化和生产全流程整体智能优化为特征的制造模式。

流程型工业智能制造的发展方向：控制系统正在向智能自主控制系统的方向发展，管理与决策系统正在向智能优化决策系统和智能优化决策和控制一体化系统方向发展。

流程型工业智能制造系统架构如附录图 B-3 所示。流程型工业智能制造系统由以下 5 个子系统构成：

（1）生产全流程智能协同优化控制系统。
（2）人机合作智能优化决策系统。
（3）虚拟制造系统。
（4）智能安全运行监控系统。
（5）生产工艺优化系统。

流程型工业智能制造系统包括以下 4 项关键技术：
（1）具有综合复杂性特征的工业生产过程建模技术。
（2）具有综合复杂性特征的工业生产过程的高性能控制技术。
（3）具有多冲突目标特征的生产全流程优化决策与控制一体化技术。

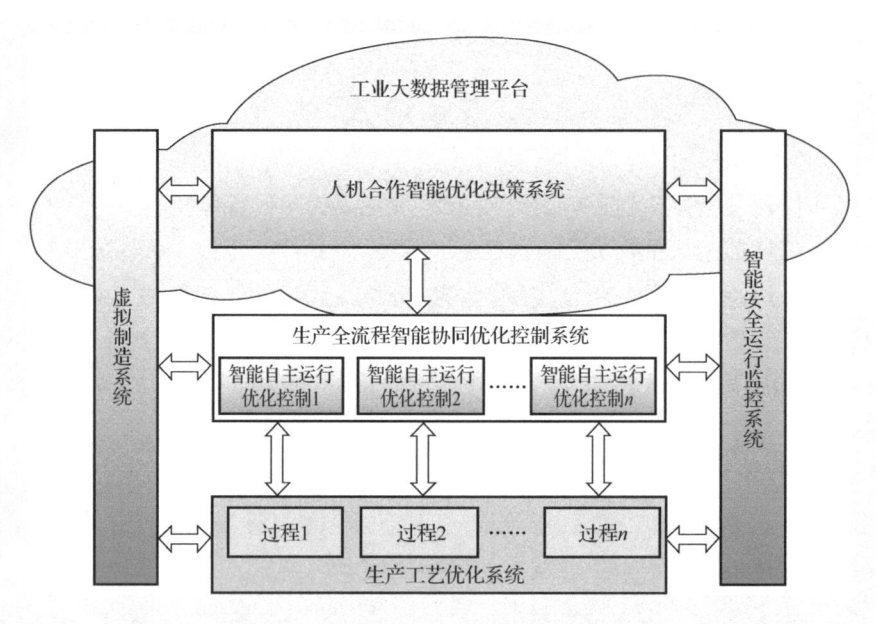

附录图 B-3　流程型工业智能制造系统架构

（4）在大数据、移动通信、云计算环境下，网络化与智能化的工业生产过程综合自动化系统的设计与实现技术。

网络化与智能化的工业生产过程综合自动化系统的设计与实现技术又包括以下 6 项技术：

（1）大数据与知识自动化驱动的流程型工业智能自主控制系统理论与关键技术。
（2）大数据与知识自动化驱动的生产全流程智能优化协同控制系统理论与关键技术。
（3）大数据与知识自动化驱动的智能优化决策系统理论与关键技术。
（4）大数据与知识自动化驱动的生产运行监控与动态性能评价系统理论与关键技术。
（5）大数据与知识自动化驱动的流程型工业虚拟制造系统理论与关键技术。
（6）支撑大数据与知识自动化的新一代流程型工业网络化智能管控系统技术。

### 1. 发展目标

到 2020 年，攻克流程型智能工厂——智能制造的核心关键技术，形成流程型工业智能制造的使能工具集合与软件平台。新一代流程型制造智能工厂在部分领域获得探索性的成功。

到 2025 年，构建流程型工业智能制造的技术体系，形成完整、自主、规模化的流程型工业智能制造的使能工具集合与软件平台。新一代流程型制造智能工厂在重点领域试点示范取得显著成果，数字化网络化制造在全国重点流程型制造行业普及并得到深度应用。

到 2035 年，建成中国自主的、完整的流程型工业智能制造的创新体系；研制具有国际竞争力的流程型工业智能制造自主可控使能工具集和软件平台。新一代智能制造在流程型工业实现大规模推广应用，实现中国流程型工业的转型升级。

### 2. 优先行动

（1）统筹实施流程型工业智能制造专题。
（2）推进流程型工业智能制造试点示范。
（3）推进流程型工业过程的智能升级。
（4）推进流程型工业智能制造强基建设及产业化。
（5）推进并形成流程型工业智能化创新体系。
（6）推进流程型工业智能制造人才队伍的建设。
2020年要重点突破的方向：
（1）全生命周期产品质量智能监控、追溯、诊断、预测与优化技术。
（2）企业能耗的智能传感、监控、管理与决策分析技术。
（3）生产过程/重大装备健康状况的智能感知、监控与远程智能运维技术。
（4）流程型工业智能优化决策与协同控制一体化技术。
到2020年，在石化、选矿、铝电解、钢铁、发电领域建设一批智能工厂。

## （四）制造业新模式新业态发展研究

本子报告重点研究由开展智能服务而产生的新模式新业态。

### 1. 制造业模式业态创新的演进趋势

（1）由刚性生产系统转向可重构生产系统，制造业从以产品为中心转向以用户为核心。
（2）由大规模生产转向大规模定制生产。
（3）企业内部组织结构扁平化，以提高数据要素的附加值。
（4）由工厂制造转向社会化制造，产能呈现出分散化的趋势。

### 2. 发展目标

在2020年前，在轨道交通装备、风电装备、航空发动机及新一代直升机、工程机械、通用机械、电梯等已经开展远程运维服务的行业，探索人工智能技术的应用，以及数据挖掘和自学习知识库的建设，实现高效、准确、实时的远程自诊断。
在2025年前，在远程运维服务和大规模定制生产服务两个重点领域，全面推广人工智能技术应用成果，并在其他领域进行示范。在家电、家具和服装行业，全面推广人工智能技术应用，并争取在汽车等行业进行试点。

在 2030 年前，全面应用人工智能技术，实现制造智能化。

### 3. 新模式的典型类型

（1）数字化制造。
（2）网络协同制造。
（3）新一代人工智能制造。
（4）规模定制生产服务。
（5）云平台+制造。
（6）远程运维服务。
（7）电子商务。
（8）软件定义的制造。

### 4. 新业态/服务型制造

新业态/服务型制造是指制造业企业将价值链由以制造为中心向以服务为中心转变，它包括两方面内容：

（1）企业内部服务。企业内部服务包括产品研发、物流价值链管理、组织间的协调、人力资源管理、会计、法律及金融服务。企业内部服务外包，是促进大型制造业企业的独立业务组织分离使之成为专属服务机构的重要动力。

（2）与产品相关的外部服务，包括维护和修理、运输和安装、系统集成和技术支持等，已逐渐形成企业新的"无形产品"。

### 5. 关键技术

（1）多源跨媒体异构数据库建设。
（2）基于大数据的设计需求特征挖掘系统构建。
（3）虚拟体验系统及虚拟制造。
（4）全流程信息自动采集、生产管控与协同优化系统构建。

### 6. 支撑技术

（1）数据挖掘技术。
（2）传感器技术。

(3）嵌入式监控系统。
(4）故障预测算法。
(5）机器视觉技术。
(6）机器学习与人工智能技术。

### 7. 应用案例

1）远程运维领域的应用案例

(1）轨道交通装备行业中的高铁远程运维。
(2）电梯的安全运维。
(3）风电装备的远程运维。
(4）通用旋转机械的远程运维。
(5）工程机械的远程运维。
(6）航空发动机与新一代直升机的监控。

2）大规模定制生产服务领域的应用案例

(1）家具制造业的应用案例。
(2）家电制造业的应用案例。
(3）服装制造业的应用案例。

### 8. 重点项目

(1）人工智能技术的应用基础和条件。
(2）工业设备的远程诊断、监控等运维服务的应用。
(3）人工智能技术用于大规模定制生产服务领域。

## （五）工业互联网发展研究

### 1. 工业互联网业务视图

工业互联网的作用主要表现为通过商业系统的智能化变革牵引生产。系统的智能化由外及内，从营销、服务、设计环节的互联网新模式新业态带动生产组织和制造模式的智能化变革。其业务需求包括基于互联网平台实现的精准营销、个性定制、智能服务、众包众创、协同设计、协同制造、柔性制造等。工业互联网业务视图如附录图 B-4 所示。

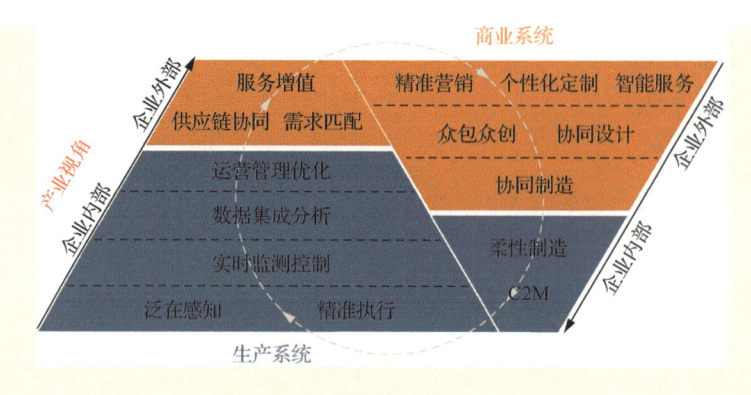

附录图 B-4　工业互联网业务视图

**1）工业互联网的内涵**

工业互联网是具有低时延、高可靠、广覆盖特点的关键网络基础设施，是新一代信息技术与先进制造业深度融合所形成的新业态与应用模式。工业互联网的内涵可以重点从"网络"、"数据"和"安全"3个方面来理解，网络是基础，数据是核心，安全是保障。

工业互联网的参考架构如附录图 B-5 所示。

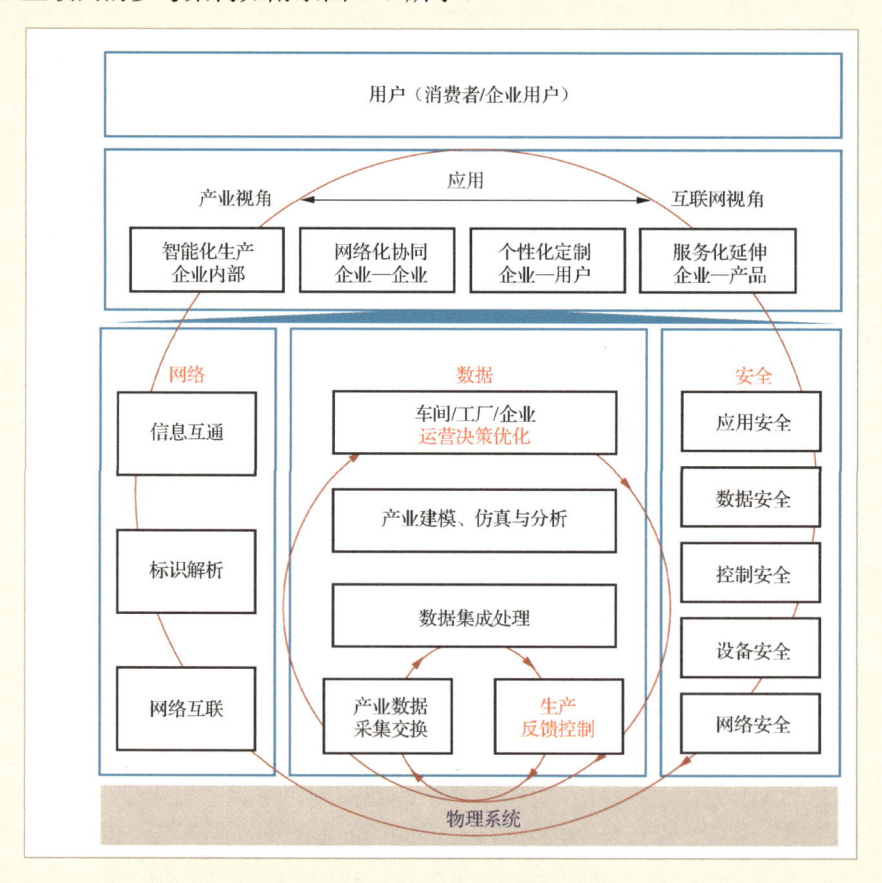

附录图 B-5　工业互联网的参考架构

2）工业互联网的愿景

（1）工业互联网能够覆盖工业全产业链和价值链的各个环节。

（2）工业互联网可根据不断变化的需求，实现企业内、外部的网络架构动态调整，网络资源灵活分配。

（3）工业互联网具备高度智能，能够自动感知、自主决策、自发适配、自我优化，实现网络组织管理维护的高度自治。

3）工业互联网的发展目标

到 2020 年，初步建成工业互联网基础设施和产业体系，形成重点行业企业内部网络改造的典型模式，初步构建工业互联网标识解析体系。

到 2025 年，覆盖多地区、多行业的工业互联网所需的网络基础设施基本建成，企业的业务基本实现网络化，建立功能完善的工业互联网标识解析体系，基本形成工业领域的边缘计算产业生态。

到 2035 年，全面建成国际领先的低时延、高可靠、广覆盖的网络基础设施，实现全网络、端到端的资源融合、智能协同；建成国际领先的工业互联网标识解析基础设施，边缘计算在工业领域得到深度应用，全面支撑新一代智能制造。

4）工业互联网平台愿景

（1）工业互联网平台能够采集覆盖企业内、外部的工业设备、软件、人员、环境等全要素资源的数据，能够兼容多种异构数据和通信协议，成为工业领域全面互联互通的核心枢纽。

（2）工业互联网平台能够广泛汇集各类工业知识、机理和模型，实现数据科学与工业机理的深度融合，实现大量工业经验和知识的迭代优化和复用传承。

（3）基于工业互联网平台，优化重构现有工业生产组织和生产方式，全面创新生产模式和商业模式。

5）工业互联网平台的发展目标

到 2020 年，遴选 10 家跨行业跨领域的工业互联网平台，工业应用软件（App）大规模开发应用的体系基本形成，培育一批面向特定行业、特定区域的企业级工业互联网平台，工业互联网平台产业生态初步形成。

到 2025 年，工业互联网平台体系基本完善，建立 3～5 个具有国际竞争力的工业互联网平台，开发满足企业数字化网络化智能化发展需求的多种解决方案，建立健全工业互联网平台技术体系。

到 2035 年，建成国际领先的工业互联网平台，形成国际先进的技术与产业体系，在优势行业具有创新引领能力，形成创新平台生态。

## 2. 工业互联网安全

1）工业互联网安全的发展愿景

工业互联网安全保障体系成熟完善，技术和管理标准体系完善，工业互联网安全监测预警和应急响应机制成熟。工业互联网安全技术和安全平台实现创新突破，具有动态、主动、智能的安全防御能力，形成国家、行业、企业协调联动的工业互联网安全工作格局。

2）工业互联网安全的发展目标

到 2020 年，工业互联网安全监测预警和态势感知能力范围覆盖全国绝大部分地区，实现全天候、全方位对工业互联网安全态势进行感知；制定 10 项以上安全标准，初步建立工业互联网安全标准体系。

到 2025 年，针对工业互联网标识解析系统安全、工业互联网平台安全、工业大数据安全和工业智能设备安全的基础防护技术迈向产品应用阶段；国家级工业互联网安全技术支撑手段及评估认证体系基本成熟，初步建成工业互联网安全保障体系。

到 2035 年，安全核心技术实现创新突破，建成可以自学习和自感知的工业互联网智能安全防御体系，智能应对、抵御和化解安全威胁。

3）工业互联网安全的优先行动

（1）建设融合、互通、开放的企业内部网络。
（2）构建广覆盖、高可靠、高智能的企业外部网络。
（3）构建统一管理、互联互通、安全可控的工业互联网标识解析体系。
（4）打造边缘计算技术与人工智能技术相结合的边缘智能生态。
（5）构建全连接、高计算、强管理、广应用的工业互联网平台。
（6）打造人工智能与工业机理深度融合的工业智能平台。
（7）打造具有主动防御功能的工业互联网安全保障体系。

4）工业互联网安全的重点突破方向

（1）TSN 技术。
（2）5.25G 技术与 NB-IoT 技术。
（3）软件定义网络（SDN）。
（4）工业互联网标识解析体系。
（5）工业互联网平台边缘计算。
（6）工业互联网平台。
（7）工业互联网安全。

## （六）智能制造云平台发展研究

### 1. 智能制造云平台的内涵

智能制造云平台是基于泛在网络，以新一代制造技术、新一代信息技术、新一代智能科学技术及新一代制造应用领域专业技术为工具而构成的，集智能制造资源、产品与能力于一体的服务云，是新一代智能制造系统的支撑系统。

### 2. 智能制造云平台的体系架构

智能制造云平台的体系架构如附录图 B-6 所示，它主要包括虚拟新型智能资源/能力/产品层，新型智能制造服务支撑功能层和新型智能制造系统用户界面层。

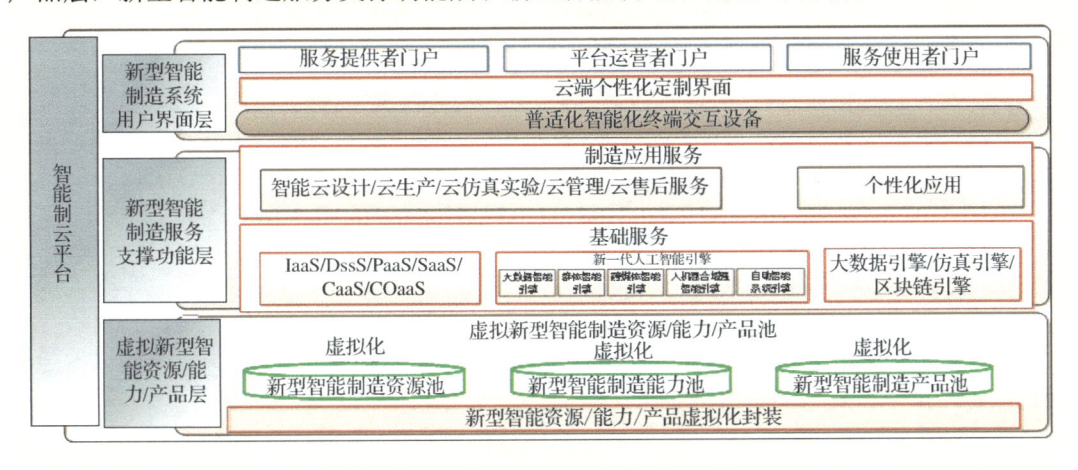

附录图 B-6　智能制造云平台的体系架构

### 3. 智能制造云平台的技术体系

智能制造云平台的技术体系如附录图 B-7 所示。

### 4. 发展目标

到 2020 年，攻克智能制造云平台的关键技术及面向制造全生命周期活动的应用支撑云平台技术。形成智能制造云平台及其使能工具集、多层次智能制造系统及智能制造云平台运营服务三类智能制造云平台产业，实施一批基于智能制造云平台的智能制造应用示范。

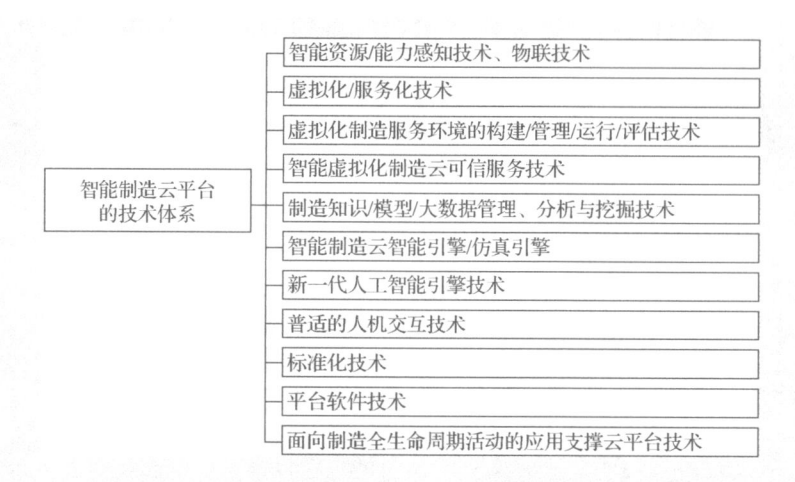

```
                        ┌─ 智能资源/能力感知技术、物联技术
                        ├─ 虚拟化/服务化技术
                        ├─ 虚拟化制造服务环境的构建/管理/运行/评估技术
                        ├─ 智能虚拟化制造云可信服务技术
        智能制造云平台 ─┼─ 制造知识/模型/大数据管理、分析与挖掘技术
           的技术体系    ├─ 智能制造云智能引擎/仿真引擎
                        ├─ 新一代人工智能引擎技术
                        ├─ 普适的人机交互技术
                        ├─ 标准化技术
                        ├─ 平台软件技术
                        └─ 面向制造全生命周期活动的应用支撑云平台技术
```

附录图 B-7　智能制造云平台的技术体系

到 2025 年，构建智能制造云平台的技术体系；形成完整的、自主的、具有一定规模的智能制造云平台及其使能工具集、多层次智能制造系统及智能制造云平台运营服务等智能云平台产业；典型应用示范在全国各省市得到推广。

到 2035 年，建成中国自主的、完整的智能制造云平台的创新体系；研制具有国际竞争力、自主可控的智能制造云平台及其使能工具集、基于智能制造云平台的智能制造系统及智能制造云平台运营服务产业，建立智能制造云平台的新生态系统。

### 5. 技术路线和重点发展方向

（1）智能制造云平台主要涵盖智能制造云平台及其使能工具集、基于智能制造云平台的智能制造系统以及智能制造云平台运营服务 3 个方面。

（2）智能制造云平台及其使能工具集包括使能技术、使能软件、使能硬件和云平台。

（3）基于智能制造云平台的智能制造系统包括智能制造单元、智能车间、智能工厂和行业/区域制造云。

（4）智能制造云平台运营服务包括支持制造企业建设智能制造云平台，深化工业云、大数据等技术的集成应用，加快构建新型研发、生产、管理和服务模式，促进技术创新和经营管理优化，提升企业整体创新能力和水平。

### 6. 突破重点

1）智能制造云平台的主要突破内容

（1）智能制造云平台总体技术研究。

（2）智能制造云平台技术研发。

（3）制造全生命周期活动（智能设计、智能生产、智能管理、智能试验、智能保障等）智能化技术研发。

2）面向集团企业的智能制造云平台的主要突破内容

（1）基于新一代人工智能技术的智能制造云平台的跨企业智能制造云构建与应用。
（2）基于新一代人工智能技术的智能制造云平台的企业级智能制造云构建与应用。
（3）基于新一代人工智能技术的智能制造云平台的车间级智能制造云构建与应用。
（4）基于新一代人工智能技术的智能制造云平台的制造单元级智能制造云构建与应用。

本子报告列举了复杂产品（航天产品）的协同制造模式、家电产品的大规模定制模式、挖掘机械的远程运维模式、风力装备的协同智能研发，以及火电行业、机械加工行业等集团企业的智能制造云平台的应用案例。

3）面向中小企业群智能制造云的主要突破内容

（1）基于工业互联网的群体智能的个性化创新设计。
（2）协同研发群智空间。
（3）智能云生产。
（4）智能协同保障与供应营销服务链的应用示范。

本子报告列举了基于航天云网 INDICS 的行业/区域工业云、基于根云平台的中小企业的服务化转型、基于 iSESOL 平台的机械加工行业的协同制造 3 个应用案例。

### 7. 优先行动

（1）在技术方面，突出 5 个重视：要重视（大）制造技术、新一代信息技术、新一代人工智能技术及制造应用领域技术的深度融合发展。

（2）在产业方面，要加强智能制造云服务平台工具集和平台的研发产业，要加强基于智能制造云平台行业级、企业级、车间级和制造单元级的各层次智能制造系统的构建与运行产业。

（3）在应用方面，强调 4 个突出：要突出行业、企业特点；要突出以问题为导向的制造模式、手段和业态的变革；要突出系统的六要素（人、技术/设备、管理、数据、材料、资金）、五流（人流、技术流、数据流、物流、资金流）的综合集成化、优化和智能化；要突出系统工程的实施原则，即坚持"一把手挂帅"，坚持"创新驱动，总体规划，突出重点，分步实施"的指导思想，编制发展规划与阶段性实施方案。

（4）主要担保方式的组合贷款、信用贷款以及其他非抵质押类贷款模式创新、贷款产品创新，扩大对智能装备制造企业和应用企业贷款抵质押品范围。

# 课题 3 成员名单

组　　长： 周　济　李培根

副组长： 李伯虎　吴　澄　屈贤明

成　　员： 卢秉恒　谭建荣　柴天佑　殷瑞钰　袁晴棠
　　　　　刘永才　王天然　李德群　高金吉　孙优贤
　　　　　桂卫华　钱　锋　杨华勇　蒋庄德　陈学东
　　　　　管晓宏　孙传尧　邵新宇　蔡惟慈　朱森第
　　　　　董景辰　余晓晖　黄群慧　惠　明　周艳红
　　　　　王柏村　孟　柳

执笔人： 董景辰　臧冀原　杨晓迎　古依莎娜

# 课题 4
# 中国优质制造行动对策研究

"制造强国战略研究"课题组

党的十九大报告提出了坚持"质量第一，效益优先"的发展方针，通过"质量变革、效率变革和动力变革"，推动经济转向高质量发展。当前，中国所处的国内外形势异常严峻：对内，传统制造业优势逐渐丧失，但若干短板依然没有有效突破；对外，发达国家通过实施制造业再回归和挑起新的贸易争端等对中国的发展进行阻截，若干发展中国家纷纷制定关于制造业和制造质量发展的国家战略，对中国形成了前后堵截的态势。在新的形势下，提升制造质量，将为强国战略和赢得国际竞争优势提供重要的支撑。

优质制造行动对策研究报告的主要内容如下。

## 1. 构建了优质制造的技术架构和评价体系

对优质制造的内涵和特征进行了界定，建立了优质制造的技术架构。该技术架构以国家质量基础设施（National Quality Infrastructure，NQI）为核心要素，以面向优质的资源要素及全生命周期/全过程质量管理与控制为两大支柱，以重要领域的应用为着眼点，最终目的是实现中国制造从良到优的转变，由此提出了优质制造的四大关键技术：国家质量基础设施关键技术及深度融合技术、数据分析及工程集成技术、面向设计和工艺的质量优化技术，以及产品可靠性保证与运维优化技术。

国家质量基础设施是实施优质制造的核心要素，本课题采用文献研究法和案例研究法，深入分析了国家质量基础设施促进优质制造的作用机理、发达国家的主要做法以及中国存在的短板，并提出了针对性的对策和建议。

建立了优质制造评价体系，为评价制造质量综合水平奠定基础。优质制造评价指标分为两级：第一级指标包括质量效益、质量形象和发展潜力，其中，质量效益包括消费效益和制造效益，质量形象分为消费形象和贸易形象，发展潜力包括创新潜力和劳动潜力，对观测变量的含义进行了解析，并给出了每个观测变量的计算公式；第二级指标选取了美国、德国、日本、中国等作为评价的范围，在基础数据收集和处理的基础上进行测评分析。分析结果如下。

（1）从各国的优质制造水平来看，德国的优质制造长期保持引领地位，日本、美国作为质量强国或老牌工业国家紧随其后，这三国共同组成了优质制造第一阵列；韩国、英国、意大利、以色列组成了优质制造第二阵列；中国作为龙头，与加拿大、泰国、俄罗斯、印度、南非和巴西组成了优质制造第三阵列。

（2）从长期趋势来看，各国优质制造水平总体上呈现稳中有升的态势。2005—2016年，中国、德国、日本以及大多数国家的优质制造水平都得到了一定程度的增长。中国保持了稳定上升态势，已经接近主要国家排名的中位。

（3）从中国发展情况来看，近10年中国的优质制造水平由弱向强，已经超过了泰国、俄罗斯、印度、南非和巴西这些发展中国家，取得了长足的进步，体现出更强的发展潜力，但与德国、日本等传统质量强国相比还有较大差距，仍需继续努力。

## 2. 提出了优质制造行动计划

优质制造行动计划将深入贯彻党的十九大精神，深化供给侧结构性改革，提高供给体系质量，落实制造强国"质量为先"的基本方针，坚持"质量第一，效益优先"，坚持问题导向和目标导向。

实施优质制造将遵循五项基本原则：坚持需求引领和问题导向相结合，坚持政府引导和市场主导相结合，坚持短板突破和重点领域提升相结合，坚持顶层规划和强化实施相结合，坚持开放合作与包容共享相结合。

优质制造计划主要有五大任务：破解优质制造提升的瓶颈；夯实优质制造的质量基础设施；提升优质制造消费信任；扩大现有优质制造产业的竞争优势；抢先布局未来优质制造产业。

## 3. 提出了优质制造的发展对策和建议

### 1）提出了迈向优质制造的 5 大发展对策

（1）聚焦优质制造发展战略和环境。
（2）构建优质资源的供给体系。
（3）以品牌牵引优质制造发展。
（4）加快国家质量基础设施的能力建设。
（5）激活多元化的资本投入。

### 2）提出了两大建议

（1）实施中国制造优质升级计划，使得一批中国制造业企业尽快升级为优质制造企业。尽快打造一批具有国际竞争力和品牌影响力的国际优质产品，推动经济高质量发展。主要措施如下：进行优质制造企业的资质认定，实施财税支持政策；完善优质优价的机制，实施质量补短板工程；通过优质制造工程牵引，对部分重点领域实施优质制造试点示范。

（2）实施国家质量基础设施（NQI）的能力建设工程。NQI 是优质制造的核心要素，通过制造质量的进步，促进效益的提升，推动相关行业的国际综合竞争能力的提升。主要措施包括加快优质制造 NQI 规划建设、重点提升 NQI 硬件能力、加强优质制造 NQI 集成能力建设及开展优质制造 NQI 效能评估。

# 一、优质制造的背景分析

近5年来,中国制造业质量总体成效显著,制造业质量竞争力指数逐年增强。但从内部情况看,中国制造领域发展不平衡不充分的部分突出问题尚未得到解决,经济增长的内生动力还不足、创新能力还不够强、经济发展质量和效益还不够高;制造业企业特别是中小型企业经营困难,制造业民间投资增势疲弱,尤其对资本密集型行业的投资严重不足[①]。从外部环境来看,发达国家纷纷实施重振制造业的战略,国际贸易规则和国际供应链面临诸多不确定因素;新兴力量快速崛起,正在以比以往更快的速度吸引发达国家的资本,给中国制造业的发展带来新的挑战。可喜的是,党中央、国务院及时提出了实施"质量变革、效率变革和动力变革",推动经济转向高质量发展这一宏大目标。在新的时期,大力推进优质制造,大有必要,也大有可为。实施优质制造,是系统地解决长期制约中国制造业质量提升的瓶颈的关键措施,也是推动中国经济实现高质量发展、在复杂多变的国际竞争中保持优势的必然选择。

## (一)质量发展的新要求

自2015年提出制造强国战略以来,特别是在2017—2018年,中国质量发展形势发生了深刻变化,党的十九大报告、2018年《政府工作报告》及中央经济工作会议都对新时期的中国质量发展提出了新的要求。

党的十九大报告强调,建设现代化经济体系,必须把发展经济的着力点放在实体经济上,把提高供给体系质量作为主攻方向,显著增强中国经济质量优势。加快建设制造强国,加快发展先进制造业,推动互联网、大数据、人工智能和实体经济深度融合,在中高端消费、绿色低碳、共享经济、现代供应链、人力资本服务等领域培育新增长点,形成新动能。支持传统产业优化升级,加快发展现代服务业,紧跟国际标准提高质量发展水平。促进中国产业迈向全球价值链中高端,培育若干世界级先进制造业集群。党的十九大报告在部署"贯彻新发展理念,建设现代化经济体系"时,明确提出"以质量第一、效益优先为主线"

---

① 2018年,十三届全国人大一次会议《政府工作报告》,见 http://www.gov.cn,中国政府网。

和"建设质量强国"。"质量第一"是中国一以贯之的质量发展理念,也是经济新常态下贯彻落实供给侧结构性改革的具体要求[①]。

2018年的国务院《政府工作报告》指出,紧紧依靠改革破解经济发展和结构失衡难题,大力发展新兴产业,改造并提升传统产业,提高供给体系质量和效率。加快制造强国建设,要大幅度压减工业生产许可证的发放,强化产品质量监管。全面开展质量提升行动,推进与国际先进水平对标达标,弘扬劳模精神和工匠精神,建设知识型、技能型、创新型劳动者大军,来一场中国制造的品质革命[②]。

2017年9月5日,《中共中央 国务院关于开展质量提升行动的指导意见》(以下称《指导意见》)发布。《指导意见》强调坚持以"质量第一"为价值导向、牢固树立"质量第一"的强烈意识;坚持优质发展、以质取胜,更加注重以质量提升减轻经济下行和安全监管的压力,真正形成各级党委和政府重视质量、企业追求质量、社会崇尚质量、人人关心质量的良好氛围。《指导意见》还提出了要全面提升产品质量,增加优质供给,破除制约质量提升的瓶颈,实施质量攻关工程;建立质量分级制度,倡导优质优价,引导、保护企业的质量创新和质量提升的积极性;推动形成优质优价的政府采购机制[③]。

新时期,党中央、国务院高度重视质量发展,制造质量发展是质量发展的关键。当产品和服务"有没有"不再是问题时,"好不好"就成了关键。经济高质量发展、供给侧结构性改革的进一步深化、制造强国的建设,都对制造质量发展提出了新的要求。

(1)制造质量发展要赋能经济,使之高质量发展。中国特色社会主义进入了新时代,中国社会的主要矛盾已经转化为人民日益增长的美好生活需要和不平衡不充分的发展之间的矛盾,经济由高速增长阶段转向高质量发展阶段。在发展方式转变和新旧动能转变的关键期,要实施质量变革,坚持"质量第一,效益优先"的发展方针,"质量第一,效益优先"的本质就是"优质"问题,核心是我们的产品和服务必须质量好、效益佳。因此,优质制造是推动经济高质量发展之需要。

(2)制造质量发展要赋能供给侧结构性改革,使之进一步深化。建设现代化经济体系,必须做强实体经济,做强制造业,这是发展之需要,强国之基础。必须把提高供给体系质量作为主攻方向,显著增强中国经济质量优势。中国制造业的转型升级能不能成功,供给侧结构性改革能不能成功,关键是看质量,看效益。因此说,实施优质制造,提高供给体系质量和高端优质供给能力,也是供给侧结构性改革之需要。要通过实施优质制造,构建完善的供给链、质量链和效益链,促进中国产业迈向全球价值链高端,培育若干世界级先进制造业集群,显著提高中国制造业的国际竞争能力。

---

① 十九大报告全文,见http://cpc.people.com.cn/19th/,人民网,2017年。
② 2018年,十三届全国人大一次会议《政府工作报告》,见http://www.gov.cn,中国政府网。
③ 《中共中央 国务院关于开展质量提升行动的指导意见》,见http://www.xinhuanet.com/politics/2017-09/12/c_1121651729_2.htm,新华网,2017年。

（3）制造质量发展要赋能制造强国建设。习近平总书记在2018年底的经济工作会议上强调，要推动制造业高质量发展，坚定不移地建设制造强国，要求把建设制造强国战略放在2019年各项工作的首位。自2015年提出制造强国战略以来，已经过去5年，距离第一个阶段目标也只剩下5年时间。当前的质量发展现状与制造强国战略提出的质量品牌的目标尚有较大的差距，可以说，时间紧，任务重，但影响制造业做强的各种短板依然存在，体制机制的问题依然困扰着制造业质量。如果说制造是支撑强国的重要基础，那么质量就是支撑制造的重要基础。制造强国任务的重要性、艰巨性、复杂性，都要求各方必须采取切实有效的措施，尽快提高中国制造的竞争力。因此，实施优质制造，尽快形成质量效益的新优势是决定制造强国成败的关键。

## （二）国际形势研判

### 1. 发达国家的经济发展状况分析

从德国、日本、美国、中国（以下把这些国家简称为对标国家）经济发展情况（见图4-1）看，美国继续保持经济总量全球第一的地位，并且其在2010—2017年的增速波动较小，发展趋势平稳；中国经济总量连续9年位列全球第二，超出日本经济总量的一倍以上，但近年来增速下滑趋势明显，未来的发展态势不容乐观；近年来日本经济总量处于振荡态势，发展停滞；德国经济总量相对最低，自2014年抵达最高点后迅速下滑，在2017年呈向好的态势。

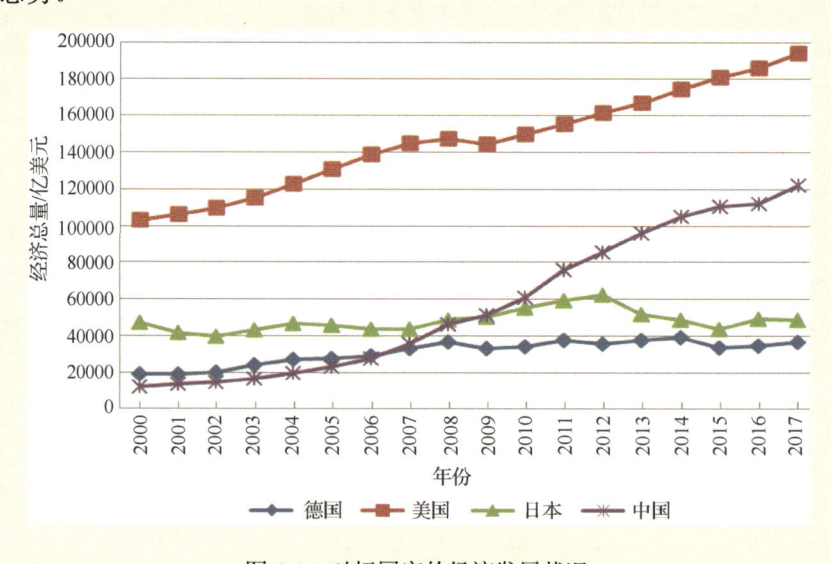

图4-1 对标国家的经济发展状况

从全球及对标国家的居民最终消费占GDP比重（见图4-2）来看，除中国外，其余三国及全球的居民最终消费占GDP比重在2000—2017年间的波动较小。其中，美国的居民最终消费占比位居榜首,在 2017 年超过了 70%,远高于全球平均水平,消费主导型经济特征明显。日本、德国的居民最终消费占比稍低,但也保持在 50%~60%,接近全球平均水平。中国的居民最终消费占比长期以来远低于全球平均水平,从 2001 年的 47% 连续 9 年下滑到 2010 年的 36%,至今仍未突破 40%。

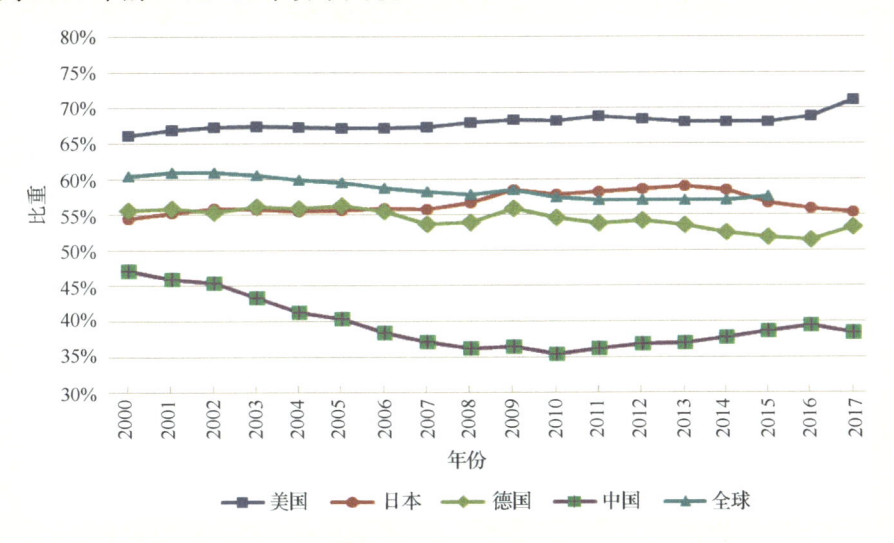

图 4-2 全球及对标国家的居民最终消费占 GDP 比重

从全球商品贸易出口总额(见图 4-3)来看,自 2011 年开始,全球商品贸易出口总额上升乏力,在 2014—2017 年期间,连续两年出现下降情况,出口现状不容乐观。从对标国家的商品贸易出口总额(见图 4-4)来看,其出口走势与全球出口走势基本一致。其中,2014—2016 年,中国出口降幅最大,在 2017 年之后呈现回暖态势。

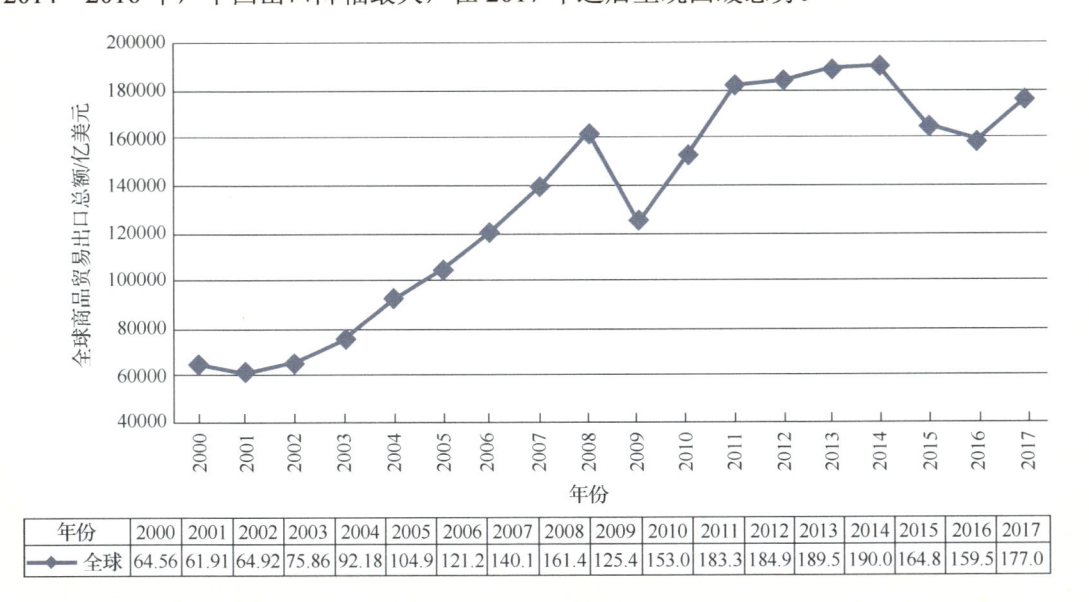

| 年份 | 2000 | 2001 | 2002 | 2003 | 2004 | 2005 | 2006 | 2007 | 2008 | 2009 | 2010 | 2011 | 2012 | 2013 | 2014 | 2015 | 2016 | 2017 |
|---|---|---|---|---|---|---|---|---|---|---|---|---|---|---|---|---|---|---|
| 全球 | 64.56 | 61.91 | 64.92 | 75.86 | 92.18 | 104.9 | 121.2 | 140.1 | 161.4 | 125.4 | 153.0 | 183.3 | 184.9 | 189.5 | 190.0 | 164.8 | 159.5 | 177.0 |

图 4-3 全球商品贸易出口总额

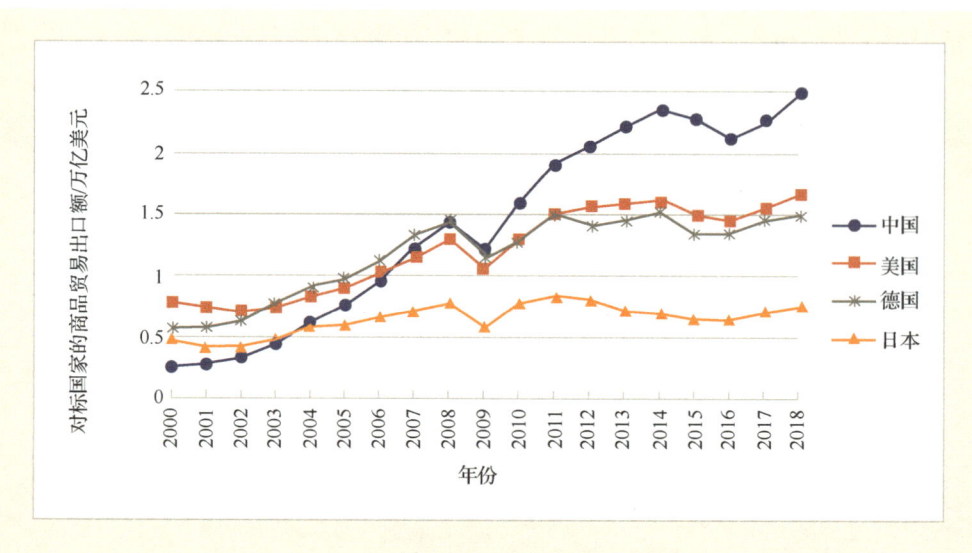

图 4-4 对标国家的商品贸易出口总额

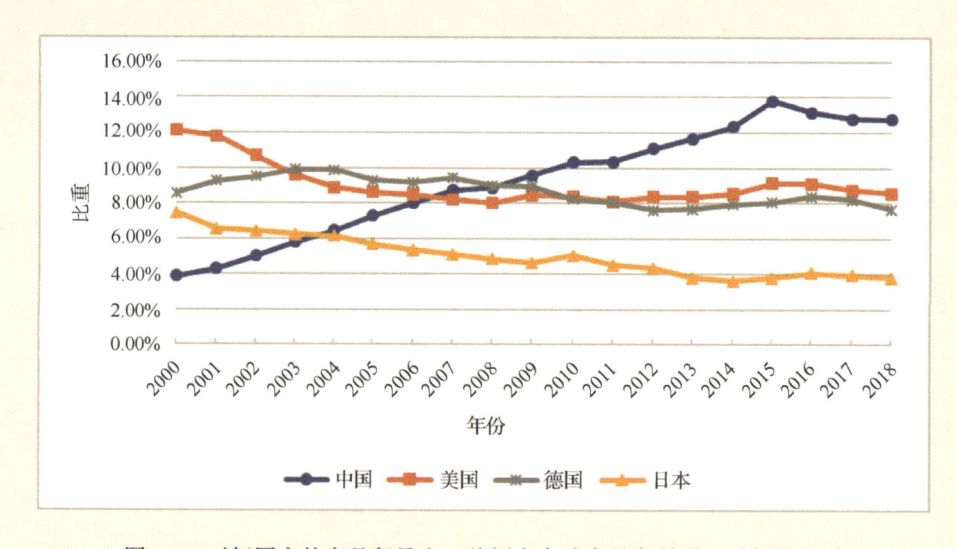

从对标国家的商品贸易出口总额占全球商品贸易进口总额的比重（见图 4-5）来看，2000—2018 年，美国、德国的商品贸易出口总额占全球商品贸易进口总额的比重基本保持平稳；日本的商品贸易出口总额占全球商品贸易进口总额的比重略有下滑，从 2000 年的 7% 下降到 2018 年的 4% 左右；中国的商品贸易出口总额在全球商品贸易进口总额中的占比持续走高，但在 2016—2018 年连续 3 年下滑，这是一个值得警惕的信号。

图 4-5 对标国家的商品贸易出口总额占全球商品贸易进口总额的比重

### 2. 面临的外部环境复杂严峻

2018 年 12 月 19—21 日召开的中央经济工作会议强调，在充分肯定成绩的同时，要看到经济运行稳中有变、变中有忧，外部环境复杂严峻，经济面临下行的压力。从国际形势来看，一方面，发达国家不断调整布局，实施重振制造业的战略。全球经济正面临着贸易规则、全球供应链布局等诸多不确定性因素。另一方面，新兴经济体正在快速成长，许多国家以低成本和劳动力优势持续吸引着发达国家的资本，其他发展中国家对中国的追赶力量正在逐渐形成。

1）发达国家纷纷实施重振制造业的战略

改革开放40多年来，中国综合国力显著增强，国际地位显著提升，在这个过程中，制造业实现了从小到大的转变，部分领域甚至在国际竞争中也有较显著的优势，如高铁、特高压装备等。随着中国经济总量跃居全球第二位、国际地位逐步上升，发达国家为了保持自身的技术优势，重新振兴制造业，以维护原有的秩序也是一个必然的趋势。

美国在2012年发布了《国家先进制造战略规划》，展现了美国政府振兴制造业的决心和愿望。近年来，美国政府在特朗普总统提出的"美国优先"的口号下，要求制造业回归美国。在全球化趋势不断发展、创新进程加快、其他国家的扩张性和保护主义日益抬头的背景下，德国政府为了维护及保持本国的经济繁荣和制造业竞争优势，于2019年2月发布了《德国工业战略2030》；加上德国早先提出的"工业4.0计划"，可谓多措并举。此外，英国提出了《英国制造2050》，法国提出了"新工业计划"，日本提出了"再兴战略"，韩国提出了"新增长动力计划"。这些都表明，发达国家为了更好地应对日益激烈的全球化竞争，纷纷将维持制造业的强大作为提升其核心竞争力的最重要抓手。

2）发展中国家的新兴追赶力量

近20多年来，中国经济均取得了远超世界经济增速的跨越式发展，劳动力和制造成本相对较低、广阔的国内市场是制造业蓬勃发展的重要原因之一。随着原有发展和竞争优势的逐渐消逝，在新的发展形势下，如果还停留在过去发展的老路上，中国必将无法走出新的跨越发展之路，掉入中等收入陷阱。新时期下，中国必须努力形成独有的竞争优势，否则，将会被印度、越南、泰国等同样拥有中国过去发展优势的新兴经济体蚕食制造业的国际竞争力，直到被部分替代乃至超越。此外，还有一个潜在的风险在投资方面。作为拉动中国经济成长的三驾"马车"之一，在贸易战越来越激化的今天，在制造成本越来越高的当下，中国需要警惕发达国家针对中国打投资战的可能，例如，利用外国投资国家安全审查制度和外商投资准入负面清单等手段。其他发展中国家近年来纷纷制定制造振兴的战略表明，其试图从后面追赶中国制造业发展的竞争形势已经形成，这就要求中国必须提质增效，掌握核心技术，做强制造业，建立新的发展优势，在国际竞争市场中打响"中国质量"和"中国品牌"。

在新兴经济体中，以印度、越南等东南亚国家，以及墨西哥、巴西等美洲国家为代表。根据外国直接投资（FDI）的相关数据，上述国家的 FDI 呈现逐年上升的趋势，图 4-6 是主要新兴经济体的国外直接投资情况，数据来自每年 6 月发布的世界投资报告，截至 2017 年的数据。图 4-7 是主要新兴经济体的商品贸易出口情况。新兴经济体近年发展本国制造业的一系列举措主要包括以下 3 项。

（1）政府高度重视，制订了适合本国制造业振兴的计划。例如，2014 年 9 月，印度总理莫迪推出"印度制造"（Make in India）计划，宣布要将印度打造成全球制造业中心。

（2）出台了一系列有助于吸引外资的政策和法律法规。例如，越南从 2015 年 7 月 1 日起实施修订后的《投资法》和《企业法》，这些法律将进一步扩大外商投资范围、开放越南资本市场。

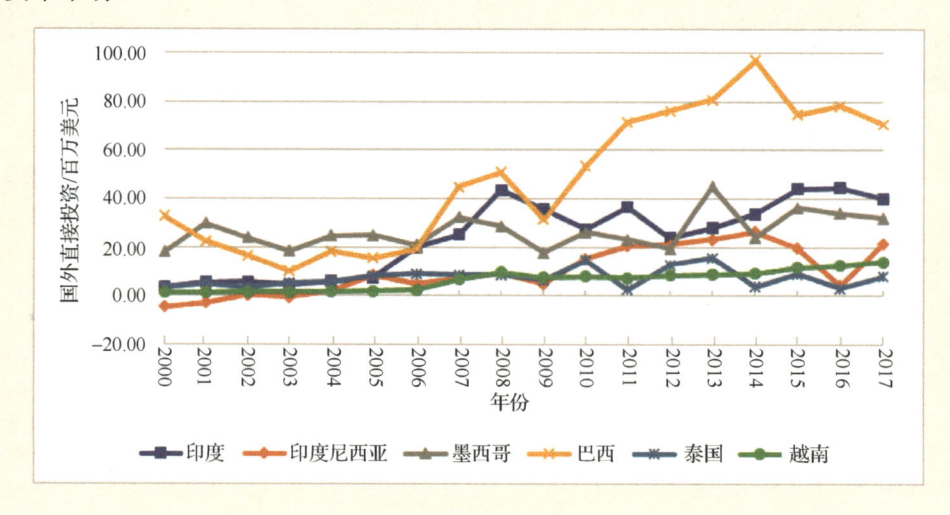

图 4-6　主要新兴经济体的国外直接投资情况

图 4-7　主要新兴经济体的商品贸易出口情况

（3）制造成本优势有助于相关国家的制造业更好更快地融入全球经济。纵观印度、越南等国家，劳动力成本低廉，更为重要的是，全球价值链进入深度重构期，这将为印度、越南等国家将自身技术、人才等优势深度嵌入全球价值链创造了难得的窗口期。根据毕马威（KPMG）发布的《2014年竞争力报告》（Competitive Alternatives 2014），墨西哥汽车配件的生产成本比美国的低10%，精细部件的生产成本比美国的低8%，塑料和金属材料的生产成本比美国的低13%。制造成本的优势必将为这些新兴经济体更好、更快地吸引外国资本和推动本国制造业做大做强奠定重要的基础。

## （三）中国经济及制造质量发展的状况分析

### 1. 中国经济发展的总体情况

改革开放以来，中国综合国力、经济发展和人民生活水平实现了历史性的巨大进步，取得了举世瞩目的"中国奇迹"。2017年中国经济好于预期，产业结构呈现可喜变化：

（1）制造业、新兴产业及与消费相关的服务业增长较快，建筑业、金融业与房地产业增速显著回落。

（2）经济增长对货币与债务的依赖度减小，广义货币供应量（M2）/GDP下降。

（3）工业生产强势反弹，制造业持续景气。

（4）投资总额增速回落，但民间投资增速回暖。

（5）消费稳健，农村市场保持高增长，居民收入提高。

（6）人民币汇率回归双向波动。

一方面，无论是从国际贸易环境，还是从宏观经济发展状况，或是从微观企业切身体会来看，中国经济进入增速换挡时期已经是一个公认的事实。另一方面，制造业作为国家综合实力的核心组成部分，在这一时期显得尤为重要。2018年，中国经济迈向高质量发展阶段，库存周期转向被动补库存阶段，设备投资周期仍未启动，地产周期与人口周期处在下行阶段，经济已基本告别高速增长周期。经济增长的动力将主要来自解决新时代"不平衡、不充分"的供需矛盾，使经济迈向高质量发展阶段具备良好的基础条件。

从长时间尺度来看，中国商品贸易出口额已从2001年的0.25万亿美元提升到2018年的2.49万亿美元（见图4-8），在17年间提升了9倍多，这是中国制造业取得巨大成绩的体现。但从近几年的出口情况来看，自2013年开始，中国出口增速已明显放缓，在2016年更是首次出现负增长。在当前国际需求不旺、竞争对手加码、逆全球化思潮抬头等不利态势下，中国国际贸易增长乏力，急需新动能破局。从工业增加值年增长率（见图4-9）来看，中国工业增加值年增长率已经连续6年下滑，从2010年的19.57%下滑到2015年的1.13%，近两年来情况开始有所好转。从中国工业化率（见图4-10）来看，中国工业化率从2006年的42%下滑到2017年的33.8%，11年间下降了8.2个百分点。这些都反映中国制造业发展已陷入瓶颈，未来不容乐观，急需新方向的指引。

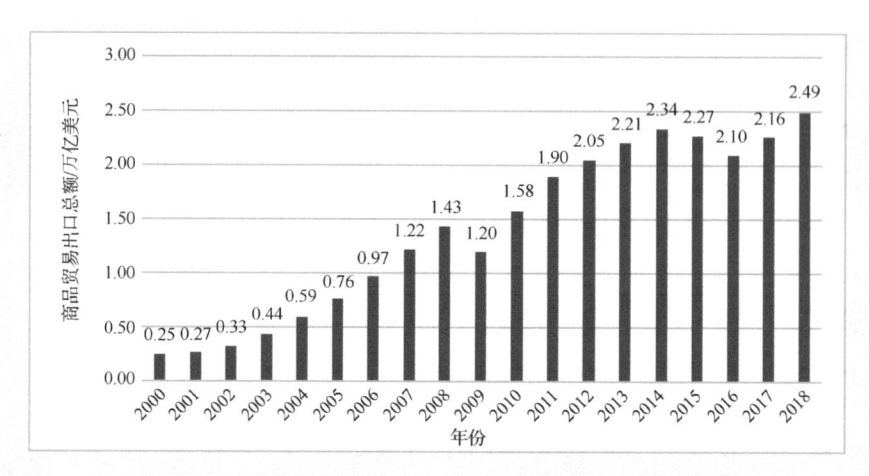

图 4-8　2001—2018 年中国的商品贸易出口总额

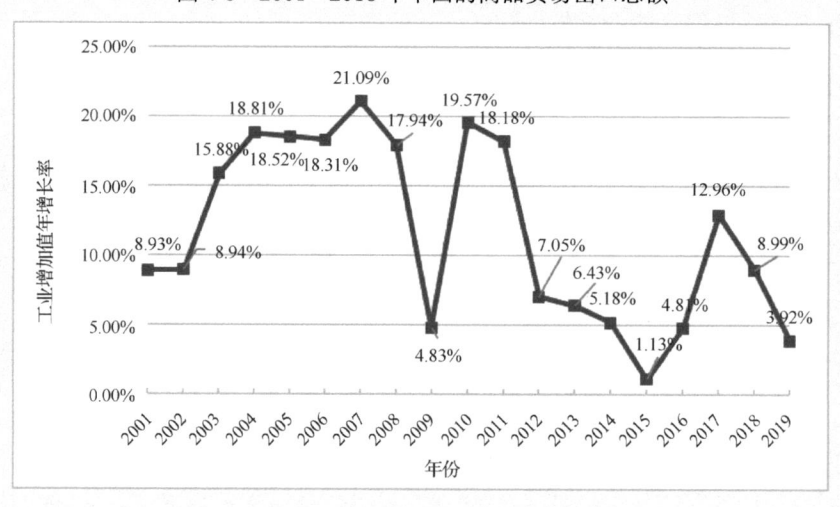

图 4-9　2001—2019 年中国的工业增加值年增长率

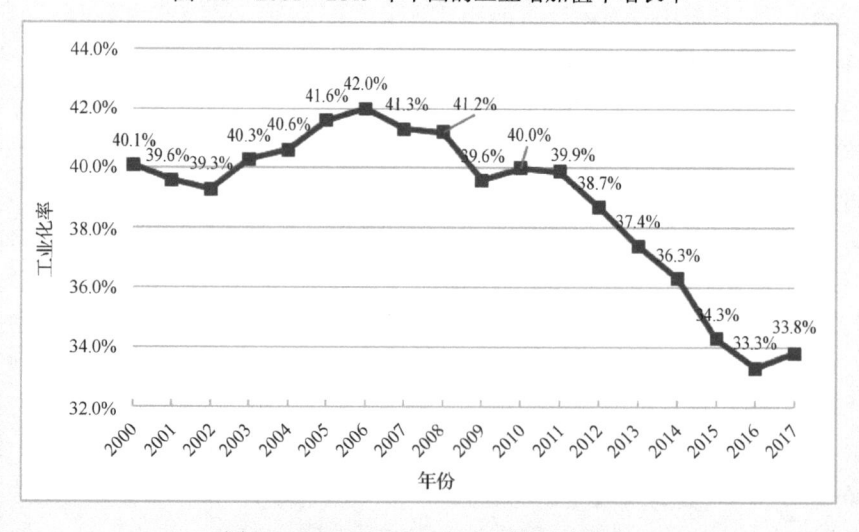

图 4-10　2000—2017 年中国的工业化率

在劳动力人口方面，随着中国现代化、城镇化的快速推进，再加上长期实施的计划生育政策的影响，目前中国人口结构严重失调，使得人口增长出现新的困局。根据中国2015年的人口抽样结果，可以预测中国未来劳动力人口数量：2020年，中国劳动力人口（15~59岁）为9.07亿，到2025年将降至8.8亿，到2030年，预计这一人口将降至8.47亿（见图4-11）。劳动力供给由"无限供给"转为短缺、由结构短缺转为全面短缺的苗头初显，今后中国企业用工成本的优势将不复存在。这就决定了中国必须提高制造人口单位产出，优质制造将是可供选择的道路之一。

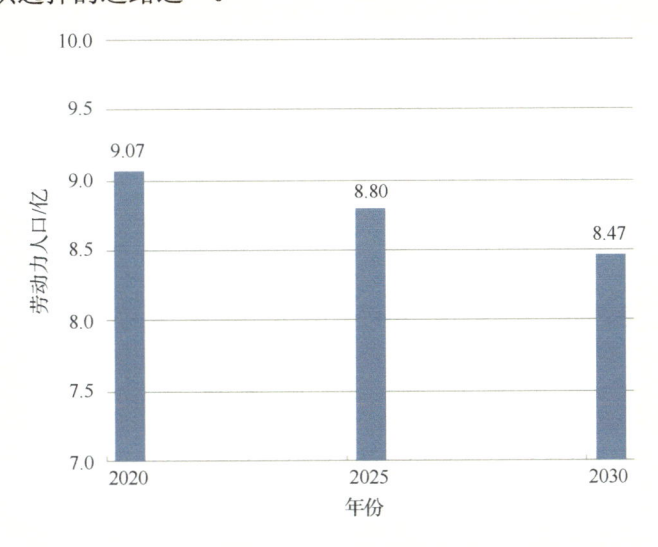

图 4-11　中国未来劳动力人口数量预测

受经济发展水平提升影响，中国消费者的消费需求提升迅猛。根据世界旅游组织（UNWTO）公开的数据，中国境外消费水平从2010年的540亿美元飙升到2017年的2577亿美元，7年间增长了近4倍，如图4-12所示。此外，根据国家统计局的居民消费统计数据，中国居民消费额从2010年的14万亿元增长到2017年的29万亿元，7年间只增长了1倍多，未能跑赢境外消费的增速，充分说明中国制造业产能满足消费需求的水平不够，需要提升。

此外，根据《2016年中国出境消费趋势报告》中的数据，日用百货在出国消费人群中的受欢迎程度在5年内增长了7倍，反映出中国消费者从出境购买箱包、电子产品等转向购买高品质、高性价比的日用品趋势明显，如图4-13所示。可知，"品质消费"成为境外购物的主要驱动力。

### 2. 制造质量的总体状况

改革开放40多年来，中国制造质量取得了显著成效，对日益增强的国力和人民的幸福获得感形成了重要的支撑。全面建设成富强民主文明和谐美丽的社会主义现代化强国的宏伟蓝图正在绘就，制造质量需要在第二个一百年的战略目标实现中发挥关键作用。过去十多年中国制造业质量竞争力指数稳步提升，但近两年增幅明显回落，这也反映出"中国制造"遭遇转型升级"阵痛期"。2018年4月2日，中国工程院第三次正式对外发布《2017中国制造强国发展指数报告》。从总体来看，中国制造业"规模发展"传统优势不断强化，质量效益、结构优化以及持续发展3项指数与美国、德国、日本等制造强国的相比，仍有巨大提升空间。其中，质量效益差距最大，是追赶的主要着力点，应是中国制造强国建设未来的主要突破方向，而且质量效益的提升应面向制造业整体而不是局限在一些重点领域[①]。

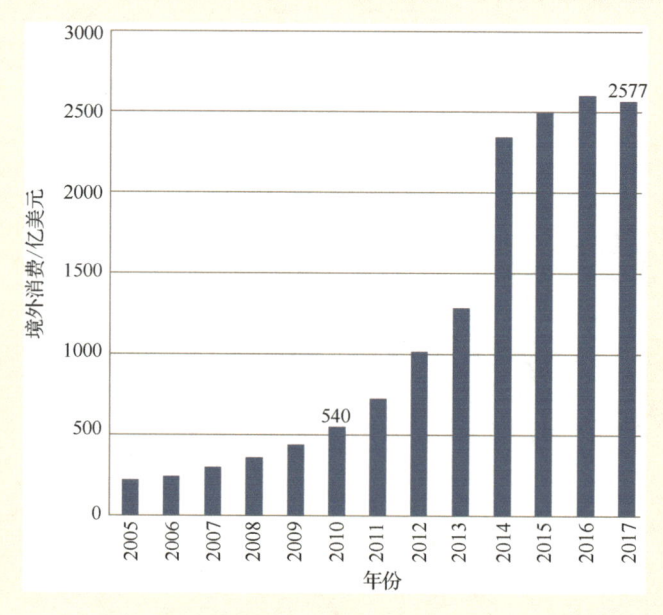

图 4-12 2005—2017 年中国境外消费及其比重变化

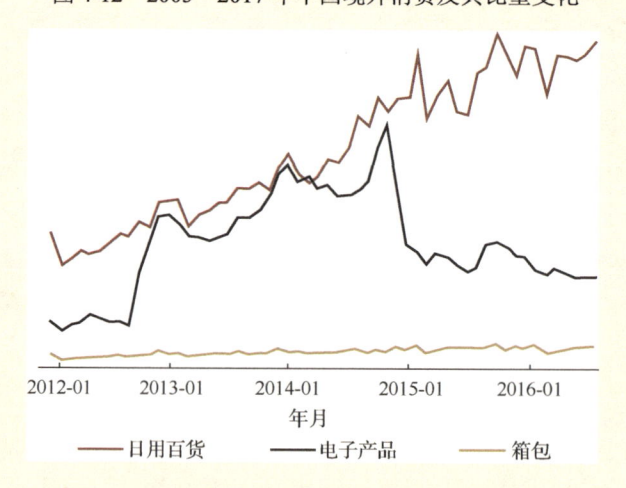

图 4-13 中国境外消费中各商品类型消费人数对比

---

① 资源来源：中国工程院在 2018 年 4 月 2 日发布的《2017 中国制造强国发展指数报告》。

近年来，中国制造业供需结构性失衡问题比较突出，低端供给过剩、高端供给不足，部分行业存在产能严重过剩的同时，大量关键装备、核心技术和高端产品并不能满足国内市场的客观需求。据统计，2018年中国居民境外的购物消费大约2000亿美元[①]，且每年以20%的速度增长，暴露出中国部分产品质量层次偏低，无法满足国内日益变化的消费需求。

另外，中国制造业质量也问题频发，从2017年的奥凯电缆事件，到2018年的长生疫苗事件，都暴露出我国制造业质量管理问题。以家电行业为例，从实施的抽查重点领域分析来看，2017年全年国家监督抽查产品164种，包括净水器、电磁灶、室内加热器、家用洗衣机和空气净化器等32种由1601家企业生产的1625批次电器电子产品，总抽查合格率为83.4%，比2016年提高了1.3个百分点。其中，电冰箱、电热水壶、吸油烟机、彩电、空调等11种产品的抽查合格率均高于90%，洗衣机、热水器等15种产品的抽查合格率为80%~90%，而空气净化器、净水器、电磁灶等4种产品的抽查合格率不到80%，质量问题较为突出[②]。

### 3. 由重点领域看制造质量的六大短板

制造大国和制造强国虽一字之差，但是两者所代表的产品在国际竞争力和国际影响力、制造品牌及信誉、质量效益等方面存在根本差距。中国制造质量虽经多年发展取得显著成效，但没有形成根本性的突破。根据本课题针对数控机床、高端医疗器械、高端检验检测仪器、家电、船舶等重点领域开展的质量调研可知，在迈向优质企业的征程中，有以下六大亟须突破的短板：

1）"质量效益不优"的短板

纵观中国改革开放40多年的发展历程，制造业的规模已居第一，但质量效益却远低于发达国家。在2018年上榜的《财富》世界500强企业排行榜中，中国的制造业企业的上榜数量已经位居世界第二，但在质量与效益方面表现不佳，在《财富》世界500强利润排名后100名中，中国的制造业企业占了35家，而在前100名中，中国的制造业企业只有13家。对比近年来的数据，中国上榜企业的销售收益率和净资产收益率两个指标处在下行通道上。再看最能体现效率的制造业全员劳动生产率指标，2016年，美国的制造业全员劳动生产率为121639美元/人，中国的为15225美元/人，仅是美国的12.5%。从行业来看，以船舶制造领域为例，尽管中国有2家船舶制造企业进入《财富》世界500强，但整体净利润率和净资产收益率远落后于日本和韩国的船舶企业。

---

① 资源来源：商务部部长钟山在十三届全国人大一次会议记者会答记者问，见www.chinanews.com，中新网。
② 资源来源：国家质量技术监督总局公布的2017年国家监督抽查产品质量状况。

2）"制造品牌不强"的短板

品牌是国家制造业综合水平的直接体现，是一个国家国际地位和核心竞争力的综合体现，也是全球经济一体化中的重要资源。当前，中国制造品牌发展严重滞后于经济发展，产品质量不高、创新能力不强、企业诚信意识淡薄等问题比较突出。中国制造业品牌的培育在供给端和需求端都存在较大问题。以高端检验检测仪器领域为例，从供给端来看，普遍缺少本国的品牌培育，做成一个仪器品牌需要十多年甚至几十年的努力，成果见效慢，而且具有前瞻性及品牌意识的国内企业非常少。从需求端来看，一些科研单位购买仪器时对国产产品支持不够，甚至只买进口的，即使价格比国产的贵十多倍。

3）"基础不实"的短板

（1）质量基础设施：目前，包括计量、标准、检验检测、认证认可等方面的国家质量基础设施尚未协调一致，平衡发展，从而影响中国制造业质量的提升。关于质量基础设施的短板，在"制造强国战略研究"二期报告中已有翔实的论述。

（2）工业基础：包括基础零部件（元器件）、基础材料、基础工艺等。以高端检验检测仪器领域为例，在国内中档以上科学仪器的许多关键零部件和配套设备中，国外公司占了大部分市场份额。近年来，在中国每年上万亿元的科研固定资产投资中，有60%用于购买进口设备，部分领域高端仪器100%依赖进口。以家电制造为例，企业对核心集成电路技术、电阻、电容、空压机、电机、传感器等核心技术掌握不足，尤其是集成电路中晶圆的加工能力需要提高，电阻、电容、传感器国产化能力也非常薄弱，受制于人，需要进一步加大基础零部件的自主创新、工艺设计和工艺优化等制造能力。在冰箱和空调行业，核心部件是压缩机，目前虽然中国已经形成强大的生产体系，但中低端产能过剩，高端供给不足。在高效化、变频化、小型化方面，与瑞典阿特拉斯（Atlas）、德国比泽尔（Bitzer）、美国英格索兰（IngersollRand）、巴西恩布拉科（Embraco）、美国寿力（Sullair）等相比存在一定差距，技术、品牌、定价权影响力有待提升。

再看医疗器械，部分省市将高端医疗器械作为发展的重点。以上海市的高性能医疗器械重点方向为例，在推进上海市高性能医疗器械"四基"向高端化、集群化、国际化发展的过程中，存在的推进难点是跨国公司掌握绝大部分高端医学影像设备的核心零部件及其关键技术，而本土提供的核心零部件性能与之相比仍有较大差距，有些甚至处于空白，存在"卡脖子"的问题。高性能医疗器械领域的工业强基工程重点任务涉及4个部分的工程化和产业化突破，即核心基础零部件（元器件）、关键基础材料、先进基础工艺和产业技术基础。部分核心基础零部件（元器件）见表4-1。

表 4-1　部分核心基础零部件（元器件）

| 序号 | 名　　称 | 序号 | 名　　称 |
|---|---|---|---|
| 1 | 大热容量 X 射线管 | 12 | 心内导管微型力传感元器件 |
| 2 | 高压发生器 | 13 | 血管识别定位组件及算法 |
| 3 | 超导磁体 | 14 | 超精密级医疗机械轴承 |
| 4 | 功率放大器 | 15 | 光学成像感应板 |
| 5 | CT 探测器 | 16 | 换能器 |
| 6 | 高分辨率 PET 探测器 | 17 | 超声探头 |
| 7 | 多叶光栅 | 18 | 机械手 |
| 8 | 射频线圈 | 19 | 质子同步加速器 |
| 9 | 直线加速管 | 20 | 人工器官 |
| 10 | 系统控制接口（Interface） | 21 | 新型 X 射线探测器 |
| 11 | 高性能图像重建计算机 | — |  |

4）"制度不优"的短板

制造业产品的监管还存在一些盲点和真空带，稍有不慎，就会激化甚至可能形成质量安全公共事件，给产业发展和社会带来负面影响。优质优价的体制机制还不完善，公平竞争的市场环境还没有形成。前面所列举的制造品牌短板的例子也反映了制度上的短板，即缺少一种行之有效的机制，鼓励国有企业购买自主品牌的产品。在市场竞争中，要深入挖掘市场的公共服务管理职能，充分发挥市场优胜劣汰机制。与发达国家相比，中国现行法律体系对质量违法行为处罚过轻、约束过软，"劣币驱逐良币"现象较为严重。同时，中国现行的质量法律重在质量安全监管、兜住底线，在优质制造、促进质量提升方面仍是空白，缺乏财政、税务、科技等方面的激励政策。

5）"优质人才短缺"的短板

当前，中国制造业正处于从合格制造向优质制造转变、从价值链低端向中高端迈进的关键时期，人才是根本，技能人才更是重要的基础。但是，一些高端装备研发人才的培育环节薄弱，例如，中国科学仪器设备生产企业的经济基础和研发基础相对薄弱，不重视仪器学理论，学科设置不合理，企业研发经费主要依靠自筹。另外，人才流失严重，因为科研机构/企业的薪酬水平低、工作环境不理想等。技能型人才缺乏，检验检测仪器优质制造更需要高级技术人才，技能型人才的缺乏影响了基础制造乃至优质制造。

6）"行业分散"的短板

中国制造业普遍存在集中度低、恶性竞争的现象。缺乏龙头企业，研发项目挤在少数品种上，企业之间缺乏合作，造成投入重复。例如，目前中国从事质谱仪研发的企业有 10 家左右，而且大多数从最原始的技术开始研发。又如，在船舶领域，产业集中度仍有较大的提升空间。2018 年初，全球手持订单总量达到百万修正总吨（CGT）以上的造船集团总共有 17 家，其中，国内船厂就有 7 家。在行业低迷的背景下，大型船企在资金、技术、政策等各个方面都具有显著的优势，抵御风险能力较强。再如，目前国内的医疗器械企业超过 1.2 万家，每年产生 600 多亿元的工业生产总值，却并没有形成一定数量且具有影响力的龙头企业，在上市公司中，规模做到最大的达到 100 亿元产值的只有迈瑞一家。

实施优质制造计划，提高中国制造的产品质量是从根本上解决上述短板问题的必由之路。党的十九大报告明确提出必须坚持"质量第一、效益优先"，显著增强中国质量经济优势。基于上述形势分析，亟须提出实施优质制造的行动计划与政策建议，定位中国优质制造水平，明确行动计划的指导思想、基本原则、规划目标、主要任务和进度安排，推动中国制造业质量效益不断提升，不断满足中国消费者需求，为中国经济发展转型提供支撑。

## （四）中国实施优质制造的必要性

### 1. 相关研究与报道

在 2014 年之前，关于优质制造的研究和报道屈指可数，优质制造更多的是与品牌、声誉联系在一起的。根据公开资料罗列的相关报道，2007 年，时任国家质量监督检验检疫总局局长的李长江在一次名为"让中国制造成为优质标志"的讲话中，首次将"中国制造"与"优质"结合起来，指出要"全面推进名牌战略的实施，坚决把以质取胜叫响，把名牌兴企做实，让更多的中国名牌走向世界，让中国制造真正成为优质产品的标志"[①]；2012 年，《新浪财经》发表的"中国优质制造起锚向何处"一文也将"优质制造"与中国企业品牌形象、中国制造形象联系起来，同年，《南方日报》发表的"树广东优质制造，促工业转型升级"一文报道了广东对于实现"优质制造"的具体举措：通过"工业质量品牌建设广东在行动暨打造广东优质制造"活动，建立和完善"广东优质制造商标准体系"，推动广东优质制造企业开展对标达标活动，培育广东优质制造商群体，以企业的整体制造质量提升促进工业转型升级。

自 2015 年起，关于优质制造的报道逐步增多，但相关理论研究依然比较缺乏。2015 年，李克强总理提出，"我们要用大批的技术人才作为支撑，让享誉全球的'中国制造'升级为'优质制造'。"邵安菊（2016）提出了中国实现"优质制造"的五大路径：营造可持续发展的制造生态环境，培育能激发企业家创新精神的外部氛围；重塑"工匠精神"，打造追求完美的企业文化；勇于创新转型，潜心打造优质产品；全面接轨国际产品质量标

---

① 李长江. 让"中国制造"真正成为优质产品的标志[J]. 质量探索, 2007（12）:1-1.

准,打造自主品牌,成为新价值链的创建者与掌控者;提升国人对自主品牌的信心,营造以用国货为荣的舆论氛围[①]。中国工程院屈贤明(2017)认为,实施制造强国战略,建设制造强国,必须改变中国制造的质量形象,而工业强基、优质制造是必须迈过的两道坎。林忠钦(2017)系统地分析了中国优质制造的现状和行动对策,在中国首次提出了优质制造的定义,认为优质制造是以国家质量基础设施为核心基础,面向产品全生命周期,以优质资源要素为保障,综合应用大数据技术、人工智能技术、工艺优化技术等共性关键技术,并考虑"互联网+"、共享经济、服务制造等新模式、新业态的影响,精准把握客户需求,以全面提升产品质量和效益为宗旨的一种新型制造模式[②,③]。蒋家东(2017)认为,实施全员质量素质提升工程能够为优质制造提供坚实的人才保障[④]。陈燕(2017)指出了中国制造业"大而不强"的五大深层次原因,并在此基础上提出了从"中国制造"到"优质制造"的现实路径:重点在营造可持续发展环境、培育企业家创新精神、重塑"工匠精神"、创新打造优质产品、接轨国际化和培育自主品牌等方面做出努力[⑤]。

这些研究为优质制造的概念和推广做出了相当的贡献,但关于优质制造的内涵、典型特征、效益表现等基础理论的研究依然缺失,亟须探索。制造强国战略研究课题组已经就制造质量的发展做了顶层规划设计,提出了制造质量中长期发展的目标。制造强国战略研究课题三期中的"优质制造行动对策研究"也正是基于此背景开展的,这也是中国第一次系统地对优质制造开展研究,具有系统性、创新性、前沿性。新的时期,对过去困扰中国制造质量的短板,缺少系统化的分析。首先,本课题报告围绕新时期对质量的新要求,系统地阐述制造从"良"提升到"优"的战略抉择和路径;其次,本课题报告具有创新性,对优质制造开展研究,构建优质制造的架构,提出优质制造的关键技术,开展优质制造的评价;最后,本课题报告具有前沿性,站在质量强国和制造强国的高度,提出系统化的能破解制约制造质量提升瓶颈问题的方案,夯实优质制造的基础。

### 2. 实施优质制造体现了五大变革之需

实施优质制造是新的形势下质量的大变革,这些变革主要体现在以下 5 个方面。

(1)理念变革。该变革的核心是如何通过优质制造增强制造业质量的竞争力,在 2017 年颁布的《中共中央 国务院关于开展质量提升行动的指导意见》里,很明确地提出"以技术、技能、知识等为要素的质量竞争型产业规模显著扩大,形成一批质量效益一流的世

---

[①] 邵安菊. "中国制造"向"优质制造"升级的路径及对策[J]. 经济纵横, 2016, No. 367(6): 42-46.

[②] 林忠钦. 聚焦优质制造 助推质量强国[J]. 上海质量, 2017(12): 24-25.

[③] 林忠钦. 优质制造的现状与行动对策[J]. 中国工业评论, 2017(7): 36-44.

[④] 蒋家东. 实施全员质量素质提升工程为优质制造提供坚实人才保障[J]. 职业技术教育, 2017, 38(6): 24-26.

[⑤] 陈燕. 从"中国制造"到"优质制造"的现实路径刍议[J]. 改革与战略, 2017(6): 159-161.

界级产业集群"。实施优质制造,充分体现了质量提升的理念变革,即增强核心竞争力,最终要形成产业优势。

(2)目标变革。十九大报告已经旗帜鲜明地提出了要坚持"质量第一,效益优先"。质量与效益紧密关联,好的质量必然会带来好的效益。优质的产品意味着高附加值、高溢价,还意味着符合市场的需求。实施优质制造,必须牢牢地把握质量变革的目标,即通过优质获取高效益。以华为公司为例,华为倡导的就是高投入,通过高技术创新促进高质量,实现高溢价,避免低端竞争。

(3)制度变革。完善质量治理体系的一个障碍就是制度,制度是一把"双刃剑",好的制度可以促进质量提升,有短板的制度则会制约质量的发展。当前的质量发展或多或少受制度短板的限制。《中共中央 国务院关于开展质量提升行动的指导意见》提出了实施质量分级制度,连着供需两侧,实际上体现了制度的一种变革。实施优质制造,即要从制度上进行变革,本身也是一种制度变革。

(4)路径变革。中央已经明确提出了要实施质量提升,也明确了要进行质量比对,要逐个行业进行比对,不仅在行业层面比对,也要进行质量基础设施的比对。抓行业比对,推动行业质量提升和质量基础设施升级,实施质量技术攻关,从系统性的角度来看,都是优质制造的有机组成部分。

(5)新技术新方法的变革。中国制造业目前正处在新模式新业态不断推陈出新的时代,各种新技术和新方法也不断推出,智能化、数字化、网络化是这个时代的主题。质量管理模式和质量技术方法也要适应时代需求,更要进行变革,这是大趋势。实施优质制造,需要进行质量技术和管理方法的变革,将新技术、新方法、新模式等融入优质制造的系统架构之中。

## 二、优质制造的技术体系

优质制造作为一种新的制造模式,肩负着做强制造业的重要使命,具有广阔的发展前景。从本质上讲,优质制造是将中国产品制造从"良"提升至"优"的模式和国家激励措施,优质制造是未来中国制造业振兴和实现制造强国及质量强国的重要抓手,同时也是必由之路。实施优质制造,助推制造业高质量发展,首先需要界定优质制造的内涵,建构优质制造的技术体系,识别优质制造的关键技术,才能为迈向优质制造指明正确的路径。

## （一）优质制造的内涵与特征

### 1. 优质制造的内涵

质量概念内涵的演变与经济社会的发展是紧密关联且密不可分的。正是随着经济社会的发展、科学技术的进步和人类对质量概念的认识的不断丰富，质量概念才能逐步从狭义拓展到广义，从微观质量发展到宏观质量。但质量概念的这一演变过程并不是泾渭分明的，也不是按顺序发生的，因为并不存在一个完全清晰的链条接口或界面将质量概念划分清楚。如果把这些不同的质量概念放在一起，就不难发现，它们之间无不存在一定的内涵交叉和外延重叠，既反映了质量问题本身的复杂性，也体现了人们认识质量概念的维度差异。

对"优质制造"，从狭义和广义方面存在不尽相同的概念解读。狭义的"优质制造"概念主要与实物质量的概念相关，是产品绝对质量的表现。人们常说的"德国造机床的质量高"，反映的正是狭义的产品质量状况优质与否。广义的"优质制造"概念主要与制造形象、品牌或声誉的概念相关，是超越产品本身质量以外的东西。如"德国制造值得信赖"，反映的就是广义的产品质量状况。质量概念的内涵和外延随着经济社会的发展而不断地深化和拓展，并从具体逐步走向抽象，从狭义走向广义，从微观走向宏观。

不管是狭义的优质制造还是广义的优质制造，优良的产品质量是最重要的，也是衡量产品是否优质的最重要标准，但要使产品达到优质要求，同样离不开其他要素资源。

实现优质制造，必须紧紧抓住需求精准感知、系统精益优化、过程精确控制和要素精细管理4个方面。

（1）需求精准感知：应用大数据、智能预测等技术和方法，动态感知顾客需求的变化，并将其传输到系统精益优化的输入端。

（2）系统精益优化：将精准需求落实转化为产品的开发设计、制造系统的规划、服务系统的设计等环节，进行以产品增值为导向的优化决策。

（3）过程精确控制：通过面向制造全过程的数据分析，借助物联网技术并结合工程知识，对产品全生命周期进行精确控制，保证制造全过程的稳健性。

（4）要素精细管理：分析产品全生命周期中全要素对质量的作用机理，应用集成质量管理方法，实现全要素的协同、融合。

### 2. 优质制造的特征

从本质上来说，优质制造的效益是优质制造产生的效果和收益。其中，优质制造产生的效果就是指生产出具有优良质量水平的产品。对质量实践活动的给定投入而言，产品的质量水平越高，优质制造的效果越好；反之，产品的质量水平越低，优质制造的效果越差。

与这些效果相适应，就会获得相应的收益。在一定的消费水平下，质量效果越好的产品，越容易全面满足顾客的质量需求，往往越容易销售：或以较高的价格销售，或获得更高的销售数量，甚至兼而有之，进而获得较高的收益，实现效果与收益的协调统一。

当然，也可能会发生这样两种情况。第一种情况是优质制造的效果较好，但优质制造的收益较差。一般来说，一种产品的质量水平高，往往销售好，能够为生产经营企业带来高的收益。但是，如果企业的质量技术与管理水平不高，造成保持或提升到现有质量水平要求的成本投入极大，而实际的产品销售价格不足以补偿相应的成本支出，或者企业为补偿相应的成本支出而必须制定极高的销售价格，就会造成产品销售疲软、市场份额大幅度降低，导致收益下降。第二种情况是优质制造的效果较差，但优质制造的收益较好。这种情况通常出现在市场经济不发达、质量监管存在缺失、质量信息不透明的区域或国家。在这样的区域或国家，一些不法企业利用法律法规的漏洞或制度缺陷，刻意生产经营质量低劣甚至质量不合格的假冒伪劣产品。由于不用承担产品质量存在缺陷的后果，加之违法成本极低，从质量因素看，这些企业的生产经营活动尽管对制造质量控制的效果不好，但往往经济收益较高。图 4-14 描述了企业销售的产品或服务的质量和价格对投资回报率的影响，即"质量峡谷"曲线。显然，当优质制造位于曲线左端时，无效果而有收益；当优质制造位于曲线中端时，有效果而无收益；只有当优质制造位于曲线右端，才既有效果又有收益。例如，十多年前，韩国的企业在从量的经营向质的经营转变过程中，遭遇到"质量峡谷"，但后来他们依靠精益生产和六西格玛管理创造了奇迹，值得中国企业借鉴。著名的六西格玛管理专家朴永宅曾有一个经典的解释："喷气式飞机进入宇宙需要接近音速的加速度，而这个时候是消耗能量最大的时候。要获得这种加速度，就得改变飞机的设计和结构。企业进入高品质阶段就像飞机进入宇宙一样艰难，必须采取全面的改革经营方法，必须采用新工具。"我国同时需要利用当下科技的进步，抓住需求精准感知、系统精益优化、过程精确控制和要素精细管理 4 个方面，让企业这架"喷气式飞机"冲进宇宙，走出"质量峡谷"。

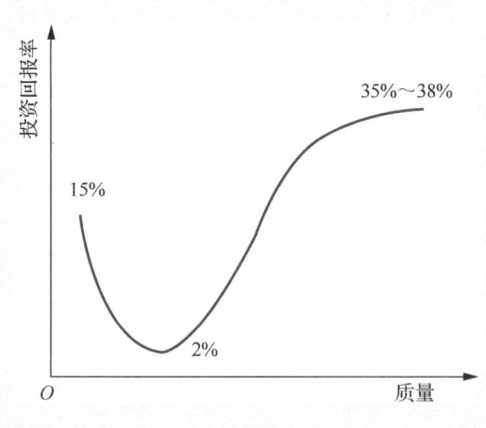

图 4-14 "质量峡谷"曲线

优质制造不仅强调结果,也强调过程。从结果来看,优质制造首先应该具备好的效益,主要表现为较强的盈利能力和较高的人均产出能力,同时具有好的品牌影响力;还表现为国际知名度、认知度和美誉度、忠诚度高,拥有统一的企业品牌或系列产品品牌,完善产品矩阵,成功塑造行业乃至全球领袖级企业形象,具有很强的社会影响力。从过程来看,优质制造通过持续的创新能力获得较好的发展潜力,主要体现在通过强大的技术研发能力,拥有自主知识产权的核心技术,在国际标准的制定上具有话语权,成果转化率高,形成独有的竞争优势。

在上述认识的基础上,根据对美国、德国、日本等发达国家的工业发展史以及相关文献的研究,本报告认为,优质制造的主要特征包括以下3个:

(1) 制造业质量形象好。质量形象好不仅体现在整体质量水平高,也要形成整体的品牌影响力;不仅得到国内市场的高度认可,也要在国际市场具备良好的口碑。优质制造水平的变动不仅具有短期效应,而且具有长期效应。关于前者,从质量价值的维度看,主要反映为产品的销售价格和需求数量的波动;从消费安全的维度看,主要反映为产品质量符合性和缺陷伤害的态势变化。关于后者,从企业角度看,主要体现为品牌影响力的变化;从社会角度看,主要体现为消费者对制造质量认可度的变化,并固化为区域性的质量形象认知。长期效应是在质量实践中经过不断积累、逐渐形成的,是一种累积效应。当某一企业或某一国家的产品质量变化过程是一个不断提高的、正向的过程时,其累积效应将是积极的,会增强品牌的影响力,提升社会对其制造质量的认可度;反之,当某一企业或某一国家的产品质量变化过程是一个持续波动的、负向的过程时,其累积效应将是消极的,这会削弱品牌的影响力,降低社会对其制造质量的认可度。由此可见,优质制造水平较高的国家将利用优质制造的长期累积效应的正面质量形象,并形成原产地效应。

(2) 制造业质量效益好。质量效益好主要体现为有较强的盈利能力,并将盈利能力转化为持续创新的能力,从而推动企业和国家具备较强的竞争力。从美国、德国、日本等国家的工业发展历程来看,其制造水平的提高能够很好地满足国际和国内市场的质量需求,在宏观上获得积极的经济利益回报。质量效益的外在表现与具体形态涉及多个方面,基于满足和促进消费要求,一般认为其包括两个维度:一是消费效益,反映了优质制造水平满足国内市场需求的程度,由此带来国内市场的销售效益提升,进一步满足国际市场需求的程度,并从国际市场获取直接的经济利益;二是制造效益维度,良好的市场表现及销售结果带来包括盈利及投资等优质资金回馈,转化为以科技创新投入提升优质制造水平。从技术上看,上述两个维度之间存在着很强的互动关系,既相互联系又相互促进,既相对独立又互为补充,两者的综合表现从整体上反映了优质制造水平提升所带来的经济效果和经济收益。

(3) 制造业发展潜力大。发展潜力大主要表现在具备持续的创新能力,包括技术创新、管理创新和商业模式创新,要通过创新使得制造业拥有自主知识产权的核心技术,在国际标准的制定上具有话语权,创新成果转化率高,形成独有的竞争优势。优质制造水平变动的长、短期效应以及市场感知的滞后效应，导致其既影响当下也影响未来。优质制造水平变动对市场当下的短期效应，主要体现在质量效益、质量形象等要素，这些要素都是优质制造长期效应对当下影响的结果。优质制造水平变动对市场未来的长期效应，主要体现在发展潜力要素，反映一国的科技创新、劳动力潜力等要素的水平。不论是既有的优质制造水平较高的国家，还是正在发力推动优质制造水平提升的国家，只有实现技术领先、创新驱动，才能实现长久的发展。

因此，拥有良好的质量效益、质量形象和制造业发展潜力的国家，可以称为优质制造水平高的国家。

### 3. 优质制造的体系架构

优质制造的目标是质量提升和效益提高并举，即在经济低速增长的情况下制造业企业仍然能够保持持续的增长率。优质制造的体系架构主要有 4 个方面，分别是夯实国家质量基础设施（NQI）、配齐资源要素、贯穿产品全生命周期和制造全过程的质量管理与控制和推动重点领域实现优质升级。优质制造的体系架构如图 4-15 所示，该架构类似房屋结构：以国家质量基础设施为地基，房屋的两个"柱子"分别是资源要素和产品全生命周期和制造全过程的质量管理与控制；支撑的重点领域涵盖工业基础领域、重点消费品制造领域和重点装备制造领域，最终实现优质制造整体提升。

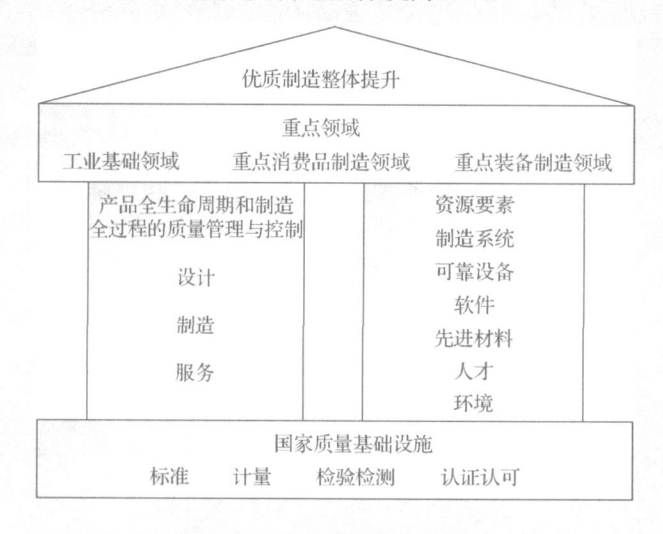

图 4-15 优质制造的体系架构

从国家质量基础设施来看，优质制造的核心技术基础是标准、计量、检验检测和认证认可。作为国家质量基础设施，标准、计量、检验检测和认证认可既是影响质量提升的核心，也是当前制约制造质量提升的一个短板。要继续夯实标准、计量、检验检测和认证认可四大国家质量基础设施，强化其对优质制造的重要技术支撑。

从资源要素来看，人、机、料、法、环、测既是全面质量管理中 6 个影响产品质量的主要因素，也是影响质量提升的核心资源。面向优质制造的质量人才资源、设备资源、物料资源、技术方法资源、软件资源等是当前影响产品迈向优质的关键点。优质制造的实施必须有精益的制造系统、先进可靠稳定的设备、软件、基础材料、人才、环境等资源要素作为保障。

从产品全生命周期和制造全过程的质量管理与控制来看，要突出市场研究、设计、开发、采购供应、生产制造和销售服务的产品全生命周期主线，实现对客户需求的精准把握；产品制造全过程精确控制和诊断，全链条不留短板，提高设计和制造的稳定性、可靠性，系统优化，服务过程实现增值，追求顾客满意度的最大化。

从重点领域来看，主要涵盖了工业基础领域、重点消费品制造领域、重点装备制造领域。一方面，要推动基础零部件和元器件等基础工业领域的产品优质升级，综合提升核心基础零部件、关键基础材料、先进基础工艺和产业技术基础（简称"四基"）四大工业基础能力；另一方面，要推动与消费者密切相关的重点消费品领域的产品优质升级，提高消费者的满意度。此外，还要推动高端装备、高端检测仪器、医疗器械、特种设备等重点装备制造领域的产品可靠性、一致性、安全性等质量集成提升，打造稳健的产品供应链体系[1]。

## （二）优质制造的四大关键技术

本着逐个行业突破，逐个环节理顺的原则，切实增强客户对热点消费品的"质量获得感"和企业组织对高端装备的"质量获得感"，需要梳理优质制造的关键技术。关键技术致力于攻克面向产品全生命周期的共性关键质量技术，如大数据质量技术、由智能和信息驱动的质量技术、统计质量技术、防错技术、集成质量技术和方法。通过关键技术的攻关，找出质量在全过程的传递规律、影响机理。综合利用设计技术、试验验证技术、制造工艺设计技术、可靠性保证技术，通过智能化制造、大数据分析等手段推动优质制造整体提升，让客户和企业真正获得质量提升带来的益处。本报告梳理出优质制造的四大关键技术，具体如下。

### 1. 关于国家质量基础设施的关键技术及深度融合技术

国家质量基础设施有两个突出的问题：

1）标准、计量、检验检测、认证认可等单一关键技术

（1）先进标准技术：立足于基础性和前瞻性，加大关键共性技术标准的研究，特别是

---

[1] 林忠钦. 优质制造的现状与行动对策[J]. 中国工业评论, 2017（7）：36-44.

面向能源、环境、公共卫生、现代农业、先进制造业、战略性新兴产业以及现代服务业发展中的关键共性技术标准，研究基础信息、关键材料、核心元器件及关键工艺等工业基础共性标准。开展中国优势产业和技术领域国际标准的研究，以及中国标准境外适用性技术研究，增强中国在国际经济技术贸易等规则制定中的影响力[1]，提高在相关产业的话语权，进一步主导技术创新。

（2）先进计量技术：加强计量科技基础及前沿技术的研究，建立一批国家新一代高准确度、高稳定性量子计量基准。推动基础前沿标准物质研究，扩大国家标准物质覆盖面，填补国家标准物质体系的缺项和不足。加强标准物质的定值、分离纯化、制备、保存等相关技术和方法的研究，提高技术指标。加快新型传感器技术、功能安全技术等新型计量测试技术和测试方法的研究，突破一批关键测试技术。加强微观量、复杂量、动态量、多参数综合参量等相关的量值溯源所需技术和方法的研究。加强经济安全、生态安全、国防安全等领域量值测量范围扩展、测量准确度提高等量值溯源所需技术和方法的研究。加强互联网、物联网、传感网等领域计量传感技术、远程测试技术和在线测量等相关的量值溯源所需技术和方法的研究[2]。

（3）先进检验检测技术：突破复杂对象和极端条件下的检验检测技术瓶颈，突破多样化、早期化和微量化的监测技术瓶颈；攻克预知、非定向、多目标等关键检验技术，提高现场快速、智能识别、定量可视检测监测能力，构建信息智能侦搜筛选、寿命评价和控制处理体系；将检测环节进行延伸，往前，延伸至企业的工艺设计、原材料采购、产品生产环节；往后，延升至企业的不合格整改、在线监测、失效分析环节。以客户需求为导向，针对优势产业进行建设，通过量身定制提供技术咨询，制订数据分析、工艺设计改进、质量提升等综合解决方案。

（4）先进认证认可技术：发展"认证认可"技术，帮助国内企业应对国际贸易技术壁垒，提升企业素质、产品质量，推行中国技术法规、标准和实施检验检疫措施等技术手段。突破重点领域模式化、系统化认证认可的基础共性支撑技术，以及认证认可区域化互认技术瓶颈，研究国际贸易便利化和认证认可关键技术；突破 IT 产品隐通道分析技术，解决安全基准，度量瓶颈问题，建立测量溯源体系；攻克制造智能化的量化评价等瓶颈技术，建立基于网络化、信息化条件下的顾客感知的服务认证认可技术，突破空气、水、碳等环境因素评价数据核查技术以及新能源利用评价技术瓶颈[2]。

2）融合技术

一方面，要推动标准、计量等技术与光、机、电、计算机等学科和物理、化学等基础

---

[1] NQI：夯实质量强国战略，引领经济社会发展，见 http://www.cisa.gov.cn/kjdt/kjdt/201604/t20160429_465624.htm，中国质检科技成果网。

[2] 资源来源：《计量发展规划（2013—2020 年）》。

学科的深度融合技术。另一方面，要推动标准、计量、检验检测深度融合技术，以技术融合促进体制机制的完善，以解决目前因分头管理、各自为政、条块分割明显、投资分散、重复建设等带来的问题，构建新型融合的质量基础设施创新体系。

**2. 数据分析与工程集成技术**

在实施优质制造战略过程中，实现数据驱动技术与工程分析技术无缝衔接。数据分析与工程集成技术不仅涵盖基于数理统计的数据信息分析，而且结合基于工程实践的工程技术优化，综合应用统计技术、大数据技术、工程融合技术、智能化技术和防错技术，全面提升产品质量和效益。

1）统计技术

大批量、快速生产的现代工业和复杂工程产生的大数据具有类型多样、高维度、耦合关系复杂、自相关以及时变性强等鲜明的特点，基于传统统计技术的质量管理方法面临着极大的挑战。传统的与工程技术集成的统计数据分析方法，如传统的均值极差控制图、工序能力指数分析、测量系统分析以及田口试验（由日本田口玄一博士创立的质量工程方法）等方法，难以应对复杂的制造质量统计要求。因此，未来与工程技术集成的统计数据分析方法，还有大规模的延展空间，如高维空间的变量选择技术、复杂数据的过程控制图方法以及工序能力分析，基于模拟技术的大规模实验设计技术、多工序制造和装配过程的偏差流方法、数据支持的产品设计与控制等。针对小批量多品种的客户化定制程度高，甚至是定制化、单件流的企业，开发基于先验信息、贝叶斯理论和迁移学习的统计分析方法。

2）大数据技术

在大数据背景下，将产品管理和决策从以管理流程为主的线性范式逐渐向以数据为中心的扁平化范式转变，运用云计算、移动、社交和大数据分析工具，掌握并预测以客户为中心的市场状况和变化趋势。借助飞速发展的物联网等技术，产品全生命周期中关于需求、设计、生产、运行、使用、维修、报废的信息和数据可以被实时采集并存储，形成了产品全生命周期大数据。将先进的制造技术、IT 技术与全面质量管理思想方法和产品全生命周期大数据有机融合，通过全员参与、策划、监控来改善产品全生命周期的过程质量，可以保证产品和服务质量，实现用户满意度的最大化和综合质量的持续改进。复杂产品全生命周期中的过程复杂，参数过多，数据量庞大，模型维度高。基于大数据技术的产品全生命链追溯系统可以打通产品生产、流通、消费等全生命周期管理，对多源异构数据进行深度集成，建立质量波动的全链条传递模型，为产品需求收集分析、设计开发优化、批产量产管理、销售物流、打假追溯召回以及消费者管理等提供一体化平台，实现质量管理的无缝覆盖。

3）工程融合技术

根据产品价值和质量诉求，依据产品全生命周期中的工业大数据信息，挖掘质量相关数据，综合各项指标内容，利用信息管理平台，结合工程实践的工程技术优化，对质量信息在各阶段进行集成、筛选、共享，给各利益相关者提供决策等方面的参考依据。突破单纯基于数理统计的数据信息分析，将其与信息管理平台的实时监控和对质量过程的管理控制进行融合，给未来的具有相同或相近特征的质量和可靠性决策提供科学的预测分析信息，从而实现工业数据共享和工程科学问题的融合优化。

4）智能化技术

满足企业在全球化竞争中管理规范化、标准化升级的需求，建立企业全方位智能化管理体系，提高质量管理水平，降低管理中的人力和物力成本。针对产品定制的智能化需求，提升产品的"数据"和"信息"特征，从而增加产品附加价值，借助智能化硬件收集到的客户数据和需求提供更个性化的服务；针对生产制造的智能化需求，运用物联网实现车间数字化，采集、跟踪、分析所有流程及相应设备生产过程数据，优化生产工艺，实现缺陷源智能诊断和故障的模式识别，以规模化的方式来定制产品；针对企业管理的智能化需求，将企业生产过程从内部各部门、车间协同，转变为供应链、客户关系、制造执行、企业资源、工业物联网等产业链、社会化大协作和大协同，从企业内部到外部、从静态到动态，实现质量信息流、物流、资金流的融合。

5）防错技术

基于防错技术内涵和实施原则，提升各项工艺与质量管理水平。从不制造缺陷的防错、不传递缺陷的防错、不接受缺陷的防错这三个层面落实防错效果，通过图像识别技术与光电、限位、接近开关的逻辑控制技术等来完成防错，防止工艺与质量管理出现错误，从本源上控制零件加工出现成批故障现象的可能，降低零件后期返修及报废等所产生的成本。通过防错技术限制工艺加工中某些动作执行，在保证工艺加工效果的同时，彰显相应仪器设备自主纠错能力。通过定期维护与验证防错装置，存档验证检查记录，规范化修正存在的差错，保证防错系统达到预期的检验能力，验证流程有效地按照计划处于受控状态。

### 3. 面向设计与工艺的质量优化技术

关于优质制造，从生产的全过程来看，设计与工艺是核心的环节，设计和工艺水平在很大程度上就决定了制造质量的水平。面向设计与工艺的质量优化技术包含面向优质制造的研发设计关键技术和制造工艺关键技术。

1) 面向优质制造的研发设计关键技术

（1）系统设计技术，特别是对于航空发动机、汽车等复杂的装备，当前系统设计是一个明显的短板。

（2）对各种行业相关应用系统的应用工况要有长期积累，形成相关的应用数据库。要积累丰富的设计经验，对设计过程中形成的经验要通过知识管理等手段继承，形成设计规范和手册；建立数学模型，并通过大量的试验数据修正相关数学模型，形成本领域的专业计算软件，包括应用选型、设计计算等。

（3）对基础性研发要加大投入力度，如对原材料生产工艺、微观结构、热处理过程的机理性基础性的研发。基础工艺和基础原材料往往互为基础，在技术积累薄弱、历史欠账较多的大背景下，通常难以逐个攻破，要成功实现实质性突破需多方面协同研发。

（4）把传统的制造设计技术和新型技术，如传感器、无线传输、互联网结合，形成新的技术和产品，并且借助新技术，提升对客户市场需求的分析能力，加强面向可靠性、可制造和可装配的设计研发。

2) 面向优质制造的制造工艺关键技术

产品的质量和可靠性在很大程度上与所使用的原材料密切相关，因此，必须制定材料选择规范，并与制造工艺相结合。机械制造设备的设计与制造无法实现跨越式发展，通过在关键部分引进国外一流制造设备，使之起到加速器作用；从引进到吸收，逐渐积累核心技术，提升竞争力。通过长期经验积累，合理优化制造过程相关参数的设置；基于产品生产特性，设计开发独到的工艺过程控制和一致性保证技术并对各个工艺环节实施可靠检测及监控；使制造工艺早期参与新产品的开发过程；将传统生产和智能化生产及互联网技术有效结合，实现对生产线的整体规划、标准化生产、精益生产的持续改进；基于全球化趋势，对细分市场的生产场地进行合理布局。

3) 试验研究关键技术

加强开展重点产业核心技术的攻关和关键工艺的试验研究、重大装备样机及其关键部件的研制、高技术产业的产业化技术开发、产业结构优化升级的战略性及前瞻性技术研发，研究产业技术标准，培养工程技术创新人才，促进重大科技成果应用，为行业提供技术服务。建立先进的产业技术研发试验设施，形成具有行业领先水平、结构合理的创新团队，构建长效的"产、学、研"合作机制，加快建立以企业为主体、市场为导向、"产、学、研、用"紧密结合的技术创新体系，成为研究成果向工程技术转化的有效渠道、产业技术自主创新的重要源头和提升企业创新能力的支撑平台。

#### 4. 产品可靠性保证与运维优化技术

优质制造的整体提升，不仅涵盖了研发设计阶段和生产阶段的关键技术方法，也包括以下三方面关于服务运维阶段的产品可靠性保证与运维优化技术。

1）可靠性设计技术

针对制造业可靠性数据积累不足的现状，提供系统化的可靠性设计方案。学习国外可靠性工作的先进经验，指导企业进行长期的可靠性数据收集与积累；培养可靠性设计意识和手段，引入先进的可靠性设计理念，加强对制造过程的控制；突破企业普遍缺乏可靠性试验的手段、长期不重视可靠性试验技术的研究和开发的现状，突破可靠性试验的关键技术。例如，通过建立试验体系、研发试验平台，突破高可靠性产品的寿命试验和评估技术。关于中小企业的可靠性提升工作，可由政府牵头搭建公共可靠性试验平台。

2）健康管理技术

基于嵌入式智能代理和无线传输技术的工业应用，开发新兴状态预测与健康管理技术。对设备的健康性能趋势数据进行收集分析、识别评估和状态预测，将高维的数据流转化为低维的、可执行的实时健康信息，为用户迅速做决策提供实证，支持诊断并评估故障特性；提炼设备全生命周期中的健康状态变化关键时间点，以及可能出现的问题，广泛获得同类设备的全生命周期信息，并使之规模化，为提升先进制造系统的健康管理水平提供有力指导。

3）运维优化技术

综合分析生产设备健康趋势和整体系统结构配置，对多设备制造系统在不同生产模式下的维护作业进行动态决策和系统优化。通过信息技术以及网络技术，促使运维向综合化、网络化方向发展。利用运维优化技术为企业提供智能性的预测工具，为设备提供安全性、可用性及经济性上的平衡。

支撑和发展面向先进制造模式的制造系统及其应用，进一步拓展和完善可靠性工程和健康管理理论，有力推动中国制造业管理水平的提高和高新产业的升级。

## 三、国家质量基础设施促进优质制造的路径

优质制造是制造大国迈向制造强国的推进器。中国虽然已是"制造大国",但还不是"制造强国",迫切需要下最大气力全面提高制造质量,实现优质制造。国家质量基础设施是实施优质制造的核心要素,深入开展"国家质量基础设施促进优质制造的路径研究"意义重大。本节采用文献研究法和案例研究法,深入分析了国家质量基础设施促进优质制造的作用机理、发达国家的主要做法以及中国存在的短板。

### (一)国家质量基础设施的内涵

随着经济全球化和自由贸易的发展,过去由 MSTQ(Metrology, Standardization, Testing and Quality Assurance)所代表的概念,已经不能够充分反映标准、计量、认证认可、检验检测作为一个整体在推动经济社会可持续发展中的作用。2005 年,联合国国际贸易中心(ITC)发布报告《出口战略创新:应对质量保障挑战的战略方法》,首次提出"国家质量基础设施"的概念。同年,环球市场主办的高峰论坛提出了"优质制造"的理念。MSTQ 重新被命名为国家质量基础设施(National Quality Infrastructure,NQI)和"优质制造"的提出,标志着国际社会对质量以及标准、计量、合格评定的认识发展到一个新的时期。

#### 1. 国家质量基础设施的概念

近年来,国家质量基础设施的内涵不断丰富和完善,国际计量局(BIPM)、国际认可论坛(IAF)、国际电工委员会(IEC)、国际实验室认可合作组织(ILAC)、国际标准化组织(ISO)、国际贸易中心(ITC)、国际电信联盟(ITU)、国际法定计量组织(OIML)、联合国欧洲经济委员会(UNECE)、联合国工业发展组织(UNIDO)10 个国际组织对国家质量基础设施的定义重新进行了研究,指出国家质量基础设施是一个广义的概念,包括计量、标准、合格评定,以及国家的质量政策和相关法律法规框架。

2006 年,联合国工业发展组织(UNIDO)和国际标准化组织(ISO)发布相关研究报告,正式提出国家质量基础设施的概念,指出计量、标准化、合格评定(一般包括检验检

测、认证认可）已经成为未来世界经济可持续发展的三大支柱，是政府和企业提高生产率、维护生命健康、保护消费者权利、保护环境、维护安全和提高质量的重要技术手段。这三大支柱能够有效地支撑社会福利、国际贸易和可持续发展。至今，国家质量基础设施的概念已为国际社会接受。

**2. 国家质量基础设施的功能**

国家质量基础设施是建立社会经济活动最佳秩序的技术规则，是实现质量提升、促进产业转型升级的技术基础，是推动科技创新、激发市场活力的技术平台，是参与国际竞争、维护国家核心利益的技术手段。

1）建立社会经济活动最佳秩序的技术规则

秩序是文明的标志、生活的需要。根据《辞海》的解释，"秩"是累积柴木的意思，意味着积累；"序"指东西厢房的意思，意味着对房屋左右边界的约束。"秩序"最原始的含义就是"成年累月地按一定的次序堆积柴火"。在当今法理学中，秩序是指与自然界和平共处的社会运动、发展和变化的规律性现象。一定程度的一致性、连续性和稳定性是它的基本特征。可见，秩序是发展的必要条件，有秩序才会有发展。

构成国家质量基础设施的计量、标准、检验检测、认证认可，在一定范围内实现协调一致，达到最佳效果，即秩序性。具体而言，计量建立量的秩序，确保量值传递准确，是保障经济正常运转的技术手段。标准是对重复性事物和概念的统一规定、统一规范，是社会经济活动秩序的重要组成部分。标准和法律法规一起，如同车之两轮、鸟之双翼，共同保障着经济社会活动有序高效地运行。检验检测是维护秩序的有力手段，是对产品或行为是否符合秩序的校验，与认证认可一起在国家质量基础设施中发挥着"传动轴"的作用。认证认可是由第三方对产品、服务、组织、人员等进行符合性评价，并提供公示性证明的现代管理工具，是现代市场经济的一项基础性制度安排。认证认可传递信任，是形成秩序的重要基石。通过认证认可从供需两端发力，既能使供需有效地对接，解决信息不对称带来的资源错配、效率低下等问题，又能促进供需良性互动，建立双向反馈机制，形成激励约束效应。

2）实现质量提升、促进产业转型升级的技术基础

国家质量基础设施在推进产业和区域的质量升级，以及经济提质增效中发挥着不可替代的基础保障作用。计量是控制质量的基础，被称为工业生产的"眼睛"和"神经"。量值是质量提升的前提，量值的精准是质量提升的路径。只有建成适应时代发展需要的高水平的国家计量体系，才能更好地支撑和引领产业发展，有效地实现国家的质量目标。标准引领产业转型升级，有助于提高产品和服务的附加值。当今，大工业生产模式超越和取代

了昔日的小作坊生产模式，标准化和规模化功不可没。先进的标准带动从基础材料、基础元器件到重大装备、关键工艺乃至最终产品整个产业链的质量提高。检验检测能够减少质量信息不对称问题，促使企业改进产品质量和管理，进而有效改善质量供给，对促进质量提升和产业转型升级具有重要作用。认证认可是市场经济基础性制度，有利于加强质量监管，营造公平竞争的市场环境，促进中国制造提质升级、迈向全球价值链的中高端。

3）推动科技创新、激发市场活力的技术平台

科学技术是推动生产力发展的关键性要素和主导性要素，是激发市场活力的重要催化剂。科学技术的创新发展离不开国家质量基础设施。

计量是探索动态变化世界的钥匙，是科技创新的"种子"和"引擎"。历史上三次技术革命都和计量测试技术的突破息息相关。计量通过测量科学和技术进步之间的联系来推动企业创新，新的计量技术将会刺激产品、流程和服务的创新。标准是科技成果转化为现实生产力的桥梁和纽带，凝聚了最新成果并通过协商一致形成的技术标准，其科学性容易得到广泛认同，其权威性对工程师是无声的命令。适时地介入技术标准化活动还能够启发科技研发的思路，减少科技研发的风险性和不确定性，降低科技研发的成本。第三方认证和检验检测能够减少质量信息不对称问题，让创新给企业带来的质量提升快速向需求端传播，为创新者带来实实在在的利润。同时，认证认可和检验检测本身就是科技活动的一部分，发达国家的先进科技在检验检测仪器设备领域形成明显优势。

国家质量基础设施在整个科技创新链中起着关键的作用。通过搭建国家质量基础设施公共技术平台，发挥计量、标准、检验检测、认证认可的作用，开展质量共性技术和关键技术攻关，有利于加快推出新产品、催生新业态。美国国家标准与技术研究所（NIST）、英国国家物理实验室（NPL）等机构的相关研究表明，在科研成果转化为现实生产力的创新链中，国家质量基础设施在产业形成的关键阶段起着重要作用，如果缺乏国家质量基础设施这一科技创新链的关键环节的支撑，那么再好的科技创新成果也难以实现产业化。可以说，国家质量基础设施始终与科技相伴、与创新相随，三者相辅相成、相互促进，共同支撑由创新驱动的发展战略。

4）参与国际竞争、维护国家核心利益的技术手段

国家质量基础设施已经成为国际竞争中的核心要素和战略资源，谁占领了制高点，谁就在未来竞争中获得先发优势和话语权。符合世界贸易组织规则的技术性贸易措施，在全球竞争合作中起着重要的作用。美国、英国、德国、日本等发达国家以及俄罗斯、韩国等国家在制定国家发展战略时，都突出地强调标准、计量等国家质量基础设施的建设。

计量是国家核心竞争力的重要标志之一，在构成国家核心竞争力的三大要素中——经济基础、企业管理、科技创新，都以计量作为基础支撑，都以计量方法的发展进步作为技术引领。超过80%的贸易必须经过计量才能实现，工业化国家的计量活动对本国国民生产

总值的贡献率达 4%~6%。面对日趋激烈的国际竞争，包括美国、欧盟和日本在内的多个发达国家和地区纷纷加大对计量科学研究的投入，以切实保证并有效提高本国计量科技的支撑能力，在新一轮全球竞争中占据优势。标准是世界的"通用语言"，谁制定标准，谁就拥有话语权；谁掌握标准，谁就占据制高点。"得标准者得天下"已经成为广泛共识。西方国家高度重视标准主导权，不断强化贸易保护主义，除反倾销、反补贴等传统手段之外，在市场准入环节对技术性贸易壁垒、劳工标准、绿色壁垒等方面的要求越来越苛刻。ISO 秘书长罗博·斯蒂尔认为，标准的话语权体现了主导权，不参与标准制定和认证认可，就意味着把决策权拱手让给竞争对手。认证认可、检验检测是重要的技术性贸易措施。目前，国际技术性贸易措施的影响远超其他非关税措施的影响，呈现出数量增多、要求苛刻、形式隐蔽的特点。很多国家都在努力使本国的认证、检测和检查结果获得国际承认，从而使本国产品、技术出口如虎添翼，抢占国际市场。

## （二）国家质量基础设施促进优质制造的作用机理

### 1. 计量促进优质制造的作用机理

经济发达国家把优质的原材料、先进的工艺装备和现代化的计量测试手段视为现代化生产的三大支柱。优质原材料的制取与筛选、先进工艺装备的配备与流程的监控，也都离不开计量测试。只有保证制取与筛选出优质的原材料，实现先进工艺装备生产时的实时监控，才能为中国进一步实现质量强国奠定坚实的基础。例如，国外先进生产线上的产品品质高，次品、废品少或几乎没有，其中重要的原因就是充分利用了在线测量与监控技术。至于柔性生产（制造）系统，更需要现代计量测试技术保证。

计量是传统制造业升级的重要技术支撑，计量测试水平的高低直接决定了制造业水平、产品质量水平的高低。例如，在机械制造领域，齿轮是高精密仪器、汽车等产品中非常重要的一个零部件，要制造出高精度的齿轮，就必须有更高精度的计量测试手段。齿轮的精度不仅决定了机床的精度与寿命，还与我们日常使用的手表、汽车等消费品的质量息息相关。另外，在医药领域，药品生产过程中计量测试的精度对广大民众的身体健康有着重要的影响，药品的计量、规格、各成分的含量比例都需要准确地测量，才能保证最好的疗效，同时对人体无害。

计量测试是产品全生命周期管理的重要核心技术。在智能制造领域，计量测试的精度直接影响着产品的质量和效益。德国的一家玻璃智能制造生产线上就安装有 3000 多个传感器，正是这 3000 多个计量测试用传感器，不停地感知产品有关信息，并经传输、分析、再感知、再分析，制造出了带有"智能"功能的玻璃产品。

计量基准的变革将对优质制造产生巨大的促进作用。随着时代的进步，先进制造业及其科研工作对计量单位准确度的需求越来越高。提升计量单位的准确度有利于促进优质制造。目前，国际通用的计量基准多为"实物基准"，容易受物理或化学因素的影响使其量值不断产生微小的变化。例如，有证据表明，保存在国际计量局的铂铱合金砝码，由于表面吸附物的影响，其真实质量不断地随着岁月而发生变化，累积误差已经不能适应优质制造和现代科技创新的精密需要。从20世纪下半叶开始，各国努力研制"量子计量基准"，基于量子效应和基本物理常数的基准全面取代"实物基准"。这种国际单位制的量子化变革，彻底颠覆了传统计量测试技术，大幅提高测量水平，必将进一步促进制造业迅速发展，成为新工业革命的重要科技引擎。

计量单位全面量子化，将大幅提高测量精度，扩大测量范围，为优质制造奠定坚实的基础。量子计量与互联网和嵌入式芯片技术相结合，将克服实物传递量值导致误差放大的弊端，无须逐级溯源，实现随时随地的最佳测量。由此，将触发工业、科学和技术等全方位创新。"米"的量子化变革开启了精密制造时代，"秒"的量子化变革催生了万亿元级卫星导航产业。在卫星导航定位领域，时间计量的准确度直接决定了定位准确度。芯片级量子计量器件嵌入高端制造的设备和产品，将实现对产品制造过程的实时监测和质量控制，突破重大装备的关键共性技术和工程化产业化瓶颈，也将催生全新的仪器仪表产业，强力带动"制造强国战略"的实施，使中国制造业"变道超车"、后来居上成为可能。量子计量和传感为第二次量子革命铺平道路，必将推动一系列"颠覆式创新"。抓住这次历史性机遇，对于中国跟上甚至引领世界科技发展新方向，尽快形成"先发优势"极为关键。

### 2. 标准促进优质制造的作用机理

标准决定质量，有什么样的标准就有什么样的质量，只有高标准才有高质量。许多发达国家普遍将标准化上升到国家战略，美国实施"再工业化"战略，德国实施"工业4.0"战略，都把标准化作为支撑战略的重要手段。

在传统制造业领域，标准可以有效地推动传统制造业调整产业结构。以钢铁制造业为例，为化解钢铁行业产能问题，首钢结合自身发展和下游行业需求，积极发挥标准引领作用，着力研发和推进了一批绿色钢铁产品，将先进的技术指标和绿色制造理念融入国家和行业标准，助力行业发展向绿色化转型升级。再如，伊利一直执行严于本国国家标准的、世界一流的质量控制标准，实现优质制造。伊利在业内率先设置了"质量标准三条线"：一是按照国家标准设置的标准线，简称国标线；二是在国标线的基础上再提升50%，设置了企业的标准线，简称"企标线"；三是在企标线的基础上再提升20%，设置了企业的内控线。企标线严于国标线，内控线严于企标线，有这三线把关，才能确保提供给消费者的是高质量的产品。

不少全球乳品顶级供应商都认为伊利对标准的严格程度堪称"史无前例"。伊利的部分乳品原料甚至需要通过供应商加工定制才能满足要求。以生鲜牛乳质量控制的部分指标为例，伊利在使用国家标准时多增设了5个卫生指标，同时根据夏季和冬季特点对多项指标做了明确规定，使这些指标明显高于国家标准要求。

在先进制造业领域，技术标准争夺极为激烈，可以说掌握标准的主导权，对规范产业发展、抢占产业发展制高点、维护国家核心利益具有重要的战略意义。在信息通信方面，2016年华为拿下5G（第五代移动电话行动通信标准）国际标准，这一具有里程碑意义的事件对全球通信产业产生巨大影响，中国逐渐成为规则的制定者和领导者。在轨道交通方面，中国标准的输出对增强中国国际话语权、促进世界互联互通具有重要意义。2016年10月5日，标志着中国铁路首次实现全产业链"走出去"项目——连接埃塞俄比亚和吉布提两国首都的非洲第一条现代电气化铁路——亚的斯亚贝巴—吉布提铁路（以下简称亚吉铁路）正式通车，亚吉铁路从投融资、技术标准到运营、管理、维护，全部采用中国标准。

### 3. 检验检测和认证认可促进优质制造的作用机理

检验检测是工业生产的"耳目"，是企业管理科学化、现代化的基础工作之一。认证认可是国际通行的第三方合格评定手段，是市场经济下的一项基础性制度安排。检测认证是将标准最终落实到企业的中间桥梁和延伸触角，将标准分层分级落实到企业中的人员和产品的质量管理全过程。

检验检测和认证认可是优质制造的重要技术支撑。例如，航空制造业中的产品和生产所涉及的技术复杂，质量保证工作难度大：产品设计、制造装配、试验验证、使用维护等各阶段均涉及大量的参数，这些参数种类繁多、测量准确度要求很高，参数测量数据的准确性将直接影响产品质量和性能；与航空工业设计相关的研制单位众多，参数测量数据的统一性直接影响产品的装配和互换性能。当今世界制造业尤其是航空业，都十分重视基础材料的超前研究与应用研发，从材料的研究到产品的研发及其服役整个过程中，对检验检测技术都有着迫切和突出的需求。

质量认证是市场经济的"信用证"，是质量管理的"体检证"，是产品在市场上的"通行证"。ISO 9000认证是应用最为广泛的管理体系认证，是优质制造的重要手段，有助于企业按照ISO 9000系列国际标准建立质量管理体系，提升企业管理水平，增进客户对产品的满意度。

### 4. 四大元素集成融合促进优质制造的作用机理

计量、标准、检验检测、认证认可这四大要素就像动车组的4个车轮，当它们协调一致、平衡发展时，就会动力十足。智能制造、人工智能等战略性新兴产业的技术内核是高精度测量与标准信息化的高度结合，需要通过计量、标准、合格评定领域的技术融合，进一步压缩技术专利化、专利标准化、标准国际化的周期。NQI要素协同创新促进优质制造的作用主要体现在4个方面：一是助力科学发现，二是推进科研成果转化，三是嵌入专业内核，四是深化国际合作。美国国家标准与技术研究所就是NQI融合促进联合创新的现实"标本"。上海在全国率先出台NQI专项规划，以NQI各要素联合发挥作用，支撑张江高科技园区打造具有国际竞争力的质量高地，积累了成功经验。江苏泰州深化质量基础设施融合发展，打造了集计量检定、标准服务、检验检测、认证认可于一体的"泰检易"质量技术公共服务信息平台，服务企业500多家，平均检测时间缩短了近30天，直接为企业节约了检测、检定费用300多万元。"泰检易"质量技术公共服务信息平台的建立，推动了泰州生物医药与高性能医疗器械、海洋工程装备与高技术船舶、节能与新能源汽车三大战略性主导产业以及装备制造等传统产业改善供给结构，对打造较强竞争力的产业集群具有重要意义。

## （三）中国的国家质量基础设施服务优质制造时存在的短板

近年来，中国的国家质量基础设施取得了长足的进步，其中，许多先进的国家质量基础设施有力地支撑了优质制造的发展。但是与发达国家相比，中国的国家质量基础设施建设仍显薄弱，还有不少差距，不能完全满足优质制造大发展的现实需要。主要表现在以下4个方面。

### 1. 先进性技术有待研发

与欧美发达国家相比，中国的质量基础设施水平存在较大差距，不少关键核心技术依然空白。中国主导制定的国际标准仅占国际标准总量的0.7%。新兴产业领域的技术规则制定权几乎由西方国家掌控，这与中国经济地位和优质制造发展的需求极不相称。高端检测仪器设备90%依靠进口，由中国率先提出的国际通行的认证认可标准或认证认可制度屈指可数，所有的这些都制约着优质制造的发展。

### 2. 系统性建设有待加强

国家质量基础设施四大要素你中有我，我中有你，具有鲜明的系统性特征。中国的国家质量基础设施建设涉及部门多、行业多，管理体制较为复杂，协调机制不够健全。优质制造的核心要素是国家质量基础设施，计量、标准、认证认可、检验检测四大要素的聚合效应还有待充分发挥。曾有媒体以"强制性标准为何成摆设"为题，曝光了一项强制性标准与检测手段不配套的问题，反映的就是国家质量基础设施系统的结构性问题。强调国家质量基础设施的系统性，就要大力解决标准交叉打架、数据互不印证等不一致现象，持续改进系统内部这种不匹配、不适应等结构性问题。既要重视国家质量基础设施各个要素之间的结构性问题,也要重视各个要素内部的结构性问题,防止单一元素掉队落后、元素之间互相冲突等现象发生,从而实现 1+1+1+1>4 的效果,从整体上推动优质制造。

### 3. 竞争性供给有待扩大

基于历史原因,目前,在中国的国家质量基础设施体系中,计划经济体制的惯性影响依然存在,市场机制在资源配置过程中的基础性和决定性作用未能充分发挥,竞争性的国家质量基础设施供给不足。以标准为例,现行标准以政府标准为主,缺少社会组织制定的标准,限制了标准的市场供给。发达国家的经验充分证明,市场竞争是提升国家质量基础设施供给能力的强大动力。竞争性供给的不足,是导致中国的国家质量基础设施发展缓慢的重要原因。优质制造被排在制造业的第一阵列,需要国家质量基础设施强有力的支持,来打造市场竞争力。

### 4. 保障性措施有待优化

与发达国家相比,中国现行法律体系对质量违法行为处罚过轻、约束过软,"劣币驱逐良币"现象较为严重。同时,中国现行质量方面的法律重在质量安全监管、兜住底线,在优质制造方面仍是空白,缺乏财政、税务、科技等方面的激励政策。同时,中国的国家质量基础设施信息化建设滞后,"信息孤岛"现象严重,业务资源、信息资源、人才资源、设备设施等开放共享程度不够,信息化建设和互联互通亟待加强,保障优质制造的基础性政策和措施有待出台和优化。

## 四、优质制造评价

衡量制造业强大与否的指标有制造业增加值、制造业出口占全球制造业出口总额比重等。衡量制造业质量效益的指标主要包括制造业质量竞争力指数、制造业增加值率和制造业全员劳动生产率增速等。目前,中国独创的制造业质量竞争力指数是反映中国制造业质量整体水平的经济技术综合指标,由质量水平和发展能力 2 个方面的 6 个维度共 12 项具体指标计算得出。本节以优质制造评价的视角,从国家层面,选取主要的对标国家,规划设计优质制造指标体系,并进行测算,以进一步量化中国优质制造的总体水平,为更好迈向优质制造提供参考和依据。

## （一）国家层面的优质制造评价体系

### 1. 优质制造评价的整体架构

根据上文对优质制造内涵及效益表现的分析，对优质制造的评价既可以从质量效益、质量形象和发展潜力3个维度展开，分别进行优质制造效益水平、优质制造形象水平和优质制造发展潜力水平的单独评价，也可以将上述3个维度结合在一起，进行优质制造的综合评价。但无论采取哪一种评价方法，都要建立一个相对稳定的和包容的评价指标体系。表4-2是优质制造评价指标体系架构，是1个三级的指标体系。其中，一级指标只有1个，即优质制造水平；二级指标有3个，包括质量效益、质量形象和发展潜力；三级指标有6个，包括消费效益、制造效益、消费形象、贸易形象、创新潜力和劳动潜力；观测变量有7个，包括高端消费自给率、产品出口单价、世界品牌500强中制造业企业影响力、出口产品召回通报指数、有效期内的PCT专利申请数、研发投入占GDP比重、制造业全员劳动生产率。这些不同层级的评价指标之间相互联系、相互支撑、相互衔接，共同构成了一个完整的评价指标体系。

表4-2　优质制造评价指标体系架构

| | 二级指标 | 序号 | 三级指标 | 序号 | 观测变量 |
|---|---|---|---|---|---|
| 优质制造水平 | 质量效益 | 3.1 | 消费效益 | V1 | 高端消费自给率 |
| | | 3.2 | 制造效益 | V2 | 产品出口单价 |
| | 质量形象 | 3.3 | 消费形象 | V3 | 世界品牌500强中制造业企业影响力 |
| | | 3.4 | 贸易形象 | V4 | 出口产品召回通报指数 |
| | 发展潜力 | 3.5 | 创新潜力 | V5 | 有效期内的PCT专利申请数 |
| | | | | V6 | 研发投入占GDP比重 |
| | | 3.6 | 劳动潜力 | V7 | 制造业全员劳动生产率 |

### 2. 观测变量的含义与计算式

为了确保评价指标体系中的各个观测变量的原始数据统计口径基本保持一致，需要给出各个观测变量的具体含义和计算式。由于观测变量的形成总是与特定的观测范围及统计口径相关的，因此，为了确保观测变量的定义可靠，基于在不同国家之间进行优质制造水平比较的研究目的，分别就各个观测变量在国家层面的具体含义和计算式进行分析。为了便于使用，对于那些已有明确解释、得到广泛使用且基本含义符合指标评价需要的观测变量，将直接加以引用；对于那些尚不通用的观测变量，将根据实际研究需要自行加以定义。

根据表4-2确立的体系架构，优质制造评价指标体系的观测变量共有7个。表4-3列出了这些指标的技术含义与计算式，数据来源见表 4-4。

表 4-3　优质制造相关观测变量的技术含义与计算式

| 序号 | 观测变量 | 技术含义 | 计算式 |
|---|---|---|---|
| 1 | 高端消费自给率 | 在报告期 $t$ 内，某国境外游购物消费总额 $TS(t)$ 与同期该国家庭消费支出总额 $FS(t)$ 的比值 | $\dfrac{TS(t)}{FS(t)}$ |
| 2 | 产品出口单价 | 在报告期内，某国商品总体的出口总额 $p(t)$ 与出口重量 $w(t)$ 的比值 | $\dfrac{p(t)}{w(t)}$ |
| 3 | 世界品牌 500 强中制造业企业影响力 | 在报告期 $t$ 内，某国制造业企业入选世界品牌 500 强影响力之和，入选企业用 $G_i(t)$ 表示，该企业的影响力用 $E_i(t)$ 表示 | $\sum\limits_{i} G_i(t) \times E_i(t)$ |
| 4 | 出口产品召回通报指数 | 在报告期 $t$ 内，在某国出口产品的单位金额中被通报和召回的次数 | 见附录 C |
| 5 | 有效期内的 PCT 专利申请数 | 截至报告期 $t$，某国有效期内的 PCT 专利申请总数 $TC_c(t)$ | $\sum\limits_{t-2}^{t} TC_c(i)$ |
| 6 | 研发投入占 GDP 比重 | 在报告期 $t$ 内，某国的研发投入总额 $TR(t)$ 与同期 GDP$(t)$ 的比值 | $\dfrac{TR(t)}{GDP(t)}$ |
| 7 | 制造业全员劳动产率 | 在报告期 $t$ 内，某国工业增加值 $Q(t)$ 与第二产业从业人员总数 $P(t)$ 的比值 | $\dfrac{Q(t)}{P(t)}$ |

表 4-4　优质制造评价指标体系相关观测变量的数据来源

| 序号 | 观测变量 | 技术含义 | 数据来源 |
|---|---|---|---|
| 1 | 高端消费自给率 | 在报告期 $t$ 内，某国境外游购物消费总额 $TS(t)$ 与同期该国家庭消费支出总额 $FS(t)$ 的比值 | $TS(t)$ 来自世界旅游组织官网，$FS(t)$ 来自 WIND 数据库 |
| 2 | 产品出口单价 | 在报告期内，某国商品总体的出口总额 $p(t)$ 与出口重量 $w(t)$ 的比值 | 基础数据来自海关，经本课题承担单位建模计算得出 |
| 3 | 世界品牌 500 强中制造业企业影响力 | 在报告期 $t$ 内，某国制造业企业入选世界品牌五百强影响之和，入选企业用 $G_i(t)$ 表示，该企业的影响力用 $E_i(t)$ 表示 | $G_i(t)$ 和 $E_i(t)$ 均来自世界品牌实验室（WBL），经本课题承担单位统计处理 |
| 4 | 出口产品召回通报指数 | 在报告期 $t$ 内，某国出口产品的单位金额中被通报和召回的次数 | 基础数据分别来自联合国商品贸易统计数据库、美国消费品安全管理委员会网站、欧盟食品及饲料类快速预警系统数据库、欧盟消费者网站，经本课题承担单位统计得出 |
| 5 | 有效期内的 PCT 专利申请数 | 截至报告期 $t$，某国有效期内的 PCT 专利申请总数 $TC_c(t)$ | 来自 WIND 数据库 |
| 6 | 研发投入占 GDP 比重 | 在报告期 $t$ 内，某国的研发投入总额 $TR(t)$ 与同期 GDP$(t)$ 的比值 | 均来自 WIND 数据库 |
| 7 | 制造业全员劳动生产率 | 在报告期 $t$ 内，某国工业增加值 $Q(t)$ 与第二产业从业人员总数 $P(t)$ 的比值 | 均来自 WIND 数据库 |

在表 4-4 的基础上，通过专家打分，确定评价指标体系中各指标的权重。优质制造评价指标的权重见表 4-5。

表 4-5 优质制造评价指标的权重

| 一级指标 | 二级指标及权重 | 三级指标及权重 | 观测变量 |
| --- | --- | --- | --- |
| 优质制造水平 | 质量效益（40%） | 消费效益（16%） | 高端消费自给率（16%） |
| | | 制造效益（24%） | 产品出口单价（24%） |
| | 质量形象（30%） | 消费形象（15%） | 世界品牌 500 强中制造业企业影响力（15%） |
| | | 贸易形象（15%） | 出口产品召回通报指数（15%） |
| | 发展潜力（30%） | 创新潜力（15%） | 有效期内的 PCT 专利申请数（7.5%） |
| | | | 研发投入占 GDP 比重（7.5%） |
| | | 劳动潜力（15%） | 制造业全员劳动生产率（15%） |

## （二）指标的测算

### 1. 评价范围的确定

为全面地分析世界主要国家优质制造发展水平，根据全球不同国家在制造业方面的发展情况，需要筛选除中国之外的其他国家作为开展优质制造测评的对象。对其他国家的选择原则主要有 4 个：

（1）应该选择 2～3 个普遍公认的质量强国作为样本。
（2）应该选择 4～6 个老牌工业国家或发达国家作为样本。
（3）应该选择 4～6 个发展中国家作为样本。
（4）入选国家的相关基础数据应该基本可得、可用、可信。

综合上述 4 个原则以及综合分析的结果，最终筛选并确定了包括中国在内的 14 个国家作为开展优质制造评价比对研究的对标国，包括德国、日本、美国、英国、意大利、加拿大、韩国、以色列、中国、南非、俄罗斯、印度、泰国、巴西。优质制造评价测算对标国分类见表 4-6。为了便于阅读，对于重复出现在不同类别中的国家，不再列出。

表 4-6 优质制造评价测算对标国分类

| 类 别 | 国 别 |
| --- | --- |
| 质量强国 | 德国、日本 |
| 老牌工业国家或发达国家 | 美国、英国、意大利、加拿大、韩国、以色列 |
| 发展中国家 | 中国、南非、俄罗斯、印度、泰国、巴西 |

### 2. 基础数据的收集及处理

从测算比较基准及保证评价指标体系测算结果的稳健性角度考虑，选择了 2005—2016 年共 12 年的数据进行测算分析。数据来源主要包括本课题承担单位内部数据库、WIND 数据库、联合国商品贸易统计数据库、美国消费品安全管理委员会网站、欧盟食品及饲料类快速预警系统数据库、欧盟消费者网站等数据源、世界旅游组织官网等。

在此基础上，对数据进行处理，得到可供使用的标准化基础数据。主要使用了两种标准化方法对数据进行处理：一种是基于最大值、最小值的标准化转换方法，由于该方法比较常规，在此不再介绍；另一种是基于上基准、下基准的标准化转换方法，该标准化思路与最大值、最小值的标准化转换方法一致，但不同之处在于使用了上基准、下基准代替了最大值、最小值。其优势表现在以下2个方面：

（1）当出现明显高于或低于其他正常值的异常值时，通过这一方法能够剔除异常值对最终结果的影响，避免由于个别异常值导致指标的得分缺乏区分度。

（2）保证了连续观测和统计数据指标得分的平滑性和稳定性。

### 3. 测算结果及分析

1）优质制造水平的测算

在对基础数据进行必要梳理的基础上，对各对标国的优质制造水平分年度进行测算，2005—2016年14个对标国的优质制造水平的量化测算结果如图4-16所示。从测算结果不难看出，在这14个国家中，德国长期处于引领地位，日本、美国、英国、意大利、韩国、以色列紧随其后，中国排名第8，加拿大紧跟中国，泰国、俄罗斯、印度、南非、巴西四国的优质制造水平接近。2005—2016年14个对标国的优质制造水平的量化测算结果详见附录D。

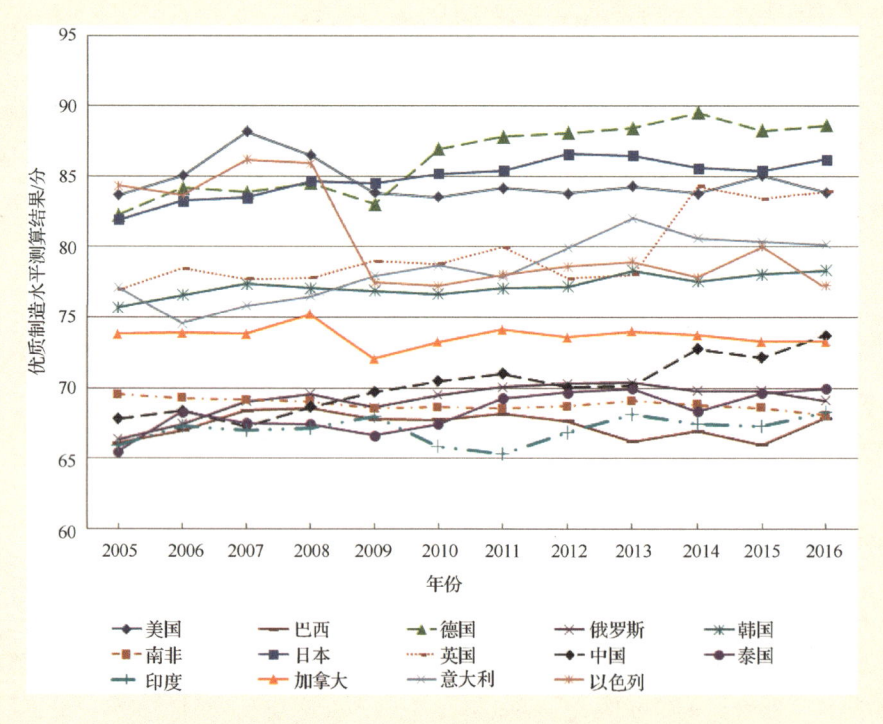

图4-16　2005—2016年14个对标国的优质制造水平的量化测算结果

2）优质制造水平分析

根据2005—2016年14个对标国的优质制造水平的量化测算结果，通过聚类分析，可将上述国家划分成3个阵列，如图4-17所示。

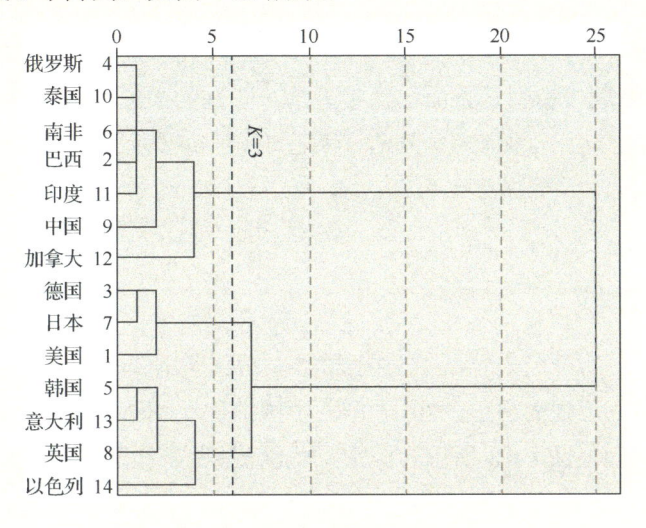

图4-17　14个对标国的优质制造水平聚类

依据2005—2016年14个对标国的优质制造水平的量化测算结果，结合世界工业史，对14个国家划分了3个阵列。德国、日本、美国为第一阵列；英国、意大利、韩国、以色列为第二阵列；中国、加拿大、泰国、俄罗斯、印度、南非、巴西为第三阵列[①]。

第一阵列的主要特点是"亮点突出、没有短板"。这主要体现在3个方面：

（1）质量效益高。例如，近10年第一阵列国家的产品出口单价基本保持在20～50美元/千克，是中国产品出口单价的2～5倍。

（2）质量形象好。例如，第一阵列国家的世界品牌500强制造业企业数量都大于10家，尤其是美国，这一数值为60家左右，而中国的这一数量在最高时仅有9家企业，品牌影响力差距较大。

（3）劳动潜力大。第一阵列国家的制造业全员劳动生产率都高于20000美元/人，中国的仅为5000美元/人左右，不足其1/4。

第二阵列的主要特点是"长板较长，短板较少"。如意大利、以色列、韩国的制造业全员劳动生产率均在20000美元/人左右，已经接近第一阵列水平，在研发支出占GDP比重、产品出口召回通报指数等方面也接近或超过第一阵列水平，但韩国的产品出口单价长年徘徊在15美元/千克左右，英国、以色列和意大利的年度PCT专利申请数较低，短板明显。

---

① 实际上，仅从指标得分角度考虑，可能还存在如委内瑞拉、埃及这类制造业欠发达国家组成的第四阵列，但对它们的制造业进一步评价和细分对本课题的价值不大。因此，不将其纳入考虑。

第三阵列的主要特点是"普遍落后，偶有亮点"，在大部分维度和指标中的得分都较低。例如，俄罗斯、南非的产品出口单价长期停留在 1~5 美元/千克，不仅与德国的 50 美元/千克差距较大，与中国的 12 美元/千克也有一段距离。又如，俄罗斯、南非、印度和加拿大基本不存在世界品牌 500 强制造业企业，国际影响力较小，难以树立优质的国际形象。中国的表现相对较好，位于这一阵列前列，在世界品牌 500 强中制造业品牌影响力、有效期内的 PCT 专利申请数等方面已经接近第一阵列的最低水平，但在反映质量效益的产品出口单价方面上始终徘徊在 10 美元/千克左右，与发达国家相比较低；加拿大产品出口召回通报指数极低，长期保持在 0.2 左右，居主要国家首位，但有效期内的 PCT 专利申请数较少。

3）中国的发展状况

从优质制造水平的排名来看，中国在 2005—2016 年取得了长足的进步，由第三阵列的中后位提升到第三阵列的前位。2016 年，中国的优质制造水平全球排名首次超过了加拿大，排名第 8 位，如图 4-18 所示（图中颜色深浅只代表分值的划分，不代表阵列划分结果）。

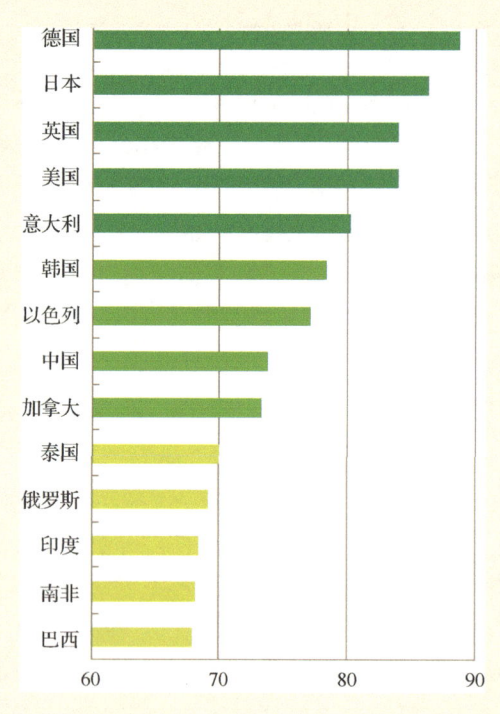

图 4-18　2016 年 14 个对标国的优质制造水平量化的测量结果（单位：分）

从具体的优质制造观测变量来看，2005—2016 年，中国的制造业全员劳动生产率从 1000 美元/人左右上升到 2016 年的约 5000 美元/人，上升了 4 倍；产品出口召回通报指数从 4.04 下降到 2.58，下降了近一半；世界品牌 500 强中的制造业企业影响力从 11 上升到

33，都反映出中国近 10 年所取得的质量成就。当前，中国的优质制造水平与德国、日本、美国等制造强国相比，依然存在较大差距，仍需继续努力。

4）初步结论

基于本课题所建立的优质制造评价指标体系，对 14 个对标国的优质制造水平变动情况进行了测算和初步分析。根据实证研究结果，可以得到如下结论：

（1）从国与国的比较情况来看，德国的优质制造水平长期保持在引领地位。日本、美国作为质量强国或老牌工业国家紧随其后，共同组成了优质制造第一阵列；韩国、英国、意大利、以色列组成了优质制造第二阵列；中国作为龙头，与加拿大、泰国、俄罗斯、印度、南非和巴西组成了优质制造第三阵列。

（2）从长期趋势来看，14 个对标国的优质制造水平总体上呈现稳中有升的态势。2005—2016 年，中国、德国、日本以及大多数对标国的优质制造水平都得到了一定的提高。中国保持了稳定上升的态势，已经接近主要国家排名榜的中位数。

（3）从中国发展情况来看，近 10 年中国的优质制造水平由弱向强，已经超过了泰国、俄罗斯、印度、南非和巴西这些发展中国家，取得了长足的进步，体现出更强的制造发展潜力，但距离德国、日本等传统质量强国还有较大差距，仍需继续努力。

# 五、优质制造行动计划

## （一）总体要求

### 1. 指导思想

深入贯彻党的十九大及十九届一中、二中、三中全会精神，深化供给侧结构性改革，坚持"质量第一，效益优先"的发展方针，全面提高国家质量基础设施水平，全力攻克一批"卡脖子"的质量短板。着力完善质量发展的体制机制，构建具有国际竞争力的优质制造体系。改善中国制造业的整体形象，提升中国制造业的整体水平和国际影响力，提高中国制造业的整体效益。奠定中国制造业的竞争新优势，为建设成制造强国奠定坚实基础，为推动中国经济高质量发展提供重要的保障。

## 2. 基本原则

### 1）坚持需求引领和问题导向相结合

充分融合需求的外拉动力和问题的内驱动力，按照经济高质量发展和制造强国对制造业提质增效的需求，针对影响制造业质量提升的关键短板问题，进行集中攻关，突出质量的提高和效率、效益的提升并重，全面推动中国制造业整体质量水平的提高，推动制造业转型升级，发挥对经济高质量发展的关键支撑作用。

### 2）坚持政府引导和市场主导相结合

既要发挥政府在实施优质制造行动中的引导作用，积极转变政府职能，加强宏观管理，理顺体制机制，营造公平竞争的市场环境，也要充分发挥市场在资源配置中的决定性作用，强化企业的主体责任，激发企业提升质量的内生动力。积极利用政府在规划布局、政策引导等方面的优势，构建优质优价的市场竞争环境，培育制造业转型升级的新动能。

### 3）坚持短板突破和重点领域质量的提升相结合

加大核心基础零部件（元器件）、先进基础工艺、关键基础材料和国家质量基础设施等基础薄弱环节的研究和应用力度，集中资源，聚集力量，对关键短板进行重点突破，切实提高制造业的核心竞争力和可持续发展能力。坚持逐个行业抓质量提升，瞄准涉及国家战略布局、消费者人身安全、重大民生需求的重点领域和重点产业，建立"优质制造"培育梯队，加强重点领域配套资源的集中度，营造重点领域的竞争新优势。

### 4）坚持顶层规划和强化实施相结合

制造业质量的提升需要政府统筹资源、协调各方力量，突破短板、完善体制机制，提升重点领域质量、优化资源配置，做好顶层规划，设计好迈向优质制造的路径。同时注重战略的落地，针对重点领域优质升级，强化实施。要逐个行业突破。另外，要加强对优质制造的科学评价，根据过程和结果的评价及反馈来调整优质制造行动的战略。

### 5）坚持开放合作与包容共享相结合

推动中国企业积极参与全球制造业的竞争，加强中国制造业与国际的合作力度。吸引外国资本深层次参与中国相关领域产业的转型升级，推动发达经济体的质量创新技术更好地与中国产业对接，加强国家质量基础设施建设的国际合作。聚焦各方力量，互学互鉴，互利共赢，共享优质升级等改革成果，共同促进制造业转型升级。积极支持民营企业和中小企业优质发展，推动互联网、大数据、人工智能和优质制造深度融合。

### 3. 主要目标

总目标是到 2035 年，初步形成以技术、标准、质量、品牌、服务为核心的制造业竞争新优势，质量技术管理和模式不断创新，产业结构进一步优化；质量基础设施保障能力明显增强，产品质量水平跃上一个新台阶。具体分两个阶段目标：

1）2025 年目标

到 2025 年，优质制造的架构基本形成，基础设施能力明显增强，基础零部件和部分重点领域的质量问题得到明显改进；制造业标准体系基本形成，一批短板得到有效突破，制造质量大幅度提升，制造业品牌影响力持续增强。具体如下：

（1）制造业质量效益水平稳步提升。制造业质量竞争力指数稳步上升，中高端消费自给率不断扩大，中国制造消费者满意度进一步提高；产业质量效益型特征更加明显，涌现出一批质量效益一流的世界级企业。

（2）制造业产品质量形象明显改善。产品出口召回通报指数与发达国家同期的差距进一步缩小。在价值链高端，一批中国好企业、好产品、好品牌加快走向世界。一大批"中国制造"品牌成为卓越质量的国际标杆，进入世界品牌实验室（WBL）发布的世界品牌 500 强的制造业企业数量继续增长，进入 WBL 世界 100 强的制造业企业数量明显增多。

（3）制造业质量提升潜力显著增强。关键基础材料、基础零部件、元器件、重大装备和国防装备等重点领域产品质量的可靠性、一致性和稳定性取得突破。研发经费支出占地区生产总值的比重接近发达国家水平。计量、标准、检验检测、认证认可等质量基础设施效能进一步释放，技术水平和服务能力进一步增强，国际竞争力明显提升，对科技进步、产业升级、国际贸易、消费者保护的支撑更加有力。

2）2035 年目标

到 2035 年，建立完善的优质制造技术体系，补好制造体系中质量链的短板，健全支撑制造强国的制造业标准体系，制约制造业质量提升的短板基本被破除，完全实现优质制造。质量的国际影响力和竞争力大幅度提升，打造一批"中国制造"金字品牌。

## （二）主要任务

### 1. 破解制约优质制造提升的瓶颈

紧密围绕核心基础零部件（元器件）、关键基础材料、先进基础工艺等领域，针对优质制造的基础瓶颈问题开展集成创新和工程应用。支持"政、产、学、研、用"联合攻关，实现核心基础零部件（元器件）、关键基础材料、先进基础工艺的技术突破和产业化应用。

依托优势企业,紧扣关键零部件和关键基础材料国产化,夯实优质制造,提升工艺环境。在基础条件好、需求迫切的重点地区、行业和企业中,分类推动国产核心基础零部件、关键基础材料、先进基础工艺等试点示范及应用推广。

---

**专栏 1　重点关注的瓶颈问题**

(1)提高数控机床质量的可靠性。提高数控机床质量的可靠性和精度,重点解决数控机床关键功能部件的精度、可靠性和耐磨性等关键问题。组建院士、专家队伍,加强数控机床质量可靠性设计、试验与验证技术研究的投入,提高产品的加工精度、内在质量和使用寿命。以提高数控机床质量可靠性水平为中心,加强技术改造、技术创新与技术攻关,突破制约数控机床质量可靠性提高的关键材料、工艺与制造技术,推广新工艺、新材料、新技术的工程应用。

(2)提高汽车钢板质量的一致性。提升汽车钢板的精度和寿命,重点解决汽车钢板硬度不均匀、钢中碳含量和氧含量的波动较大等关键问题。开展汽车钢板的工艺技术和基础材料攻关,提升汽车钢板的硬度均匀性,控制钢中碳含量和氧含量的波动水平,提高内在质量、表面质量等性能的稳定性。大力支持钢铁生产企业,依靠技术改造与技术进步,提升关键工艺装备和产品检测系统的技术水平,大幅度提高汽车钢板用钢质量水平。

---

### 2. 夯实优质制造所需的国家质量基础设施

在制造强国建设和工业强基等工程中加大对国家质量基础设施的支持力度,加快质量基础设施在区域、产业中的实践应用。将国家质量基础设施纳入产业发展规划,同步设计,推动国家质量基础设施供给与产业发展需求相配套。加强新兴产业的国家质量基础设施前瞻性问题研究,发挥国家质量基础设施对产业发展的引领作用。提高高端检测仪器和计量装置国产化率,降低对高端国家质量基础设施的进口依赖度。开展国家质量基础设施效能释放合作基地建设,助推中小企业和产业集群区全面加强质量提升。加大国家质量基础设施"走出去"的支持力度,推动计量、标准、合格评定等国际互认和境外推广应用,加快中国的国家质量基础设施国际化的步伐。

---

**专栏 2　重点关注的建设方向**

(1)推动国家质量基础设施供给与产业发展需求相配套。加快国家质量基础设施核心能力建设,提高国家质量基础设施对产业发展的保障力度。增强产业发展关键指标的刚性,提高国家质量基础设施对产业发展的约束力。完善国家质量基础设施体系框架,提高其对产业发展的引领。建立国家质量基础设施效能评估体系,提高国家质量基础设施对产业发展的适应性。

（2）提高高端检测仪器和计量装置的国产化率。重点解决高端检测仪器和计量装置"造不出、造不好"等关键问题，深入开展标准计量和质量比对。深入分析当前中国高端检测仪器及计量装置发展现状及存在的关键问题，绘制行业发展路线图，组织专家队伍针对行业发展的关键基础问题展开攻关，突破"造不出、造不好"等关键问题的瓶颈，助力中国高端检测仪器和计量装置质量的提升。

### 3. 提升优质制造消费者信任

聚焦事关消费者人身安全和重大民生需求的领域，组织实施针对一批优质制造产品的质量分析、国际比较和宣传推广工作。依托现有优质制造产业集群等良好基础，培育一批中国名牌、著名商标、出口名牌和中国质量奖企业。鼓励品牌培育和运营专业服务机构的发展，健全质量品牌发展市场机制，壮大品牌培育社会化力量。加大企业知识产权保护制度的执行力度，有效打击假冒伪劣产品。科学运用WTO准则，为优质制造品牌在国内和国际市场营造规范、平等的竞争环境。完善企业自我保护、政府依法监管和司法维权保障"三位一体"的品牌保护体系。

#### 专栏3 重点关注的信任提升领域

（1）提高婴幼儿奶粉的质量信用。重点解决婴幼儿奶粉奶源质量不可控、质量状况不透明、中高端消费者不认可等关键问题。打造国内婴幼儿奶粉权威检测认证品牌，健全推广婴幼儿奶粉质量追溯体系。选取2~3家国内高端企业，引入专业的第三方机构进行全产业链质量安全检测，开展针对奶粉生产流程关键检测节点的全程直播，提高一线城市婴幼儿奶粉市场国有产品的占有率。

（2）开展特种设备和重要消费品的国际对标。解决电梯、游乐设施关键部件的可靠性、耐久性和安全性。解决重要消费品生产一致性不高、使用寿命低、品牌附加值不强等问题，发展个性定制标准和高端消费品品质认证，引导电子坐便器、电饭煲等产品境外消费回流。开展特种设备关键部件的工艺技术和基础材料攻关，提升特征设备关键部件的可靠性、耐久性和安全性，加大对关键设备的抽查检测、惩罚频次和力度。开展重要消费品的国际对标和宣传工作。鼓励企业开展工艺提升和技术改进，激励企业占领中高端市场。打击假冒伪劣产品，保护高端自主品牌，增强国有高端品牌质量效益。

### 4. 扩大现有优质制造产业的竞争优势

围绕现有优质制造产业需求，加快健全建立多层次、多元化的质量教育培训体系，完善以提升质量素质为核心的职业技术管理制度，加强质量专业人才有效供给。加大产业核心技术研发投入力度，降低产业配套的进口依赖度。积极解决国际贸易中的国际标准方面的话语权、技术性贸易壁垒、歧视性法律法规等关键问题，保障国际贸易有序开展。加快优质制造产业国际标准转化速度，提升基础标准和产品安全标准的国际接轨度，鼓励企业参与国际标准的制定，扩大现有竞争优势。

---

**专栏 4  重点关注的优质制造产业**

（1）提升高铁装备的质量优势。提升国产高铁车轮、轴承、管接头、制动装置等关键零部件的可靠性和耐久性，重点解决关键零部件国产率较低、成本较高等问题。加大国家重点科研计划执行力度，组建并形成"产、学、研、用"一条龙的专家队伍，开展高铁装备关键零部件的工艺技术和基础材料攻关，提升高铁装备关键零部件的内在质量、表面质量、尺寸精度和性能稳定性，大幅度提升高铁装备关键零部件的性能稳定性与可靠性，实现高铁装备关键零部件国产率提升。

（2）提升通信设备方面的国际话语权。重点解决移动通信技术、标准、质量中的关键问题，实现核心芯片的商业突破，将移动通信技术和设备打造成世界知名品牌。积极组建通信领域高端检测认证中心，打造国际化检测认证品牌，扩大国际互认范围，加强核心芯片的基础工艺技术攻关，为通信设备企业做好基础性服务工作，降低中国通信设备企业面临国外技术性贸易措施的风险。

---

### 5. 抢先布局未来优质制造产业

瞄准涉及国家战略布局、重大民生需求的产业，组织实施质量攻关项目，攻克一批长期困扰产品质量提升的行业非竞争性共性质量技术。加大市场监督管理力度，提高产业质量基础设施要求，严防产业低端产能过剩、同质低价竞争。对标国际一流水平，建立和完善分层次、分类别、分梯队的优质制造企业培育名单，制定落实专项扶持政策。立足现有产业基础和技术优势，培育未来优质制造策源地。

---

**专栏 5  重点关注的潜力产业**

（1）提高电动汽车的安全性。重点解决电动汽车动力电池的使用寿命低、BMS 管理系统故障率高等关键问题。开展行业安全性关键问题诊断，整合和利用各方力量，通过"产、学、研"集智攻关；加速制定 BMS 管理系统标准，将动力电池的使用寿命纳入"新能源汽车推广目录"，通过大数据挖掘+人工鉴别的方式，实时监控各大汽车企业的质量安全事故率，从重处罚事故率高出国际平均水平的汽车企业。

（2）提升医疗器械的质量效益。重点解决低端医疗器械效益低、高端医疗器械主要依赖进口等关键问题。深入分析当前中国高端医疗器械生产的核心问题，组织专家队伍针对核心问题开展攻关，加大对国内医疗器械生产研发企业的技术改造和工艺推广的扶持力度，实现"造得出、造得好、卖得动"，提高中国医疗器械行业的质量效益。

（3）提高中药质量的可控性。提高中药的GMP生产、质量检测、质量保障能力，建立质量评价技术指导原则，保证中药安全、有效、性能稳定，建立长期有效的中药材原产地监管机制，保障中药源头质量；建立中药安全生产规范，完善中药安全检测标准体系；健全中药质量安全检测能力，加强中药安全性检测能力建设。

## （三）进度安排

按照分批实施、滚动建设的思路，2018—2025年，解决五大重点关注问题。进度分3个阶段，第一阶段起止时间为2018—2022年，主要完成破解制约优质制造提升的瓶颈、夯实优质制造国家质量基础设施两大任务。第二阶段起止时间为2020—2023年，主要完成提升优质制造消费者信任这一任务。第三阶段起止时间为2021—2025年，主要完成扩大现有优质制造产业竞争优势、抢先布局未来优质制造产业两大任务。优质制造行动的时间安排见表4-7。

表4-7 优质制造行动的时间安排

| 工作内容 | 2018年 | 2019年 | 2020年 | 2021年 | 2022年 | 2023年 | 2024年 | 2025年 |
| --- | --- | --- | --- | --- | --- | --- | --- | --- |
| 1. 破解制约优质制造提升的瓶颈 | | | | | | | | |
| 提高数控机床质量的可靠性 | →→→→ | | | → | | | | |
| 提高汽车钢板质量的一致性 | →→→ | | | → | | | | |
| 2. 夯实优质制造基础设施 | | | | | | | | |
| 推动质量基础设施供给与产业发展需求相配套 | | | →→→ | | → | | | |
| 提高高端检测仪器和计量装置国产化率 | | | →→→ | | → | | | |
| 3. 提升优质制造消费者信任 | | | | | | | | |
| 提高婴幼儿奶粉的质量信用 | | | →→→ | | | → | | |
| 开展特种设备和重要消费品的国际对标 | | | →→→ | | | → | | |
| 4. 扩大现有优质制造产业的竞争优势 | | | | | | | | |
| 提升高铁装备的质量优势 | | | | →→→ | | | → | |
| 提升通信设备的国际话语权 | | | | →→→ | | | → | |

续表

| 工作内容 | 2018年 | 2019年 | 2020年 | 2021年 | 2022年 | 2023年 | 2024年 | 2025年 |
|---|---|---|---|---|---|---|---|---|
| 5. 抢先布局未来优质制造产业 | | | | | | | | |
| 提高电动汽车的安全性 | | | | | → | → | → | → |
| 提升医疗器械的质量效益 | | | | | → | → | → | → |
| 提高中药质量的可控性 | | | | | → | → | → | → |

# 六、实施优质制造行动的主要对策和政策建议

## （一）主要对策

中国制造要实现由"良"到"优"的升级，重点需要解决两个方面的问题：一是解决优质制造的环境问题，二是解决优质制造的能力问题。要坚持"两手"同时抓，"两手"都要硬。环境建设的目的主要是突破体制机制的短板，为优质制造营造公平的市场环境。能力建设的核心是要突破那些制约优质制造的短板，将质量与创新更好地融合，夯实国家质量基础设施和工业基础，攻克制约质量提升的关键共性技术。实施优质制造行动的主要对策如下：

**1. 聚焦优质发展战略和环境**

（1）加强顶层战略规划。优质制造不同于质量提升，质量的点滴改进或者突破式变革都是提升，但优质制造有一个衡量的尺度，就是"优"。为此，需要从优质的视角做好顶层战略规划。优质制造行动是一个系统化或体系化的工作，要本着系统化的思路，编制《优质制造中长期行动计划》，明确指导思想和基本原则，坚持目标和问题导向，梳理制造业质量的短板和重点领域的痛点问题，对未来趋势进行前瞻性的预判，厘清体制机制的问题，建立健全的保障体系以及科学的评价体系。

（2）将优质制造与工业强基、智能制造、创新驱动等有效融合。通盘考虑优质制造行动，必须处理好融合的关系，既要处理好技术的融合，也要处理好组织体系的融合。例如，工业强基、智能制造涉及标准技术研究的工作是否可以由统一的国家标准化主管研究机构

来牵头。加强智能制造对推动质量提升的评价，以评价促进智能制造与质量融合。通过创新不仅使质量资源要素顺畅流通，还要引导质量资源要素实现优化配置的目标。通过创新，提升国家质量基础设施的效能和突破关键共性质量技术。加强对创新生态系统中的质量要素研究，完善创新生态系统，提高开放性、协同性，消除基础研究与成果转化之间的割裂，提高成果转化效率。

（3）优化优质制造的发展环境。推进质量诚信体系的建设，改革质量监督抽查制度，为"优质制造工程"营造公平公开的市场环境。完善大质量工作机制，建立基于大数据的质量信息平台，健全关于产品质量合格率、顾客满意度等统计指标体系。加大产品监管的力度，优化监管模式，改进抽查监督机制，用好高科技的监管手段。切实为企业减负，深化税制改革，降低企业经营成本。通过"放、管、服"改革，降低企业交易成本。通过市场化改革和全过程改善，降低企业生产成本。

### 2. 构建优质资源供给体系

优质升级，人才为本，要建立健全多层次的符合优质制造所需的人才培养体系。设立中小企业质量培训专项，推动建立与区域产业布局紧密结合高校、科研院所、行业协会共同参与的质量教育与培训网络。加大对标准化人才、具有国际化视野的高级质量管理人才和技能型人才的培养力度。健全收入分配激励机制和"五险一金"等社会保障制度，提高技能型人才的福利待遇。促进劳动者由普通工人向技能人才转变，大力培育工匠精神。

除了人才资源，优质资源的有效供给还包括设备资源、工艺技术资源和物料资源等要素的供给。重点提升两类设备资源的供给能力：一是生产型设备，二是成套设备。一方面要升级国产设备，另一方面要加大将中高端国产设备引入先进生产线的力度。摆脱"重设备、轻工艺"的理念，重视工艺技术资源，特别是工艺技术方法的突破，加强工艺技术方法的积淀。加大优质物料特别是原材料等影响质量的核心资源供给力度。

### 3. 以品牌牵引优质制造发展

一方面，通过优质制造形成一批市场竞争环境下的国际知名品牌；另一方面，将目前各地域分散的优质制造的品牌进行集聚，形成中国制造的优质制造品牌。既要加大优质制造品牌投入的力度，也要营造优质制造品牌发展的环境。另外，还要从顶层上加大优质品牌的战略规划力度。将自主创新作为品牌培育和发展的内核，不断丰富品牌的价值内涵，并传递给客户、员工及合作伙伴，加快形成拥有自主知识产权的国际品牌。抓住标准设计、集成、服务等关键环节，强化技术短板的突破，形成品牌的核心优势。增强对中国制造的国际信任，塑造良好的中国制造新形象，打造中国制造的精品，全面带动优质制造发展。

### 4. 加快国家质量基础设施效能的提升

一方面，要理顺国家质量基础设施的体制机制方面的问题；另一方面，要加强标准、计量、检验检测和认证认可技术的集成和融合。在国家层面要将与国家质量基础设施相关的科技计划进行整合，由市场监管总局下属的标准计量等主管研究机构牵头负责。使得在国家质量基础设施方面的投入做到资源有效集中，提高资源投入产出的效果。要进一步加大科研投入的力量，加大国家质量基础设施的效能建设，集中攻克一批影响质量的共性关键技术，建立一批高水平的共性技术标准。夯实国家质量基础设施对优质制造的重要支撑作用，将国家质量基础设施建设作为实现优质制造的重要基础工程，列入国家重点建设项目，形成一种多元化的投入，将现有的国家质量基础设施专项计划持续化、长期化。建立完善的标准、计量、检验检测和认证认可的保障体系。另外，要加大重点领域标准制定、标准国际化战略以及检验检测国际互认的力度。通过国家质量基础设施的效能提升，推动制造业实现优质升级，推进重点领域的质量显著提升。

### 5. 激活多元化的资本投入

要发挥金融对制造业的服务作用，积极引导资金流向制造业。一方面，推动传统制造业升级改造；另一方面，推动新兴制造业健康发展，迈向价值链的中高端，形成国际比较优势，促进制造业整体进步。另外，还要激活民间资本，形成多元化的资本投入模式，要改变目前民营企业重虚轻实的现象，以及企业普遍小、散、弱、轻资产等现象。鼓励民营资本进军制造业，尤其是科技创新型和重资产型的制造业，向更高端的供应链端迈进。让民营企业的创新思维给科技创新型和重资产型制造业的提质增效带来活力。要在体制机制上进行突破，让民营企业有利可图，有益可求，感受到高质量带来的高收益，并以更大的激情专注于产品和服务的优质升级。要用好外资，鼓励外资扩大在华的制造业投资，要吸引更多外资流向高端制造业。

## （二）政策建议

### 1. 实施中国优质制造升级计划

实施中国优质制造升级计划，使得一批中国制造企业尽快升级为优质制造企业。尽快形成一批有国际竞争力和品牌影响力的国际优质产品，推动经济高质量发展。需要从优质评价、财税政策、补短板、优质制造示范等多角度实施中国优质制造升级计划，主要包括以下4个方面的内容。

**（1）进行优质制造企业认定，实施财税支持。**

① 设立"国家优质制造企业奖励条例"，制定优质制造企业认定管理办法，委托第三方对优质制造企业进行认定。

② 经认定的"国家优质制造企业"，可以参照"高新技术型企业"同等待遇，享受所得税税收减免政策。

③ 出台优质制造产业的增值税优惠政策，增值税具有链条式的抵扣机制，环环相扣，上环节减免的税款将自动在下环节补征上来。建议参照新兴产业（如软件行业）实行的增值税优惠政策，对优质制造行业实际税负超过某个特定数值的部分，实行增值税即征即退政策，以进一步支持优质制造企业的发展。

④ 将优质制造企业与征信挂钩，在融资、贷款等方面优质制造企业享受相应的优惠政策。

（2）建立优质优价机制。健全优质的市场机制，在政府采购、招投标活动中，纳入有关标准技术条件和质量安全要求，鼓励采购优质产品。对列入质量诚信黑名单的企业和社会组织，联合相关部门采取一定的惩治措施。例如，不得把这些单位列入政府采购目录等。

（3）实施质量补短板工程。建立优质评价标准，重点对消费品和装备产品质量实施比对，通过实物感知、质量特性、标准体系等多维度比对，挖掘深层次的问题，梳理出各个重点领域在质量共性技术及产品性能等方面的短板，实施质量共性技术攻关，突破一批影响质量的关键技术。重点补好中小企业的质量短板，大企业抓成套，小企业搞配套。构建完善的中国制造供给链体系，面向中小企业实施优质制造行动计划，助推中小企业提质增效。一是提高中小企业的技术创新能力，通过提高自身技术创新能力，提高科研院所的成果转化质量与力度，并建立与中小企业科技成果转化的联系，扶持一批科技创新型的中小企业。二是提高中小企业的管理创新能力，帮助企业经营管理和运营管理质量的提升，从而提高产品质量，提升企业运行的效率和效益。三是建立公共服务平台，提供包括质量基础设施、质量管理方法、质量创新、质量信息化等在内的公共服务平台，促进相关产业供应链的整体提升。

（4）通过优质制造工程牵引，对部分重点领域实施优质制造示范建设。围绕十大重点领域（新一代信息技术产业、高档数控机床与机器人、航空航天装备、海洋工程装备与高技术船舶、先进轨道交通装备、节能与新能源汽车、电力装备、农业装备、新材料、生物医药及高性能医疗器械）开展"迈向优质"行动，组织相关人员攻克一批长期困扰产品质量提升的关键共性质量技术，加强可靠性设计、试验验证技术的开发应用，推广先进成型和加工方法、在线检测装置、智能化生产和物流系统及检测设备等，使重点实物产品的性能稳定性、质量可靠性、环境适应性等指标达到国际同类产品的先进水平。

## 2. 实施国家质量基础设施效能提升工程

优质制造的架构涵盖 4 个维度,分别是国家质量基础设施(NQI)、面向产品全生命周期和制造全过程的质量控制与管理、资源要素和面向重点领域的应用。其中,NQI 是优质制造最重要的基础。通过夯实质量基础设施,促进制造质量进步和效益提升,推动行业的国际综合竞争力提升。必须进一步夯实优质制造架构中的 NQI,可以从以下 4 个方面入手。

(1) 加快优质制造架构中 NQI 规划建设。实施 NQI 长期规划,以计量、标准、检测检验、认证认可四大要素为建设重点,以"存量优化、增量优建"的思路,补缺优质制造架构中 NQI 短板。

(2) 重点提升 NQI 的硬条件效能。要多方整合 NQI 的相关资源,形成合力。同时,厘清政府职能与市场的关系和边界。要重点加大 NQI 专项资金的投入力度,建设关于 NQI 的国家实验室和工程实验中心,持续增强在标准、计量、检验检测和认证认可四大要素上的研究能力,为制定高水平标准奠定基础,进而提高 NQI 方面的研究水平和国际影响力。针对目前已经实施的 NQI 重大专项,一方面要形成长期的计划,另一方面要继续加大力度,在增强研究能力的同时,结合产业应用,实施 NQI 示范工程。

(3) 加强优质制造 NQI 架构中的集成性技术研究。一方面,要理顺标准、计量、合格评定的体制机制,实现标准、计量和合格评定的深度融合和高效集成。另一方面,综合应用大数据技术、智能技术、工艺优化技术等共性关键技术,考虑"互联网+"、共享经济、制造服务等新模式、新业态的影响,重点研究与设计 NQI 集成性技术在优质制造中的作用,加强集成建设。

(4) 开展优质制造架构中的 NQI 效能评估。在规划、建设、集成应用以后,应有效地评估 NQI 效能,以便决策部门更加科学地制定关于优质制造的 NQI 建设政策,提高政策实施的针对性与有效性。

# 附录 C  出口产品召回通报指数测算说明

## 1. 指标定义

出口产品召回通报指数是指一国出口产品的单位金额中被通报和召回的次数。指数越高,表明该国制造业出口产品被通报、召回的次数越多,质量达不到进口国要求的产品出现频率越高,质量安全水平越低。欧盟和美国是最早建立产品召回制度的国家和地区,在对进口商品进行风险评估的基础上,实施产品召回。由于欧盟和美国通报的召回数量较多,且与各国贸易额比较大,因此测算时主要采用欧盟、美国通报的召回数据。

### 2. 计算方法

计算 $i$ 国家的出口产品召回通报指数 $\mathrm{EIBI}_i(t)$ 的公式为

$$\mathrm{EIBI}_i(t) = \omega_{i,\mathrm{USA}}(t) \times S_{i,\mathrm{USA}}(t) + \omega_{i,\mathrm{EU}}(t) \times S_{i,\mathrm{EU}}(t)$$

其中,$\omega_i(t)$ 表示变量的权重,$\omega_{i,\mathrm{USA}}(t)$ 表示第 $t$ 期 $i$ 国家对美国的出口商品贸易值占比,$\omega_{i,\mathrm{EU}}(t)$ 表示第 $t$ 期 $i$ 国家对欧盟的出口商品贸易值占比。$S_{i,\mathrm{USA}}(t)$ 表示第 $t$ 期美国对 $i$ 国家的每 10 亿美元通报次数的标准化结果,$S_{i,\mathrm{EU}}(t)$ 表示第 $t$ 期欧盟对 $i$ 国家的每 10 亿美元通报次数的标准化结果。

# 附录 D  2005—2016 年 14 个对标国的优质制造水平的量化测算结果

2005—2016 年 14 个对标国的优质制造水平的量化测算结果

| 国别 | 优质制造水平 | | | | | | | | | | | |
|---|---|---|---|---|---|---|---|---|---|---|---|---|
| | 2005年 | 2006年 | 2007年 | 2008年 | 2009年 | 2010年 | 2011年 | 2012年 | 2013年 | 2014年 | 2015年 | 2016年 |
| 美国 | 83.68 | 85.06 | 88.17 | 86.48 | 83.81 | 83.52 | 84.17 | 83.81 | 84.28 | 83.78 | 85.06 | 83.88 |
| 巴西 | 66.11 | 66.98 | 68.42 | 68.60 | 67.79 | 67.76 | 68.16 | 67.68 | 66.23 | 66.97 | 66.02 | 67.87 |
| 德国 | 82.25 | 84.16 | 83.85 | 84.49 | 83.01 | 86.96 | 87.83 | 88.08 | 88.43 | 89.54 | 88.23 | 88.61 |
| 俄罗斯 | 66.37 | 67.45 | 69.04 | 69.60 | 68.65 | 69.51 | 70.07 | 70.32 | 70.39 | 69.82 | 69.82 | 69.12 |
| 韩国 | 75.73 | 76.60 | 77.37 | 77.09 | 76.90 | 76.67 | 77.10 | 77.20 | 78.34 | 77.56 | 78.06 | 78.34 |
| 南非 | 69.55 | 69.28 | 69.18 | 69.04 | 68.57 | 68.63 | 68.55 | 68.72 | 69.08 | 68.83 | 68.59 | 68.10 |
| 日本 | 81.91 | 83.24 | 83.48 | 84.68 | 84.51 | 85.19 | 85.42 | 86.59 | 86.49 | 85.63 | 85.44 | 86.22 |
| 英国 | 76.98 | 78.44 | 77.73 | 77.80 | 78.99 | 78.80 | 79.97 | 77.76 | 78.05 | 84.27 | 83.40 | 83.89 |
| 中国 | 67.84 | 68.40 | 67.30 | 68.65 | 69.75 | 70.50 | 71.03 | 70.08 | 70.14 | 72.79 | 72.18 | 73.72 |
| 泰国 | 65.49 | 68.32 | 67.53 | 67.46 | 66.66 | 67.45 | 69.29 | 69.69 | 69.96 | 68.35 | 69.66 | 69.95 |
| 印度 | 65.94 | 67.35 | 67.01 | 67.18 | 68.01 | 65.84 | 65.35 | 66.87 | 68.18 | 67.47 | 67.28 | 68.33 |
| 加拿大 | 73.80 | 73.87 | 73.82 | 75.23 | 72.07 | 73.25 | 74.13 | 73.58 | 74.00 | 73.71 | 73.29 | 73.29 |
| 意大利 | 77.11 | 74.58 | 75.84 | 76.52 | 77.97 | 78.68 | 77.89 | 79.95 | 82.05 | 80.61 | 80.35 | 80.17 |
| 以色列 | 84.31 | 83.62 | 86.17 | 85.92 | 77.47 | 77.23 | 78.04 | 78.61 | 78.93 | 77.83 | 80.00 | 77.11 |

## 课题 4 成员名单

组　长：林忠钦　张　纲

副组长：奚立峰

成　员：潘尔顺　赵亦希　付文飙　蒋家东　贾玉奎
　　　　王建和　金国强　郭　政　张英杰　张　豪
　　　　杜卫民

执笔人：潘尔顺　赵亦希　胡　杨　赵陕雄　夏唐斌
　　　　李艳婷

# 课题 5
# 中国绿色制造行动对策研究

"制造强国战略研究"课题组

制造业是中国国民经济的关键支柱，是立国和强国之本，在稳定经济增长、扩大就业、促进创新、繁荣市场和满足人民群众美好生活需求方面，发挥着极其重要的作用。制造业的质量直接关系国家综合实力和核心竞争力。"制造强国战略研究"已完成一期项目（2013—2014 年）和二期项目（2015—2016 年）。基于前两期项目的研究成果，国家启动实施制造强国战略，积极探索中国制造业各领域由大向强转变的中国特色新型工业化道路。为推动制造业高质量发展，尽快实现新旧动能转换、方式转变和结构优化，2017 年中国工程院再次启动"制造强国战略研究"三期研究项目，其中就包括"绿色制造行动对策研究"。

"绿色制造"是制造业高质量发展的重要要求，也是"制造强国战略"中的重大战略方向之一，是制造强国的基础、重要组成部分和发展方向，符合建设绿色中国、建设生态文明的内在需求。"绿色制造行动对策研究"特别注重分析制造业整体发展态势，积极引导制造业创新驱动转型升级的发展走向，进一步夯实制造业实体经济的主体地位，为推进制造强国第一个十年进程，实现中国制造的提质增效、转型升级，实现"中国梦"两个百年的第一阶段目标，提供科学的咨询支撑。

为提出并推行具有中国特色、国际水平的绿色制造政策体系和机制，结合前两期项目的研究成果，"绿色制造行动对策研究"通过分析当前中国绿色制造面临的问题，将重点放在绿色经济、顶层设计与系统集成上，旨在发现重点行业的绿色制造共性机制，探索中国绿色制造的后发优势。

在"绿色制造行动对策研究"中，本课题组对中国、美国、欧盟、英国、德国、日本、韩国等国家和地区的绿色制造现状和战略展开了国际国内比对研究，分析了不同国家和地区绿色制造战略的实施背景、发展模式与实施成效。本课题组重点选取并剖析流程型制造以及离散型制造业中的绿色制造产业，特别关注流程型制造业，并针对不同国家和地区化工行业的绿色制造进行深入比较研究，为中国制造业的绿色制造战略研究提供经验与参考。

本课题组组织相关专家通过实地考察、专题座谈，对中国制造业的重点行业、产业集群、区域、城市和企业进行了深入的案例调查研究，了解和掌握了中国绿色制造发展的实际状况。重点关注制造业中的流程型制造业，选取了燃料乙醇行业、农药产业、蓄电池等行业进行绿色制造发展状况分析；对湖州、马鞍山、深圳、烟台、武汉等绿色制造典范地区，对马鞍山钢铁集团、迪赛集团等绿色制造典范企业，进行了实地考察与调研，完成了中国绿色制造典型案例库及其分析；重点剖析了绿色制造"湖州模式"的成就、经验、问题与挑战，展示了中国绿色制造战略前期的实施成就和宝贵经验。

本课题组基于国内外绿色制造的比较分析和国内绿色制造典型案例剖析，针对当前绿色制造行动推进过程中的问题，确立了中国绿色制造总体思路、战略重点和 3 个层次的发展战略部署：在培育期，注重节能、减排、环保，实现"绿色生产"；在发展期，实现绿色低碳循环发展，促进整个社会向绿色转型，实现"绿色中国"；在壮大期，实现生态产品的全元素资源能源利用，实现"绿色强国"。

本课题组提出了既具有中国特色又具有国际水平的绿色制造政策体系、体制机制和绿色制造行动对策方案，还提出了以下建议：通过加强顶层设计，培育绿色社会价值观，完善绿色标准，促进公平公正的制造业发展环境；建立绿色制造激励机制，强化绿色制造示范作用，推动中国绿色制造的国际合作；完善绿色制造人才培养与激励政策，构建中国特色的绿色制造指数，形成中国绿色制造行动对策。此外，也着重强调了产品全生命周期的元素经济性评价指标在中国绿色制造指数体系构建中的重要性。

本课题组建议发布国家、省区及行业的年度绿色制造绿皮书，设立国家绿色制造挑战奖，推动绿色制造文化、理念、技术达到世界先进水平。

"绿色制造行动对策研究"共形成1个"中国绿色制造行动对策研究"总报告和3个子报告："可持续的绿色制造发展战略研究""绿色制造典型案例库及其分析"和"绿色制造指数"。

# 一、绿色制造研究的背景

## （一）绿色制造的重要性与紧迫性

制造业是国家实力和经济水平的直接体现，是立国、强国之本。世界多个国家和地区纷纷在战略高度上，发布关于发展制造业的国家战略计划。例如，2010年，欧盟发布了"欧盟2020战略"，包含可持续制造、节能制造、关键技术等关键领域；2011年，德国发布了"工业4.0战略"，以绿色智能制造为总目标；2013年，英国发布了"工业2050战略"，推进制造业可持续发展；2015年，日本出台了"工业4.1J"计划，通过信息集成保障制造业的绿色与智能化发展。可见，绿色制造无一例外成为这些国家战略的重要组成部分。中国于2015年发布了制造强国战略的第一个十年行动纲领，提出了5项基本战略方针：创新驱动、质量为先、绿色发展、结构优化和人才为本，同时将"绿色制造工程"列为重点战略实施的五大工程之一，全面部署推行绿色制造，努力构建高效、清洁、低碳、循环的绿色制造体系。

中国传统制造业长期粗放式的发展模式给社会经济和生态环境带来了巨大的负面影响，并成为制造业全力提速的阻碍。实施绿色制造战略，培育绿色制造新动能，全面促进制造业良性、有序、高质发展，在促进经济与生态协调发展，在实现人与自然和谐共生的同时，推进社会经济高质量全面进步，是中国特色社会主义新时代社会发展的强大动力引擎。因此,绿色制造是中国制造业发展的主方向,也是中国制造业转型的重要着力点。

## (二)绿色制造前期研究的进展与成果

绿色制造子课题在"制造强国战略研究"前两期项目中,取得了丰硕的研究成果。

在"制造强国战略研究"一期项目中,绿色制造子课题——"工业绿色发展工程科技战略及对策"研究主要解决了工业的绿色发展趋势问题,聚焦"工业绿色发展""工程科技"和"战略对策"3个关键问题,在调研数据的基础上,对"绿色循环低碳发展的内涵与由来""工业绿色发展现状和面临的挑战""工业绿色发展的趋势和战略目标""工业绿色发展工程科技的战略对策"和"工业绿色发展工程科技的政策建议"这5部分予以重点阐述。本课题组认为,绿色发展是工业发展的大趋势,是培育新的经济增长点、保护生态环境活动的总和,是资源承载能力和环境容量约束下的可持续发展。在此基础上提出以下问题:广义的绿色发展包括存量经济的绿色化改造和发展绿色经济两方面,覆盖了国民经济的空间布局、生产方式、产业结构和消费模式;狭义的绿色发展包括绿色生产制造过程、产品绿色化、节能减排、清洁生产、企业绿色化。并且建议如下:当前工业绿色发展首先应从狭义的绿色发展做起,拓展流程型工业的功能——产品制造功能、能源转换功能、废弃物处理-消纳及再资源化功能,实现各行业的转型升级。同时,应高度重视以产业结构调整为抓手,推进广义的绿色发展。

在"制造强国战略研究"二期项目中,绿色制造子课题——"绿色制造发展战略"研究主要进行了关于流程型制造业和装备制造业的绿色制造案例研究,结合中国制造业的发展现状和需要,重点聚焦材料制造业和机械制造业。在材料制造业中,重点突出了钢铁、化工、有色金属和矿山、建材等流程型制造业;在机械制造业中,重点突出了装备制造业、过程装备业、再制造业和铆、锻、焊等基本制造工序。二期项目进一步明确了绿色制造的内涵、目标和实现途径,分别分析了典型流程型制造业和装备制造业的绿色制造内涵、发展现状与挑战,以及实施绿色制造的技术途径,针对"十三五"和"十四五"分别列出了典型流程型制造业和装备制造业推进绿色制造的工程科技战略方向和重大工程,并针对各行业实现绿色制造给出了可操作的保障措施和政策建议。本课题通过绿色制造转型发展的典型案例研究,为全国制造业的绿色发展提供经验和思路。

## (三)中国绿色制造仍然面临的问题

中国已是全球制造业第一大国,但大而不强的问题仍然存在。实现从制造大国向制造强国的转变,关键在于推动制造业的高质量发展,实现制造业的绿色、低碳和可持续性发展。目前,中国制造业仍然存在能源利用率低、资源消耗量大、污染物排放量大、增长乏力的问题。绿色制造是制造业提速发展的新动能,绿色制造行动迫在眉睫。

当前，中国绿色制造行动的主要问题表现为智能制造热、绿色制造冷，以及生产企业进行绿色转型动力不足等。主要原因如下：

（1）思想认识有待提高。虽然近年来，国家出台了一系列鼓励绿色发展的新政，鼓励产品的全周期绿色化设计，但仍有不少地方政府和企业在推进绿色制造方面缺乏紧迫感，重智能制造，轻绿色制造，导致绿色制造行动推进效率低。因此，思想认识亟待提高。

（2）缺乏经济效益驱动，绿色制造创新不足。中国制造业还未摆脱粗放式的发展模式，国产装备在质量、可靠性与运营成本方面难以与国外同类产品进行竞争，缺乏绿色制造工艺与装备核心技术，绿色技术创新能力相对不足。制造业实施绿色改造的成本较高，缺乏绿色升级的经济效益驱动，企业自主实施绿色制造行动的驱动力不足问题依然严重。

（3）绿色制造激励政策不足。绿色制造涉及面广，专业性强，认定标准尚不完善，财税政策难以落实。国家绿色债券、绿色信贷等产品设计复杂，相关部门和机构过于强调投资回报和资金安全，造成金融激励措施效果不佳。企业对节能环保和循环经济的投资意愿不强，绿色转型步伐缓慢。虽然中国各级政府与组织开展了包括绿色设计、绿色产品、绿色企业、绿色工业园区和绿色城市等多种不同级别的示范性绿色评选，但是仍缺少示范性的国家绿色制造奖项。绿色制造行动缺乏国家层面的示范性促进机制。

（4）产业结构与工业园区布局不合理。绿色能源及资源密集型产业发展迅速，部分产业产能严重过剩，而科技含量高、附加值高的产业发展却相对落后。工业园区存在"数量多、分布散"的问题，整体发展不平衡，同质化严重，集群效应弱；工业园区绿色化、智能化与循环经济发展不足；管理水平无法适应绿色制造的需求。总之，绿色制造行动缺乏稳定推进的基石。

（5）缺乏法制与监管体系的有力保障，执法力度不足。现有法律法规和监管体系无法有效约束企业的安全与绿色生产，缺乏关于生产过程中各种废弃物处置和循环使用的法律法规，企业违规建设、危险生产、违法排污、超标排污现象时有发生。企业违法成本低，守法成本高，导致绿色生产不达标企业以更低的产品成本冲击市场，而打击了其他企业进行绿色升级的积极性。总之，绿色制造行动缺少有力的法制保障。

# 二、中国绿色制造行动对策的研究目标、方案与思路

## （一）研究目标

中国绿色制造行动的总目标如下：紧密围绕生态文明建设和绿色制造的需求以及国家经济发展战略，推出符合制造强国建设理念的绿色制造行动对策，以实现人民对美好生活

的向往为目标,坚持绿色引领,推动形成绿色生产方式和生活方式;让绿色制造成为中国社会经济发展的强大引擎,实现人民群众物质生活水平和生态资源资产的双重富裕;到 2035 年基本实现"绿色中国";到 21 世纪中叶,全面建成反映新时代中国特色社会主义特征的"美丽中国",将中国建设成"绿色强国"。

在"制造强国战略研究"三期项目中,"中国绿色制造行动对策"研究基于前两期项目的研究的成果,将重点放在绿色经济、顶层设计与系统集成上,寻找重点行业的绿色制造共性,探索中国绿色制造的后发优势。

本课题组基于当前绿色制造推进过程中出现的问题,选取并剖析中国流程型制造业和离散型制造业的绿色制造典型案例;提出中国绿色制造分 3 个层次发展的总体思路和战略重点,强调绿色经济效益对绿色制造的引导作用;提出中国绿色制造指数体系构建的初步设想;制订既具有中国特色又具有国际水平且符合制造强国建设理念的绿色制造行动对策方案。

## (二)方案

为解决当前制造业绿色制造驱动力不足的问题,确保绿色制造行动的有效实施,本课题组确立了调研剖析、内外比对、分析研讨 3 个具体方案,如图 5-1 所示。

图 5-1 实施绿色制造行动的 3 个具体行动方案

### 1. 通过实地调研剖析,形成绿色制造案例专题调研报告

本课题组通过实地考察、专题座谈等方式,组织相关专家对中国制造业的重点行业、产业集群、区域、城市和企业进行了深入调查研究,了解和掌握中国制造业发展的实际状况。本课题组重点关注制造业中的流程型制造业,选取了煤化工行业的燃料乙醇产业、精细化工行业的农药产业,以及蓄电池等行业进行绿色制造分析;对绿色制造典范地区,如深圳、武汉、杭州、湖州、烟台、马鞍山等开展调研,本课题组实地走访绿色制造典范企业,调研汇总,形成支撑总体报告研究工作的专题调研报告。

### 2. 通过比较研究不同国家的绿色制造战略及经验

对制造业的绿色、低碳和自身可持续发展,开展国内外比较研究,为建立符合中国特色的绿色制造策略理念和行动方案提供经验与启示。

在新一轮的全球工业革命中,工业发达国家发动了一场以"发展绿色经济"为核心的

"经济革命",有美国的先进制造业伙伴计划、英国的工业 2050 战略、欧盟的 IMS2020 计划、德国的工业 4.0 战略、日本的工业 4.1J、韩国的绿色经济发展战略等。绿色制造是这些国家战略的重要组成部分。通过对中、美、德、日、英等国的绿色制造现状和战略的比较研究,通过对不同国家化工行业绿色制造的比较研究,分析不同国家战略中绿色制造的实施背景、发展模式与实施成效,为中国制造业的绿色制造战略研究提供参考。

### 3. 分析中国绿色制造实践过程的问题,探讨绿色制造行动对策

基于实地调研和国际比较研究,总结并剖析中国制造业在实现自身可持续发展、绿色转型过程中的经验和问题,分析中国当前绿色制造的评价体系,针对中国制造业发展现状,提出中国绿色制造指数体系构建初步设想;建立兼顾环境、社会和经济效益、有中国特色的绿色制造策略理念、构建自发追求绿色增长的体系机制;确立中国绿色制造的总体思路和战略重点;探讨符合制造强国建设理念的绿色制造行动对策方案。

## (三)研究思路

基于绿色制造行动对策研究目标与方案,中国绿色制造行动对策的整体研究思路框架如下:以绿色经济为核心,强调顶层设计,从理念设计、体系设计、指数设计和手段设计 4 个方面推进中国绿色制造行动(见图 5-2),制定长远的、符合国情的、操作性强的"国家绿色制造行动对策",明晰绿色制造行动的发展层次,注重政策实施的整合性。鼓励地方政府在国家方案基础上根据自身条件制订更加具体的行动计划,并通过确立发展规划和目标来引导计划实施,促使各方形成统一预期,提高绿色制造新动能的培育力度与广度,使其成为中国未来经济发展的强大动能。

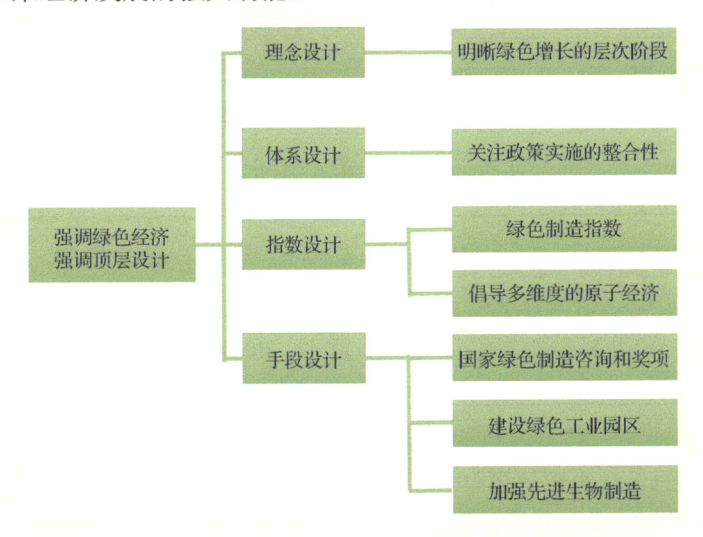

图 5-2 中国绿色制造行动对策研究思路框架

（1）理念设计是指从绿色制造的内涵、内容和中国制造业的特殊性出发，勾勒远期概念路线图，选取短期重大或者行业突出问题进行重点解决，以绿色制造为核心，以绿色增长的3个层次单元结构"企业—园区—区域"为落实点，推进制造业的绿色增长、绿色经济和绿色发展，从节能减排降耗生产向绿色循环低碳生产过度，力争达到资源能源回收利用和完全循环的、生态友好的绿色可持续发展阶段。

（2）体系设计是指行动对策要重视绿色制造体系政策实施的整合性。注重企业、各级政府、研究机构、行业协会、媒体和第三方之间的良性互动。鼓励第三方提供包括绿色制造的检测、评级、认证和研发在内的各项服务。

（3）指数设计，充分考虑原子的物质性，要包括元素循环代谢分析与全生命核算，也要包括资源产出率、能耗产出率和污染产出率等多维度指标。

（4）手段设计是指通过加强绿色制造领导机制建设，成立"国家—区域—行业—企业"层面的各级领导小组，分级实施绿色制造工程，将绿色制造成效与各级领导干部的政绩考核直接挂钩，并实行终身负责制，借助区域辐射效应和行业"标杆"效应，带动相关区域、行业的绿色制造水平。同时，设置国家绿色制造咨询和奖项，对绿色技术、绿色产品、绿色企业、绿色园区或国家挂牌绿色制造基地、绿色企业进行年度评选活动，强化绿色制造的示范作用，带动全民关注绿色制造的良好社会氛围。加强包括生物制造技术在内的绿色先进技术在绿色制造中的应用，充分激发第三服务业对绿色制造的促进和服务作用。

## 三、中国绿色制造行动对策课题执行情况

绿色制造行动对策课题的执行情况如下：绿色制造行动对策课题项目于2017年2月开始启动，初步制订了课题的研究方案、研究大纲和调研方案。2017年5—8月开始资料收集，数据采集，并进一步细化研究大纲、进行任务分工，组织院士和专家进行实地调研；2017年9—11月，召开专家研讨会，分析调研成果，初步完成调研报告；2017年12月—2018年1月，确定绿色制造课题研究报告框架；2018年3月，进一步完善研究报告，并做补充调研；2018年7月，举办绿色指数研讨会，2018年底完善最终报告并定稿。

绿色制造行动对策课题在实地调研中，针对不同区域的经济圈选取不同类型的典型城市、典型行业及企业进行调研。调研城市以有特色的大中型城市为主，如武汉（武汉经济圈）、马鞍山（长三角经济圈辐射区）、深圳（珠三角经济圈）、湖州和杭州（长三角经济圈）和烟台（环渤海经济圈）等，重点分析了"两山"思想发源地——湖州的绿色制造发

展模式。在行业选择中，我们选择了隶属于流程型制造业的钢铁、化工与制药（包括农药）3个行业及隶属于装配制造业的电子行业。重点分析了全球首套煤基乙醇工业示范项目。具体调研的企业有微宏动力系统（湖州）有限公司（主营锂离子电池）、天能集团（主营绿色能源及再生能源）、浙江诺力机械股份有限公司（物流企业）、美欣达集团（环保能源与纺织）、武汉迪赛环保新材料股份有限公司（环保新材料）。重点分析了迪赛环保在环保电镀材料上的创新、创造的可观的经济收益和巨大的生态环境效益。

# 四、绿色制造战略及行动对策国内外比较研究

绿色制造是当前国际社会的先进制造理念，直接体现了一个国家的实力和经济水平。2008年国际金融危机爆发以来，许多国家把重振制造业当作经济复苏的重要战略支点。但传统制造业高耗能、高污染、低效率等问题带来的资源枯竭、生态恶化等危机严重制约了制造业自身的发展，也成为经济、社会和环境和谐发展的阻碍。因此，工业发达国家纷纷开启新一轮制造业革命，以绿色制造为核心，以实现资源节约、绿色低碳、环境友好的可持续未来社会为目标，把制造业的绿色发展提升到关系国际竞争力的国家战略高度上，出台各自的制造业国家战略计划，如欧盟2010年出台的"欧盟2020战略"、德国2011年出台的"工业4.0战略"、英国2013年出台的"工业2050战略"、日本2015年出台的"工业4.1J"计划、韩国2009年发布的"绿色增长国家战略5年计划"。

绿色制造是发达国家的核心战略之一，成为国际竞争与合作的焦点和优势转换的关键。绿色制造理念正在转化为实际行动，在为全球经济带来新动力的同时，也为中国带来巨大的机遇和挑战。辨析全球绿色制造形势，把握绿色制造战略发展方向，做好对未来国际经济格局变化趋势及其对中国影响的研判，在国际经济格局的调整期，顺应自身比较优势的变化，应对外部挑战，提升国际竞争力和全球分工地位，是中国实现工业强国和大国崛起的关键。

## （一）发达国家绿色制造发展战略及政策分析

### 1. 美国绿色制造发展战略

1）美国实施绿色制造发展的背景：制造业滑坡，经济复兴乏力

在1895—2009年的100多年间，美国一直是全球最主要的制造商。20世纪80年代，

美国制造业开始向海外转移,房地产、金融等服务业成为其国内重点发展产业。制造业在经济增长、出口、就业和创新等方面的贡献逐年减弱,GDP 比重不断下降,从 1957 年的 27% 下降到 2009 年 11.2%。美国高技术产业出口占全球份额从 20 世纪 90 年代后期的 20% 降低到 2008 年的 11% 左右。2000—2009 年,美国制造业减少了近 600 万个工作岗位,产业结构空心化问题凸显,美国制造业在国际和国内的地位均出现绝对下降。

2008 年的国际金融危机使美国重新意识到实体经济尤其是制造业的重要性,并出台了一系列旨在"重振美国制造业"的产业政策。为了避免传统制造业发展引发的气候变化、资源枯竭和环境恶化问题,美国政府实施了一系列以"绿色理念"为核心的产业复兴政策。

2)美国绿色制造发展系列举措

美国是最早系统地提出"绿色制造"概念的国家(1996 年发布《绿色制造蓝皮书》,即 *Green Manufacturing*),其"绿色制造"起步早,并在发展过程中,先后制定和实施了一系列成熟的绿色制造举措,涉及气候改善、清洁能源使用、低碳排放、环保、创新战略和制造业重振与经济复兴。其中与制造业相关的国家计划与法案多达 8 个:"美国复兴与再投资计划"(2009 年)、"重振美国制造业框架"(2009 年)、"振兴制造业法案"(2010 年)、"创造美国就业及结束外移法案"(2010 年)、"先进制造业伙伴计划(AMP)"(2011 年)、"先进制造业国家战略计划"(2012 年)、"提速美国先进制造业"(2014 年)和"制造业就业主动性计划"(2017 年),显示出美国对制造业的重视。这些重振制造业的计划与法案都把绿色制造作为重振制造业的核心目标与实现手段。美国政府的绿色制造战略特别重视清洁能源、科技创新战略对制造业和绿色制造的作用。其中涉及能源方面的计划和举措有"第四代核能系统国际论坛"(2001 年)、"氢经济国际伙伴关系计划"(2003 年)、"国家能源政策法"(2005 年,第三部能源国家法案)、"2007 能源自给安全保障法"(2007 年)、和"美国清洁能源与安全法案(ACESA)"(2009 年,美国历史上首个限制温室气体排放的法案);创新战略相关计划法案有"机器人计划"(2011 年)、"国家机器人技术研究计划"(2012 年)、"国家量子计划"(2018 年,已正式通过成为国家法案,即《国家量子倡议法案》)。

3)美国绿色制造发展策略的特点与成效

2011 年,美国政府发布国家制造业战略:先进制造伙伴计划(AMP)。AMP 的特点如下。

(1)顶层推动,"产、学、政"紧密合作,具备专业性与高效性。美国政府高度重视先进制造业,不但成立了隶属于商务部的国家先进制造项目办公室,还于同期建立了直接隶属于总统经济委员会的"白宫制造业政策办公室",由总统经济顾问和商务部部长共同担任执行主任。

为实现"产、学、政"高效联合,AMP 专家成员绝大部分来自学术界和产业界。在第一届 AMP 成员伙伴的 21 席名单中，产业界占 11 席，学术界占 6 席，白宫占 3 席，联邦政府行政部门（如国防部等）占 1 席。在第二任 AMP 指导委员会的 19 人名单中，10 位来自产业界，8 位来自学术界，1 位来自协会组织。专业的 AMP 指导委员会的成员组成确保了 AMP 的专业性与高效性。

AMP 指导委员会负责以下任务：寻找先进制造领域的研发投资机会，促进竞争前合作，推动共享设备和基础设施建设；确定具有变革潜力，并能够在美国商业化中得到技术发展的新兴技术；对联邦政府提出可以直接或显著改善合作研究能力、支持产业化发展的经济和创新政策；为有意在美国投资先进制造业的企业提供人力资本，并提出有利于人才供应的具体措施；协助美国制造商，尤其是中小企业，帮助他们评估和降低风险、加快技术从研究到生产的步伐、降低生产成本和共享基础设施等。

（2）重视人才发展。为促进"再工业化"，AMP 指导委员会向美国总统科技顾问委员会提交建议书，强调了人才供给的重要性，并提出了一系列建议举措。这些已被采纳的建议措施包括以下 6 个方面。

① 更正公众对制造业的误解。使民众意识到制造业发展是国家的关键性需要，提升民众对制造业岗位的兴趣，开展制造业领域的宣传运动。

② 发挥退伍军人的技术才能。充分引导和利用退伍军人拥有的许多促进制造业创新和填补技术空缺的关键性技术才能。

③ 对社区大学层次的教育提供资助。通过领先发明者的良好示范，增加对社区大学层面有关制造业领域的教育资助，以提高人员的技术水平。

④ 发展技术认证的合作伙伴关系。允许机构进行制造业相关资格认证活动，促进先进制造业技术认证的模块化和便利化。

⑤ 加强先进制造业的高校教育。促进高校先进制造业领域的教育配套和课程的发展。

⑥ 启动国家先进制造业方面的研究员职位等，从而为国家再工业化输送人才，并从全国范围提高对制造业职位的认可程度，增加制造业岗位的就业机会。

（3）关注商业环境。营造商业环境是 AMP 的核心要素之一。AMP 指导委员会建议的商业环境改善措施集中以下在 4 个方面。

① 履行税制改革。实施能够鼓励制造业投资的税制改革，如减少美国国内制造活动的税费等；加大研发活动的课税扣除力度，研发税收减免至 20%，并使之成为永久性政策；创建国际竞争企业税收系统，鼓励企业在美国投资，兼顾美国本土企业在本国和国际上的竞争力。

② 简化规章制度。联合规章制定者和社区共同改进制度，完善机构和商业界的对话机制，广泛听取各方建议，进行成本效率的分析和风险评估。

③ 改善贸易政策。鉴于未来的贸易壁垒将会是非关税壁垒，建议美国政府加强跨机构协作，在贸易规则方面持续性地完善并加强与其他关键贸易伙伴的合作，发起能力共建活动；优先与跨大西洋伙伴进行磋商，使美国和欧盟两大先进经济体得以互惠并允许彼此

的贸易伙伴处理贸易壁垒问题，为未来的多边贸易自由化打下基础；加速改革美国的出口控制管理体制。

④ 更新能源政策。对电力供应商和传输商提供激励政策，鼓励其采用创新节能提效措施，并提供相关激励政策和工具保障其顺利实施；增加多元化国内能源供给；加速发展可再生能源和资源，向低碳经济转化。

（4）战略重点部署。美国对AMP的实施主要进行了4个方面的部署。

① 先期投入3亿美元，在关系美国国家安全的关键产业和关系关键产业长期发展的创新技术方面进行投资。

② 启动"材料基因组"项目，计划投入1亿多美元，以期缩短先进材料从开发到应用推广的时间。

③ 投入7000万美元，支持新一代机器人的研发。

④ 投入1.2亿美元，开发节能制造工艺和材料。

美国绿色制造发展策略卓有成效，有效地推动了美国制造业增长，具体表现在以下3个方面。

（1）制造业复苏，就业增长，成本下降，吸引力增加。美国制造业从2009年开始强劲复苏，从2009年第三季度到2016年第一季度，制造业产出增长近30%，约为总体经济增长速度的两倍。到2016年美国制造业新增80多万个工作岗位（相比2010年），汽车行业（包括销售和分销）整体增加了超过67.1万个工作岗位（相比2010年），增长强劲。美国制造成本优势渐显，投资吸引力提升。世界各地的公司再次将美国视为制造业投资的最佳目的地。美国汽车制造业之都——密歇根州自2011年以来，已引进了来自中国投资的6亿美元，有100多家中国汽车厂商及零配件企业在该州投资。

（2）人均GDP明显回升。随着美国复兴与再投资计划和多项制造业鼓励政策实施，2010—2013年，美国人均GDP年均增速达3.1%，增幅明显。制造业在经济中的占比呈现上升趋势：2010—2012年，3年间美国制造业占全国GDP的比重逐步提升至11.7%、12.37%和12.52%。以2009年通胀调整后的美元衡量，1997—2015年，美国制造业增加值上升了40%。

（3）货物贸易出口明显增加。2013年，美国货物进出口贸易总额为38 457.07亿美元。其中，出口额为15 788.51亿美元，增速2.1%；进口额为22 668.55亿美元，同比下降0.4%。与2009年相比，尽管其货物贸易仍为逆差，但是货物出口贸易已经由2009年的递减状态（22.9%）变成递增状态，且增速明显快于货物进口贸易。无论是人均GDP、制造业比重还是货物出口额均显示美国制造业的强劲复苏态势。

**2. 欧盟绿色制造发展战略**

欧盟是绿色经济的先行者和倡导者，无论是在政策法规领域，还是绿色产业的发展实践，都在全球具有极其重要的影响力。

2004年，欧盟通过了应对气候变化的相关法律，以此为依据，制定了碳排放权交易体系建设计划。自2005年起，欧盟范围内的重点用能企业必须拥有许可证才能排放二氧化碳或开展二氧化碳排放权的交易行为，正式启动了"欧盟碳排放交易机制"。

2006年3月，欧盟委员会正式发布了《获得可持续发展、有竞争力和安全能源的欧洲战略》能源政策绿皮书，主要内容包括欧洲能源进口依存度上升、相关产业投资需求迫切、全球能源需求持续增长、资源能源分布集中趋势、应对气候变化、油气价格持续上涨6个方面，呼吁欧盟各国政府和消费者对清洁能源消费加强重视，并提出加大对能效提升、清洁和可再生能源的研究和开发投入等措施建议。

2008年底，欧盟委员会通过了《欧盟能源气候一揽子计划》。根据该计划，2020年欧盟将温室气体排放量在1990年的基础上减少20%以上，同时将可再生等清洁能源消费占总体能耗的比例提高到20%以上。

2009年3月，欧盟委员会对外宣布在2013年前投入1050亿欧元用于支持绿色产业的发展，带动和促进经济和就业增长，继续保持欧盟在绿色低碳产业的全球领导地位。

同年10月，欧盟委员会又提出10年内增加500亿欧元用于发展绿色低碳技术的建议。

2010年10月，欧盟委员会发布了《未来十年能源绿色战略》（《欧盟2020战略》），提出发展低碳经济和资源效率的路线图，明确了欧盟发展绿色产业和提升能源利用效率的路线图，计划向能源消费结构优化和能源设备改造升级等重点领域投资1万亿欧元。

2012年4月，为应对欧盟的债务危机，提振经济发展态势，欧盟委员会环境总司与能源总司在非正式会议后公开表示："两部门将加强合作，全力支持欧盟发展绿色产业，促进经济增长，缓解就业难题，提高欧盟的国际竞争力，引领欧盟国家走出经济危机。"

2012年，欧洲创新联盟（EIP）成立，这是一个由行业、公共服务、学术界和非政府组织代表组成的利益相关方平台，其主旨是为欧盟、其成员国及私营部门利益相关方提供采用创新方法来应对原材料挑战的方法。EIP覆盖了整个原材料价值链，从原材料开采（勘查、采矿、采石以及木材采伐）到原材料加工生产和回收。

2015年12月2日，欧盟委员会发布了"循环经济计划"，旨在通过回收利用来增加产品全生命周期内的价值，提高欧盟的全球竞争力，促进可持续经济增长，并创造新的就业岗位。

2016年7月，欧盟委员会发布了《原材料记分牌》第一版，阐述了整个原材料价值链中的各项挑战和机遇，并强调了原材料对欧盟经济，尤其是就业与增长的重要性。其目的在于为EIP总体目标以及原材料政策背景提供量化数据，并显示可用于多领域政策制定的相关且可靠信息。《原材料记分牌》还将用于监测循环经济的进展情况。

欧盟的绿色制造成效显著：2016年，欧洲经济复苏促使工业和经济活动增加，GDP总体增长1.9%，但碳排放量却下降了0.7%，而在排放交易体系（ETS）覆盖的欧盟成员国则下降得更快（2.9%）。总体而言，1990—2016年，欧盟的GDP增长了53%，但碳排放量却下降了23%。同时，欧盟的能源强度也在逐步下降，经济增长和能源消费之间也已脱钩。

### 3. 英国绿色制造发展战略

1）英国实施绿色制造发展的背景

英国是世界工业革命的发源地，曾是全球制造中心。英国工业发展带来过严重的环境问题，留下了惨痛的历史经验（如1952年伦敦烟雾事件、泰晤士河水污染事件等）。以环境换取经济发展的沉重代价促使英国付出长期而巨大的努力来治理环境。英国选择向可持续发展转型，并成为全球低碳经济的积极倡导者和先行者。

英国政府的许多政策法规建设具有开创性，创造了多个世界第一：世界上第一个征收气候税的国家（2001年），第一个为温室气体减排目标立法的国家（2008年正式通过《气候变化法》）、世界上第一个立法约束"碳预算"的国家（2009年4月）。

2）英国绿色制造发展路线

自20世纪80年代以来，英国逐步将经济重心转向金融、文化创意等高端服务领域，传统制造业日渐衰落，经济增长减缓。在此背景下，英国政府先后实施一系列以绿色、低碳和循环经济为目标的制造业可持续发展战略。

2008年，英国提出"高价值制造"战略，注重发展生物能源、智能装备、新材料等高端领域，推动经济可持续发展，寻找能够支撑英国未来经济发展的新动力。其主要战略内容如下：

（1）增加创新资金的投入。

（2）侧重"高标准"制造领域，主要包括能源效率、制造过程、材料嵌入、制造系统和商业模式等多方面的技术和市场，并使用22项"制造能力"标准衡量投资领域是否具有较高的经济潜力。

（3）协同技术创新与应用。

（4）提升政府服务水平。

2009年7月，英国公布了低碳能源国家战略白皮书《英国低碳转变计划》，提出英国经济发展的核心目标是建设一个更干净、更绿色、更繁荣的国家，并明确了包括电力、重工业和交通在内的社会各部门的减排量和减排措施。主要目的如下：实现欧盟的强制减排目标；在全球环境保护方面提高影响；应对经济衰退，扩大就业机会；实现能源供应多元化，确保本国能源安全。

2011年，英国发布了《增长计划》，明确英国经济低碳化发展政策，致力于减少赤字，实施系列经济增长新举措，推动全国各行各业发展，促进投资、发展制造业和增加出口，实现经济稳定、可持续与平衡的发展。为推动绿色经济发展，英国政府承诺比原计划提前一年运作"绿色投资银行"，启动资金高达到30亿英镑，明确将英国打造成世界领先的标杆国家的宏伟目标。

2012年1月，英国启动对未来制造业进行预测的战略研究项目，定位于2050年英国制造业发展的长期战略研究，通过分析制造业面临的问题和挑战，提出英国制造业发展与复苏的政策，并于2013年10月形成最终报告《未来制造业：一个新时代给英国带来的机遇与挑战》。该报告又称为《英国工业2050战略》，报告认为制造业并不是传统意义上的"制造之后进行销售"，而是"服务+再制造（以生产为中心的价值链）"，需要致力于以下4个方面的工作：

（1）更快速、敏锐地响应消费者需求。

（2）把握新的市场机遇。

（3）可持续发展。

（4）加大力度培养高素质劳动力。

英国政府采取了多种国际措施来推动绿色经济发展，包括利用全球协议、欧盟策略和其他倡议等方式，通过二十国集团（G20）峰会和其他论坛途径鼓励绿色经济发展。政府的商业外交政策最大化地推动国内绿色企业的出口。绿色经济转型为英国提供了在具有竞争优势的领域（如海上风能）一跃成为全球引领者的机会。

英国政府对已有适用于重大基础设施建设计划的政策进行彻底梳理，并将这些政策纳入《国家计划政策框架》。明确计划系统应如何支持可再生能源的推广，并强化应对气候变化影响的薄弱环节。致力于保证环保规制系统可以有效、适度、连贯、顺畅地实施，并尽可能地降低企业负担。

通过财政措施，如环保税等，有效推进绿色经济转型。例如，通过气候变化税、垃圾填埋税和汽车消费税等，明确提出碳排放基准价格，提高环保税在税收中的比例，以实现英国绿色经济的最大增长。在企业向绿色经济转型过程中，对转型成本高、转型难的企业给予照顾。政府与企业切实合作，相互支持，加速绿色经济转型。

3）英国绿色制造发展战略的特点与成效

从英国革命时期的环境污染到今天的生态典范，英国留给人们许多值得深思的历史经验，其绿色制造发展实施战略特点如下：

（1）战略执行主体是市场和企业，而不是政府。英国政府推行"高价值制造"，并没有替代市场与企业的主体作用，而是为制造企业、科研机构提供资金支持和必要服务，通过营造良好的市场环境，以更加务实的政策和措施鼓励企业实施国际化战略。

（2）优劣的衡量标准是"市场需求"，而不是技术先进性。英国在实施"高价值制造"战略时判断产业发展方向是否合理，首先考虑的是有无市场需求，即以市场认可度作为核心衡量标准，其次考虑技术领域选择，技术水平在更多情况下是作为参考的辅助标准。

（3）产业发展重点是制造业与服务业协同共进，而不是单一制造业。英国政府推进战略的重点是以市场需求为核心，发力高端制造和配套服务的融合领域，通过强调智能融合来实现产业结构的逐步平衡，着力促进制造业与服务业协同发展。

（4）战略推进目的是走出一条经济转型之路，而不是重现其"工业帝国"繁荣。英国"高价值制造"战略不是局限于其制造业的简单"回归"，而是注重通过发展生物能源、智能装备、新材料等高端领域推动经济实现可持续发展，并借此在新工业革命中寻找能够支撑英国未来经济发展的新动力。

从 2010 年起，英国经济缓慢复苏，2010—2012 年，3 年的 GDP 增长率分别为 1.3%、0.7%和 0.3%。从 2013 年开始，英国经济呈现全面复苏势头，当年 GDP 增长率达到 1.7%。2014 年，英国经济增长 2.9%，为 7 年来最高，国内生产总值超过危机前水平。2015—2017 年英国经济继续保持稳定增长态势，GDP 同比增长分别为 2.2%、1.8%和 3.8%。

**4. 德国绿色制造发展战略**

2012 年 9 月 10 日，受德国联邦环境部委托，罗兰-贝格战略咨询公司发布了《绿色技术德国制造 3.0》，对能源效率、可持续水资源管理、环境友好型能源和能源存储、可持续交通、资源和原材料高效利用、循环经济 6 个绿色环境技术市场发展情况进行了调研分析。分析结果显示，2011 年，德国绿色环境技术产业总产值约占其国内生产总值（BIP）的 11%，预计到 2025 年将达到其国内生产总值的 20%；中小企业是德国绿色环境技术产业主体，约占该产业领域企业总数的 90%。预计到 2025 年，全球绿色环境技术产业规模将比现在翻一番，达到 4.4 万亿欧元水平，届时，德国将有望占约 15%的全球市场份额。

德国于 2011 年在汉诺威工业展览会上提出了"工业 4.0"的概念，并于 2013 年正式发布了《保障德国制造业的未来——关于实施工业 4.0 战略的建议》，其总体目标是实现以"信息物理系统（CPS）"为基础的"绿色"的智能化生产。德国"工业 4.0"的发展路径十分清晰：

（1）积极推进 CPS 技术研究，成为 CPS 技术的全球领导性供应商。

（2）加快为 CPS 技术和产品培育新的市场，让 CPS 成为全球先进制造业的主流技术。

在技术研究方面，按两大主题展开：

（1）"智能工厂"，重点研究智能化生产系统及过程控制技术，以及网络化分布式生产设施的实现。

（2）"智能生产"模式，重点研究整个企业的生产物流管理、人机互动以及 3D 打印技术在工业生产过程中的应用。

在项目实施方面，聚合"官、产、学、研"，由政府出资，学术界和产业界共同推动，特别强调中小企业既是智能化生产技术的使用者和受益者，又是先进工业生产技术的创造者和供应者。为了协调创新进程，确保未来生产要素、技术和产业能够互联集成，德国电气电子和信息技术协会编纂了《"工业 4.0"标准化路线图》，并将其作为规划基础。在市场推广方面，德国政府重视借助西门子等超大型德国企业的技术和市场实力，在全球高调宣传"工业 4.0"理念和 CPS 技术，形成大企业投入资源、开拓市场、带动中小企业跟进的良性循环。

德国在工业发展中，极为重视可再生能源的利用。早在 2000 年 4 月德国就通过了《可再生能源法》，之后德国政府又相继出台了生物燃料、地热能等有关可再生能源发展的联邦法规，为可再生能源的发展奠定了基础。在过去 10 年里，德国能源消费结构已经发生了重大变化，大力提倡绿色电力，汽车开始使用生物燃料，许多住户采用木屑或秸秆加工而成的颗粒物取暖。虽然煤炭、核能、油气仍然主宰着市场，但可再生能源所占份额在不断上升。预计到 2020 年，实现可再生能源在能源消费中的比例占 35%，到 2030 年这一比例达到 50%，到 2040 年达到 65%，到 2050 年则超过 80%。

**5. 日本绿色制造发展战略**

日本的制造业现状是，与 20 世纪七八十年代相比，日本制造业的产品制造、出口能力大大下降，其经济地位被服务业取代。在绿色经济变革的大潮中，日本政府高度重视绿色制造水平的提升和绿色低碳产业的发展，通过建设低碳社会、实施绿色制造战略，打造绿色制造竞争力，确立先进制造业在日本经济竞争力的重要地位。

2012 年 7 月，日本发布了《绿色发展战略总体规划》，将新型装备制造、机械加工等作为发展重点，围绕制造过程中可再生能源的应用和能源利用效率提升，实施战略规划。计划通过 5~10 年的努力，将节能环保汽车、大型蓄电池、海洋风力发电培育和发展成为落实绿色制造战略的三大支柱性产业。

日本制造业正从重视制造业自身产品、技术，走向密切关注欧美制造业与信息技术融合的态势，着力打造符合日本国情的制造业与信息技术充分对接、紧密融合的发展策略。通过制定"工业 4.1J 计划"、建立产业价值链主导权联盟等举措，打造符合全球制造业未来趋势、满足本国制造业增长需求的技术架构标准和产业合作机制。

**6. 韩国绿色制造发展战略**

韩国作为绿色制造发展的后起之秀，已成为后发国家建设制造强国的典范。韩国紧跟绿色制造发展潮流，实施绿色增长战略，尤其是把实施生产者责任延伸制度（EPRS）作为重要抓手，推进绿色循环型社会建设。韩国提出的"国家绿色低碳增长战略"主要包括以下 3 个方面：

（1）将绿色科技创新打造成为经济增长的新动力。

（2）逐步减少温室气体排放总量，加快适应气候变化带来的影响，实现保障能源安全的战略目标。

（3）加快推广绿色生活方式，提升国际影响力。

为了贯彻落实绿色低碳增长战略，2009 年 7 月，韩国政府制定发布了《绿色增长国家战略5年计划》，在2009—2013年期间，将国民生产总值（GDP）的2%作为绿色投资基金。2010年4月，韩国政府颁布了《促进绿色低碳增长基本法》，规定了减排目标：到2020年全国温室气体排放量比当前降低30%。同时，韩国政府还专门成立了直属总统管理的专门机构，即"绿色增长委员会"，由该机构统筹落实绿色低碳增长战略的各项政策措施。

韩国早在2003年就更新了生产者责任延伸制度相关法律，强化生产者的环境责任和义务。生产者责任延伸制度（EPRS）又称为扩大生产者责任制度，由瑞典环境经济学家托马斯在1990年最先提出，经济合作与发展组织（OECD）对其定义进一步完善。该制度是指将生产者的责任延伸到其制造产品的全生命周期，特别是产品报废后的回收、处理和资源化利用阶段，通过促进生产者承担报废产品的回收利用等义务，降低产品全生命周期资源环境影响。为落实EPRS，韩国政府对《资源节约及回收利用促进法》进行了全面修订，责令产品生产者按照国家规定的比率进行回收、处理和资源化利用报废产品，同时不断扩大产品的范围，提高回收数量和质量要求，促进经济绿色、循环发展。

## （二）典型行业绿色制造国内外比较研究——化工行业

随着中国化工科技的迅速发展，化工行业产量现已位居世界前列。化学工业总产值占工业总产值的比例一直维持在10%左右。近年来，中国大力发展与推广清洁生产、节能减排与化工反应过程强化技术，化学工业的绿色制造已经取得初步成效。因此，本课题组选取了化工行业作为案例进行国内外比较研究。

### 1. 美国化工行业的绿色制造

美国作为世界第一大经济体，其化工产业在世界范围内拥有相当的比重。美国化工行业在绿色制造领域成效斐然，其特点如下。

（1）市场驱动。得益于关键的终端市场强劲需求以及优势能源和原料供应，2019年美国化学工业仍保持高于全球市场增速继续增长。随着新产能陆续投产，以及关键终端市场需求增强，美国的化学产品产量还将显著增长，全球化学品需求一直在扩大，来自美国的优势页岩气原料化学产品刚好可以满足这种需求。

（2）技术驱动。美国化工行业在高速前进的同时也一直是绿色制造的标杆和忠实执行者。在美国，越来越多的新技术、新理念被应用于化工行业的绿色制造。美国的化学品制造商创造了有助于保护环境的创新产品，从环保燃料添加剂到可回收的塑料包装，再到燃煤发电厂的"洗涤器"，大大减少了对环境的污染。

（3）协会倡导。代表化学工业的美国化学协会（ACC）通过责任关怀倡议在企业的设施中运用创新精神以减少环境污染，该倡议对所有ACC成员都是强制性的。其效果也非常显著：1989—2016 年，ACC 成员企业减少了向空气、土地和水污染物排放的 84%。以杜邦公司在得克萨斯州色宾河畔的工厂为例，该厂对乙烯装置—裂解炉进行改造，在装置可靠性不变的情况下每年减少 3.1 万吨二氧化碳气体排放，获得 ACC 颁发的"能源效率奖"。不断提高自身业绩的同时，ACC 还倡导具有成本效益的法律法规，以提高美国的整体环保绩效，并为美国制造业提供明确的方向。

（4）法律先行。美国的环境政策法规定必须遵守促进健康环境的共同国家目标，同时鼓励国内化学行业中的创新和高技能、高薪工作。因此，监管改革是化工行业的优先事项，美国化工行业在全球市场中的创新、雇佣和竞争的能力依赖于一个不会给行业带来不合理负担的、有效和高效的监管体系。2015 年 10 月 1 日，美国环保署将臭氧标准从 75ppb（十亿分比浓度）降至 70ppb，新标准于 2015 年 12 月 28 日生效。虽然美国环保署关于工业设施温室气体的排放没有具体规定，但是美国的化学品制造商不断实施绿色变革，以满足提高能源效率和减少排放的材料与技术的需求。

（5）安全保障。美国化学工程师协会成立了化工过程安全中心（CCPS）。该中心成立几年之后，美国许多州颁布了相关法律法规，旨在管理、控制和预防有毒物质和高度危险材料的泄漏、降低风险、阻止事故发生。1992 年，美国职业安全健康局颁布了一项国家标准——《高度危险化学品过程安全管理》（OSHA 1910.119），提出了 14 项具体监管要求。自此，过程安全开始在美国正式发展。随后，化工过程安全发展设置了 14 个要素，符合这些标准的企业才可以获得资格，成为美国化工过程安全中心的成员，这在很大程度上规避了不合规企业带来的环境安全风险。

目前，美国化工行业绿色制造的主要方向如下：

（1）产生和使用新知识。通过支持新化学科学和工程技术领域的研究与开发来发展效率更高、性能更好的产品和过程。

（2）利用信息技术。与学术界、联邦及国家实验室、软件公司一起保证软件的兼容性，并对化学工业使用的计算工具进行集成。在自动化技术和高级模型化方面发展共享信息的伙伴关系。

（3）鼓励排除壁垒。通过了解关于允许企业在开发的启动阶段一起工作的法律和法规，排除合作开展远期研究的壁垒。

（4）提高法律法规的效能。通过改革程序，更加强调效能而不是法规之间的协调，更加看重成本、利润和有关的风险。

（5）提高后勤保障效率。通过发展供应链管理的新方法以及为塑造信息技术和制定标准的努力，提供资助以满足工业制造和分布式需求。

（6）提高制造的灵活性。利用最新水平的测量工具及用于设计、开发、放大和优化生产过程的其他新技术来计划制造设施的能力，以便对市场的变化做出快速反应。

（7）协调不同的标准。与本国政府、其他国家政府及独立的标准组织一起协调在命名、文本、产品标识、包装要求方面的不同标准。

（8）创造缔结合作伙伴关系的动力。通过鼓励公司、政府和学术界在独特技术、管理、研究与开发能力方面发挥杠杆作用，提高化工行业的竞争力。

（9）鼓励改善教育。通过增强教育体系和鼓励学术界培育交叉领域、合作研究并提供学位课程和职业培训课程来满足工业界不断变化的需求。

美国化工行业通过工业界、政府和学术界之间的协调合作与资源整合，在21世纪初继续保持了其在全球化工行业的领袖地位，其化工业绿色制造发展在平衡环境和经济方面发挥了主导作用。

### 2. 德国化工行业的绿色制造

化工行业是德国四大支柱产业之一，为德国经济做出了重要贡献，促进了德国经济的可持续发展。德国化工行业的三大优势领域是基础有机化学品、初级塑料产品及药品。随着世界经济中心逐渐向亚洲尤其是向中国转移，德国化学行业面临日益严峻的竞争。为此，德国力图通过继续加强技术创新来保持领先优势，更加专注于特种化工产品的开发。

在德国化学工业协会（VCI）、德国矿业-化工和能源产业公会（IG-BCE）以及德国化工业主联合会（BAVC）的联合协作下，化工行业成为德国协同可持续发展倡议道路上的领头羊。2013年，由VCI、IG-BCE和BAVC联合发起了"$Chemie^3$计划"[①]。该计划基于"塑造可持续的未来需要产业的参与"这一认识，更加明确地聚焦可持续性，为整个德国化工行业可持续发展，提出12项指导方针：

（1）将可持续发展整合到企业战略之中。

（2）为实现可持续的投资和可持续的价值创造。

（3）促进经济稳定和全球合作。

（4）通过创新推动可持续发展。

（5）在运营流程中贯彻可持续发展原则。

（6）确保良好的工作条件和积极的社会伙伴关系。

（7）管理人口结构变化，确保高技能人才的供应。

（8）保护人、环境和生物多样性。

（9）促进高效利用资源和气候保护。

（10）融入社区，做好企业公民。

（11）创造透明度，体现诚信。

（12）加强对话和参与。

$Chemie^3$计划促进了化工行业的可持续发展，绿色化工深入人心，消除了公众对化工行业的忧虑，在促进经济、环境和整个行业的社会需求方面，发挥了巨大作用。

---

① 关于"$Chemie^3$计划"详情见 https://www.chemiehoch3.de/

当前，德国化学行业的优势体现在以下 4 个方面：

1）一体化的化工基础设施

一体化的化工基础设施包括 ARG 公司经营的分布在从比利时安特鲁普经科隆到德国工业中心——鲁尔地区的、触及中间广泛地带的网络状乙烯及丙烯传输管道、为数众多的世界级大型化工企业及德国 BASF（巴斯夫）公司及 Bayer（拜耳）公司在鲁尔地区建设的化工"一体化"生产基础。德国拥有为数众多的世界级大型化工企业，其中 BASF（巴斯夫）公司是世界最大的化学企业，Bayer（拜耳）公司也在世界大型化工企业中名列前茅，Degussa（德固萨）公司是世界最大的精细化工品生产商，Henkel（汉高）公司是世界第三大日用化工品生产商，Boehringer Ingelheim（勃林格殷格翰）公司是世界顶级的植物药生产商。世界头号化工企业——德国 BASF 公司拥有 6 个"一体化"生产基地，其中本部及比利时安特鲁普各有 1 个，海外有 4 个。

2）完备的法律法规体系和监管体系

德国化学品管理体系完善，企业主体责任明晰。德国的整个化学品法律法规体系分为三部分：第一部分是欧盟统一执行的法律法规，包括指令、法规以及欧洲标准；第二部分是德国本国制定的法律、法规和技术导则，以及风险防御和保险体系；第三部分是技术标准，包括德国标准化协会、国际标准化组织、德国测试机构和认证协会等制定的技术标准。整个化学品管理体系以保护环境和公民健康为根本目标，并体现了化学品全生命周期管理理念。德国实施欧盟统一的 REACH 法规，以实现经济、社会和环境的可持续发展为目标，整合替代了欧盟原有 40 多个与化学品相关的法律法规，为化学品管理建立了一个系统的法律框架。

3）完备的应急响应体系，绿色化工安全风险可控

德国应急响应体系完备，响应有效且及时。德国工业界的应急响应有以下的显著特点：一是响应有效且及时；二是构建以消防为核心、以志愿者为后备力量的多样化救援梯队。德国应急救援共有 5 个级别：联邦、州、县/市、乡镇、园区/企业。联邦机构包括联邦内政部、联邦警察、联邦技术救援署等，应急救援的职责在各层级政府之间有着明确的划分。德国企业非常注重及时、准确、多渠道发布事故信息，避免舆论造成的不利影响。例如，赫斯特工业园区规定从事故发生到应急小组组建完成不超过 30 分钟，第一次对媒体和公众发布信息不超过 45 分钟。不仅如此，而且园区内的企业在事故的应急响应上也做了充分的准备。例如，要求与应急响应有关的工作人员从居住地到工厂的驾车时间不能超过半小时。

德国化工行业事故率极低，园区产业集聚效应和综合运营成效显著，基础设施、技术和管理到位，几乎从不发生安全环保方面的事故，与环境及附近居民和谐相处。

4）自觉开展绿色制造"责任关怀"

企业自觉实施"责任关怀",可实现全行业可持续发展,树立行业新形象。"责任关怀"是化工行业针对自身的发展情况而提出的一整套自律性、持续改进环保、健康及安全绩效的管理体系。德国的化工企业以及化工园区多为百年老店,在德国完善的法律制度、严厉的监督和惩罚机制的大背景下,在发展历程中逐渐接受并实施了"责任关怀"理念。例如,汉高公司的新产品必须做到社会、环境、利益三者统一才能投放市场;公司有专门的部门负责其产品的全生命周期跟踪,不仅减少自有生产环节的二氧化碳排放,还通过供应链管理减少上下游二氧化碳的排放。全球化学工业通过实施"责任关怀",可以使其生产过程更为安全有效,从而为企业创造更大的经济效益,并且极大限度地取得公众信任,为全球化学工业可持续发展做出了巨大贡献。

### 3. 日本化工行业的绿色制造

在日本,循环经济产业已成为最具发展潜力的新兴产业。随着环境产业的兴起,日本的环保技术在近二三十年内取得了突飞猛进的发展,日本在短时间内降低了工业污染程度,发展了低成本、高效益的新型污染治理技术,创造了节约能源和资源高效利用的全新型低废生产工艺流程,形成了一支具有竞争力的生产环保设备的企业队伍,市场规模不断扩大,企业竞争力不断增加,部分项目已超过了一直处于领先地位的美国。由于日本环保技术的先进性,使其环保技术和环保设备的国际市场迅速扩大,目前,日本的环保技术已同其电子技术和汽车技术并列为世界三大先进技术。

日本化工行业在石油、矿产采集、运输过程中,注意控制能源消耗,减少空气污染在制造过程中,设置排烟脱硫装置,减少硫化物、硝酸气体的排放量。采用活性污泥法和分离法等技术,防止 COD 及 BOD 的排放污染水体。通过实施企业内部的中间处理,废弃物排放减少了 70%。通过改善生产条件,优化生产过程,以及回收利用废能源,达到节能的目标采用高性能、轻质化的材料,以降低资源和能源消耗。

日本化工行业的绿色制造举措主要有以下 3 种。

1）大力推进结构调整

近年来,为提高竞争力,日本企业通过合并、整合以及股权收购的手段,优化资源配置,降低生产成本,提高经营效率。例如,日本最大的成品油销售商新日本石油公司通过换股方式,获取日本第七大销售商九州石油公司的全部股份,以提高效率,削减过剩产能。日本三菱丽阳公司并购英国璐彩特公司,进一步巩固其在聚甲基丙烯酸甲酯方面的全球领先地位;住友化学公司和三井化学公司合资成立聚烯烃合资公司等。同时,日本化工企业主动削减没有原材料优势的基础化工生产能力,把其转移到原料产地或市场所在地。以乙烯为例,日本计划在未来几年削减国内 200 万吨产能。

2）加快化工绿色新材料的创新与开发

化工绿色新材料是世界化学工业未来发展和竞争的制高点,日本主要化工企业在化工新材料的研发上都用足了力量。例如,住友公司的新材料及精细化工产品销售额已占其总销售额的一半。日本的技术创新主要集中在以下5个方面:

(1) 新一代LED照明材料。
(2) 新能源和电子化学新材料。
(3) 新型树脂和新一代复合材料。
(4) 新型膜材料。
(5) 医药、农业新产品和新材料。

3）积极倡导责任关怀

日本化学工业协会（JCIA）负责全日本化工行业责任关怀的推进工作。经过多年实践,逐渐形成了一套完整的体系。

(1) 丰富和创新理念。JCIA认为化工企业的活动不但要遵守法律,而且要高于法律,要符合"仁、义、礼、智、信",对社会公众高度负责;对化学产品要从危机管理转向基于风险的管理;积极与社会公众对话,促进社会公众对化学工业的了解,树立化学工业的正面形象。

(2) 完善组织建设。为提高推进责任关怀的工作效率,组建责任关怀推进部,下设4个工作组:报告工作组、对话工作组、成员关系协调工作组、化学品管理工作组。

(3) 修订指南,开展认证。为加强化学品全生命周期管理,根据日本国情开始实行具有日本特色的化学品管理,建立化学品全生命周期信息共享机制,由企业提供GPS安全性摘要,再由JCIA进行公开和共享。

(4) 积极应对全球气候变暖,推进碳减排。完成《日本化工产品全生命周期分析报告》,提出化学工业在应对全球变暖中应发挥重要作用,并研究制定低碳技术路线图,包括催化剂路线图、节能住宅使用的隔热材料路线图、生物燃料和生物能源路线图等技术路线图。

在国家和协会倡导下,日本企业从被动转到主动经营,运筹实践,以快速适应那些重视环境安全的社会地区居民、一般消费者、客户及具有环保志向的加工组装生产商不断提升的环保需求。

### 4. 中国化工行业的绿色制造

随着中国化工科技的迅速发展,进入21世纪以后,中国化学工业保持了良好的增长态势,化工产品的产量已位居世界前列,化学工业总产值占工业总产值的比例维持在10%

左右。近十年来以年均18%的速度增长,对国民经济的发展做出了重要贡献。

随着近几年中国清洁生产、节能减排与化工反应过程强化技术的发展与推广,中国化工行业的绿色制造已经取得初步成效。

中国化工行业在主要产品产量、节能、降耗、减排等多个方面均取得了显著的进步,能源利用率有效提升,绿色清洁生产工艺快速发展,污染物排放总量不断下降,产业结构持续优化。但还存在以下4个方面的问题:

(1)高附加值、精细化产品比重偏低。中国化工行业产品结构主要以基础原材料生产为主,落后产能仍然占有一定比例。

(2)单位产品能耗较高。高耗能基础原材料产品的平均能耗与国际先进水平相比仍有差距。

(3)产业布局不够合理。在原材料生产比较集中的西部地区,化工能源消耗占全行业能源消耗的11%左右,而在原材料资源相对比较贫乏的华东、中南地区,化工能源消耗量占全行业能源消费量的50%以上,造成石化化工行业远距离运输。

(4)化工园区有待低碳化改造。当前,化工行业多采取园区形式集聚发展,但化工园区缺乏内在的循环链接,没有充分发挥相互之间的协同效应。

## (三)国内外绿色制造发展经验

绿色制造是国家战略。各国在国情、资源禀赋和发展阶段方面各有不同,因而采取的绿色产业政策的侧重点也有所区别。以下以美国、欧盟、日本和中国为例。

### 1. 美国绿色制造发展经验

美国是世界第一大经济体和第一大能源消耗国,也是全球范围内最早投入环境保护和资源节约利用的国家之一,其绿色新政"以能源为重,以立法为保障"。美国政府依靠先行立法和市场机制,建立了一套集公共投入、政府采购、市场机制为一体的绿色产业发展政策。主要表现在以下4个方面:

(1)完备的法治保障。从20世纪70年代开始,美国国会相继通过了20多部涉及清洁能源、环境保护及应对气候变化的法案,保障了国家清洁能源战略的逐步推进,为企业和公民参与绿色制造营造了良性、可预期的制度环境。

(2)激励性、市场化的机制创新。美国是最早实施排污权交易制度的国家,取得了可观的经济效益和环保效果,并推广至多个工业减排领域,建立了各类交投活跃的排污权交易市场。与传统的标准管制、排污收费等相比,排污权交易制度具有高效、低成本的优点,既能够大大刺激技术改造和绿色创新的潜在需求,又让排污者和非排污者均易于接受,利于政府的总量控制。

（3）明确的政府绿色采购制度。美国是世界范围内最早推行政府绿色采购的国家。完整、严谨的采购标准体系，动态、详尽的绿色产品清单，健全、专业的政府采购组织，灵活多样的绿色采购方法是美国政府绿色采购得以有效实施并持续推动绿色产业发展的关键。

（4）积极的财税支持。美国实行可再生能源配额制的州已达30多个，2017年加利福尼亚州可再生能源比例达到29%，但电力收费却没有明显上升，制度运行总体顺利。同时，通过税收优惠，美国政府在2005—2015年，向全美能源企业提供用于节能减税的额度达到146亿美元。美国对非常规能源开发实施长期的税收减免，大大提高了非常规天然气的市场竞争力，激发了众多能源企业加大开发相对清洁的非常规天然气，促使关键工艺创新，降低开发成本。

**2. 欧盟绿色制造发展经验**

欧盟是绿色经济的先行者和倡导者，无论是政策法规领域，还是绿色产业发展实践，都在全球具有极其重要的影响力。大多数已完成工业化进程的欧洲国家，较早地关注到了工业化持续深入引发的环境资源消耗、生态失衡问题，并陆续开展了"绿色化"改造。欧盟国家产业绿色转型和低碳区域建设的重点政策是"防治结合、区域联动"，尽管国情差别影响到重点发展领域选择和政策工具差异，但各成员国仍积极开展合作创新和制度联动。其典型政策手段及成效如下：

（1）联合立法，统一绿色产业发展的制度纲领。从早期的《欧洲共同体环境法》到《单一欧洲法》（1987年），再到《欧盟联盟条约》（1992年），为后续的多个欧盟环境行动计划提供法律保障和合作基础。除了联合立法，欧盟成员国也纷纷推出适合自身的具体措施。例如，荷兰的新电力法、德国的可再生能源优先法、丹麦的电力公司供应法等，都将利用可再生能源发电的量化指标及激励措施写入各级规章，为绿色电力提供明确的法律约束和保护。

（2）通过能源税或环境税提升绿色产业的竞争力。英国自2001年4月1日起开始对使用能源的工商企业和公共部门征收"气候变化税"，不同能源品种按其能耗当量而不是碳排放当量确定不同的税率。同时实施对热电联产、可再生能源等清洁能源免税的差别化政策，改变了能源使用成本，激励清洁能源的使用，以达到减排目标，促进产业的节能减排转型。为了减少企业税负，征收的"气候变化税"又通过多种途径"返还"给企业。

（3）以绿色金融市场支撑绿色产业投资。欧洲金融机构创新性地把绿色信贷、绿色债券、绿色投资银行、绿色保险及共同基金等一系列手段应用到多个绿色产业领域，总计1050亿欧元用于支持"绿色经济"。例如，德国复兴信贷银行通过在国际资本市场融资和商业银行补贴环境项目成本，最大效率地发挥政府补贴资金的作用，德国政府负责对其融资进行贴息并打捆形成绿色信贷产品,其"杠杆效应"显著,利用较少的资金调动起一大批在节能建筑、温室气体减排、可再生能源开发等领域的社会资本投入。再如,英国保险业协会组织全国保险公司推行绿色保险,一旦污染发生,赔付内容包括清理污染的数额,还包括罚金、不动产价值损失、法律和医疗费用等。这种市场化的风险管理手段不仅让环境成本显性化,而且使绿色技术投资的潜在效益更可观。

### 3. 日本绿色制造发展经验

日本是最早实施循环经济的国家,也是污染治理与资源再利用成效最为显著的国家之一,创新是其绿色制造的主要核心。日本战后工业快速复兴,引发了大面积环境污染和卫生疾病,这促使日本从 20 世纪 70 年代起开始实行"技术立国"战略、"生态经济与环境和谐发展",并将 "终端治理技术"作为产业升级的重点领域,带动了整个环保治理产业的技术进步。由于自然资源匮乏、资源能源高度依赖进口,日本在 20 世纪 90 年代首次提出了"循环经济"理念,在经济运行机制上重新设计出一种全新的反馈式经济流程,即"资源—产品—再生资源"。从完善法治体系着手,日本依托集权统筹、产业政策和金融信贷支持等措施,形成了较为系统的循环经济政策体系,也成为世界上污染治理效果最好的国家之一。其典型政策手段及成效如下:

(1)为循环经济发展专门立法。日本是最早进行循环经济立法的国家,其循环经济法治体系最为完善。日本的环境立法以治理为导向,主要包括循环型社会建设的基本法、资源循环利用的基本制度性法律和以特定产品为对象的循环利用法(如建筑、家电、食品、机动车等)3 个层次。在 1993 年的《环境基本法》和 2000 年的《促进循环型社会形成基本法》这两个基本大法基础上,2000 年又修订了《废弃物处理法》《资源有效利用促进法》,2001 年制定了《绿色消费法》,这些共同构成了循环产业发展的基础。

(2)集权取向的统筹协调。与欧美等国家中央机构的支持或引导取向不同,日本政府选择了相对集权取向的中央统筹制度来发展绿色经济。中央政府制定统一性法令条款以提供经济和政策优惠,对地方政府和相关企业提出明确的治污或减排目标,并对结果进行官方评估以确定奖惩措施。自 2000 年(被确立为"循环社会元年")起,建设循环型社会逐渐上升为日本经济社会总体发展目标,并以国家基本法的形式加以确定。日本政府在减排目标、行动计划、环境税收、试点城市及技术研发等多方面,落实了多城市高效协同。

(3)以创新政策驱动绿色产业。日本政府为垃圾回收和资源再利用产业提供普遍减税与特别退税相结合的优惠政策,对各生态工业园区的研发进行投资,对从生产到使用、回收的全过程都符合环保要求的产品发放政府认可的环境标志,鼓励绿色消费。其废旧物资商品化收费制度、垃圾处理手续费、保证金制度等经济手段也作用显著。日本将新能源汽车产业列为国家战略性领域,制定并落实了一系列产业政策,制定了新能源车型的普及目标(到 2030 年新能源汽车占比达到 50%~70%)和吨位税、购置税减免举措。在综合考虑技术成熟度、成本和市场等因素基础上制定了更务实的技术路线图。日本政府积极谋求将电池、充电设备、安全等领域的国家标准提升为国际标准，通过引导资金和成本补贴推动产业研发联盟联合攻克共性技术。通过设立政府与民间金融机构合资的绿色产业基金，降低了社会资本参与各类新兴绿色产业的投资风险。

**4. 中国绿色制造发展经验**

中国于 2015 年 5 月正式推出制造强国建设计划，提出坚持"创新驱动、质量为先、绿色发展、结构优化、人才为本"的基本方针。在绿色制造领域，要求组织实施传统制造业能效提升、清洁生产、节水治污、循环利用等专项技术改造。开展重大节能环保、资源综合利用、再制造、低碳技术产业化示范。实施重点区域、流域、行业清洁生产水平提升计划，扎实推进大气、水、土壤污染源头防治专项。制定绿色产品、绿色工厂、绿色园区、绿色企业标准体系，开展绿色评价。到 2020 年，建成千家绿色示范工厂和百家绿色示范园区，部分重化工行业能源资源消耗出现拐点，重点行业主要污染物排放强度下降 20%。到 2025 年，制造业绿色制造和主要产品单耗达到世界先进水平，绿色制造体系基本建立。出现了一批示范性绿色制造典范地区和企业。例如，深圳市基于自身的资源禀赋和文化禀赋，营造能鼓励创业和冒险、宽容失败、崇尚创新、在竞争中开展合作和人才自由流动等宽容开放的文化，使得企业具有灵活而富有弹性的创新商业模式，大力发展资源能源消耗少而智力水平要求高的前沿高科技产业，在创新和激活民营活力的同时全力推进绿色制造。据统计，深圳市 2005—2016 年的空气首要污染物 PM10 的平均浓度从 0.064 mg/m$^3$ 下降到 0.042 mg/m$^3$，GDP 从 0.49 万亿元增长到 1.95 万亿元，在成功解决环境问题的同时，实现绿色经济转型。又如，深圳大疆无人机作为绿色产品典范，广泛地应用于各行各业，包括航拍、电影、农业植保、地产、新闻、消防、救援、能源、遥感测绘、野生动物保护等领域，尤其是能进行大规模高效节约的农药喷洒，并不断地融入新的行业。大疆公司从成立至今（2017 年）不过 11 年，员工平均年龄为 26 岁，是世界瞩目的全球增长最快的科技企业之一，其年销售额正以 3~5 倍的速度递增，产品占全球市场份额约 70%，其中八成客户来自欧美。只有不断加强绿色技术的研发，才能使绿色制造有稳固的科学基础，并推动经济发展。

煤基乙醇项目的成功运行，使中国大范围推广乙醇汽油成为可能，尤其是在中国中西部煤炭资源丰富而粮食资源有限的地区。同时该技术可以用于调整产业结构，通过将生产过剩的甲醇厂改造成乙醇工厂，释放产能。中国煤制乙醇工业化的国际领先地位，有利于缓解中国石油供应不足、促进石油化工原料替代、油品清洁化及煤炭清洁高效利用等问题，对保障中国能源安全和粮食安全及缓解大气污染具有重要的战略意义。

## （四）国内外绿色制造发展带来的启示

国际经验表明，一个经济体走向绿色增长的道路取决于它的政策及体制背景、发展水平、资源禀赋和特有的环境压力点。绿色增长所要求的产业变革不仅仅是一系列传统产业升级和发展新产业，还伴随着产业变革所必需的制度变迁和科技创新。通过对代表性国家的典型措施和发展经验的归纳，总结面向中国下一步支持绿色产业发展的政策启示。

### 1. 强化国家顶层设计

绿色制造是国家的发展战略问题，政府需要建立并完善顶层设计，制定中长期规划，通过国家力量来推动规划的实施；经济合作与发展组织（OECD）的大部分成员国都将绿色低碳作为转变经济发展模式的敲门砖，并发布国家发展战略，拉动经济增长。例如，美国提出了"绿色新政"和投资总额达 7870 亿美元的《美国复苏与再投资法案》，把开发绿色能源列入经济刺激计划的重要内容，将传统的制造中心转变为绿色技术发展和应用中心；欧盟委员会发布了《欧盟 2020》战略，制定发展低碳经济和资源效率的路线图，并出资 1050 亿欧元支持"绿色经济"；日本推出了"绿色发展战略"总体规划，计划将大型蓄电池、新型环保汽车及海洋风力发电发展成推动日本绿色增长的三大支柱产业；韩国政府编制了《绿色增长基本法》和《绿色增长国家战略及五年计划》，在 4 年内投资约 380 亿美元开发了 36 个生态工程，创造了大约 96 万个工作岗位，用于拉动国内经济。

### 2. 重视绿色制造技术研发

各对标国的先进制造业政策都将技术研发（包括绿色制造技术）提高到了十分重要的位置。例如，德国的"工业 4.0 战略"就是国家战略，它以"绿色"智能化生产为总目标，围绕工业宽带基础设施、管理系统、监管框架等 8 项计划，充分结合信息物理系统与信息通信技术，重点发展智能工厂、智能生产和智能物流，研究智能化生产过程，整合物流资源，借助网络提升资源供应方的效率，以实现企业间价值链的横向集成、网络化制造体系的纵向集成、整个价值链端到端的集成为目标，以高科技发展带动工业生产。

只有加强绿色技术的研发，才能发展绿色制造新动能，充分发挥其在经济发展中的推动作用。在 20 世纪 90 年代，美国就推出"美国总统绿色化学挑战奖"，引导美国制造业绿色转型升级；韩国政府在《绿色增长国家战略及五年计划》中，将绿色科技作为重点扶持内容；日本依靠技术进步使得其在 1975—1996 年间 GDP 翻了一番，而 $SO_2$ 排放量下降了 160 万吨。由日本绿色和可持续发展化学网（GSCN）发起的"绿色和可持续发展化学奖"于 2000 年设立，从 2002 年开始授予第一届"绿色和可持续发展化学奖"。

中国也在大力推进环境保护与绿色可持续发展。出现了深圳市、湖州市、宁波市、马鞍山市等绿色示范地区；树立了一批先进绿色制造标杆产业，如煤基乙醇工业、织里童装产业、安吉竹业；涌现出了众多绿色制造典范企业，如湖州微宏动力系统有限公司、天能集团、浙江诺力机械股份有限公司、美欣达集团、武汉迪赛环保新材料股份有限公司等。

### 3. 绿色消费市场引领绿色制造

绿色消费是指消费行为不能只为追求生活上的舒适，消耗大量资源、能源，而是强调消费方式更加重视资源（能源）最大程度上的节约，即人们的消费心理和销售行为向崇尚自然、崇尚绿色、追求健康转变。绿色消费市场的形成会大幅度提升绿色产品的需求与竞争力，从而促进和引导清洁能源生产、资源环境保护、污染防治及资源合理开发利用。

美国制定的《绿色贸易》法案要求所有出口到美国的商品必须符合绿色标准，77%的美国人表示，企业的绿色形象会影响他们的购买欲。法国要求所有在法国市场上销售的产品需标示包括产品全生命周期及所用包装标准的碳含量等环境信息；欧盟国家不断加强政府采购计划中的主动性环境采购措施，绿色采购占公共采购的平均份额已经达19%。中国的绿色消费市场也在逐步扩大，2015年，阿里巴巴网络零售平台累计减少二氧化碳排放约3000万吨；腾讯在深圳推出了实时商品绿色消费指数，鼓励绿色消费。

### 4. 构建绿色绩效评价体系是推动绿色制造深入发展的重要手段

开展绿色制造绩效评价是检验绿色增长实践过程、及时纠正政策偏差、有效预测未来经济模式变革、促进绿色制造的重要手段。OECD构建了一套完整的涵盖经济、环境和人类福祉等方面的绿色增长指标体系，并从2011年开始发布绿色增长指数报告，介绍经合组织成员国和二十国集团（G20）成员国等46个国家自1990年以来在绿色增长方面取得的新进展。联合国亚太经济与社会理事会基于资源消耗强度和环境影响强度指标，从宏观经济层面和各部门层面来构建核心指标，协助决策者明确面临的问题和挑战并制定相关政策。美国加州编制了"绿色经济发展测度体系"，以监测加州总体的绿色经济发展情况。

### 5. 绿色治理体系是绿色制造发展的关键保障

绿色治理是指各社会主体对生态环境问题的共同治理；生态环境作为公共产品，是人类生产生活的必需品和消费品，开展绿色治理，最大限度地维护生态安全，保护环境，促进人类与自然的和谐共生，是绿色制造的根本要求。

从实践方面来看，为协调环境与经济、社会的发展，发达国家积极鼓励循环经济，倡导循环社会，建立起一整套的绿色治理体系。例如，德国实行三级行政部门自上而下、分级负责管理的制度;各级政府与各部门之间权责明晰、分工明确,推进国家生态环境治理。又如,加拿大联邦政府采取"政府支持、社会治理"的模式来实施生态治理,通过召集社会各领域的代表,共同商议加拿大的环境与经济的可持续发展问题。欧洲的绿色治理和发展大多以政府直接控制为主,并由政府首脑直接负责。例如,芬兰政府成立了国家可持续发展委员会,直接统筹可持续发展的各项事宜。奥地利则由联邦总理直接负责国家的环境发展问题。

## 五、中国绿色制造典型案例研究

本课题组选取了不同地区、不同行业和不同企业(包括企业协会)进行绿色制造进展的实地调研和多轮专家研讨,详细分析了中国绿色制造各个领域的现状。本节选取了部分典型案例加以阐述分析。

### (一)中国绿色制造典型地区案例研究

#### 1. "两山"思想发源地湖州市打造绿色制造战略高地

湖州是"两山"重要思想的发源地,地理位置优越,连接长三角城市群南北两翼、贯通长三角与中西部地区。十余年来,湖州坚定地践行"两山"重要思想,紧扣生态文明和绿色制造两条主线,高度重视绿色、循环、低碳发展,推进供给侧结构性改革,在节约资源、保护环境的生活方式上不断探索,逐步走出了一条生态美、百姓富、机制活、产业兴的可持续发展道路,在推动生态文明建设和开展绿色制造方面取得了巨大的成效和丰富的实践经验,充分证明了"绿水青山就是金山银山"思想持久旺盛的生命力,同时吹响了"湖州模式",入选试点示范城市,先后获得了国家生态市、全国生态文明先行示范区、国家森林城市、国家环保模范城市、国家园林城市等荣誉,成为绿色制造城市的典范。

#### 2. 湖州市绿色制造成效

湖州坚持以大平台、大产业、大项目、大企业建设为突破口,在坚定不移推动绿色制造的过程中,其发展在思想上经历了3个阶段,即"用绿水青山去换金山银山""既要金山银山也要绿水青山""绿水青山就是金山银山"。在鱼与熊掌不可兼得的情况下,湖州市认清机会成本,选择有所为、有所不为。

（1）坚持把保护生态、绿色制造作为城市发展的内在要求和老百姓幸福生活的共同追求,主动践行绿色发展,集中力量进行产业结构调整。

① 通过"腾笼换鸟"扶持高科技、高附加值的产业和产品,淘汰高能耗、高排放、低产出的产业和企业,整合提升传统技术、集聚具有发展前景的企业入园,加快新旧动能转换。

② 通过"机器换人"实现技术改造和设备更新,减员增效。

③ 通过"空间换地"开展集约用地,以亩产论英雄。

④ 通过"电商换市"大力发展电子商务,实现商业模式的创新和提升。

（2）着力培养名企、名品、名家,加快发展先进装备、新能源、生物医药三大新兴产业,改造提升金属新材料性能、绿色家居、绿色纺织三大传统产业。培育了巨人通力、诺力机械、天能、超威、美欣达、微宏动力等典范企业。实现规模以上工业增加值410.5亿元、规模以上工业利税221.6亿元、规模以上工业利润145.8亿元。通过淘汰落后产能、限制高耗能重污染行业、整治"低、小、散"块状行业,共关停企业1612家。

（3）建立完善的法规政策工作保障机制。出台多项保护生态环境的法规和一系列绿色发展的政策。在项目准入阶段,探索实行项目、总量、空间"三位一体"的环境准入制,建立针对新上项目的专家预评估、"6+$X$"联审、"环评一票否决"等制度。在过程控制阶段,探索实行差别化电价、水价、地价政策,建立水源地保护的生态补偿、矿产资源开发补偿、排污权有偿使用和交易等制度。在考核问责阶段,率先将"绿色GDP"纳入对县区和市级部门考核指标体系,实行领导干部生态环境保护"一票否决制"和环境损害责任终身追究制度。同时,采取专家咨询、社会听证、群众测评等办法,探索建立社会监督评价制度。

（4）采取综合性措施推动绿色制造实践。通过工业园区的循环化改造、企业的绿色转型升级,同步配合智能制造水平的提升,在城市的工业发展过程中,土地、水、林业等资源大大节约,产出显著提升,形成了绿色企业、绿色生产、绿色产品的发展模式。

湖州市对重点行业专项整治的效果明显,重拳推进蓄电池、电镀、印染、造纸、制革、化工等重点行业的整治提升,加快推进"三改一拆""四换三名""四边三化"等"十招"组合拳,推动德清纺织、长兴蓄电池、安吉竹业、织里童装、南浔木地板等传统块状经济转型升级,通过规划引领、政策扶持和项目支撑,推动构建"企业小循环、园区中循环、区域大循环"的循环经济发展格局。累计关停"低、小、散"企业1612家,腾出110余万吨标准煤的用能空间。特别是蓄电池行业,通过两轮整治实现了"脱胎换骨",企业由225家减少到16家,而产值增长14倍,税收增长6倍。

同时，湖州市重视发展绿色制造创新能力，取得了以下积极进展：

（1）专利授权和成果转化快速增长。2016 年每万人拥有有效发明专利授权量达到 20.91 件，高于浙江省的平均值 4.32 件，排名全省第三，增长率为 61.59%，排名全省第一。2014—2016 年，湖州市新增专利授权量分别为 12679 项、16653 项和 13695 项，每万人新增专利授权量为 48.07 项、63.15 项和 51.71 项，大幅度领先于全国同期水平。

（2）创新能力明显提升。2016 年，在高端装备产业领域，新增市级企业技术中心 13 家，新增省级企业研究中心 8 家、省级企业技术中心 5 家、国家企业技术中心 1 家；新引进 25 位南太湖精英计划创新领军人才，培育 12 个领军型创新团队。在高端装备领域新增省级工业新产品 400 多项。2017 年，全市规模以上工业科技活动的经费支出 73.6 亿元，增长 34.0%，同比提高 25.4 个百分点。

（3）创新创业的政策环境初步形成。出台了《关于全面实施创新驱动发展战略，加快建设创新型城市的意见》《关于全面实施创新驱动发展战略，加快推动工业强市建设五年行动计划》《2015 年工业经济"千企创新"行动计划》《建设国家绿色金融改革创新试验区的若干意见》等。"十二五"以来，累计新引进大专院校共建创新载体 167 家，主要涉及生物医药、生态保护、电子商务、新型纺织等领域；已有国内外 330 多所高校和科研院所与湖州市的 1700 多家企业建立了合作关系。

在绿色制造行动过程中，湖州市逐步形成了重大项目环境准入机制：对重大项目，实行项目、总量、空间"三位一体"的环境准入制，实行专家预评估、"6+X"联审和"环评一票否决"。在项目过程控制阶段，对资源（能源）实行差别化定价政策，建立水源地保护生态补偿、矿产资源开发补偿、排污权有偿使用和交易等制度，目前全市共有 1021 家企业实施了排污权有偿使用和交易。严格项目考核问责制，对生态环境保护实行"一票否决制"和环境损害责任终身追究制度，完善社会监督评价制度。

通过绿色制造行动，湖州模式的绿色制造初步显现：2017 年开展的"机器换人"行动，使得工业技改投资占工业投资的比重达到 81.5%，技改投资增速达到 12.4%，排名全省第二。

通过绿色制造行动，湖州市省级以上工业园区全部实施循环化改造：在纺织、建材、机电等传统制造业领域形成了各具特色的多元化循环经济模式，全市主要工业产品单耗达到浙江省先进水平。

通过绿色制造行动，湖州产业绿色生态发展模式形成明显的辐射效应，具体如下：

（1）天能蓄电池从全国范围内循环回收再利用铅酸蓄电池，显著降低了蓄电池产业对国家生态环境的影响。

（2）美欣达的生物无害处理生产线在全国数十个省市投产，引领全国进行固体废物处理。

（3）微宏电池技术在国际上遥遥领先，成为全球实现"商业化大规模生产，10 分钟充满电"动力电池的三家企业之一，名列全国新能源汽车动力电池前十强，引领全球新能源与储电技术的发展方向。

1）湖州开展绿色制造的实践经验

湖州在城市发展中，遵循"绿水青山就是金山银山"的发展理念，充分发挥好政策优势、区位优势与历史文化优势，积极探索出中国绿色制造城市的可持续发展新路径。

湖州市政府出台政策，强化生态环境监管，具体措施如下：

（1）率先出台了《生态文明建设条例》，完善了绿色制造的法律保障。

（2）建立了系统的领导体制和工作机制，以评促改，将生态文明先行示范区的建设、试点示范城市的申报、大气污染防治计划的落实、五水共治等城市发展行动相结合，确保城市制造业绿色发展方面的法规不会成为一纸空文。

（3）全面实施排污权的有偿使用，率先尝试用能权交易管理办法，弥补监管工具有限、监管能力不足的短板。

（4）率先对县区和市级部门核算绿色 GDP，推行三级绿色生态考核办法和乡镇差异化考核办法，对领导干部实行生态环境保护"一票否决制"和环境损害责任终生追究制度，对领导干部在任职期间的自然资源资产施行离任审计。从根本上改变了中国政府传统"地方竞争"的发展模式，克服政治考核对污染排放的负面激励，努力从根本上解决现有政府评价体系中缺乏环境问责机制的困境。

以外部环境压力和企业盈利预期共同促进制造业可持续发展：在环境规制不断加强的情况下，企业能够主动将外部环境压力转换为企业内部发展的驱动力。这种驱动力又进一步细分为企业的环境行为动机与企业的环境行为能力两个研究视角。

（1）在企业环境行为动机培育方面，环境总量与强度控制，配合排污权、用能权的交易，在很大程度上激励了企业环保行为的动机。例如，印染行业自发地以印染固体废物污染治理经验作为企业发展的基础，系统地构建并开发了其他类似的固体废物深度利用方式，最终在全国率先启用数十家关于生物废弃物处理和环保服务工厂，为国家环境技术升级提供了成功的企业发展范例。

（2）在企业环境行为能力建设方面，环境规制的加强对湖州市产业能力的迅速提升同样起到了促进作用。以蓄电池产业的发展历程为例，从 2011 年发生的"血铅超标"环保事件到现在，湖州市设立的蓄电池产业环境规制并没有打击地方的蓄电池产业，反而成为行业发展与企业能力建设最为重要的驱动力。不仅促进了企业技术创新，多项科技成果填补了国内空白，而且打造了"电池制造—废电池回收—铅再生—电池制造"闭环型绿色产业链，成为以环境规制的加强促进企业创新能力的加强，从而显著改善行业环境表现的典型案例。

以上两方面都说明了湖州绿色工业发展在国内所具备的典型示范意义，即随着环境规制的增强，不但提升了企业投身环境保护的意识，而且显著加速了行业的环境创新能力与环保治理能力的构建。这种宝贵的发展经验，为尝试将"绿色、循环"作为区域主要发展方式的其他城市积累了宝贵的经验。

湖州市积极推进第三方机构参与全面推进绿色制造。绿色制造并非企业或者政府的"独角戏"，也不是企业和政府之间的"二人转"，而是多方利益主体协调共生的生态系统。湖州市的绿色发展最鲜明的特色就是第三方质量监测机构对童装企业绿色发展的促进作用，第三方质量监测机构成为该行业中新型的非政府的政策执行者，建立了公共的质检中心，通过对相关企业面料的质量监测与信息的及时发布，参与市场主体之间的互动，促进传统童装企业的绿色转型升级。湖州市的童装企业通过对产品绿色性能的检测投入，进一步带动了企业技术、设备的全面转型升级，在企业工业总产值下降的同时，主营业务收入、利税总额和企业利润均保持增长，说明企业正在逐步向产品高端化转型升级。在中国推进公共管理多元治理的宏观氛围下，将有越来越多的第三方机构以不同的途径加入中国绿色制造推进过程，地方政府与社会应该对这种第三方机构予以适当的重视，从而从政策角度加快中国绿色制造的推进速度。

2）湖州绿色制造面临的主要问题和挑战

湖州市坚持以"两山"思想为指导，以绿色发展为方向，具有成功的绿色产品和绿色企业的实践经验，是绿色城市典范。湖州的绿色发展还存在以下问题和挑战：

（1）产业结构有待进一步优化，在淘汰整合落后产能和推进"低、小、散"行业的专项整治过程中，只是采取就近整合方式，考虑到统筹整合原则，有待加强跨区整合。

（2）绿色制造体系亟须完善，绿色制造产业的标准体系还不完善，没有实现总量控制与强度控制的"双控制"体系，城市空气质量常年处于轻雾霾状态，迫切需要通过推进绿色制造来降低环境污染风险，提高空气质量，使湖州市更加宜居。

（3）智能管理体系还需加强，湖州在绿色制造发展过程中，没有建立绿色数据中心，没有实现绿色制造各阶段生产过程对环境影响的实时监控，在打造绿色示范工程方面仍需完善。

（4）相关配套政策有待于跟进，在 2016 年新一轮电力体制改革加速推进的浪潮下，能源发展进一步向着"绿色化、智能化、市场化"方向转型调整，以绿色电力配额制、绿电消纳、绿色证书交易机制为核心内容的绿色电力政策是湖州市政府的工作重点，有必要尽快出台政府补贴政策和绿色证书交易机制，以抢先布局和推进绿色电力发展。

（5）人才培养体系有待强化，目前湖州大力实施关于人才引进和培育的"五个一"工程，营造一个高质量人才发展环境，为湖州发展奠定人才支撑。但是由于湖州所处的地理区位，人才向沪、宁、杭流失，本地高校、科研院所和职业院校发展空间大，有必要完善人才机制建设，优化人才发展环境，形成与湖州市绿色制造发展需求相适应的人力资源建设格局。

3）对打造湖州绿色制造战略高地的思考

湖州市人均资源短缺，能源结构以煤为主，环境容量有限，生态环境的天然禀赋比较脆弱，受雾霾气候条件影响较大。但后发优势明显，由于一些历史原因，发展进程晚于周边城市，因而有可能借鉴他们的经验和实践，吸取他们的教训。湖州理应充分利用后发优势，实现更高效能和更高质量的发展，走出一条更加绿色、低碳的发展道路。

绿色制造是湖州实现长期战略目标的重大机遇，应以入选的示范城市为契机，加快推进传统产业绿色化、智能化改造，积极引领新兴产业高起点发展，构建以绿色、低碳、智能、高效为特征，形态更高级、结构更优化、协作更紧密、布局更合理的新型制造业体系。立足现有产业基础和特色优势，聚焦产业绿色转型、智能制造发展和创新体系建设，重点在"工作推进机制""政策扶持体系"和"提质增效升级"上下功夫，力争形成可复制、可推广的"湖州模式"，为各地制造业绿色转型发展提供参考指导。

（1）优化绿色制造标准规范，控制污染问题。以标准为引领，制定/修订关于能耗、水耗、物耗、污染控制、资源综合利用及绿色制造管理体系标准规范，以创建绿色工厂、绿色供应链为重点，打造绿色产品；推行绿色管理和认证，完善产品从设计、制造、使用、回收到再制造的全生命周期的绿色标准，全面推进湖州绿色制造体系建设。

（2）进一步提升绿色制造信息化建设水平。推进湖州绿色制造与信息的深度融合，充分利用移动互联网、云计算、大数据、物联网及分享经济模式，开展信息采集、数据分析、流向监测，促进生产方式的绿色转型，推动研发设计、原材料供应、加工制造和产品销售等全过程的精准协同，强化生产要素共享利用，实现资源优化整合和高效配置；加快建立湖州制造业绿色数据中心，形成企业智能环境数据感知体系，着力打造绿色示范工程和生态环境保护信息化工程，完善绿色监督管理体系，实现绿色制造各阶段生产过程对环境影响的实时监控。

（3）进一步推进产业行业跨区整合。从湖州市工业绿色制造集群化、可持续化和空间布局高效化的全局战略考虑，湖州市应加快行政区划管理体制的合理创新，适时适度打破现有行政体制壁垒，推进落后产能和"低、小、散"行业的跨区统筹整合；淡化现有的行政区划边界，建立与湖州市经济边界、效率边界、环境边界等相适应的统计指标；建立合理的生态补偿机制和新型财税体制，引导湖州绿色制造实现空间高效。

（4）进一步强化创新平台建设和创新人才队伍建设。实施领军人才引进培养计划，采取团队集体引进、核心人物带动、绿色高新技术项目开发等多种方式，积极引进海外留学归国人才、国内优秀创新创业人才等各类人才；根据湖州绿色制造的产业定位和需求，委托境内外大学等对湖州现有机关干部实施定向代培，委托技校等对拟招专业等定向代培；实施更加开放、灵活的人才流动政策，争取突破湖州市公务员身份聘任制试点，吸纳高级紧缺人才，解决人才引进瓶颈；建议湖州与中国工程院战略咨询中心建立长期合作关系，依托中国工程院院士团队为湖州绿色制造发展提供的针对性咨询服务，从源头破解绿色制造难题，构建起工业与城市生活之间的循环链接，实现产城融合、循环发展。

### 2. 马鞍山市以集聚化、集约化促进绿色制造

马鞍山市是典型的重工业城市，工业基础雄厚，工业化率达 49.3%，有 1172 家规模以上工业企业、9 家上市企业，已形成钢铁、汽车、轻化、食品、电子信息、绿色建材和节能环保等一批产业集群。马鞍山市拥有各类高等院校 6 所、国家级科研院所 3 所、国家级工程（技术）研究中心 4 个、国家级企业技术中心 5 个、国家技术创新企业 3 家、国家重点实验室 2 个、国家钢铁及制品质量监督检验中心 1 个、院士工作站 4 个、博士后科研工作站 16 个，还拥有国家高新技术创业服务中心 1 个、国家示范生产力促进中心 1 个。全市科技人才总量达 17.4 万人，每万人拥有专业技术人员 820 人、授权发明专利数 2.1 件，在全国同等规模城市中位居前列，是国家新材料高新技术产业化基地、国家知识产权试点城市、全国创业型城市试点市。

马鞍山市十分注重绿色制造发展，取得了显著的成效，是传统重工业城市向生态城市转型的代表城市之一，是全国少数几个集国家卫生城市、国家园林城市、国家环保模范城市、全国绿化模范城市、中国优秀旅游城市、中国人居环境范例奖等多项桂冠于一身的城市之一，具有特色和示范性。

1）集聚化、集约化的绿色制造战略

马鞍山市绿色制造的特点是坚持集聚化、集约化，以特色基地和园区为载体；以骨干企业为依托，以重大项目为支撑，快速推动工业集中布局，建设打造一批重点产业链，推动资源利用向节约集约、绿色低碳、环境友好转变，大大增强了产业可持续发展能力。具体措施如下：

（1）提高绿色制造水平，化解过剩产能。

（2）加快转型升级，优化现代产业体系。探索建立符合本市产业转型发展需要的技术支撑平台。

（3）增强自主创新能力，提升工业质量和效益。

（4）推进两化融合，塑造工业协调发展新格局。

（5）拓展对外合作层次，提升工业国际化水平，改善和优化出口产品结构。

（6）重点发展传统优势产业和战略新兴产业。

2）以传统行业的绿色制造带动再制造产业的集聚化绿色制造

钢铁行业是马鞍山市的传统支柱行业，上下游关联企业多，带动面大，社会影响面大。钢铁行业能否脱困、转型发展，是马鞍山市绿色制造发展战略的重点和难点。

目前，马鞍山市钢铁行业已实现脱硫脱硝全覆盖、燃煤锅炉全淘汰。马钢在钢铁生产的各项指标达到先进。

（1）在钢渣综合利用方面。通过风碎和热闷组合在线处理转炉热态钢渣的新模式，实现转炉热态钢渣全部在线处理，并通过配套的棒磨磁选加工线以及采用辊压破碎加球磨工艺处理钢渣微粉的生产线，大幅度提升了钢渣处理过程的环保绩效和钢渣资源化利用率。

（2）在焦炭运输方面。运输、卸车、储存过程全封闭，实现了防水、防尘、高效和环保的目标。

（3）在循环经济方面。通过绿色制造实现铁元素资源循环利用，通过合理规划实现能量循环利用，通过统筹安排实现水循环利用，通过综合利用实现固体废物资源高效利用。

（4）在污染控制方面。2014—2016年，投入近5.27亿元实施38个重点治理项目，治理和改造烧结、球团烟气脱硫、发电锅炉烟气和相关环保系统。本企业的重大污染源全部得到有效治理，有效地提升了环保绩效。

（5）绿色产品方面。积极开发研制绿色产品，成功开发出建筑用的高等级H型钢、460MPa以上级高强度钢筋、非调质冷镦钢、海洋平台用钢等高效节能型新产品；开发了三价铬钝化环保型热镀锌产品、低噪声大功率机车车轮、功能型自润滑热镀锌钢板等环保产品，填补多项国内"空白"；成功开发出免退火的高性能冷镦钢盘条新产品，并优化用户使用技术，所生产的免退火SWRCH35K-M中碳冷镦钢线材具有强度高、硬度低、节能环保性优越和冷镦性能好的特点，每生产1吨此类钢材，不仅可为下游客户节约100元生产成本，还大幅减少二氧化碳排放300千克。2016年12月，马钢先后荣获中国工业大奖提名奖、中国质量诚信企业和中国钢铁工业清洁生产环境友好企业等荣誉称号，树立了良好的企业与行业形象。

通过钢铁行业的绿色制造发展，形成了再制造产业的集聚化模式。2016年，在工信部发布的《机电产品再制造试点名单（第二批）》中，马鞍山市雨山经济开发区入选并成为全国再制造产业集聚区三强之一；威龙再制造公司入选机电产品再制造试点单位。目前，马鞍山市已拥有威龙再制造、天一重工、马钢废钢、泰尔、都着力等再制造企业，形成了回收、再制造加工和产品服务全生命周期循环的新模式，产品涉及冶金装备、工程机械、矿山机械、石油机械、轨道交通、汽车零部件等多个领域。

马鞍山市同时大力发展汽车及装备制造产业、新型化工（生物化工）产业和造纸产业、电力能源、纺织服装、仪器仪表等新兴战略产业。

马鞍山汽车及装备制造产业的就业人口仅次于其钢铁行业。该行业的龙头骨干企业有华菱星马、科达集团、马钢重机公司、泰尔重工、马钢轮轴、方圆支承、沪宁金属、惊天智创、三联泵业、埃维柯阀门、海立铸造、东海机床、中亚机床和日发纺机等，主要产品有重型卡车、专用汽车、冶金装备、机器人（智能生产线）、轨道交通装备、工程机械、机床、纺织机械、农业机械、节能环保成套设备及配套的铸/锻件等。

马鞍山新型化工（生物化工）产业和造纸产业的龙头骨干企业有金星钛白、国星生物化工、华星化工、海德石油、马钢奥瑟亚、中橡化工、丰原生化、立白日化、金桐精细化工、江南化工、山鹰造纸等，主要产品有金红石型钛白粉、农药、汽油添加剂、洗涤剂、民用炸药、纸及纸制品等。该产业的显著特点如下：龙头骨干企业基本上都是外来投资或是外来资本重组本地企业后进行再注资，投入大、起点高、经济效益好、注重节能环保。目前，新型化工行业已步入良性发展轨道。其中，华星化工通过与江苏金旺包装机械科技有限公司两次合作，实现了草甘膦制剂的绿色化和智能化生产，成为行业标杆性绿色智能制剂工厂和农药制剂加工智能制造先行者。新的草甘膦制剂智能化加工中心采用集散控制系统（DCS），实行 EPC（Engineering Procurement Construction）模式，实现了全流程智能化自动控制。不仅在配投料和物料转移等方面实现了自动定量控制，而且有效地避免了人工配投料和物料转移时可能出现的溢料、漏料、投料不准等问题，大大减少了人为因素对产品质量及环境造成的影响；大规模使用空间换气及尾气吸收系统，大大改善了作业现场环境，减少了对员工健康的伤害和对环境的污染。通过在线对温度和 pH 值进行监测，判断水剂生产过程的反应速度和终点，对其进行连锁控制，大大提高了反应过程的稳定性和安全性，有效地保障了产品质量和物料消耗控制。通过异丙胺冷却回收系统的投用，大大降低了异丙胺的消耗，尤其是在颗粒剂生产过程中，采用了先进的生产设备和工艺流程，实现了全流程连续化生产，用工成本降至原来的 1/8，在减少危废产生的同时提升了产品质量的稳定性。与原生产装置相比，废水减少 94%，废气减少 93%，固体废物减少 87%，人力成本减少 50%。

马鞍山市在传统产业绿色升级转型的同时，进一步发展高端装备制造、新能源新材料、基因测序等新型高端化、智能化产业，实现未来产业的持续发展。

目前，马鞍山市国家绿色工厂共有 4 家，即马钢股份公司、泰尔重工、国星生化和蒙牛乳业；省级绿色工厂共有 8 家，即华菱星马、马鞍山圣戈班管道系统有限公司、山鹰国际控股股份公司、马鞍山利尔开元新材料有限公司、安徽康佳绿色照明技术有限公司和金雪驰科技。

## （二）中国绿色制造典型行业、产业案例研究

### 1. 全球领先的煤基燃料乙醇工业

乙醇是世界上公认的环保清洁燃料，全球 66% 的乙醇作为燃料乙醇添加到汽油中。燃料乙醇是指未加变性剂、水分体积分数小于 0.8%、可作燃料用的无水乙醇。为了严格控制燃料乙醇不流入食用酒精市场，在乙醇中加入了体积分数 2%~5% 的变性剂而得到变性燃料乙醇，变性燃料乙醇与汽油按一定比例（国内的比例为 10%，E10）混配后即可得到乙醇汽油。目前，燃料乙醇主要有生物燃料乙醇和煤基燃料乙醇两种。基于各国资源的差

异，美国、巴西以生物乙醇燃料为主；我国由于粮食安全和非玉米原料生产成本高的双重压力，生物燃料乙醇工业发展受到限制，煤基燃料乙醇工业成为中国煤化工代表性产业。

1）燃料乙醇的战略意义

（1）燃料乙醇是保障国家能源安全的重要因素。中国石油对外依存度已从1995年的7.6%上升到2017年的68%，超过国际公认的警戒线（50%），严重影响到我国的能源安全。乙醇替代或部分替代汽油作为发动机燃料，可大大减少原油消耗，减轻对石油的依赖度，提高国家能源安全。美国大力发展燃料乙醇后，其石油的对外依存度已从2005年60%的峰值，降低到2016年的26%，正努力实现国家能源独立。

（2）燃料乙醇是优质绿色清洁能源。乙醇是世界公认的环保清洁燃料和油品质量改良剂，可有效改善汽油品质，大幅度减少车辆污染物的排放。添加了10%乙醇的汽油在燃烧过程中，一氧化碳、碳氢化合物、颗粒物、氮氧化合物及苯系有害物等大气污染物的排放量大幅度降低，综合排放量降低1/3以上。燃料乙醇的推广对大气雾霾污染、水土资源污染控制都有十分积极的战略意义。同时，燃料乙醇也有助于解决陈化粮问题。

2）煤基燃料乙醇项目的成功研发

中国能源结构富煤少油，煤炭资源丰富，亟须开发具有自主知识产权的煤基燃料乙醇成套技术。煤经合成气直接制备乙醇是一项世界性的挑战，因难以回避贵金属催化剂、效率较低及设备腐蚀等问题，一直还停留在研究开发阶段。大连化物所和陕西延长石油（集团）有限责任公司成功联合研发出以煤基合成气为原料，经甲醇、二甲醚羰基化、加氢合成乙醇的工艺路线，采用非贵金属催化剂，可以直接生产无水乙醇，这是一条独特的环境友好型新技术路线。2013年完成了项目中试研究工作。经鉴定，该路线技术指标先进、应用性强，与国际同类技术相比，主要指标达到国际领先水平。该项目被列为中科院"低阶煤清洁高效梯级利用关键技术与示范"A类战略先导专项重大任务和陕西省科技统筹创新计划重点项目，也被列入国家能源局编制的《能源技术革命创新行动计划（2016—2030年）》。2016年10月装置建成，同年12月开始装置联动试车，2017年1月11日生产出合格的无水乙醇产品，纯度达到99.71%，主要指标均达到或优于设计值。工业示范装置投产和稳定运行证明了该技术的先进性和可靠性。以示范项目为基础，可为百万吨级大型工业化乙醇装置设计提供设计依据、建设和运行经验。目前，延长石油集团已经完成了50万吨工业化装置的可行性研究，并启动了工艺包的设计开发工作。

3）煤基燃料乙醇项目技术优势与战略意义

（1）煤基燃料乙醇项目是绿色制造的典范。与传统的乙醇合成技术相比，该成果具有绿色工艺、绿色产品、中间产物可利用等技术特征，是绿色制造的典范实例。具体特征如下：

① 反应体系无水，可直接分离得到无水乙醇产品。

② 使用分子筛催化剂和铜基催化剂，无贵金属。

③ 工艺中无须添加碘甲烷等卤化物助剂，也无乙酸产生，避免了抗腐蚀特殊材料锆材或哈氏合金的使用，减少了设备投资。

④ 羰基化过程中无须高纯一氧化碳，只需富一氧化碳气体即可；加氢过程中无须高纯氢气，只需富氢气体即可，降低了气体分离能耗，节约了生产成本。

⑤ 反应器、工艺条件与经合成气制备甲醇的工艺基本一致，可改造现有产能过剩的甲醇厂为乙醇厂，为消化甲醇过剩产能提供了新的技术路线，有利于产业结构的调整。

⑥ 所生产的乙醇产品成本低于其他现有技术生产的，经济性好。

⑦ 中间产物乙酸甲酯也是大宗化学品，可以按市场的需求及时调整产品结构。

（2）煤基燃料乙醇项目具有社会效益及战略意义。

① 使中国大范围推广乙醇汽油成为可能，尤其是在中国中西部煤炭资源丰富而粮食资源有限的地区。

② 该技术可以用于将中国现有大量过剩的甲醇厂改造成乙醇工厂，调整产业结构，释放产能。

③ 乙醇便于运输和储存，可以部分替代乙烯生产下游化工品，也可以方便灵活地生产与提供乙烯，促进下游精细化工行业发展。

④ 煤基燃料乙醇技术也可以用作天然气原料生产乙醇，助推"一带一路"倡议在沿线富有天然气资源的国家的实施。

该项目的成功为今后大规模工业化装置的建设、生产和运行提供了关键技术数据和宝贵的经验，标志着中国将率先拥有设计和建设百万吨级大型煤基燃料乙醇工厂的能力，奠定了中国煤制乙醇工业化的国际领先地位，对缓解中国石油供应不足、石油化工原料替代、油品清洁化及煤炭清洁高效利用等大有裨益，对保障中国能源安全和粮食安全及缓解大气污染具有重要的战略意义。

### 2. 中国农药产业绿色制造成效显著

农药产业横跨工业和农业两大领域，是典型的精细化工产业，维系着农业稳产丰产、食品安全和卫生防疫等关键国计民生问题，保障着工业、交通、通信和建筑等相关行业的正常运行。随着中国人口数量增长和粮食产量需求的增加，农药使用量持续增长，但农药产业的污染问题普遍存在。主要表现为农药生产过程产生的三废排放不达标、农药使用过程中对土壤/水质及空气产生的直接和间接"二次"污染、农药残留超标造成食品污染和农药废弃包装物造成的环境污染等。

1）国家政策对农药产业绿色制造的促进

国务院于 2017 年 3 月签发了新的《农药管理条例》，将农药产业由农业部、国家质检总局、工信部、工商部、经贸部等多个部门管理，归并到只由农业部、工信部和国家质检总局管理。中央及相关职能部门也出台了一系列促进农药产业发展和维护环境安全的产业规制政策：农业部发布的《全国农业可持续发展规划（2015—2030 年）》《关于打好农业面源污染防治攻坚战的实施意见》《到 2020 年化肥使用量零增长行动方案》和《到 2020 年农药使用量零增长行动方案》，国家发改委等七部门联合印发的《农业环境突出问题治理总体规划（2014—2018 年）》，国务院印发的《土壤污染防治行动计划》，农业部同国家发改委、财政部等六部委共同印发的《关于推进农业废弃物资源化利用试点的方案》；环保部、农业部和住建部三部委联合出台的《关于培育发展农业面源污染治理、农村污水垃圾处理市场主体的方案》。2017 年，习近平总书记主持召开中央深改组第 37 次会议，审议通过了《关于创新体制机制推进农业绿色发展的意见》，这是党中央出台的第一个关于农业绿色发展的文件。这些上层政策极大地保障了农业绿色生产，促进了农药产业向绿色环境友好方向发展。同时，中国的农药产业相关规制政策体系包括农药生产许可制度、农药经营许可制度、农药登记制度、农药工业排污许可、农药工业水污染物排放标准等，其中，许多政策经过多次修订和完善，对农药的生产安全和环境保护的标准不断提高。在系列新政调控下，农药产业正处于产业结构调整和转型加速期，一批小企业在相关企业的帮扶下自愿放弃生产资质。农药生产的严格监管已成为常态，农药产业的准入门槛继续抬高，农药产业集约化进展加快。

2）高毒农药的禁用、绿色农药新品种的研发有力地推动了农药产业绿色制造进程

在高毒农药禁用方面，中国将在 2022 年禁用全部高毒农药（目前已禁用 39 种、退出 22 种）：2019 年全面禁用硫丹、溴甲烷，2020 年前，灭线磷、氧乐果、甲基异构柳磷、磷化铝退出农药市场；2022 年前，氯化苦、克百威和灭多威退出市场。截至 2017 年底，国内现有登记农药品种 678 个，产品数量达 3.8 万个，低毒以下农药产品占 83.1%，中等毒性产品占 15.6%，高毒和剧毒产品仅占 1.3%。

在新农药创制方面，2000 年后，中国创制了丁烯氟虫腈、丙酯草醚、毒氟磷、呋喃虫酰肼、哌虫啶、环氧虫啶、四氯虫酰胺等一批产业化农药新品种，加速了中国农药产品绿色化历程，缩小了和国际先进水平的差距。

在农药新剂型方面，中国农药产品的剂型也不断向环境友好绿色化剂型转化。在 2017 年新登记的产品中，环境友好绿色化剂型产品的比例不断增大，水剂型产品的比例明显提升。

高毒农药的禁用、绿色农药新品种的创制、绿色新剂型的研发有力地推动了中国农药产业绿色制造进程。

3）农药绿色制造生产技术

化学工业的发展大大促进了中国农药产业的生产技术创新，农药企业向大型化、专业

化、自动化方面发展，出现了中国化工、中化国际、颖泰、新安和扬农等大型集团公司。一些关键技术获得突破，实现了吡虫啉和草甘膦等重大产品的产业技术领先优势。不少农药企业把实现绿色制造作为企业的首要任务，积极实施绿色化生产。例如，利民化工股份有限公司全面推进 HSE（健康、安全与环境）管理工作，2017 年在环保方面的投入达 1.24 亿元，其中，仅代森锰锌产品生产的环保综合运行费用就达 2000 万元，折合每吨产品环保成本 640 元。

在工信部发布的三批绿色制造名单中有 5 家公司上榜：安徽国星生物化学有限公司、湖北兴发化工集团股份有限公司、江苏优嘉植物保护有限公司、京博农化科技股份有限公司和四川省乐山市福华通达农药科技有限公司。下面以安徽国星生物化学有限公司和湖北兴发化工集团股份有限公司为例。

安徽国星生物化学有限公司（红太阳集团子公司，以下简称"国星生化"）是绿色制造的典范，完全符合绿色制造理念，值得推广与借鉴。作为化工企业，国星生化做了以下 3 个方面的工作：

（1）大力发展绿色生物制造产业，成功建成了规模最大、绿色环保且拥有自主知识产权的生物化学 VB3 产业链，利用生物法研制烟酰胺，大大提高了资源的利用效率，成为国内首例绿色智能工厂。国星生化独家成功地开发了能替代有毒、绿色环保且拥有自主知识产权的 L-草铵膦等生物农药产业链，改写了世界环保农药技术、生产和市场新格局。

（2）坚持"资源节约，环境友好"宗旨，国星生化的环保处理装置每年产生的 5 万多吨蒸汽经处理后供厂区生产使用，大大节约了生产成本；焚烧炉燃烧后的废渣交由相关资质单位处理，工业固体废物综合利用率达 80%。国星生化的 6 套生化处理装置日处理污水能力达到 5000 吨，处理后的废水用于道路浇洒和绿化灌溉，中水全部进行回用，废水处理回用率高达 98%。

（3）在节能减排方面不断淘汰落后装备和生产工艺，降低产品能耗。国星生化一次性投资 3.86 亿元，安装了污水总排口化学需氧量（COD）、氨氮在线监控、锅炉烟气在线监控装置；7 套焚烧炉处理装置、1 套火炬系统、1 套日处理能力为 3 万立方米污水处理装置，事故废水应急储存能力达到 46000 $m^3$，构建了包括节能环保中心、三废处理中心、产业和产品清洁节能生产研究中心的环保工作体系，成功实现了废水废气回收套用、废渣回收可用于生产商品级产品，实现了闭环式节能环保防护与治理。在国星生化园区里嗅不到一丝化工产品的刺鼻气味，到处散发的都是花草树木的淡淡芬芳，视线所及，尽是葱茏绿意，点点滴滴彰显着企业生态发展基调。

湖北兴发化工集团股份有限公司（以下简称"兴发化工"）是以生产和销售磷化工产品为主的上市公司，环保形势严峻。近年来，兴发化工累计投入上亿元的资金以加大环保治理，同时通过多种途径将废弃物转化为产品、能源和原料，实现废弃物资源化，对固体废物、废热、废水、废气等进行综合整治，将其转化为新的生产资料，效果显著，具体如下：

（1）综合、规模化利用固体废物。投资建立了用次磷酸钠残渣生产万吨级饲料钙、用焦炭粉黏结焦球、用亚砜废盐回收替代硝酸钠等多个项目，成功引进密闭氧化法处理含量1%以上的贫磷泥烧酸装置，一举解决了多年来的固体废物处理难题。

（2）废热利用。兴发化工自主投资设计制作了中国第一套高传热效应的热管余热汽包工业装置，利用六偏磷酸钠收集装置的尾气废热生产蒸汽，并已在全公司全面推广应用。同时与云南化工研究院合作开发了热法磷酸生产热能利用装置，通过回收生产磷酸产生的余热来生产饱和蒸汽。兴发化工所有六偏磷酸钠余热利用装置建成后，可替代现有发热煤锅炉实现热能平衡，每年减少燃煤消耗10万吨，减少用水2926万吨。

（3）废水循环使用。兴发化工充分利用国家关于三峡库区水污染防治的一系列扶持政策，先后成功争取并实施了白沙河、楚磷两大工业园区的水污染防治国债项目。对黄磷、五钠装置的污水处理系统和设备冷却水系统进行升级改造，同时对各厂区的含磷地表水进行收集处理，对工业污水和冷却水实施封闭循环利用，实现了工业废水的重复使用和污水的零排放。

（4）废气开发利用。兴发化工坚持废气治理和开发利用相结合，投资建设新型流化床锅炉以替代链式锅炉，削减了65%左右的$SO_2$等有害气体的排放量；使用回收黄磷尾气生产煤气，将其用作生产的动力燃料；回收次磷酸钠尾气中的磷化氢，用于制取有机磷阻燃剂和磷酸，尾气回收率达到95%以上。兴发化工严格控制各类废弃物的排放，全面实现达标排放。

## （三）绿色制造典型企业案例分析

### 1. 武汉迪赛环保新材料股份有限公司

武汉迪赛环保新材料股份有限公司（以下简称"迪赛环保"）成立于1999年，是一家致力于研究开发表面处理领域的环保化替代新材料和新技术的高新技术企业，坚持"以创新求发展"的思路，在无磷化、无铬化、无氟化、水性化等绿色工艺和绿色产品方面进行了开创性的研究，取得了令人瞩目的成绩。

1）企业绿色制造背景

2004年，欧盟全面实施ROHs指令（关于限制在电气和电子设备中使用某些有害成分的指令），全面限制六价铬的使用，随后又大面积实施REACH（化学品的注册、评估、授权和限制）法规。2010年7月9日，国家环境保护部召开了十部委参加的联席会议，制定了中国"重金属污染防治"的中长期目标，对人类有极大危害的六价铬的生产工艺将会被迅速取代。

2）迪赛环保绿色制造举措

（1）无铬工艺研究。迪赛环保是国内唯一一家在表面处理全产业链上，全面研究开发消除六价铬污染的替代新材料和新技术的机构。迪赛环保以表面工程前处理、后处理、电镀主工艺中所有涉及六价铬的环节为环保研发对象，开展与国际同步的相关研究，其技术处于国内领先地位，部分技术处于国际领先水平。迪赛环保自主研发的有机硅和以稀土金属盐为主体的有机/无机复合材料和基于环保工艺的镀锌表面功能性处理新技术处于国内领先地位。

中国目前镀锌板年产量估计超过 4000 万吨，年消耗钝化剂 10 万吨以上，而进口环保钝化剂价格过于昂贵。迪赛环保开发的系列环保无铬钝化剂产品 DS980-X、DS980A、DS981A、DS980LX、DS980LXA 和 DS970 已在武钢、武钢防城港、首钢、涟钢、酒钢、马钢、鞍钢等大型钢厂上线使用，产品部分指标优于国外进口产品，打破了外资公司对环保钝化剂的垄断。

迪赛环保还开发了应用于批量热镀锌生产的环保无铬钝化剂系列产品：DS990、DS991 和 DS992。该系列产品的技术优势如下：无毒环保，通过 SGS 检测，完全符合 ROHS 指令；具有优异的耐蚀性和抗黑变性能，技术水平国内领先；可为现有热镀锌工厂提供全套系统性绿色环保工艺改造技术。迪赛环保有针对性地解决了传统热浸镀锌工艺易产生大量酸雾/废酸/氨气挥发、锌灰污染和铬污染问题，还开发了三价铬硬铬电镀工艺。电镀铬是工业制造领域的基础工业，也是电镀领域应用最广、污染最大的镀种，主要用于装饰镀铬和工程镀铬两种工艺。电镀铬工艺存在的污染问题如下：

① 镀液本身含有高浓度的六价铬，是对生物体毒害最为严重的重金属之一。

② 电镀过程中会产生大量的含六价铬的蒸汽（俗称铬雾），空气污染严重。随着工业 4.0 的到来，各种机器人的使用将进一步扩大镀铬工艺的市场需求。

根据保守估计，中国镀铬市场需求规模将近 1000 亿元，其中，对硬铬的市场需求规模就达到几百亿元。

目前，迪赛环保研发的三价铬电镀硬铬技术已远优于国外同类技术，其经济效益和行业引领效应明显，已与武钢集团合作建设了中国第一家三价铬电镀硬铬示范工厂，所建立的工业用辊和汽车零部件领域的表面处理基地，在 3 年内的产值超过 1 亿元。建立了三价铬电镀硬铬的全工艺标准，广泛开展技术与生产方面的合作，大力推广无铬钝化剂系列产品和三价铬电镀硬铬工艺技术，减少钝化剂使用成本 30%～50%，镀铬耗电减少 20% 以上，镀铬治污成本减少 80% 以上，带来了巨大的社会经济效益。

（2）无磷化研究。利用硅烷复合技术，对金属表面进行功能性处理，以及利用硅烷改性的环保缓蚀新技术生产无磷转化膜，有效地解决了磷化工污染和节约不可再生磷脂的资源问题。其研发成果可以广泛应用于家电、汽车、建筑和电子设备制造业中的镀锌板、型钢、板材和线材制造工艺，还可用于制管厂的镀锌管和冷凝管制造工艺、电镀厂的钢厂用辊/印刷用辊和食品制造用辊制造工艺、液压杆/传动轴和石油钻杆制造工艺、批量热镀锌厂的热浸锌构件和热浸镀锌管件制造工艺。

**2. 中国绿色制造联盟**

在工业和信息化部的大力支持下，中国绿色制造联盟（以下简称联盟）于2017年7月22日在北京成立。作为国内首个以"推进工业生态文明建设，促进工业绿色发展"为愿景的全国性非营利性社团组织，联盟按照"平等、开放、协作、共赢"原则，汇聚了"政、产、学、研、用"等各方领先的企业、科研机构、高等院校、服务机构、金融机构和科技园区等主体单位，并聘任国内一流专家组成了联盟战略咨询委员会和专家委员会。

为深入贯彻制造强国战略，加快推进工业领域供给侧结构性改革，响应"一带一路"倡议，落实《工业绿色发展规划（2016—2020年）》《绿色制造工程实施指南（2016—2020年）》的相关部署，工业和信息化部电子第五研究所会同相关企业、高校、科研院所、金融机构和行业组织等单位发起成立了中国绿色制造联盟。

1）中国绿色制造联盟基本情况

中国绿色制造联盟的三大使命：
（1）贯彻绿色发展理念，推进工业生态文明建设。
（2）落实制造强国战略，推进供给侧结构性改革。
（3）结合"一带一路"倡议，打造中国制造绿色形象。
中国绿色制造联盟将紧密结合绿色制造工作推进的要求，围绕绿色制造体系建设任务，坚持三大定位功能：
（1）坚持问题导向，加快补齐绿色制造短板。
（2）跨界互动，共同打造绿色制造产业生态。
（3）汇聚标杆成员，致力于引领国际绿色低碳潮流。
中国绿色制造的主要任务是建立健全绿色制造体系，发挥联盟广泛联动的枢纽作用，着力打造五大平台：
（1）绿色制造理念传播平台。
（2）绿色制造诊断服务平台。
（3）绿色制造金融对接平台。
（4）绿色制造+互联网平台。
（5）绿色制造国际合作平台。
联盟战略咨询委员会作为工业绿色制造的战略决策咨询机构和高端智囊团，在战略性、前瞻性、全局性和系统性工作上提供顶层决策咨询；该委员会的主要职责是统筹协调绿色制造建设全局性工作，加强战略谋划，对联盟在推动工业绿色发展各项工作过程中的重大问题开展咨询研究，提出咨询意见和建议；对委托联盟执行的重大战略规划、政策咨询等提供战略性咨询；对联盟发展需重点关注的国内外绿色制造前瞻性问题，提供战略指导和咨询；推动联盟开展绿色制造国际合作，并对联盟发展方向提出建议。联盟战略咨询委员会委员主要由国家制造强国建设战略咨询委员会绿色制造工程实施方案组、中国工程院制造强国战略研究绿色制造课题组的部分院士、专家，以及相关领域权威专家、企业家等组成。

联盟专家委员会是联盟具体工作开展过程中的专业指导机构，对联盟推动绿色制造在各区域、各行业、各领域的建设实施提供专业保障。专家委员会的主要职责：围绕绿色制造体系建设，推动各领域、各行业绿色制造相关政策的研究、技术研发、行业应用、产融对接等，为联盟提供咨询建议；组织开展诊断和提升能力的活动，为会员提供政策培训、职业培训、技术指导、信息咨询等服务；开展学术研讨与技术交流活动，举办年度会议，发布绿色制造发展报告；促进国际合作与交流，跟踪绿色制造前沿信息和发展动态，与国际绿色制造领域相关组织建立广泛的合作关系，推进绿色制造国际化合作进程。联盟专家委员会委员主要由绿色制造相关领域具备较强影响力的专家、学者（含部分战略咨询委院士和专家）等构成，成员来自钢铁、有色金属、石化、化工、建材、能源、机械、轻工、纺织、电子信息、节能环保、经济金融等领域。

2）联盟成立大会及相关活动成果

为积极推进中国制造转型升级，推进供给侧结构性改革的创新举措和开放做法，彰显在推进生产方式绿色化、促进制造业转型升级过程中的担当精神，进一步增强社会各界对绿色制造的关注度，2017年7月22日在京举办联盟成立大会，由有关方面的领导、专家等围绕绿色制造主题发表演讲，为联盟揭牌，见证了"绿色制造合作伙伴"倡议的发布和"绿色制造公共服务平台"的上线（http://www.gmpsp.org.cn/）等。

（1）"绿色制造合作伙伴"倡议发布。为推动绿色制造国内国际多维度合作，充分利用绿色低碳发展的产业和国际共识，有效发挥以国内外评选出的500强企业为代表的行业领军力量的积极性和引领性，全方位带动行业绿色制造，在联盟成立大会上以倡议的形式启动"绿色制造合作伙伴"行动。"绿色制造合作伙伴"行动将通过组织部分国内外龙头制造业跨国企业以自我声明、自愿承诺等形式，对全方位实现生产过程绿色化、借助龙头地位开展覆盖产业上下游的绿色供应链管理、联合国内优势产业实施绿色制造产业"走出去"战略等方面的措施和目标发表公开声明，并通过发布周期性报告推动其落实。

（2）"绿色制造公共服务平台"上线。结合线上线下联动推进绿色制造的工作需求，绿色制造公共服务（线上）平台已完成搭建。该平台围绕"标准—产品—工厂—企业—产业园区—供应链—消费"体系进行架构设计，主要搭载了公共服务、企业需求、产融对接、案例展示、数据基础等功能，探索"绿色制造+互联网"的融合模式。

## 六、绿色制造指数

### （一）构建中国绿色制造指数的意义

绿色制造是中国制造强国战略的重要着力点，中国正在积极探索适合国情的绿色制造强国路线，不断加大节能减排力度，推进清洁生产，淘汰落后产能，优化产业结构，推动制造业的绿色转型升级。在此背景下，研究建立一套科学合理且能够客观反映和评价中国不同地区、不同行业的绿色制造发展水平的指标体系，对当前制造业的绿色发展成效进行检验，衡量不同绿色政策和经济手段对绿色制造的影响，分析影响制造业绿色转型升级的关键因素，有效预测未来经济模式变化，为国家政策制定者提供更为及时有效的决策信息，促进中国制造业顺利实现绿色转型升级。

（1）符合制造业绿色健康发展的内在要求。制造业绿色发展已成为全球共识。在2011年底举行的联合国工业发展组织第十四届大会上，174个成员国探讨了工业绿色发展之路和绿色工业行动计划，力图通过工业的可持续发展实现环境、经济和社会的和谐稳定。目前，世界经济形势依然复杂多变，不确定性和不稳定性上升。构建绿色制造指数，有助于推动中国绿色制造切实稳定地发展。

（2）为各级政府决策提供参考。政府决策受信息完善程度的影响。信息的全面性、及时性和准确性能够使政府决策更加合理，使决策效用更好地发挥。要准确评估中国不同地区绿色制造发展水平，首要任务就是摸清各地区绿色制造发展现状。在监测和核算地区制造业增长过程中的能源资源消耗和环境损耗的基础上，充分掌握各地区绿色制造发展情况，为各地区深入贯彻落实新时代绿色发展理念、实现经济发展方式转换及动能的转换提供参考，为研究制定有利于产业绿色制造的价格、金融和财税政策提供支撑。

（3）有助于补充和完善现有绿色制造评价指标体系。目前，中国的多级政府、多个地区已颁布了各类不同的绿色制造相关评价指标体系标准。例如，具有示范意义的地区性湖州绿色制造发展指数、具有指导意义的国家层面的"绿色发展指标体系"。构建绿色制造指标体系是对现有评价体系的丰富和创新，可以通过制定适用于不同地区、不同类别制造业的绿色制造指标评价体系，有效监测和推动整个制造业的全面绿色可持续发展。

（4）推动各级政府、企业和全社会对绿色制造的关注。绿色制造评价指标体系中展示的指数值可直观地反映不同地区制造业、不同行业、不同企业的绿色制造水平，这既给地方政府和企业增加了转型升级的压力，也提供了动力。确定绿色化战略的具体目标，有利于加速地方政府和企业转变发展观念，树立绿色制造的理念。同时也有助于提升广大公众对绿色制造的关注，鼓励国民积极参与绿色发展，共同促进中国绿色制造转型升级。

（5）吸引绿色金融资本对绿色制造的投入。在绿色企业、绿色项目衡量标准不一的情况下，金融机构无法有效地判断绿色金融客户的绿色发展状态，只能自行根据内部制定的绿色标准寻找潜在项目。由于审查难度大，易出现误判，因而大大影响了绿色金融投资者的积极性，也不利于金融监管部门对金融机构绿色金融业务的评估，容易产生绿色金融业内部的恶性、无序竞争。科学的、具有时效性的绿色制造评价有利于金融机构进行快速准确的判断和科学决策，促进绿色金融资本向绿色制造业流动。

（6）定期发布绿色制造指数和年度报告。通过定期发布工业绿色制造指数和年度报告，客观评价中国不同地区的工业绿色制造水平、不同行业的绿色制造水平、不同企业的绿色制造水平，有效地推动工业的可持续发展和中国绿色制造行动的对策研究。

## （二）绿色制造评价体系

20世纪90年代，人类开始意识到全球气候变暖、环境污染、资源和能源供需矛盾问题的紧迫性。1992年联合国环境与发展大会达成可持续发展共识，不少国家开始实施绿色发展战略。为架起从理论到实践的桥梁，国际社会开始探究绿色发展评价指标体系，用于评判和诊断相关政策是否合理，以及整个过程是否朝着绿色的方向发展。经过几十年发展，形成了多种不同的绿色发展评价体系，主要分为绿色国民经济核算体系、绿色发展多指标测度体系和绿色发展综合指数三类体系。

### 1. 绿色国民经济核算体系

绿色国民经济核算又称为绿色GDP核算，包括资源核算和环境核算，在传统的国民经济核算体系基础上，将资源环境因素纳入其中，通过描述资源环境与经济之间的关系，提供系统的核算数据，为可持续发展的分析、决策和评价提供依据。

最早进行经济类核算的国家是挪威，它于1981年首次发布"自然资源核算"数据，为绿色国民经济核算奠定了基础。在其之后，各国和国际组织纷纷开始建立自己的绿色国民经济核算体系，包括芬兰（自然资源核算框架）、联合国统计局（环境经济账户SEEA）、墨西哥（经济和生态核算体系SEEAM）、美国（综合经济与环境卫星账户IEESA）、加拿大（资源环境核算体系CSERA）和德国（环境经济核算体系GEFA）。考虑到资源环境问题的复杂性，不少国家选取某一领域进行局部绿色经济核算，包括瑞典的森林资源与环境核算（Statistics Sweden, 1997）、芬兰的木材和林产品物质流量核算（Hoffrén J., 1997）、德国的废弃物及其再循环核算（Federal Statistical Office，2011）、澳大利亚的环保支出核算（Australian Bureau of Statistics，1999）、菲律宾的鱼类、森林、水和矿物资源账户（Candido A.Cabrido, Jr. et al.，1998）等。

**2. 绿色发展多指标测度体系**

绿色发展多指标测度体系是通过一系列核心指标，从各角度考察绿色发展状态的评价体系，能够直观地反映绿色发展的促进性和制约性因素。现在的绿色发展多指标测度体系主要包含以下3项。

1）联合国环境规划署设计的"绿色经济衡量框架"

"绿色经济衡量框架"的设计主要考虑了当前国际社会存在的3种情况：

（1）经济转型是迈向绿色经济的核心。当前投资大多集中于高污染、高排放、高消耗产业，绿色经济的目标则是将这些投资转移至低碳、清洁、资源节约的产业。

（2）经济转型成功的显著标志之一就是资源利用效率的提高。

（3）社会进步和提高人类福祉是发展绿色经济的最主要目标。

因此，该框架主要涵盖了经济转型、资源效率和社会进步与人类福祉（净储蓄、贫困人口减少指标等）这3方面内容，更多地强调环境保护。

2）经济合作与发展组织（OECD）制定的"绿色增长指标体系"

经济合作与发展组织充分考虑了绿色经济增长的影响，基于综合的经济、环境、社会、技术和发展，构建了一套完整的涵盖经济、环境和人类福祉等的"绿色增长指标体系"，从经济、资源、环境和政策4个方面，选取14个二级指标和23个三级指标，并从2011年开始发布绿色增长指数报告，介绍经济合作与发展组织成员国和二十国集团（G20）成员国等46个国家自1990年以来在绿色增长方面取得的新进展。经济合作与发展组织的绿色增长指标体系更多地关注政策对绿色经济的影响。

3）联合国亚太经济与社会理事会建立的"生态效率指标体系"

"生态效率指标体系"是一套反映经济活动和资源环境相互作用，用于评估亚太地区环境发展水平对整个经济社会可持续发展影响的体系。该体系建立的目的是为政府和决策者提供一种衡量生态环境影响和社会经济政策效应的实用工具，在资源消耗强度和环境影响强度指标的基础上，从宏观经济层面和部门层面构建核心指标，为决策者进行分析和制定相关政策提供指导。

以美国加利福尼亚州的"绿色创新测度体系"为例，加利福尼亚州是美国绿色发展的先驱，加利福尼亚州政府于2009年开始编制"绿色创新测度体系"，用于监测加利福尼亚州总体的绿色经济发展情况，包括交通运输和可回收能源，评价绿色创新对加利福尼亚州经济的影响。该州2012年度绿色创新测度体系构建了5个一级指标（低碳经济体系、能源效率体系、绿色科技创新体系、可再生能源体系和交通运输体系）和18个二级指标。该测度体系主要以低碳经济为核心，同时也十分重视科技创新在促进绿色发展中的作用，但并未将社会、结构、制度等因素纳入绿色经济测度体系。

3. 绿色发展综合指数体系

绿色发展综合指数通常在所选择核心指标的基础上，根据核心指标的重要性对不同指标进行加权综合。因此，综合指数评价体系主要用于排名。例如，耶鲁大学和哥伦比亚大学联合发布的"环境绩效指数（EPI）"是一套比较成熟的定量化综合指数体系，其基本目标是减少环境对人类健康造成的压力、提升生态系统活力和推动对自然资源的良好管理。围绕这些目标，构建其指标框架，主要包括两个部分，即环境健康和生态系统活力，选择了22项能够反映当前国际挑战焦点问题的具体环境指标，为各国的环境领域分析提供了框架。

（三）中国绿色制造评价现状

随着绿色制造行动的持续推进，中国各级政府和研究机构在绿色制造评价指标体系方面取得了快速的发展，尝试开展了多种不同层面的绿色制造相关评价指标体系的建立，在地区、园区和行业层面建立了众多绿色制造评价指标体系。

**1. 多种绿色制造评价指标体系共存**

2006年，中国科学院可持续发展战略研究组提出"资源环境绩效指数"，对国家和各个地区的资源消耗和污染排放绩效进行监测和综合评价后认为，一个地区的资源环境绩效指数越低，则表示资源环境绩效水平越高或者节约程度越高。在国家层面，该指数选取了能源消耗强度等4个资源消耗强度指标，以及单位GDP、化学需氧量（COD）排放量等3个污染物排放强度指标，并通过等权赋值的方法，对中国各省（直辖市、自治区）的资源环境绩效进行综合评估，以反映各省（直辖市、自治区）之间资源利用技术水平的相对高低和经济发展对资源环境产生压力的相对大小。

2010年，中国首个"中国绿色发展指数"由北京师范大学、西南财经大学和国家统计局共同研制完成，其研究成果《2010中国绿色发展指数年度报告——省际比较》于2010年10发表，并连续发布了8年。该指数包含了中国省际绿色发展指数和中国城市绿色发展指数，其中省级指标60项，城市指标44项。这两套指数分别从经济增长绿化度、资源环境承载潜力和政府政策支持度3个方面，全面评估中国30个省（直辖市、自治区）及100个城市的绿色发展水平。

2016 年,国家发改委发布了《绿色发展指标体系》与《生态文明建设考核目标体系》,工业和信息化部发布了《工业绿色发展规划(2016—2020 年)》并公布了工业节能与绿色发展评价名单,以促进工业绿色发展。

除了全国性的绿色发展指数,还有不少省市地方政府开展的绿色评价指标体系。

(1)湖北省在科学界定绿色发展概念的基础上,基于 2009—2015 年湖北省相关统计年鉴数据,采用层次分析法与专家调查法相结合的方法确立权重,从生态城市建设、产业结构、循环经济、科技创新 4 个一级指标对湖北省的绿色发展水平进行评价。

(2)以制造业为支柱产业的宁波市从地方工业经济的实际特点出发,基于经济和环境双重效益,构建了宁波市制造业绿色发展水平评价指标体系(绿色指数)。该指标体系分为绿色增长、资源环境影响和技术创新 3 部分,由 6 个二级指标和 15 个三级指标构成。

(3)"两山"思想发源地湖州于 2018 年发布了"湖州绿色制造发展指数",设有 3 个一级指标、10 个二级指标和 33 个三级指标。

此外,还有针对不同区域的绿色发展评价体系、以江河流域为区域划分标准的绿色评价体系(淮河流域工业绿色发展绩效评价、长江流域城市绿色发展评价等)、针对泛经济圈的绿色评价体系,如长江经济带三大城市群绿色发展评价、京津冀区域绿色发展评价、环太湖地区绿色低碳发展评价指标;还有针对不同行业的绿色评价体系。例如,中国社科院发布的"中国能源企业绿色评价体系",以资源利用、环境保护、循环利用、经济效益和社会责任这五个一级指标为准则层,着力评价能源企业在节能环保方面的工作成效。该评价体系将能源企业分为煤炭开采、焦炭、原油开采、石油化工、火电以及新能源 6 个子行业,针对其行业特殊性,分别选取数 10 个典型的二级指标作为指标层,建立评价体系。此外,还有农药产业绿色发展评价体系、国有煤炭企业生态竞争力评价、钢铁企业绿色竞争力评价研究等。

### 2. 湖州绿色制造发展指数

湖州是中国"绿水青山就是金山银山"(以下简称两山)理念诞生地。2018 年,中国绿色发展大会在此举行,并发布了"湖州绿色制造发展指数"。该指数包含 3 个一级指标(发展环境 A1、发展能力 A2 和发展质效 A3)、10 个二级指标(产业环境 B1、政策环境 B2、金融环境 B3、资源效率 B4、清洁生产 B5、循环利用 B6、科技创新 B7、经济效益 B8、生态效益 B9 和产业质量 B10)和 33 个三级指标。一级指标主要从发展环境、发展能力和发展质效 3 个维度表征中国绿色制造发展的内在规律;二级指标是基于功能属性对一级指标的具体展开;三级指标在综合考虑数据的真实性、数据可获得性的基础上进行设置,各层次之间通过指标加权后逐级合成。所有指标均来自权威机构发布的、可以由公开渠道获取的原始数据,或来自通过系统且科学的方法合成计算,由专业组织维护并定期更新的数据源。

根据计算结果，2014—2016 年，湖州绿色制造发展指数分别为 147.61、158.78 和 168.74，复合年均增长率达到 6.92%，同期，全国绿色制造发展指数分别为 100.00、105.21 和 118.14。可见，湖州绿色制造发展指数分别高出全国 47.61、50.92 和 42.83 个百分点，展现了湖州在工业领域践行"两山"理念的成果，发挥了先行示范作用。

2014—2016 年湖州绿色制造发展指数二级指标计算结果（见图 5-3）反映了湖州在产业环境（B1）、清洁生产（B5）、科技创新（B7）方面表现突出，而在金融环境（B2）、循环利用（B6）、经济效益（B8）和生态效益（B9）方面表现明显不足。

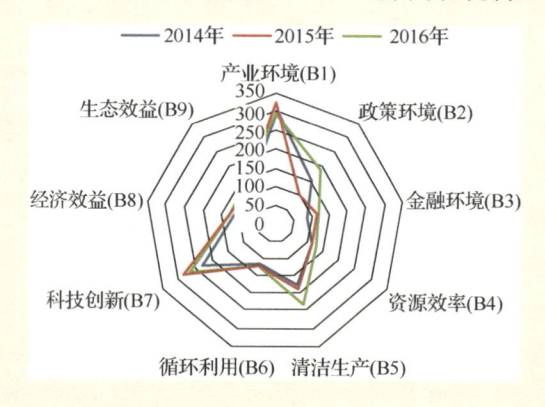

数据来源：《湖州绿色制造发展指数》

图 5-3　2014—2016 年湖州绿色制造发展指数二级指标计算结果

"湖州绿色制造发展指数"是由中国经济信息社聚合国内外同行业科研机构联合研发的战略性前瞻研究结果，以湖州为发展样板，从城市视角切入，探索绿色制造发展影响因子，创新构建发展指数评价模型，以客观数据量化测评城市制造业的可持续发展水平。它将为经济社会活动提供客观、准确的价值基准和决策依据，为中国城市工业的"低碳发展"提供可复制、可推广的范本。

**3. 国家层面的《绿色发展指标体系》**

2016 年底，中共中央办公厅、国务院办公厅印发了《生态文明建设目标评价考核办法》，国家发改委、国家统计局、环境保护部、中央组织部共同印发了《绿色发展指标体系》和《生态文明建设考核目标体系》，形成了"一个办法、两个体系"，建立了生态文明建设目标评价考核的制度规范。这是中国官方首次发布绿色发展指标体系，意义重大。该体系评价结果将成为地方政府考核干部的重要依据之一。

《绿色发展指标体系》构建了 7 个一级指标：资源利用（权数 29.3%）、环境治理（权数 16.5%）、环境质量（权数 19.3%）、生态保护（权数 16.5%）、增长质量（权数 9.2%）、绿色生活（权数 9.2%）和公众满意程度。7 个一级指标下设 56 个二级指标。其中，前 6 个方面的 55 项评价指标纳入绿色发展指数的计算；对公众满意程度调查结果进行单独评价与分析。《绿色发展指标体系》采用综合指数法，对55个指标及其权数进行加权平均。在计算过程中，指标数据的收集/审核/确认、绿色发展统计指标的转换、数据缺失指标的处理、标准化处理、指数计算等方面均严格依据《绿色发展指标体系》的规定执行。绿色发展指标按评价作用分为正向指标和逆向指标，按指标数据性质分为绝对数指标和相对数指标，需对各个指标进行无量纲化处理。具体处理方法是将绝对数指标转化成相对数指标，将逆向指标转化成正向指标，将总量控制指标转化成年度增长控制指标，然后计算个体指数。未列入计算体系的公众满意程度指标为主观调查指标，主要通过国家统计局组织的抽样调查来反映公众对生态环境的满意程度。该指标不参与总指数的计算，只进行单独评价与分析，其分值纳入生态文明建设考核目标体系。

基于上述评价体系，国家统计局于2017年底，发布了《2016年生态文明建设年度评价结果公报》，首次公布了2016年度各省（直辖市、自治区）的绿色发展指数，排名前5位的地区分别为北京、福建、浙江、上海、重庆。从构成绿色发展指数的6项分类指数结果来看，资源利用指数排名前5位的地区分别为福建、江苏、吉林、湖北、浙江；环境治理指数排名前5位的地区分别为北京、河北、上海、浙江、山东；环境质量指数排名前5位的地区分别为海南、西藏、福建、广西、云南；生态保护指数排名前5位的地区分别为重庆、云南、四川、西藏、福建；增长质量指数排名前5位的地区分别为北京、上海、浙江、江苏、天津；绿色生活指数排名前5位的地区分别为北京、上海、江苏、山西、浙江。从2016年生态文明建设年度评价结果来看，公众满意程度排名前5位的地区分别为西藏、贵州、海南、福建、重庆。

## （三）中国绿色制造评价指标体系构建的建议

2016年，国家发改委联合相关部委发布的《绿色发展指标体系》为绿色发展提供了明确的导向。制造业是绿色发展的主要载体，绿色制造是制造强国的重要着力点。构建一套科学、系统、完善、可行的绿色制造评价指标体系，是制造业向绿色、可持续发展转型的重要理论支撑体系，也为制造强国战略的具体实施手段提供有力参考。

### 1. 中国绿色制造评价指标体系构建面临的问题与思路

构建绿色制造评价指标体系时，首先要明确评价对象的特点和评价目标。中国制造业门类齐全，领域广泛，细分行业多，区域间资源禀赋差异巨大，不同行业特征差异也大。现有评价指标体系偏重宏观设计，力图覆盖整个制造业的绿色发展特征，不可避免地难以适用于制造业的各个行业。不同的评价标准的侧重点不同，反映出的问题焦点也各不相同，也更难以具体到企业个体上。现有的评价指标体系也很少从企业生产流程角度，结合不同生产模式之间的改进策略效率评价来构建，因而制造业企业作为绿色制造的重要主体和各种政策措施的终端实施对象，无法从评价指标体系上得到关于绿色转型的具体指导信息。因此，绿色制造评价指标体系应具有多个可比较的维度，具有一定的灵活性，可兼顾制造业的复杂性和不同行业的特殊性，不仅可为各级政府提供决策参考，同时也可为不同行业、不同企业提供绿色化改造的方向指引。

因此，本课题组认为应在现有绿色制造指数的基础上，加入评价指标的模块化和开放性，对制造业不同行业、不同流程、不同生产线和工段采用不同的模块化指标，以尝试解决制造业行业众多的共性与特性问题。本课题组认为绿色制造评价指标体系构建的整体思路是，可在宏观上反映中国绿色制造与可持续发展的特征、可在中观上反映行业或企业的绿色制造战略、可在微观上反映企业的绿色制造实施流程与工具。为此，中国的绿色制造指标体系应满足以下 5 个要求：

（1）要注重环境影响，关注环境承载力。
（2）重视绿色，更要重视发展，要着力于可持续的发展。
（3）强调依靠法治、政策等指导支持工业绿色制造。
（4）区域数据的可获得性和可量化性是关键考量因素。
（5）注重民众的绿色满意度。

**2. 绿色制造评价指标体系构建的初步设想**

1）构建原则

中国的绿色制造评价指标体系的构建应拟定一个集经济、环境、社会、技术和发展于一体的综合框架，在该综合框架下设计多个不同的评价模块。须遵循的设计原则如下：

（1）系统性原则。指标体系的建立应遵循系统化思想，各指标之间具有完整性、层次性和独立性。以现有的统计核算体系为基础，选取能够反映工业绿色制造的要素，合理构建指标体系。

（2）模块化原则。为兼顾制造业的复杂性和不同行业企业的特殊性，可以有针对性地设计不同行业、不同流程的模块化指标。可按产品的全生命周期，即按设计、制造、装配、物流和回收等流程进行独立的模块化评价分析；也可针对标准生产线进行生产线模块化评价分析。这些模块化指标应具有针对性（针对某个特殊的行业或流程或工段）、标准性和灵活适用性（可适用于不同行业的相同流程或工段）。

（3）可比性原则。指标的选取既要包含政府部门提出的任务指标，以便与国家规划对接，也应充分考虑不同地区的资源禀赋、产业结构等方面的差异，尽可能选取具有共性的综合性指标。另外，在计算依据的选取、统计口径的规定等方面，应注意符合统计规范。

（4）可测性原则。应充分考虑数据可测性和指标量化的难易程度，尽量利用和开发统计部门及资源管理部门现有的统计资料，计算所需数据；指标计算方法应明确、简洁，能满足计算机对数据处理的要求。

（5）可扩展性原则。指标内容在一定的时期内应保持相对稳定，以利于分析工业绿色制造过程并预测其发展趋势。但因工业绿色制造是一个持续渐进的过程，故指标体系还应充分考虑系统的动态变化，具备可扩展性，根据实际需要和可能逐渐补充与完善。

2）指数的选取

结合现阶段中国制造业绿色发展的具体要求，中国绿色制造评指数的选择遵循以下标准：

（1）应以追求低资源消耗和低污染的经济增长为目标。

（2）应能够获得相应数据的支撑。

在现在的指数计算体系中，相关绿色指数计算方法的研究面广且比较深入，可以从中进行选择和参考（如湖州绿色制造指数）。

具体的绿色制造指数一级指标和二级指标的选择如下（见表5-1）。

（1）一级指标的选择。一级指标主要有资源环境效率（A1）、绿色制造效率与效益（A2）、外部政策环境（A3）。资源环境效率是绿色制造的基础，绿色制造效率与效益是绿色制造增长的主体和内在驱动力，外部政策环境起引导作用，这3个一级指标是工业绿色制造的基础保证。

（2）二级指标的选择。每个一级指标各分设多个二级指标。例如，资源环境效率（A1）下设节能度（B1）、减排度（B2）、降耗度（B3）、低碳度（B4）、循环度（B5）、元素循环利用度（B6），绿色制造效率与效益（A2）下设生产效率（B7）、绿色创新（B8）、经济效益（B9）、生态效益（B10）、独立第三方绿色服务（B11），外部政策环境（A3）下设金融环境（B12）、政策环境（B13）。在二级指标方面，本课题组着重加入了元素经济性指标，即元素循环利用度（B6）。通过元素经济性指标对制造业的元素循环代谢进行分析和元素全生命核算。元素经济性指标计算公式如下：

元素经济性指标 =（预期产物原子量/原材料总原子量）×100%

此公式由美国斯坦福大学 B. M. Trost 教授于1991年首先提出，B. M. Trost 教授因此获得1998年美国总统绿色化学挑战奖。

3）围绕关键要素选取三级指标

三级指标具有开放性、扩展性和模块可选性，可根据不同地区、不同行业、不同企业、不同发展阶段等属性进行调整或增加。

表 5-1 绿色制造指数一级指标和二级指标的选择

| A | B | C |
|---|---|---|
| 资源环境效率（A1） | 节能度（B1） | 单位工业增加值能耗 |
| | | 节能产业工业产值或增加值比重 |
| | | 高耗能产业工业产值或增加值比重 |
| | | …… |
| | 减排度（B2） | 单位工业增加值废水排放量 |
| | | 单位工业增加值废渣排放量 |
| | | 单位工业增加值二氧化碳排放量 |
| | | 单位工业增加值二氧化硫排放量 |
| | | 单位工业增加值废水、COD、BOD 排放量 |
| | | 单位工业增加值氮氧化物排放量 |
| | | 单位工业增加值氨氮排放量 |
| | | 特征污染物排放达标率 |
| | | …… |
| | 降耗度（B3） | 单位工业增加值水耗 |
| | | 工业产品单耗 |
| | | 产品包装材料消耗 |
| | | 产品运输消耗 |
| | | …… |
| | 低碳度（B4） | 非化石能源占能源消费的比重 |
| | | 碳排放量 |
| | | …… |
| | 循环度（B5） | 工业固体废物综合利用率 |
| | | 工业用水重复利用率 |
| | | 再制造产品工业产值比重 |
| | | …… |
| | 元素循环利用度（B6） | 氯、锂、汞等元素 |
| | | …… |
| 绿色制造效率与效益（A2） | 生产效率（B7） | 劳动生产率 |
| | | 设备运转率 |
| | | …… |
| | 绿色创新（B8） | R&D 投入产出比 |
| | | 绿色工艺研究投入产出比 |
| | | 绿色产品投入产出比 |
| | | 绿色发明专利数量 |
| | | …… |

续表

| A | B | C |
|---|---|---|
| 绿色制造效率与效益（A2） | 经济效益（B9） | 绿色产品利润额 |
| | | 市场绿色消费比重 |
| | | 环境污染治理投入产出比 |
| | | 生产事故率 |
| | | …… |
| | 生态效益（B10） | 大气细颗粒物（PM 2.5 与 PM 10） |
| | | 大气主要有机污染物含量 |
| | | 地表水源地水质达标率 |
| | | 地下水源地水质达标率 |
| | | 绿色企业数量 |
| | | 绿色产品数量 |
| | | 绿色园区数量 |
| | | …… |
| | 独立第三方绿色服务（B11） | 独立第三方研发服务收益 |
| | | 独立第三方节能诊断收益 |
| | | 独立第三方循环改造收益 |
| | | 独立第三方检测收益 |
| | | …… |
| 外部政策环境（A3） | 金融环境（B12） | 绿色金融信贷投入比重 |
| | | …… |
| | 政策环境（B13） | 绿色产业扶持政策 |
| | | 绿色产业规制政策 |
| | | 绿色税收政策 |
| | | 绿色贸易政策 |
| | | …… |

# 七、中国绿色制造行动对策

## （一）加强顶层设计

绿色制造行动是一项具有长期性、战略性和复杂性的系统工程，应从顶层设计出发，建立国家层面的绿色制造体系和各级绿色制造领导组织体系，制定长远的、符合国情的、操作性强的"国家绿色发展规划",提出"绿色制造经济发展战略""绿色制造科技发展战略"以及"国家绿色制造人才发展战略"等行动计划;提出包含绿色经济、绿色新政、绿色社会的绿色制造培育目标清单与大型绿色工程培育方向清单;鼓励地方政府在国家方案的基础上,根据自身条件制定更加具体的行动计划,并通过确立发展规划和目标,促使各方形成统一预期目标,提高绿色制造新动能的培育力度与广度,使其成为中国未来经济发展的强大动能。发布年度国家绿色制造绿皮书,整合绿色制造的政策和实施进展。

## (二)培育生态文化和绿色生活方式

(1)制定并出台了《全民生态文化发展纲要》,将绿色价值观融入社会主义核心价值观体系,传承中华传统文化中敬畏天地、道法自然、天人合一的生态伦理,构建以人与自然和谐共生为核心价值观的生态文化,把生态文明教育、绿色制造教育纳入国民教育和领导干部培训体系。

(2)加强基本道德素养的培育,加强社会公德、职业道德、家庭美德、个人品德教育,弘扬中华优秀传统文化,全面提高国民道德素质,为绿色制造、新旧动能的转换提供基础。

(3)提高全民科学文化素养,特别加强绿色科技文化的普及,在全社会形成崇尚科学精神的氛围,激发全社会的创新创造活力,为绿色制造新动能的培育提供有力支撑。

(4)将生态文化、绿色理念转化为社会和公众的自觉践行绿色低碳的消费模式,提倡适度消费、精品消费和精致生活,引导公众扩大非物质领域的消费,引导社会和公众自觉选择资源节约型、环境友好型的消费模式,实现消费方式和生活方式的绿色化转变。

## (三)完善绿色标准,营造公平、公正、高效的发展环境与氛围

(1)以绿色消费引领绿色制造,使绿色制造有利可图、自发推动。例如,通过腾讯等即时通信社交媒介,利用设定标准、推荐样板、动态指数,建立公众评价/评估互动体系,鼓励和提倡建立绿色产品、绿色商品、绿色食品理念和氛围,以此引导绿色制造业的发展。

(2)强化完善绿色制造标准,围绕绿色品牌,发展绿色产品、绿色工厂、绿色园区和绿色供应链,构建绿色制造标准体系,提高节能、节水、节地、节材指标及计量要求,加快能耗、水耗、碳排放、清洁生产等方面标准的修订,提升工业绿色制造标准化水平。

(3)充分发挥企业在标准制定中的作用,鼓励制定严于国家标准、行业标准的企业标准,促进工业绿色制造提标升级。

(4)积极推进标准互认,鼓励企业、科研院所、行业组织等主动参与国际标准化工作,围绕节能环保、新能源、新材料、新能源汽车等领域,主导或参与制定国际标准,提升标准国际化水平。

（5）大力发展绿色品牌，通过绿色品牌的挖掘、宣传、推广和保护，引导企业注重绿色制造、科技创新，树立绿色引领者榜样，积极履行社会责任。

（6）围绕循环型的产业园区，重点扶持一些新业态的绿色制造引领者或者领头企业，如大疆无人机、腾讯动态指数、武汉轻型汽车钢、刘科甲醇-煤能源资源技术、马鞍山再制造，建立绿色制造或者产业园区样板。

## （四）建立绿色制造激励机制

建立与完善档案审计体系、官方评价监督体系，保证绿色制造的顺利发展；建立绿色制造国家研发专项、区域或者流域发展基金及生态补偿基金，推进关键通用的绿色金融、绿色制造体系的创新；建立绿色产业园区专项，推进关键通用的绿色、循环制造技术研究与开发的创新。具体措施如下：

（1）建立反降级的刚性约束，不再允许为经济发展而牺牲环境质量。在无法满足要求的地区，有必要降低经济发展速度；对环境质量降级的地区，必须严格问责，实现保护—提升—再保护—再提升的良性发展。

（2）完善奖惩分明的政府责权利机制，完善绿色制造考核指标体系，按照各地产业结构、发展阶段和生态环境特征，丰富并细化地区分类考核制度，将其作为考核地方政府的硬性指标。

（3）制定合理的激励和补偿标准，通过价格杠杆、财政政策和税收政策、福利政策激励社会投资流入绿色产业，使那些为绿色制造和保护生态环境做出贡献的单位与个人能够获得足够的收益。

（4）选择条件成熟的地区作为绿色制造制度改革试点，建立容错机制，为全面促进绿色制造提供可借鉴、可复制的经验与示范。

（5）设立覆盖个人、集体、基层组织的国家绿色发展奖项，推动全社会实施绿色发展行动。

## （五）强化绿色制造的示范作用

重点扶持一些新业态的绿色发展引领者或者领头企业，如绿色建筑业、生态修复业、气候调控业、绿色咨询业中的企业。围绕珠江、长江、黄河、渤海、松花江等流域及其三角洲，围绕秦巴山区、北部干旱草原，进行产业发展带-生态保护带的协同发展开发。围绕县级以上区域范围，树立绿色发展典型样板。鼓励、提倡和示范绿色生活理念与氛围，以此引导农林业、建筑业、制造业、服务业的发展。

## （六）推动绿色制造理念、文化、技术引领世界

中国作为打造人类命运共同体的倡导者和实践者，引领全球绿色治理，构筑尊崇自然、绿色发展的全球生态体系是新时代的重要使命。

（1）积极引领生态环境保护方面的国际谈判和国际规则的制定，主动承担与自身能力相匹配的国际责任，维护全球生态安全。

（2）提升绿色制造、环保产业、新能源技术、绿色产品等重点领域的国际标准转化率，以标准助力全球绿色发展。

（3）积极加强国际合作，尤其是科技与人才的交流合作，在更大范围内携手共创绿色的美好未来，推动绿色发展。

（4）积极推广中国绿色制造理念和模式，为世界特别是广大发展中国家的可持续发展提供中国智慧与中国方案，同时促进自身更好地绿色发展，共同提高人类福祉。重点加强与金砖国家和"一带一路"国家的绿色制造合作，实施能源资源国际化、绿色化的强国大国工程。

## （七）大力推进人才培育与激励政策的制定

实施国家绿色制造人才发展战略，完善人才引进和人才交流政策，吸引国内外优秀人才开展绿色技术研发与绿色创业，为绿色创新发展不断注入新鲜力量。发展教育事业，合理配置学科方向，适当加大基础技工型人才的培育数量，为绿色技术研发、设计与生产各环节提供优质人才保障。构建完善人才激励政策，设立多层次人才奖项，形成全社会尊重人才的良好氛围。

## （八）构建新时代绿色制造指数

中国制造业门类齐全，领域广泛，细分行业多，行业特征差异也大。现有评价体系难以科学地适用于制造业的各个行业，不同评价标准的侧重点不同，难以具体应用到企业个体上。所构建的绿色制造评价指标体系应具有多维度性和灵活性，兼顾制造业的复杂性和不同行业的特殊性，既可为各级政府提供决策参考，又可为不同行业、不同企业提供绿色化改造的方向指引。

# 课题 5 成员名单

组　　长：　徐德龙　　钱旭红

成　　员：　殷瑞钰　　金　涌　　陈丙珍　　谭天伟　　张玉卓
　　　　　　韩布兴　　陈建峰　　钱　锋　　张锁江　　涂善东
　　　　　　杨铁生　　王孝洋　　胡山鹰　　辛　忠　　吴玉锋
　　　　　　施　慧　　李恩重

执笔人：　王岩丽　　程家高　　王海英　　杨有军　　徐晓勇
　　　　　杨泱泱　　须志平　　邵旭升

# 课题 6
# 新业态新模式助力制造业高质量发展

"制造强国战略研究"课题组

当前，中国正处于从工业大国向工业强国转变的关键时期。党的十九大报告指出："建设现代化经济体系，必须把发展经济的着力点放在实体经济上，把提高供给体系质量作为主攻方向，显著增强我国经济质量优势。"推动新一代信息技术与实体经济深度融合，加快发展先进制造业，加快制造强国建设，是贯彻新发展理念的重要行动。

当今，在新一代信息技术的引领下，全球制造业的生产技术、生产组织方式、企业管理方式、竞争策略，乃至全球制造业的布局和竞争方式都将面临重大调整。如何顺应新一代信息技术的发展趋势，积极推进制造业模式与业态的创新，已经成为各国制造业转型发展的重大现实挑战。对中国而言，新一代信息技术引领下的制造业新模式新业态的培育与发展，将对如何应对中国特色社会主义进入新时代的社会矛盾转变、重新定义中国制造业的竞争优势、有效化解制造业产能过剩的形成机制，以及倒逼制造业企业提升管理能力产生深远影响。

# 一、新业态新模式的发展背景

## （一）制造模式的发展现状与价值链

### 1. 产品和服务：需求、价值和形态的变化

随着经济社会的发展，用户需要的不再是传统意义上的产品，而是能够满足其更高需求、能创造新价值的"成果"。同时，伴随设计和制造技术的升级，用户需求能被及时地反馈到产品设计和制造的早期过程中，使产品的个性化和定制化趋势日益明显。此外，由于传感器和网络技术的应用，产品也变得越来越智能。

在互联网时代，个性化、定制化产品更接近用户的需求，比标准化产品有更大的价值空间。因此，"满足个性化需求，提高设计和生产的'柔性'"是制造业追求的目标。产品的设计系统与最终用户通过网络建立关联，并采集大量用户数据和信息，从而设计出"个性化"的产品。同时，传统生产流程从集中式中央控制向分散式增强控制转变，利用传感器和工业网络，让生产设备互联、信息共享。随着供应链各环节的联系和协作的加强，形成了柔性的、满足个性化需求的高效能、大批量生产模式。有了个性化设计和柔性化制造，以及高效、灵活的供应链协同，制造业企业可以动态地配置各种生产要素，为客户定制不同的设计方案、零部件构成、产品订单，乃至生产计划或物流配送方案。

计算机技术、网络技术、精密传感器技术和 GPS 等技术的综合应用，使得各类产品的智能化成为可能。智能化的产品极大地增加了产品的价值，产品的智能化有各种形式。例如，汽车是机电一体化的产品，当汽车集成了大量传感器和智能控制系统后，加强或改变了人机交互模式，就变为智能化产品，出现了自动驾驶汽车和新能源汽车。在工程机械领域，布鲁诺克斯和中联重科的摊铺机、铣刨机都嵌入了微处理器，能进行数字式自动调平控制，极大地提高了产品效能，改善了控制精度，降低了故障率。又如，百胜门控在传统门窗的基础上，引入了远程控制、物联网和智能终端系统，使其产品在智能家居、智能交通和智慧城市等领域具备了新的价值。

越来越多的制造业企业不仅关注产品的制造过程，还瞄准产品的整个生命周期，包括市场调查、产品开发、销售和售后服务、产品报废和回收等环节，而"服务"在制造价值链中的比重越来越大。部分制造业企业正在转变为某种意义上的服务企业，产出的服务化成为当今智能制造的新模式新业态。制造业"产品的服务化"，是指制造业企业为了获取竞争优势，将价值链由以制造为中心向以服务为中心转变。"产品的服务化"具有两层含义：一是企业内部服务的效率对制造业企业的竞争力日益重要，已超过了传统的决定因素；二是与产品相关的外部服务的复杂性和重要性日益提高。

**2. 制造流程和供应链：网络化协同、智能化和标准化**

网络化协同制造是指基于先进的网络技术、制造技术及其他相关技术，构建面向特定需求的、基于网络的制造系统，并在系统的支持下，突破空间对企业生产经营范围和方式的约束，开展覆盖产品全生命周期的业务活动，实现企业内各环节和供应链上下游企业的协同，并集成和共享各种社会资源，高速度、高质量和低成本地为市场提供产品和服务。

在智能制造时代，工业机器人、制造设备乃至产品都可以通过安装智能传感器，实现自我感知，并利用射频识别（RFID）等技术实时采集数据。这些设备利用现代网络通信技术相互连接，随时随地进行信息分享。同时，为了对制造系统进行智能化的"自我管理"，现有的工业制造系统需要对制造设备本身和产品制造过程中产生的数据进行深入分析，需要依靠工业大数据的管理和挖掘技术。可以说，传感器、物联网和工业大数据是制造过程智能化的必要条件与基础。

德国把标准化排在推进"工业 4.0"关键领域的 8 项行动的首位，德国电气电子和信息技术协会已经发布了《工业标准化路线图》。而在中国，信息化和工业化的深度融合提速促使标准规范不一致的问题日益突出。工业领域缺乏行业性的智能制造标准规范，而智能制造技术大多独立运作且多元复杂，企业在跨系统、跨平台集成应用时面临很多复杂的技术难题。智能制造领域的技术标准制定成为各国、各行业和各领头企业的"必争之地"，拥有国际化的技术标准、技术框架制定权，对未来智能制造的发展将有实质性的影响。

### 3. 行业价值链：环保和网络制造

制造业是创造人类财富的支柱产业，但也是环境污染的主要源头。实现环境友好、向绿色制造转型是制造业可持续发展的重要课题之一。绿色制造是一种综合考虑环境影响和资源效率的现代制造模式，其目标是在从设计、制造、包装、运输、使用到报废处理的整个产品生命周期中，对环境负面影响极小而资源利用率极高，并使产业、行业和企业的经济效益和社会效益协调优化。绿色制造和智能制造是同一价值链中相互影响、相互促进的双重目标，在实现智能制造的过程中，制造业在实现自我改造、自我升级、自我转型的同时，也推动了绿色制造的进程。

与企业内部和供应链上下游企业的网络化协同制造不同，网络制造模式是制造业企业基于互联网技术，不再依靠自上而下地集中控制生产，不再从事固定的设计与研发环节，或者管理固定的生产与制造环节，或者固定的营销与服务，而是从市场和用户需求开始，在全球范围内，自由地接受产品订单、寻求合作生产、采购原材料或零部件，协同进行产品设计、生产制造，整个环节都通过互联网动态地连接起来，实时通信，并依靠行业、区域核心企业或企业群体的综合优势，灵活、快速地响应市场需求，提高全球制造资源的利用率。

互联网改变了沟通方式和产品交易模式，也改变了生产资源的配置方式。未来，全球制造资源的配置完全可能通过互联网进行招标组织，自由整合最好的资源完成设计和生产，打破不均衡的资源现状。网络制造模式会催生很多小微型企业，这些小微型企业可以进行概念创新，可以通过3D打印完成制造，也可以利用全球资源制造产品。网络制造模式打破了竞争壁垒，给小微型企业提供了与大型企业同样的发展机会。

## （二）经济动能转换呼唤模式创新

进入新时代，中国社会的主要矛盾已经转化为人民日益增长的美好生活需要和不平衡不充分的发展之间的矛盾，即由数量的短缺演变成质量短缺，迫切要求制造业提升满足市场需求的匹配程度。新一代信息技术的发展，将制造业生产与流通过程中的大量物质流转变为数据流，使得制造业各环节可被有效细分，从而呈现出碎片化、去企业化的特征，有效降低产业的进入门槛。制造业生产的碎片化，带动了企业创新的分散化。中国制造业企业可以凭借新模式新业态，更充分地利用本土市场巨大、需求层次多样和消费升级的优势，将需求与供给之间不平衡不充分的矛盾转化为推动制造业高质量发展的机遇。模式创新有助于应对社会主要矛盾的深刻变革。

### 1. 模式创新重新定义中国制造业的竞争优势

新一代信息技术在给中国制造业的发展带来重大机遇的同时,有可能对中国传统的比较成本优势形成根本性的冲击,同时也可能阻断中国作为后发国家由比较优势向竞争优势跃迁的转型升级路径。具体表现为进一步弱化中国的要素成本优势,对中国产业升级和产业结构升级形成抑制,造成制造业从业人员失业,或者被锁定在更加狭窄的低附加值劳动环节上。与美国、日本、德国、韩国等工业强国相比,中国制造业的优势主要体现在两个领域:一是模块化架构产品,如工程机械、家电、电子消费品;二是大型复杂装备领域,如通信设备、高铁、核电装备和水电装备等。中国在一体化产品领域(包括轿车、数控机床等具有一体化产品架构的机械行业和制药/化工等制造一体化的流程型行业),以及工业基础件等既具有一体化特征又需要由前沿科技支撑的核心零部件领域相对而言缺乏优势。从技术发展趋势和产业应用实践情况看,新一代信息技术提高了制造业的模块化程度。中国加紧在模块化架构产品和大型复杂装备产业推动新模式新业态,对中国制造业传统竞争力的创新性转化具有重要意义。

### 2. 模式创新有利于有效缓解制造业产能过剩问题

新一代信息技术推动了制造业从刚性生产系统转向可重构的生产系统,可以以重排、重复利用和更新系统组态或子系统的方式,根据市场需求变化实现快速调试及制造,使企业具有更强的兼容性、灵活性及突出的生产能力,实现生产制造与市场需求之间的动态匹配。新模式新业态的形成,将推动制造业企业降低对大规模生产模式的依赖程度,转而追求满足消费者的个性化需求以提高价值创造能力的策略。这一个经营模式的转变对深受产能过剩问题困扰的中国制造业转型升级,有着极为重要的意义。

### 3. 模式创新推动制造业企业优化内部管理以提升配置效率

产品越来越复杂与技术迭代速度的加快带来了新的问题,即企业管理的复杂度不断提升。为了有效实施模式与业态创新,企业必须有效提升其管理能力,驾驭复杂度更高的生产组织方式,从而推动制造业总体配置效率的提升,包括推动企业内部那些支撑制造环节的服务部门管理优化,推动企业从提供简单的产品到提供一体化的技术解决方案的转变,提高对制造业新模式新业态所需人才的培养,以及推动企业投融资方式的创新等。

## （三）新业态新模式不断涌现

当前，制造业正在从依靠大批量规模化生产以降低成本而形成优势的传统模式，逐步转变为在以客户需求为中心、保持规模化生产成本优势的前提下，实现满足个性化需求的新型生产模式。为此，需要企业实现组织结构优化、运行机制调整、业务流程再造和工作模式更新。当前，中国出现了诸多新模式新业态，如数字化制造、网络化协同制造、规模定制生产、云平台+制造、远程运维服务、电子商务、软件定义的制造等。

### 1. 数字化制造

通过信息物理系统（CPS）实现工厂/车间的设备传感和控制层的数据与企业信息系统融合，生产大数据被传到云计算数据中心进行存储、分析，形成决策并反过来指导生产。通过在工业机器人、制造设备甚至产品上安装智能传感器，实现自我感知，并利用射频识别（RFID）等技术实时采集数据。这些设备利用网络通信技术相互连接，随时随地进行信息分享。

### 2. 网络化协同制造

网络化协同制造突破空间对企业生产经营范围和方式的约束，开展覆盖产品全生命周期的业务活动，实现企业内各环节和供应链上下游的协同与集成，并共享各种社会资源，高速度、高质量和低成本地为市场提供产品和服务。

网络化协同制造需要实现两个层面的集成：

（1）"纵向集成"是企业内各单元系统的网络化协同。制造业企业的内部信息以制造为核心，包括生产管理、物流管理、质量管理、设备管理、人员及工时管理等生产要素。传统的制造管理以单个车间/工厂为管理单位，管理的重点是生产，管理的范围是企业内部。在网络化协同制造模式下，不同的生产元素之间保持协同，打通制造过程中的"信息孤岛"，基于整体进行网络布局，实现企业内部信息的协同，做到实时传递与共享信息。

（2）"横向集成"则是单元工厂、供应链上下游企业之间的协同制造。多个生产基地或单元工厂利用网络，合理利用人力、设备和物料等资源，加强信息共享，提高效率和实时性。此外，在产业链上下游组织之间，一方面，通过网络化协同，消费者和制造企业共同进行产品设计与研发；另一方面，通过网络化协同，配置原材料、资本和设备等生产资源，组织动态生产，缩短产品研发、制造周期，满足差异化的市场需求。

### 3. 规模定制生产

在互联网时代，个性化、定制化产品更接近用户的需求，比标准化产品有更大的价值空间。因此，"满足个性化需求，提高设计和生产的'柔性'"是制造业追求的目标。

通过对工业大数据的挖掘，实现流行风格预测、精准匹配、社交应用和营销推送等目标。同时，利用大数据帮助制造业企业提升营销的针对性，提高仓储、配送和销售效率，降低物流和库存成本，减少生产资源投入的风险。同时，利用销售数据、产品传感器数据和供应商数据库，制造业企业可以准确地预测全球不同市场区域的商品需求。

### 4. 云平台+制造

通过建立云平台，企业不再自上而下地集中控制生产，不再设置固定的设计与研发环节，或者管理固定的生产与制造环节，或者固定的营销与服务，而是从市场和用户需求开始，在全球范围内自由地接受产品订单，寻求合作生产，采购原材料或零部件，协同进行产品设计和制造。在这种模式下，整个环节都通过互联网动态地连接起来，实时通信，并依靠行业、区域核心企业或企业群体的综合优势，灵活、快速地响应市场需求，提高全球制造资源的利用率。

### 5. 远程运维服务

企业通过设备远程运维平台，提供远程安全通信、实时数据采集、设备信息全面管理、实时监测数据跨平台呈现、工业数据挖掘分析，提高能源管理效率、生产效率和产品质量，降低企业售后成本。通过传感采集技术、通信技术、自动化技术和大数据分析等先进技术，对生产过程的关键工艺参数进行实时在线监测，实现对关键设备的准确、远程、网络化监测。

### 6. 电子商务

电子商务是指在全球各地广泛的商业贸易活动中，在因特网开放的网络环境下，基于浏览器/服务器应用方式，实现消费者的网上购物、商户之间的网上交易和在线电子支付以及各种商务活动、交易活动、金融活动和相关的综合服务活动，这是一种新型的商业运营模式。电子商务主要有以下几种模式：ABC（Agent, Business, Consumer）、B2B（Business to Business）、B2C（Business to Customer）、C2C（Consumer to Consumer）、B2M（Business to Manager）、M2C（Manager to Customer）、B2A（Business to Administration，也称为 B2G，即 Business to Government）、C2A（Consumer to Administration，也称为 C2G，即 Consumer to Government)、O2O（Online to Offline）等。

#### 7. 软件定义的制造

随着云计算、物联网、大数据、人工智能的发展，软件的展现形态以及价值输出方式将呈现多样化，这为制造业的发展带来了无穷的空间。软件贯穿制造业全价值链，包括制造、产品、流程、服务，生态将成为制造业发展新常态。以软件作为驱动，未来制造将向协同化、定制化、平台化与服务化发展。

当前，随着生产环境的日益复杂化，软件生态体系面临着升级与重构的压力。制造业细分行业对 IT 需求的差异化、新兴数字技术的发展对集成所带来的挑战，以及互联网商业模式对传统解决方案提出的新需求，急需一个更有匹配性的软件生态系统，以满足制造业的需求。同时，越来越多的互联网企业也开始成为制造业 IT 生态圈的一员，以云计算、大数据以及 O2O 平台作为切入点，服务于传统制造业企业。而领先的大型制造业企业的 IT 部门也在试图通过市场化独立运作，向行业的解决方案提供商转型。同时，Predix、MindSphere、ThingWorx 等工业物联网平台的发展，也为众多行业开发者降低了门槛。传统软件生态链重新洗牌、磨合，从而形成一个适应性更强、更具有创新性的新生态体系。

## 二、典型新业态新模式的发展现状

### （一）远程运维服务模式

#### 1. 从健康监测与故障诊断到远程运维

国民经济领域的重大装备如航空发动机、风电装备、高速列车等的服役期可占产品全生命周期的 90% 以上，运行中未能及时发现的严重故障极易导致灾难性事故。因此，如何针对重大装备的运行安全开展及时监控至关重要。远程运维服务是智能制造新模式的核心要素之一，主要包括状态实时感知、健康评估监测、故障诊断预示、远程通信控制、运营维护优化、全生命周期综合管理平台等关键技术，旨在最大限度地提升产品的安全性和可靠性，降低产品全生命周期使用/维护成本，从而减少紧急（时间要素）维修事件和千里（空间要素）驰援事件的发生，确保人员财产安全和经济效益，具有迫切的现实需要和重大的工程应用价值。

从远程运维服务核心技术发展历程来讲,早在春秋战国时期中医论著中就有对诊断的详细论述,深刻揭示了"望、闻、问、切"等诊断原理,其深远影响持续至今。伴随着观测手段与感知水平的不断提高,诊断手段与精确度显著提高,健康监测与故障预示成为可能。受益于医学监测诊断理论,随着工业传感器与数字电路的诞生,监测诊断系统在工业中得到应用并迅速推广,运行维护需求与日俱增。从20世纪70年代起,健康监测、故障诊断与预示系统已出现在航天航空等装备上,并随着远程通信技术的发展不断向远程运维方向迈进。经过40余年的高速发展,当前状态感知手段不断丰富,监测诊断理论日趋完善,诊断预示精度不断突破,运维管理水平显著提升,为装备的远程运维服务提供了扎实的理论基础和技术手段。随着人工智能的再度兴起,通过与智能、互联、虚拟现实等技术深度融合,远程运维必将不断突破时间、空间局限,显著提升甚至创造更多运维服务价值,实现基于智能化运维的制造与服务深度融合。

### 2. 以高附加值增值服务提升市场竞争力

运维服务将促使制造模式业态变革,重塑制造业价值链。在同质化竞争和供大于求的全球市场环境下,制造业价值链的高端向产品运维服务转移,更多的制造业企业成为提供产品和运维服务的综合体。运维服务与制造相互渗透融合,从生产型制造走向服务型制造是大势所趋,产业模式向"定制化的规模生产"和"服务型生产"转变的特征明显,必将催生更多服务产业。

随着运维大数据平台的涌现,高附加值增值服务成为重要产业。运维服务大数据爆炸式增长,成为制造业企业高附加值增值服务的来源。制造业企业在对产品运行数据进行采集和分析并形成业务数据闭环的基础上,使运维服务数据化,有效地支撑企业的创新设计、制造过程及个性化服务优化,促进企业对市场、用户的精准供给和企业间的资源分享利用,从而打造高端服务型智慧企业,通过运维服务为消费者、用户以及企业自身创造显著的增量价值。

远程运维服务将更加智慧化,产品的全生命周期综合管理是大势所趋。越来越多的制造业企业通过应用嵌入式软件、微电子、互联网、物联网等信息技术,提升产品智能化程度和远程运维服务的智能化水平,抢占制造服务制高点。同时,装备监测诊断与控制技术水平的极大提高,使制造装备的自诊断、自维护、自恢复成为现实,运维服务更加精准高效,对产品全生命周期综合管理的迫切需要促使企业转型升级,催生产品全生命周期数据综合管理业务,从而更好地为设计改进创新、制造过程优化、售后运维服务提供技术支持,显著地提升用户体验与产品维护管理水平。

### 3. 物联网、大数据技术提供重要支撑

(1)利用多源信息的智能感知,将会实现运行模式的智能控制。目前的测试技术需要

人为参与获取数据,而数据识别、测试与运行模式之间缺乏智能联动机制,测试大数据难以与设备失效机理关联,使得人为建立大数据样本库费时费力。未来,将通过智能筛选和感知控制,实现机械系统状态的自适应建模和主动控制;通过先进传感器和智能测试系统的开发应用,实现多源信息的智能感知、基于边缘计算的特征信息的主动筛选、特征信息的前期辨识及特征信息的云存储,通过传感特征信息与装备先验信息的特征智能匹配,实现基于特征演化趋势的状态主动预测;通过基于实时感知信息与特征演化规律的研究,实现运行模式的智能化控制;通过主动运行模式调节,实现装备状态监测与主动调控,从而确保装备安全可靠地运行。

(2)工况协议智能解析将实现多源异构数据的融合。数据的表示方法除了数值,还存在着语言或符号等其他描述形式,多种描述形成导致数据信息在结构和语义上存在模糊性、差异性和异构性。对于大型复杂装备,单一特征和单一类型信息往往难以清晰准确地表征装备运行工况,而综合考虑多源多物理场监测信息成为最佳选择。随着工况协议与数据结构标准化、工况协议适配技术、多源异构数据自适应融合技术的发展,工况协议与数据结构将从同类型装备、装备集群向复杂装备群辐射,实现工况协议智能解析、多源异构数据自适应融合,从而为远程运维提供标准规范的监测信息。

(3)突破多尺度多物理场的限制,实现极端服役环境下的建模。目前对装备的故障机理研究不足,多沿用经典的失效模式分析与故障表征。随着机械装备的大型化、复杂化、高速化、自动化和智能化,新型旋转和往复运动的机械的复杂机电液系统在特殊服役环境下的失效机理和故障演化规律将被揭示;未来多尺度建模与多物理场建模技术将获得突破,构建多维和多参数的复杂系统模型,描述电-磁-力-热多物理场的耦合机理、耦合环境下的材料结构力学行为,以及服役环境下结构由微观发展到宏观的损伤失效机制、实验验证失效机理。突破原位监测与小样本加速失效测试,揭示复杂受力、多物理场作用下零件与结构的失效规律,描述耦合失效行为,以及零件与结构破坏的临界值,形成设备的失效判定准则并构建故障演变模型,用于预测相关产品的使用寿命。未来,将突破极端服役环境测试技术,突破因运行环境复杂化和零部件尺寸极端化而必须对材料材质进行差异评估、蠕变/疲劳/氧化/腐蚀和变形失效机理分析技术,掌握极端复杂工况下零件和结构基础性能、损伤机理及损伤演化规律,形成基于失效机理的产品全生命周期设计、预测性维护新理论。

(4)实现大数据稀疏可视化表达和人机协同混合增强智能。目前,国内已建成若干设备运维平台,但仍然缺乏实时、智能的通信平台,以对关键设备进行数据收集、实时监测和状态评估。应用云计算技术,研发针对关键设备状态监测与故障诊断的"云计算"平台,最终实现对关键设备进行数据收集、实时监测、大数据分析、状态评估、故障诊断和终端可移动检测等,为大型复杂的关键设备进行在线监测提供技术支持,确保设备安全可靠运行,这些研究具有重要的理论和实际意义。突破大数据可视化、大数据异构数据解析、巨量数据云存储和数据安全技术,突破巨量数据的稀疏和降维、大数据特征挖掘和大数据状态趋势预测技术，突破大数据深度学习、人机协同混合增强智能和类脑智能技术。

（5）建立完善的大数据分析中心系统，实现产品全生命周期的智能综合管理。远程监控中心平台将具有实时在线监测诊断分析、远程协助、报警分级发送、诊断建议即时发布、设备异常报警等常规诊断功能。在保证设备运行安全的前提下，确定最小的维修需求，合理分配维修资源。建立产品大数据库，包括加工数据库、材料数据库、装配数据库、试验数据库（工艺参数）、振动数据库等，实现企业的数字化管理。实现产品全生命周期管理，基于产品健康管理、大数据、云计算、物联网技术，以提升产品全生命周期价值为出发点，实现产品的规划、设计、制造、装配、调试、使用、维护、大修、改造直至报废全生命周期的监测、追溯、故障诊断、远程维护等在线服务模式。

## （二）规模定制化生产模式

### 1. 从大规模生产到规模定制化生产

供给侧结构性改革深刻影响着制造业的经营模式和理念。家电、家具、服装企业的价值链逐步由以产品为中心向以客户为中心转变，规模定制生产服务模式正在影响着此3个行业的发展。为了适应消费结构升级的需要，这3个行业的产品结构正在向多层次、定制化方向发展。

（1）客户需求的快速响应成为竞争焦点。一种新产品从构思、设计、试制到商业性投产，在19世纪大约要经历70年的时间，在20世纪两次世界大战之间则缩短为40年，在第二次世界大战后至60年代，这一时间缩短为20年，到了70年代以后又进一步缩短为5~10年，而到现在只需2~3年甚至更短的时间，这种态势必然导致市场竞争焦点的快速转移。当差异化和低成本制造方式得以共同实现时，能否快速响应客户需求就成为决定企业生存能力的重要因素。在这种情况下，差异化的市场定位成为竞争的必要条件。在此基础上，根据不同需求推行快速交货、保障高质量、低成本和重环保的市场供应便成为影响竞争优势的关键性因素。

（2）环境资源有限引发了客户的定制化需求。例如，房价上涨导致大部分居民只能购买有限的居住空间，而房屋资源的有限带来了全屋定制家具的兴起，使有限空间得到最大使用效率。越来越多的人认识到能源的珍贵，从而对家用电器的能耗和智能使用有了更高的要求。

（3）个性化追求带来了客户的定制化需求。根据需求理论，随着人们生活水平的提升，客户对于产品的基本功能获得满足之后，借助产品体现个人品位、文化修养的需求愈发彰显。客户对于服装款式的要求越来越多样化，希望得到不同于其他人的、能够彰显个人品位的服饰。此外，客户对家电的样式也有了更多的要求，家电不再是传统的款式，而是可以如艺术品一样成为家庭的装饰品。

随着人们生活水平的提升,客户对民生消费品的个性化需求也逐渐增加。在提供产品使用价值的同时,满足客户的个性化需求成为制造业企业提升市场份额、增加收益的重要途径。

**2. 以价值链的重塑提升制造效益**

在新一代信息技术的推动下,制造技术与信息技术得到深度融合。这不仅使产品的功能、性能和使用价值发生巨大变化,使制造过程发生深刻变化,而且带来产业模式、产业形态的革命性变化。制造业企业利用单元、系统和管理组织等方面的创新,优化生产过程,提升产品和服务价值。在这个过程中,产业链和价值链发生了解构和重构,衍生出诸多新环节、新活动,从而实现传统产业要素的重新高效组合。

制造业的生产模式由强调规模经济效益的大规模生产模式向兼顾规模经济效益与精准满足客户需求的规模定制生产模式发展,如图6-1所示。规模定制生产模式不同于大型复杂的机械设备类产品的订单生产模式,它强调产品的生产效率,重视规模经济效益;也不同于一般消费类产品先生产后销售的、以制造商为中心的生产模式,而是强调以客户为中心,重视产品与客户需求的匹配度。随着经济社会的快速发展,客户需求日益个性化,产品需求也日益复杂化。

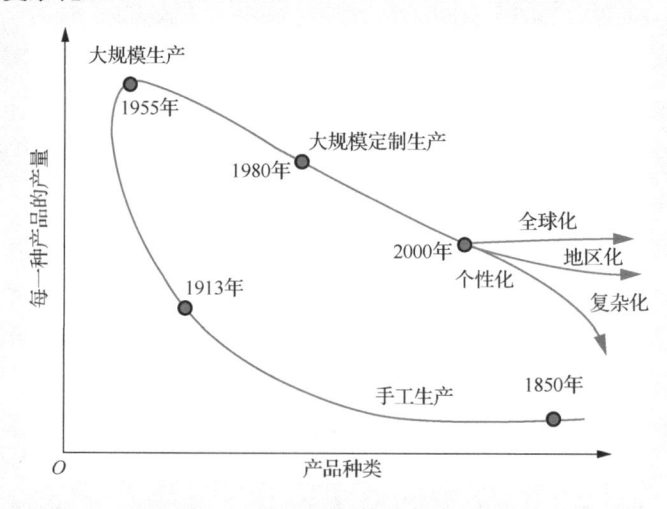

图6-1 制造业生产模式的演变[①]

规模定制生产模式从根本上改变了大规模生产模式的产业价值链组织形式。传统的产业价值链是由"原料采购—生产加工—成品输出配送—营销销售—售后服务"组成的线性

---

① 资源来源:国际电工委员会(International Electrotechnical Commission)发布的《未来工厂》。

关联，制造业企业的增值环节主要体现在"生产加工"环节。强调以客户需求为中心、以生产效率为保障的规模定制生产模式，是一种由各环节之间互相关联组成的网状结构。制造业企业的增值不仅体现在"生产加工"，还需要考虑营销、售后服务、物流、物料供应以及信息管理等环节的效率问题。整个产业价值链成为一个有机整体，制造业企业的增值空间获得扩展。

### 3. 数据智能、增强现实技术提供重要支撑

规模定制生产模式仍有待进一步提升，主要表现在两个方面：研发设计的精准性和产品的定制化程度。规模定制生产模式存在的技术问题主要是利用信息反馈和数据挖掘能力，对现有的研发设计系统、虚拟制造仿真优化系统、规模定制生产系统进行升级。重要的支撑技术包括以下4项。

（1）多源跨媒体异构数据库的建设。异构集成产品数据库，使用环境数据库、解决方案数据库和生产工艺数据库，开发网络化智能测量系统和客户需求在线交互平台采集客户数据，将客户数据、设计数据、虚拟制造数据、生产数据构建在云端，成为神经网络、深度学习等算法运行的基础。

（2）基于大数据的设计需求特征挖掘系统的构建。基于社群生态，对客户来源信息、基本信息、个性化需求信息（包括可选信息和产品物理信息）以及所定制产品的服务信息进行采集汇总，与异构数据库进行匹配，利用机器学习算法、深度学习模型、模式识别、文本挖掘、三维模型识别、产品使用环境模型匹配、图像处理等智能分析技术，实现深度数据挖掘，实现智能解决方案推荐、智能设计师推荐、智能优化产品设计以及智能原材料采购预测等。

（3）虚拟体验系统及虚拟制造。采用多种虚拟现实技术、云渲染平台、虚拟互动体验技术快速实现设计方案的虚拟仿真，让客户参与设计阶段的产品体验。采用多种调度模型和求解算法，将不同材质、不同类型的定制产品订单快速拆分后再合理组织成批次，在虚拟制造系统中实现订单管理和智能排产。打通研发设计与虚拟制造之间的边界，彻底解决个性化设计与规模化生产之间的矛盾。

（4）全流程信息自动采集、生产管控与协同优化系统。通过虚拟制造、微纳传感、条码标签等手段，在规模定制产品柔性制造混流生产中，实现生产工艺、生产计划、生产状态、生产设备和品质分析等信息的在线查询和实时管控，优化仓储、设备、质量、物流管理和销售，并完成对研发设计环节的数据反馈，达到全流程协同优化的目的。

## （三）共享制造模式

共享制造是在用物理和化学的方法将矿产品和农产品加工成制品的过程中，能为多家

企业提供加工工艺、检测方法、加工装备及加工服务的一种生产模式。

**1. 产业集群从物理扎堆到化学融合**

随着产业集群的升级,企业由物理扎堆向化学融合转变,必然会产生企业间的重组,相当一部分技术复杂、共性的制造环节将被独立出来,为集聚区提供公共服务。中国产业集群覆盖大部分传统行业;估计全国有数千个产业集群,其中,化纤纺织、丝绸纺织、制衣、制鞋、电子、信息、医药、塑料、汽摩配件、精细化工、五金制品等,是出现产业集群最多的几个行业。中国各地产业集群主要是以中小企业为基础发展起来的:大量从事相关产业的中小企业集聚在特定地理区域,形成集群,这是中国产业集群形成的一个重要机制。在广东,2000 年中小工业企业占工业企业总数的 95.8%,这些企业创造的产值占工业企业总产值的 63.8%,创造的增加值占全部工业企业增加值的 58.2%,吸纳的就业人数占全部工业企业就业人数的 82.9%。可以说,正是中小企业在地域空间上的集聚,带动了广东省相关产业的集中和产业集群的形成。随着产业集群的发展,同一产业内部的分工会走向精细化,以至于一家企业可以集中于该产业的某个工序或某种中间产品的生产,从而可以节约成本,提高效率。浙江苍南县金乡镇是全国最大的徽章生产基地,在那里,这种小商品的生产工序竟有 18 道,包括设计、熔化金属、写字、刻模、晒版、打锤、钻孔等,每道工序的加工都由独立的企业(加工专业户)进行,而且每道工序产生的半成品都通过市场交换。这样,一条完整的生产流水线就形成了 800 多家企业参与的"产业链"。

环境问题日益受到关注,环保风暴将持续、强劲地吹下去。因此,采取更先进的技术、制造装备和生产模式,把有污染的企业关在"笼子"里,对污染物进行集中处理,成了必然的选择。2017 年,全国有上万家企业因环保不达标已经或正在被关停整顿,甚至带来了某些行业生态的重大变化。习近平总书记深刻指出:"我们既要青山绿水,也要金山银山。宁要绿水青山,不要金山银山,而且绿水青山就是金山银山。"对于制造业中的必要环节,如铸造、热处理、电镀等,不能"一刀切"地关停,而需要采用有效的方式解决环境污染问题。基于先进的技术、制造装备和生产模式,对污染物进行集中处理可以为满足这一要求提供有效方法,能够为和谐、可持续的区域发展做出贡献。例如,温州龙湾电镀基地对电镀废水的处理实行政府垂直领导、环保部门监督,并采用市场化的运作方式,实行治污和排污的分离,对入驻基地内的 97 家电镀小企业排放的污水进行集中治理,并将污水治理设施纳入规划,较好地解决了电镀基地的可持续发展问题。

以互联网为代表的新一代信息技术及物流技术的快速发展,使企业与企业的空间距离大大缩短,时间滞后越来越小,网络化协同制造的应用将越来越广泛,把共性制造交给第三方将更便利、更便宜。由于制造业企业处于不断创新和发展的阶段,物流也跟着不断变化。在企业的供应物流活动方面,物流必须根据企业的供应量及企业的实际情况来具体策划,并要保证采购的材料及时到位,为企业谋得更多的利润。"互联网+"带来物流生态链的革新，从制造商、供应商、分销商、交付环节、零售商、消费者各个环节、产业链上下游企业及与最终客户的交互等方面进行信息化改革，促使物流打通信息化各链条，推动生态链的优化。信息技术的快速发展逐渐消除了消息不对称带来的响应滞后，物流技术的发展使得物料流通环节的成本降低和效率提升，这两项技术的同时突破使得网络化协同制造的经济效益得到保障。通过设计制造协同与工艺设计信息化平台的构建，企业可以突破时间、空间的限制，保障全行业优势资源"异地协同—联合制造"模式的成功应用，生产组织管理与制造执行平台的应用提升了全生命周期的装备数字化制造能力。

**2. 以分工专业化促进制造业高质量发展**

经济全球化及专业化分工的深入发展使得一个企业不必什么都干，只要做自己最擅长、最核心的环节，才能更好地生存和发展。经济全球化使各国经济日益融合，生产要素在全球范围内快速流动，各国各区域的经济外联性不断深化。国际分工和资本流动是经济全球化的必要条件与客观物质基础，生产国际化和资本国际化使国际经济关系不断纵向发展和外延扩展，渐渐形成了生产链条全球化分布的局面。反过来，经济全球化又要求更高效和更大规模的国际分工。专业化分工有助于进一步加强与提高企业在擅长环节的技术水平，从而提高其核心竞争力，在激烈的市场竞争中获得生存和发展。

中国制造大而门类全，重复建设严重，制造能力严重过剩，无论是新建企业或老企业都没有必要大投入建厂房、买贵重的设备。相反，走轻资产发展之路成为一种理性的选择。中国的产能过剩问题自2013年充分暴露了出来，诸多行业产能过剩较为严重。在2008年国际金融危机背景下，"四万亿计划"出台，固定资产投资快速扩张。这些投资大多转化成企业的生产设备，即产能。当时的财政刺激主要集中在交通和电力行业，形成了大量的公共基础设施投资。加之房地产市场持续景气，进一步刺激了钢铁、水泥、金属等上游产业的快速复苏和扩张。然而，近几年中国经济增速换挡，需求持续走低，产能过剩问题突显。产能过剩的行业主要集中在基础设施和传统制造业，大致包括煤炭开采、黑色金属开采、有色金属开采、非金属矿开采、造纸、石化炼焦、化工、化纤、黑色金属冶炼、有色金属冶炼、非金属矿物制品11个行业。企业无法持续依靠土地投资和金融投资等成功运营，更需要识别自身的核心竞争力所在，以知识为依托，把握知识要素和知识资产，企业才能驾轻就熟、以小博大、游刃有余，轻资产运营能够使企业更有效地提高资本回报率、利用有限资产获取最大收益。

共享制造有利于制造业的高质量发展。将共性、要求高、技术复杂的制造环节交给专业化的共享工厂来做，必然是高质量的制造。共享制造具有开放性、个性化、灵活性、合作性等特征，能够推动制造体系向完整、高价值、高效率的制造业体系转型，扩大有效供给和中高端供给，推动产业结构升级。共享经济正在推动制造业创新主体、流程和模式的深刻变革，重构制造体系中的分工、合作和协同关系，降低创新门槛，不断激发全社会的创新活力，成为制造业转型升级的新动力。

共享制造有利于抑制重复投资、重复建设和产能过剩。一方面，共享制造通过互联网、大数据精准地了解市场的有效需求，能够最大限度地化解因信息不对称而带来的产能过剩问题。另一方面，各家企业还可以通过信息平台进行技术上的交流和沟通、资源上的共享与利用，提高整个制造业的供给质量和效率，促进供需双方动态均衡。制造体系中的研发、设计、制造、运输、服务等各个环节都将汇聚在信息平台中，极大地降低交易成本，提高产能利用效率。

**3. 工业互联网技术提供重要支撑**

1）工业互联网技术支撑制造业企业的"化学聚合"

以龙头企业为主导，基于加工服务的应用吸引中小企业在网络空间进行有效聚集，龙头企业与中小企业，以及中小企业之间将产品设计和先进的共性加工工艺知识进行共享与创新升级。例如，宁夏共享集团通过铸造智能工厂的建设，在国家发改委的指导下，成立了国家智能铸造产业创新中心，搭建了服务于铸造行业的工业互联网平台——共享工业云平台，提供协同研发、协同制造、供应链管理、线上线下培训、远程运维、电子商务、SaaS应用等多种服务。该平台推进铸造行业技术、经验、知识的数据化、模型化和软件化（已经协同开发铸造行业工业软件28项），提供远程运维服务。该平台还帮助企业解决数字化网络化智能化发展的关键问题，提质降本增效，环境安全达标，推进企业上云，实现绿色智能转型。共享工业云平台由软通动力、华为云、汉得信息、树根互联等提供技术支持，于2018年9月21日在天津正式上线，向行业的500余家企业开放。该平台注册用户数超过25000个，交易额超过34亿元，上架SaaS应用软件50余款，连接设备近100台。

2）工业互联网技术支撑制造业企业之间资源的高效配置

建设拥有先进加工工艺、加工装备以及系统集成的共享企业，能够为众多企业提供通用的毛坯和中间产品。例如，康平纳集团研发的"筒子纱数字化自动染色成套技术与装备"实现了纺织染色的全流程数字化、自动化，主要指标达到国际先进水平。经过几年努力，康平纳集团的"筒子纱数字化自动染色成套技术与装备"成果已在国内40多家印染企业推广应用。行业中具有丰富产品加工处理经验以及先进加工工艺、加工装备的企业，可以在产品具备共性特点的企业之间共享其加工生产线，进行多企业产品的集中加工处理。再如，江苏丰东热技术股份有限公司通过开展区域性热处理来料加工服务，满足市场对高质量、高可靠性专业化的零部件加工及服务要求。该公司通过整合资源，陆续在上海、青岛、盐城、广州、天津、重庆、南京等地逐步建立独资或合资控股的专业热处理加工厂，服务周边区域的零部件生产企业，获得了稳定的市场份额并实现公司的业绩增长，成功抵御了行业下滑带来的风险，步入良性发展轨道。

3）工业互联网技术支撑制造业企业污染物集中治理的有效监管

以政府为主导建立集中的产业园区，建设先进的集中处理公共中心，对污染物进行高标准的集中处理。例如，揭阳中德金属生态城已入驻金属表面处理中心的 33 条电镀生产线，每条生产线投资 2000 万元左右，全部引进先进电镀技术，实现自动化控制和智能化生产。通过机器换人的技术改造，每条电镀生产线的操作人员从 50 多人减少为 5~6 人，生产效率和产品质量大幅提高。并且每条生产线都实行全封闭运作，对人体不造成毒化作用。生态城内废水处理技术先进，集成程度高。园区集成了污染源源头水质控制系统、机械负压蒸发技术、高倍增效脱盐浓缩膜技术、混排/超标排放预警系统、自动化控制系统以及水质在线监测控制系统。现阶段废水处理中心的处理能力达到 5000 吨/天，废水回收利用率达到 99.64%。

# 三、新业态新模式的形成机制

从革命性技术突破到制造业模式和业态的创新，是一个新旧范式转换的复杂过程，但是也存在一定的规律。革命性技术突破带来了新型核心要素和新型基础设施，一些先导产业通过模式和业态的创新，率先收获技术革命带来的红利。先导产业为其他产业提供关键原材料和通用装备，或改善交通和通信基础设施，从而带动制造体系的转型升级。制造业模式和业态的变革，贯穿于历次工业革命，见表 6-1。

## （一）当前主流制造业模式与业态的形成机制

当前主流的制造业生产方式是成形于 20 世纪初的、以流水线生产为标志的大规模生产方式。该模式利用标准化生产突破了工人技能对产量的限制，上下游工序流程再造形成了流水线，专业化分工提高了各工序生产效率，标准化零部件产生了规模经济。这些因素综合起来，有效地提高了劳动生产率，降低了生产成本。劳动生产率的大幅度提升带动了工资水平与消费能力的提高，刺激了市场消费的爆炸式增长，从而形成了"大规模生产—大规模消费"的结构，是当前制造业大多数模式与业态的基础。

表 6-1　工业革命与业态和模式的演进

| 工业革命 | 标志性事件 | 先导产业 | 核心要素 | 基础设施 | 模式和业态 |
|---|---|---|---|---|---|
| 机械化 | 阿克怀特的克罗福德作坊（1771 年） | 棉纺、铁制品、水车、漂白剂 | 铁、原棉、煤 | 运河、收费公路、帆船 | 工厂制、企业家、合伙制 |
| | 科特搅炼法（1784 年） | | | | |
| | 利物浦—曼彻斯特铁路（1831 年） | 铁路与铁路设备、蒸汽机、机床、制碱业 | 铁、煤 | 铁路、电报、蒸汽船 | 股份制、技工承包制 |
| | 布鲁内尔的"大西方"跨大西洋蒸汽船（1838 年） | | | | |
| 电气化 | 卡耐基的贝西莫钢轨厂（1875 年） | 电气设备、重型机械、重化工、钢制品 | 钢、铜、合金 | 钢轨、钢船、电话 | 职业经理人、"泰勒制"、大企业 |
| | 爱迪生纽约珍珠发电站（1882 年） | | | | |
| | 福特海兰德公园装配线（1913 年） | 汽车、卡车、拖拉机、坦克、柴油机、飞机、炼油厂 | 石油、天然气、合成材料 | 无线电、高速公路、机场、航空公司 | 大规模生产与消费、福特制、科层制（又称为理性官僚制） |
| | 伯顿重油裂化工艺（1913 年） | | | | |
| 信息化 | IBM 1410 和 IBM 360 系列（20 世纪 60 年代） | 计算机、软件、电信设备、生物技术 | 芯片 | "信息高速公路"（互联网） | 内部网、局域网和全球网 |
| | 英特尔处理器（1972 年） | | | | |
| 智能化 | 新一代人工智能 | 新的先导产业 | 数据 | 新一代信息通信基础设施 | 大规模定制、服务型制造、生产社会化、企业组织扁平化 |

资料来源：Freeman and Louçã（2001：141），Perez（2002）和贾根良（2013）。

零部件的标准化是流水线生产的前提，这就限制了产品的多样化，导致产品多样化大幅度减少。之所以出现产品多样化（个性化）和产量（规模经济）之间的权衡，一是制造业的生产流程投资具有专用性，调整产品种类需要转换生产线；二是产品零部件标准化程度高，零部件的调整成本也高。过高的生产线和零部件转换成本使得产品调整不经济。因此，以标准化为核心的大规模生产虽然提高了生产效率，但是制造系统的柔性低下。新旧制造业模式的形成逻辑关系如图 6-2 所示。

产品标准化程度提高后，企业主要竞争策略转向以下两个方面：一是产品多样化策略，即设立不同的产品线，用更丰富的产品型号开拓细分市场，导致生产和供给缺乏灵活度，根据市场需求变化进行调整的转换成本也较高；二是成本控制策略，不断优化供应链和车间管理效率。制造业企业无论选择哪种竞争策略，以标准化产品和低成本为中心的模式和业态没有发生根本性变化。在这样以生产为主导的体系下，消费者处于被动地位，其个性化需求受限于标准化生产过程而难以被精准地满足。随着消费升级，制造业提高供给质量的必要性、迫切性不断增加。但是，受限于上一轮技术革命中形成的制造体系，制造业业态和模式的创新具有很大的局限性。以新一代信息技术为代表的新一轮技术革命加速走向应用，将从生产过程弱化大规模生产赖以成立的基础，从而在制造业的供给方面带来革命性变化，为制造业新模式新业态的发展带了重大机遇。

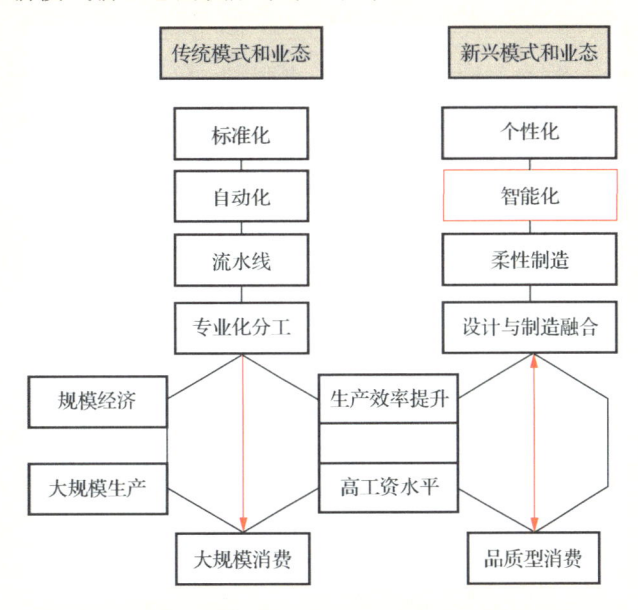

图 6-2　新旧制造业模式的形成逻辑关系

## （二）新一代信息技术引领下制造业的转变

驱动新一代信息技术发展的动力主要来自以下 4 个方面：

（1）数据，即以大数据、物联网、云计算等技术提供的基础。

（2）算法，机器学习算法取得重大突破，以多层神经网络模型为基础的算法在图像识别、声音识别等领域的准确性取得了飞跃性的提高。

（3）算力，以 GPU 为代表的新一代计算芯片提供了更强大的计算能力，在集群上实现的分布式计算让人工智能模型在大数据集上的运行成为可能。

（4）得益于全社会对 AI 技术的态度逐渐从怀疑、恐惧转变为好奇、接受和认同。

在这些因素的驱动下，近几年 AI 技术的应用得以快速发展。产品智能化驱动产业发展，同时，知识的产业化使智能机器普及，又出现了新的制造模式和业态。不同于以往制造模式的转换高度依赖于物质资料的升级，新一代信息技术使得数据成为制造业智能化发展的核心要素。当前，代表全球制造业最高水平的知名企业的探索实践，预示着数据的获取和配置不仅进一步提高生产效率，而且正在挑战大规模生产方式。一批领先企业正在围绕数据构建智能环境和以此为基础的"智能工厂"，即在制造装备、原材料、零部件、生产设施及产品上广泛植入智能传感器，借助物联网和服务网实现终端之间的实时数据交换，达到实时行动触发和智能控制，实现对生产进行全生命周期的个性化管理。智能工厂为智能产品的生产奠定了坚实的基础，智能产品记录了消费者的需求特征，以及从生产、配送到使用的全过程数据。在生产过程当中可根据消费者的个性化需求，以数据交换的形式与生产设备"对话"，选择最优的配料和排产方案，极大地提高了制造系统的柔性。从"大规模生产"转向"大规模定制"，将切断"大规模生产—大规模消费"这个闭环，为制造业业态和模式的创新提供了重大机遇。

新一代信息技术与制造业融合后，将为制造业的效率提升和价值创造带来新的机遇。具体表现在以下 5 个方面：

（1）引领产品的智能化和网络化。"硬件+软件+网络互联"正逐渐成为产品的基本构成，并呈现出个性化和差异化趋势，如消费领域的智能手机、可穿戴设备、智能家电、智能家居，以及工业领域的智能机器人、智能专用设备以及新型传感器、视觉识别装置等组件。智能产品可通过网络实时和厂商、第三方服务提供商或上层智能控制平台通信，拓展产品功能和延伸服务需求。

（2）推动生产和管理流程智能化。企业内部制造流程将整合到一个数字化、网络化和智能化的平台上，各种机器设备和数据信息互联互通，为优化决策提供支持。制造业的柔性进一步提高，消费者的个性化需求能够充分得到满足。

（3）推动研发设计的网络化协同发展。研发设计部门和生产制造部门的界面信息进一步整合，"虚拟制造"能有效提高研发效率，客户还可以通过网络参与在线设计，融入个性化需求，有效缩短研发设计周期，提高资源要素的配置效率。

（4）推动企业组织变革。不同层面的数据和信息可通过高速网络便捷传递，形成企业中央数据中心和决策系统，企业组织进一步扁平化。企业之间的组织也趋于模块化，最大限度降低信息成本，重塑产业价值链。

（5）推动制造业企业向服务转型。制造过程高度数字化，产品数据全生命周期集成，企业通过互联网及时获取消费者需求从而实现服务型制造，"私人定制""按需定制"和"网络定制"等服务模式将更加普遍。这种通过增加增值服务以减少物质生产的企业战略，最终效果是减少实物的生产与消费，推动工业朝着绿色化的方向发展。

制造业智能化将为其他领域提供通用技术，促进各领域结合行业特色发展新模式新业态。具体表现在以下 3 个方面。

（1）在生产端，智能工厂生产的智能化装备和中间产品是其他产业的投入物。无论是新一代互联网设施的建设还是价廉量大的传感器的供给，都为智能交通、智能电网、智能物流、智能家居等智能系统的建设和模式、业态的创新提供了有力的支撑。

（2）在消费端，应该认识到满足消费者对智能化、个性化产品需求的前提是生产系统的智能化，没有生产系统的智能化，模式、业态的创新将是空中楼阁。

（3）智能制造还将对其他产业产生较好的示范效应，为设备的安全与健康检测提供可行的技术手段，远程运维被广泛应用并快速发展。

## (三)制造业模式和业态创新的演进趋势

以数据为核心投入的新型制造系统具有更高的柔性,具体表现在以下 4 个方面:

(1)刚性生产系统转向可重构生产系统,客户需求管理能力的重要性不断提升,制造业从以产品为中心转向以用户为核心。可重构生产系统以重排、重复利用和更新系统组态或子系统的方式,根据市场需求变化实现快速调试及制造,具有很强的兼容性、灵活性及突出的生产能力,实现了生产制造与市场需求之间的动态匹配。例如,德国大众汽车开发的"模块化横向矩阵"成功地实现在同一生产线上生产所有车型的底盘,可及时根据市场需求在时间上和空间上的变化灵活调整车型和产能。这一过程也表明,制造业从产品模块化演化为生产线模块化能够有效地减少工业企业的库存,提高资源利用效率。

(2)大规模生产转向大规模定制生产,追求同质产品的规模经济不再是企业的主流竞争策略。可重构生产系统使得大规模定制具备经济可行性,企业依靠规模经济降低成本的竞争策略的重要性也将有所下降。满足消费者个性化需求将取代规模经济成为企业的主流竞争策略,由生产者主导的经济模式也将转向由消费者主导,企业也会相应地减少以广告营销引导消费者的活动。

(3)企业内部组织结构扁平化,以提高数据要素的附加值。制造业智能化显著增加了生产的复杂度,对企业管理的能力也提出了更高要求。为此,企业内部的组织结构从产品设计、原型开发、企业资源、订单、生产计划的获取和执行,以及物流、能源,到营销、售后服务,都需要按照新的产品价值链加以整合,增加固定资源要素的产出效率。包括顺应制造业服务化的趋势,提升企业内部支撑制造的服务部门的重要性;顺应从提供单一产品到提供一体化的解决方案的趋势,增强与消费者的互动能力;利用新型基础设施进行投融资方式和商业模式创新;加大对员工(特别是技术工人)终身学习计划的投入。

(4)工厂制造转向社会化制造,产能呈现出分散化的趋势。企业组织的主要功能是降低生产的信息成本,随着大量物质流被数字化为信息流,生产组织中的各环节可被无限细分,从而使生产方式呈现出碎片化,企业的信息成本可能成为不可承受之重,生产出现了"去企业化"而呈现出社会化制造的势头。一些地区已出现专门为网络设计者、用户提供制造和产销服务的在线社区工厂,有效降低产业的门槛;社交网络上出现了由个体组成的"虚拟工厂",个人能够通过在线交流进行产品的研发、设计、筛选和完善。总之,社会制造这一新型产业组织逐渐形成。这将有利于向全社会疏散产能,有效防范产能的集中和过剩风险,对深受产能过剩问题困扰的中国制造业绿色转型升级有着重要的意义。

## 四、未来制造模式与商业形态的展望

新业态新模式的发生和发展,更多地是需求侧改变和供给侧变革相互对接的动态演化过程。这种变化以消费者为中心,不断响应市场需求变化,综合了技术创新、管理方式创新、组织结构创新等各个方面;不仅提升了价值流通的效率,还优化改变了价值链条的结构,是一种高级形态的创新活动。

### (一)未来发展愿景

第四次工业革命受新一代信息技术的驱动,它的最终体现形式是产业模式和产业形态上的变化。中国在信息技术领域处于世界领先位置,同时也是世界制造大国,具备良好的后发优势。新一代信息技术发展引领的制造业新业态新模式的蓬勃发展,是第四次工业革命的鲜明特征。这一轮产业革命,是中国制造业由大变强的重要契机,是中国实现更充分、更协调小康社会建设的重要机遇,是中国迈入中高等收入国家的主要助推器。

新一代信息技术的核心优势体现在机器系统逐步实现了对高知识、高技术工种的替代,更体现在促进科技、金融和产业经济高度融合发展。新一代信息技术降低了创业门槛,使以往的管理、设计、研发经验快速渗透到初创企业。以制造服务业等为代表的新业态新模式拉近了金融服务业与制造业的距离,开辟了金融业促进实体经济发展的新通道。

新一代信息技术引领下的新业态新模式将带领制造业走出发展困境。社会需求的个性化发展,使成本驱动的大规模生产方式逐渐式微。世界范围内,传统制造业面临着利润微薄、金融支持不足、竞争力较弱的困境。这一轮产业革命带来的定制化、精细化和柔性生产方式,将有效解决制造业面临的困境。

中国发展新一代信息技术引领下的新模式新业态,应以开放、融合、共享、创新为战略方针,实现制造业的转型升级,最终迈向制造强国行列。

## （二）影响未来发展的若干关键要素

### 1. 行业特性和历史基础决定"双新"（新业态新模式）的深度

智能制造是工业、制造业发展中的状态，是动态变化的过程，是技术创新累积到一定程度的必然结果，但不是终极结果和目标。智能制造的发展、演进是以两化深入融合、自动化平台等为基础的。而"双新"是不断演变的智能制造，结合不同行业的发展现状，在一定阶段所呈现出的一种"业态"或"模式"。因此，分析、研究大量制造业的新模式和新业态时，必须充分考虑到差异性和不均衡性，包括历史沿革造成的差异性，由行业特点、定位和资源造成的不均衡性。

从历史沿革和现状看，中国制造业各个细分行业的发展并不均衡，有海尔这样的先进企业，也有很多停留在工业 2.0 阶段的中小企业。同时，从行业、企业内部和外部网络协同供应链看，设计、制造、销售、物流、服务等环节的信息化、数字化、智能化水平也是不均衡的，强大的西门子工业系统可以构建完整的数字化设计和智能化工厂，但无法使其配套企业均达到统一水准。在 2015 年公布的 46 家智能制造示范试点示范企业中，就同一家企业内部各单元、供应链上下游的智能制造水平同样存在大量不均衡、不统一的问题。

智能制造相关的技术以 3 个方面的技术内容为基础：

（1）输入技术：包括能够使机器"感知世界"的传感技术和物联网，使得智能制造、制造的自动化和智能化有了起点。

（2）内容技术：也称为软件技术或系统技术。

（3）网络技术：使智能制造有了一个新的平台，使得制造各环节能够以一个新的方式协同。

不同行业、企业在这 3 个方面技术的应用成熟度并不均衡，也导致了其实现的"双新"呈现不同的特点。在这种形势下，我们无法将智能制造的"双新"标准化后一以贯之，必须按照行业、企业的特点、历史基础进行诊断、分类，才能让先进先发行业、企业所创造的新模式新业态给后进后发的行业、企业提供参考。

### 2. 市场需求和产品特点决定"双新"的宽度

企业发展智能制造的根本动力在于竞争压力和客户需求，归根到底是市场需求驱动行业、企业进行新模式新业态的探索。因为不同行业所面临的市场格局和需求不同，不同行业、企业的产品有很大的差异性，在产品研发制造周期、生产成本、质量标准、服务模式、上下游供应链系统方面各不相同，所以发展智能制造"双新"的基础也各不相同。

例如，航空航天行业采用的多品种、小批量、全球大合作的生产模式，使其产品具备高成本、高价值的特点，导致了波音公司在全球协同设计、制造方面的独特模式。而海尔公司大规模、大批量生产和个性化定制的家电产品模式，显然无法从波音公司的研发和设计中得到实质性的帮助。

因此，需要经过按行业的系统梳理，分析具备相似产品的特点和类似的市场需求，在相近类型行业、企业之间探讨"双新"的相似性、借鉴性和发展路径。

### 3. 产业链整体水平决定"双新"的高度

智能制造"双新"的诞生和发展特别是新业态的产生依托产业集群的成长与成熟。脱离了产业集群的整体提升，单一企业在业态上的创新很难持久。实际上，中国经过长时间的工业化，确实已经有着世界规模最大、门类最多的制造业，从非常原始的状态跨越到智能制造的前沿也不过 30 多年的时间。这期间，有些基于地区和行业的产业集群在成熟度和均衡性方面，已经引人注目。例如，主要由国家统一调配资源的航空航天制造业，可以在商业大飞机项目上进行协同研发和制造的探索。又如，在白色家电和小型消费电子产品行业，在地区产业链协同模式下，已经开始针对市场需求进行高效的定制化设计和生产。这些创新的模式和业态既得益于个别龙头企业的突飞猛进，又无法脱离全产业链的整体水平的升级，特别是具备中国特色的区域性产业链的协同发展。产业链的整体水平就像木桶的短板，决定了这一产业智能制造"双新"的高度。

### 4. 发展环境决定"双新"的速度

智能制造必须考虑教育和人力资源的因素，主要表现在以下 3 个方面。

（1）发展智能制造需要以高端人才为基础，高端人才与产业基础关系密切。

（2）智能制造的实现一定包含与人密切相关的企业组织管理模式以及社会资源配置方式的转变，这会涉及各种制度的改革。

（3）关于机器替代人的问题，主要的决定变量是劳动力和机器之间的成本平衡。严格来说，几乎所有的生产线都可以被机器替代，但这种替代需要一个合适的节点。这并不一定是考虑维持就业问题，因为它在一定程度上也反映了社会经济发展的阶段是否达到智能制造所要求的人力资源禀赋条件。此外，从宏观经济来看，片面追求高端递进对非熟练工人有挤出效果，最终会导致就业机会减少且内需不旺。

从以上 3 个方面因素来看，智能制造的推进步伐一定要与中国人力资源禀赋的递进保持基本同步，形成良性促进作用。

# 课题6成员名单

组　长：屈贤明

成　员：朱高峰　朱森第　蔡惟慈　唐守廉　惠　明
　　　　黄群慧　陈雪峰　王晓虎　宋　燕　黎　干
　　　　刘　源　贺东东　印建安　杨晓迎　古依莎娜
　　　　孔德婧　成　玮　冯锡平　张　燕　李晶莹
　　　　高英杰　舒　豪　李默洁

执笔人：惠　明　孔德婧　高英杰　成　玮　冯锡平
　　　　张　燕　李晶莹　舒　豪

# 课题 7
# 强化工业基础能力,支撑制造强国

"制造强国战略研究"课题组

工业基础薄弱是一个老生常谈的问题，也是一个很难以解决的复杂的系统问题。然而，我国经济发展已经进入新常态，后发优势有向后发劣势转变的趋势，在这一个历史机遇期，做好工业强基这一供给侧结构性改革的重要措施，对于中国实现制造强国具有决定性的意义。

# 一、工业强基发展态势良好

## （一）从发展阶段看工业强基

1949年以后，我国工业大体经历了4个主要的发展阶段。第一阶段是从1949年以后到改革开放以前，这一时期的主要任务是挖潜、革新和改造，主要目的是为了解决人民的基本生活需求，轻工业得到了长足发展，为我国制造业的发展奠定了一定的基础。第二阶段是改革开放后的前30年，这一时期的主要任务是引进吸收、消化创新、优化结构和自主发展，主要目的是实现人民日益增长的消费需求，工业实现了跨越式发展，形成了较为完整的工业体系；主要产品的产量上了一个新台阶，对外贸易蓬勃发展。第三阶段是从2008年到2015年，这一时期的主要任务是掌握自主核心技术、创建自主品牌、参与国际竞争和实现可持续发展，主要目的是为了提升人民的生活质量，部分技术取得了重大突破，大多数装备和电子行业都已经实现整机组装、生产，部分产品国产化率超过50%。第四阶段是2015年至今，并将延续到2035年，这一时期的主要任务是创新驱动、质量为先、绿色发展、结构优化和人才为本，主要目的是为了建设制造强国，达到世界制造强国阵列中等水平，支持实现伟大复兴的"中国梦"。

从发展阶段来看，在工业化初期，我国选择通过引进、吸收、消化技术实现追赶的战略完全符合当时的历史条件要求。从国际经验来看，经济发展主要有两种技术研发模式。一种是以基础研究和应用性研究为基础的发现型研究开发，从内部创造新技术。这种研发模式带来的超额利润大，维持时间长。例如，美国在许多领域都属于发现型研究开发，其技术优势是创造前沿性技术，通过新的前沿技术形成新兴高技术产业，使得经济发展后劲较强。另一种是以引进技术消化吸收和改进为主的跟踪模仿型研究开发。跟踪模仿型研究开发是根据市场需求引进技术，可以享受"技术搭车"的优势，较快实现追赶。我国人口基数大，生活水平落后，工业底子薄弱，可以从发达国家引进技术，也可以自己开发，但由于引进成熟技术成本更低，大多数企业选择第二种技术发展模式。因此，在很长一段时期，我国工业发展也只能以保障和提高居民消费水平为首要目的，并适当增加我国外汇储备，抵挡国际金融风险。因此，我国工业优先选择以整机、主机的组装为主的附加值低、技术含量低的加工制造业，并充分利用后发优势，加快新一代信息技术的应用与推广，在部分领域初步实现吸收、再创新，基本解决了整机、主机的产业化问题，使得大规模生产成为现实。

可以说，经历了前3个发展阶段，我国已经成为制造业大国，尤其是在2010年超过了美国，成为全球制造业第一大国。我国已建立起门类齐全、体系完整的现代工业体系，具有全球唯一性；在世界500种主要工业品中，我国有220种产品产量位居全球第一位。

但是，正是这种后发优势，使得我国形成"重显轻潜""重主机轻部件""重规模轻质量"的发展思维。主机、整机的快速发展，并没有带动零部件、材料、工艺的发展，反而使得这些基础工业越来越落后，主机和成套设备、电子整机产品等陷入"空壳化"的困境，使产业的自主性和控制力较低，既严重威胁着我国产业安全，又影响着我国经济和国防安全。例如，我国每年关于集成电路的进口额占全国外贸进口额的10%左右，基础软件90%以上依赖国外企业，我国高档工程机械、汽车、船舶、飞机等设备中的液压元器件和发动机几乎全部依赖进口，核电机组设备占投资额1/4的泵阀主要依赖进口。

进入工业发展第三阶段后，我国基础薄弱问题骤然涌现，工业成了"跛脚的巨人"，基础能力薄弱使得工业已经无法支撑起新常态下的经济发展。值得庆幸的是，在这一阶段，政府、行业、企业和专家、学者也开始重视基础薄弱的问题，基础领域开始起步发展，产品品种和水平有了一定提升。我国的紧固件、气动元件、模具等多种普通机械基础件以及阻容元件、电声器件、印制电路板、微特电机等电子元器件产量（产值）已位居世界前列；铸造、锻造、焊接、热处理和切削加工能力以及焊接材料、高速钢、硬质合金、钕铁硼永磁体、压电晶体材料、覆铜板材料等基础材料产量居世界首位；我国的基础制造工艺也取得了明显进步，一批发电设备用大型铸锻件已具备走向国际市场的水平；建立了一批国家工程中心和重点实验室，对行业共性技术发展起到了积极的推动作用；一批工业基础领域企业不断发展壮大。例如，中芯国际成为全球第四大芯片代工企业，湖南科霸已经成为丰田汽车动力电池的主要供应商，京东方的高世代TFT-LCD面板产能和技术水平均居世界前列，厦门宏发在继电器领域、厦门法拉电子在电容器领域具有重要的影响力。

进入新时代以后，也就是第四个发展阶段，基础强国成为制造强国的重要支撑和积淀。国务院高度重视实体经济发展，将制造强国作为国家战略推动，明确了我国未来10年的发展方向和发展路径。作为"制造强国战略"的核心内容之一，工业强基被大篇幅谱写，希冀通过这一个黄金十年，补强工业短板，弥补以往资源投入不足的缺憾，为制造业夯实基础。到2025年，70%的核心基础零部件、关键基础材料实现自主保障，80种标志性先进工艺得到推广应用，部分达到国际领先水平，建成较为完善的产业技术基础服务体系，逐步形成整机牵引和基础支撑协调互动的产业创新发展格局。

## （二）部分"四基"产品和技术有力支撑了我国重大工程和重点产业发展

自 2013 年以来，工业强基已经走过了 6 个坚持不懈的年头，尤其是在 2016 年，工业和信息化部发布了《工业强基工程实施指南（2016—2020 年）》，提出要着重围绕重点领域，解决 170 余个"卡脖子"的关键产品。经过全社会的共同努力，部分工业基础产品和技术实现了从无到有，从有到优，有力支撑了航空航天、先进轨道交通、机器人、工程机械、节能与新能源汽车等领域的发展。在航空航天领域，航空铆钉提升了我国高端航空紧固件的制造能力，为 C919 大飞机制造的国产化奠定了坚实基础。在先进轨道交通领域，高速动车组齿轮传动系统解决了制约高铁装备发展的重要基础瓶颈，打破德国和日本企业在这一领域的垄断，实现进口替代，各项性能指标均达到或高于国外产品的水平，并且在轻量化、振动和温度控制技术方面处于国际领先，产品实现国产新建造市场占比 70%。在机器人领域，伺服电机、减速器、控制器"三大件"依赖进口的局面正在扭转，高精密减速器、RV 减速器轴承、伺服电机等已经研制成功，部分进入产业化阶段，并实现国内外市场销售。在工程机械领域，液压元器件是中国工程机械的发展短板，过去，从小吨位到大吨位挖掘机无一例外都必须依赖于日本川崎和德国林德，山东潍柴集团通过国际资本运作成功收购林德液压，并实现国产化制造与生产，中国林德液压产品在产品质量、技术和成本上均优于日本川崎的产品，有望实现全面进口替代。在节能与新能源汽车领域，混合动力汽车从关键基础材料——电池基体，到核心基础零部件——镍氢动力电池，再到混合动力总成系统，实现了全产业链国产化突破，产品技术水平与丰田相当，并已经成功打入丰田公司的供应商体系。

## （三）"链式突破"逐步解决自主化产品和技术的应用难题

针对国产化产品的应用难题，工业强基工程提出了"链式突破"的新思路，即以需求为牵引，针对重点基础产品和工艺，提出包括关键技术研发、产品设计、专用材料开发、先进工艺开发应用、公共试验平台建设、批量生产、示范推广的"一条龙"应用计划，促进整机（系统）和基础技术互动发展，协同研制计量标准，建立上中下游互融共生、分工合作、利益共享的一体化组织新模式，推进产业链协作。鼓励整机和系统企业在开发初期制订基础需求计划，吸收基础企业参与；鼓励基础企业围绕整机和系统需求，不断开发和完善产品和技术，不断提高基础产品质量、培育品牌，满足市场需求。提升先进基础工艺的普及率，提升生产技术和管理水平，促进高端化、智能化、绿色化、服务化转型。

该方式全面创新政策支持模式，以市场为主体，充分发挥独立第三方机构的专业能力，以应用端为导向，实现产品和工艺的产业链上中下游和价值链上中下游的充分整合与协同，建立一套全产业链、全生命周期互融共生、分工合作、利益共享的协同机制，促进形成整机与基础互动发展的市场自发自生体系。首先开展试点的是工程机械高压油泵、液压多路控制阀、液压马达和超大型构件先进成形、焊接及加工制造工艺，以及轻量化精密成形件、IGBT器件4个"一条龙"应用计划，共梳理产业链关键环节31个、示范企业45家、示范项目48个。计划的实施取得了阶段性成果，包括搭建供应对接平台，建立产业链内技术磋商研讨机制，打通了相关产品产业化应用瓶颈。例如，实现了工程机械急需的高端液压元器件稳定批量生产及在徐工集团、山东临工等主机上的大批量配套。

## （四）专精特新"小巨人"企业正在逐步成长

中国工程院课题组在苏南五市（南京、镇江、常州、无锡、苏州）、宁波、上海、嘉兴等东部沿海城市考察时，发现这些制造业发达地区有一个共同特点，即一批行业细分领域的专精特新"小巨人"企业在制造业的转型升级中发挥了重要作用。这些企业攻坚克难，在"四基"领域填补了很多空白，在全球细分市场上占据了领先地位，取得了很多成功经验。这些地区通过培育专精特新"小巨人"企业，弘扬创新精神和工匠文化，也进一步提升了地区制造业的发展质量和水平，形成了新的竞争优势。

上海市加快产业创新转型和新旧动能转换步伐，坚持从方向引导和资金支持这两方面发力，将培育专精特新"小巨人"企业作为工业强基工程的重要抓手和发力点。特别是针对航空、电力装备、海洋高端装备、新能源汽车、集成电路等优势领域及物联网、人工智能等高科技领域，把培育高成长性、创新能力强的专精特新"小巨人"企业作为巩固和提升上海工业基础能力的有力抓手，取得了系列成果。

苏南五市制造业门类齐全，基础雄厚。近年来，苏南有一大批民营企业急国家之所急，解发展之所需，瞄准跟踪制造业核心基础零部件/元器件和关键基础材料领域的前沿方向开展研发，部分企业的产品已达到国际领先水平。如微小型轴承、传感器、模具、齿轮、密封件、气动元件、紧固件、液压元器件、注塑机、碳纤维材料、碳化硅材料、石墨烯材料等，都代表了国内最高水平，有一批企业已经领先于国外同行。

作为全国最大的新材料产业基地，宁波在高端金属材料、高分子材料、稀土永磁材料、电子信息材料等领域形成了国际竞争优势。目前已有优势企业28家，这些企业的技术均来自自主研发，并且有90%的企业开展了"产、学、研"合作。

## 二、当前工业强基领域面临的一些新形势和新问题

### （一）新形势

**1. 工业基础领域是未来国际竞争的焦点**

2018年4月16日，美国商务部以违反美国制裁禁令为由，正式将中兴通讯（以下简称中兴）及其子公司中兴康讯列入制裁名单，禁止任何美国公司和个人向中兴出口电信零部件产品，包括敏感技术，引起国内外轩然大波。中兴通讯A股和港股临时停牌，科技股指数一路走低，与此同时美国多家主要供应商股价大跌，部分触及跌停。此次被禁对我国信息通信产业，尤其是5G领域是一个重磅打击，缺"芯"空"核"问题再次突显，中国新一代信息技术产业抢占国际竞争制高点之路困难重重。美国对中兴的制裁不是一个孤立事件，美国商务部2015年就禁止Intel向我国超级计算机中心出售至强CPU芯片，近几年也多次以国家安全为由否决多起收购要约。

经过近70多年的不懈努力和持续积累，我国产业发展已经从过去的跟踪模仿向技术引进同步赶超、吸收再创新转变，部分重点领域甚至成为主要国家的竞争者、产业技术的引领者，少数行业进入世界前列。在从大国向强国迈进的同时，我国与美国、德国、日本等国家产业分工的边界将越来越模糊，必然会切入传统强国的既得利益边界。因此，无论是贸易摩擦，还是发达国家对高新技术、产品的封锁和制裁都将会越来越频繁。尤其是工业基础属于发达国家必须高度垄断的领域，也是技术含量最高、附加值最高的领域。因此，未来越来越多的贸易摩擦会围绕着传感器、芯片、材料等产品和技术展开。

**2. 德、美、日等制造强国拥有一大批工业基础领域的隐形冠军企业**

从世界制造强国的情况看，掌握关键零部件（元器件）、关键基础材料和工业软件领域核心技术的隐形冠军企业是制造强国的真正幕后控制者。

根据赫尔曼·西蒙所做的统计，符合标准的全球隐形冠军企业共2734家。其中，德国有1307家，几乎占了一半；美国有366家，日本有220家；而中国只有68家，远远少于德、美、日三国的数量。从每百万居民拥有的隐形冠军企业数量看，德国为16，中国

仅为 0.1，与德国的差距更大。这与中国是世界制造大国、全球第二大经济体的地位极不匹配。隐形冠军企业数量及其所属国家如图 7-1 所示。

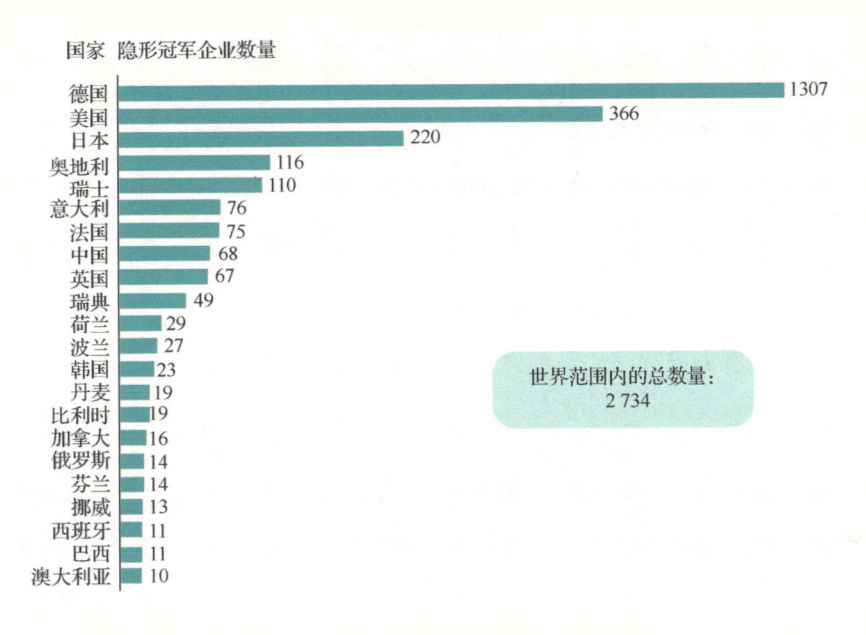

| 国家 | 隐形冠军企业数量 |
|---|---|
| 德国 | 1307 |
| 美国 | 366 |
| 日本 | 220 |
| 奥地利 | 116 |
| 瑞士 | 110 |
| 意大利 | 76 |
| 法国 | 75 |
| 中国 | 68 |
| 英国 | 67 |
| 瑞典 | 49 |
| 荷兰 | 29 |
| 波兰 | 27 |
| 韩国 | 23 |
| 丹麦 | 19 |
| 比利时 | 19 |
| 加拿大 | 16 |
| 俄罗斯 | 14 |
| 芬兰 | 14 |
| 挪威 | 13 |
| 西班牙 | 11 |
| 巴西 | 11 |
| 澳大利亚 | 10 |

世界范围内的总数量：2 734

图 7-1 隐形冠军企业数量及其所属国家

赫尔曼·西蒙认为，德国经济长盛不衰，关键就在于拥有大量的中小型隐形冠军企业。他在研究中发现，德国出口贸易额持续增长不仅仅是大众、宝马、西门子等大公司的功劳，而更应该归功于德国众多的中小公司，特别是那些在国际市场上处于领先地位的中小企业。他们集中在制造业，以家族企业为主要形态，普遍拥有数十甚至上百年的历史，在细分市场占全球大部分市场份额。他们在经营中十分重视研发经费投入，以持续保持行业领先。这些企业大多刻意保持低调，不追求上市，只在本行业持续耕耘。

### 3. 新技术的涌现速度加快，颠覆性技术频现

人工智能、生物技术、量子通信等新技术正在积聚力量，与产业融合形成大量颠覆性技术，产品迭代速度不断加快，对基础科学研究积累提出了更高要求。人工智能是引领新一轮科技革命和产业变革的战略性技术，在移动互联网、大数据、超级计算、传感网、脑科学等新理论新技术的驱动下，呈现出深度学习、跨界融合、人机协同、群智开放、自主操控等特征，正在对经济发展产生重大而深远的影响。量子通信技术结合量子力学理论和信息技术，从根本上变革计算、编码、信息处理和传输过程，将成为下一代信息技术的先导。量子通信技术将对提升工业互联网、物联网的网络安全系统，以及通信设备产业的高端化发展带来革命性的改变。

## （二）新问题

（1）国防和经济安全需求与企业实际技术水平存在一定差距。每年在工业强基领域发布的重点支持方向，都会存在 1～3 个方向没有企业符合评审条件，或者没有企业能够进行申报，导致项目招投标流标。主要原因就是当前我国企业的技术储备与国际先进水平存在着非常巨大的差距。企业对专利、标准、软件著作权等知识产权不够重视，缺少专业的研发部门，或者是国内科研机构无法满足企业的实际需求，也就是"产、学、研"脱节现象比较严重。当前高等院校考核机制严重偏离市场需求，使得企业缺少共性技术、前瞻技术来源，因此没有能力进行核心零部件、关键基础材料等的突破。

（2）部分产品的市场化应用存在问题。例如，北方重机研发突破的 P92 钢，有效地解决了我国核电的安全问题。但是，由于整机企业在招标采购中给予国外产品一定的优先待遇，或者是加分条件，同时外国企业恶意压低价格，导致产品市场化应用比较困难。

（3）产品迭代升级存在问题。尤其是新材料产业，当前，新材料的研发周期已经大幅度缩短，新一代产品出现以后，前一代产品将被彻底颠覆。这种现象导致我国基础材料领域的大量产品重复攻关，重复布局，并没有形成企业自身的持续创新能力。

（4）各部门协同存在不足。科技部、工信部、国家发改委各自发布项目指南、指导目录，都要求项目具有技术研发突破、产业化能力建设，必然导致项目重复支持，且国家技术路线导向不清晰。

# 三、工业强基的典型范式和专精特新冠军企业的成长模式

## （一）工业强基的典型范式

### 1."基础企业+专家团队"范式

"基础企业+专家团队"是目前国内工业基础领域企业进行产业升级的主要方式。我国拥有大量从事工业基础领域研究、生产的制造业企业，这些企业通常规模不大，以中小企

业为主。这些企业以往主要是为国外企业代工，或者为国内低精度整机、主机提供零部件配套，它们长期受制于国外基础领域企业的知识产权壁垒，以及主机、整机企业的利润压榨。该类企业利润较低，拥有一定的生产制造能力，但是研发能力普遍较弱，或基本没有研发能力。同时，经历了前3个发展阶段的资本原始积累以后，基本解决了资金问题，现阶段亟须进行产业升级，以摆脱不利局面，向中高端产品进军，掌握产品定价权和产业链话语权，获取高额利润。2008年国际金融危机爆发后，以乌克兰、荷兰等国家为代表的制造业企业面临经营困难，大批掌握关键核心技术的老专家、老技工、老匠人面临退休和裁员；这一历史机遇恰恰为我国基础领域企业解决了专业人才不足的问题。大量国外专家团队与国内基础领域企业合作，将匠人精神和关键技术植入企业，极速地推进企业的产品升级。另一方面，我国正在加快科研成果转化，高校和科研机构拥有可观的知识产权需要转移或转化为商业应用，专利与企业深度结合，将以往的潜力全部激发出来。

该范式具有以下特征：
（1）企业解决了资本原始的积累。
（2）企业迫切寻求产品的升级。
（3）企业专注于基础领域制造。
（4）行业顶级专家团队深度介入。
（5）专利和技术没有国际纠纷。

### 2. "装备企业+问题导向"范式

"装备企业+问题导向"是目前装备制造企业解决现实需求的主要方式之一。在我国，装备制造业一直是国家重点支持发展的方向，大批装备制造企业在内需和外贸的拉动下基本都具备了相当强的装配生产能力。在很长一段时期内，这些企业通过进口国外零部件、材料，引进国外先进工艺等手段在国内实现整机装备；在通过国外设备检测以后，进行销售，被应用于各类工程。这种方式极大地解决了我国工程领域的迫切需求。这类企业的利润通常很低，整机企业并不具有话语权，而且生产会受到国外企业的限运和打压，在国际市场没有竞争力，产业链利润率被国外零部件、材料领域的企业攫取，而且工艺落后一代，导致资源消耗大。通过长时间的产品和技术的引进、吸收、再创新，这类装备企业基本上掌握了与整机配套的零部件、材料相关技术，具备较强的研发能力，能够在短期内形成一定的生产制造能力。在进入第三发展阶段以后，这些装备企业针对本企业的某一专用零部件、材料发力，使产品基本达到相近的性能要求，解决一定的生产需求。

该范式具有以下特征：
（1）企业是国内龙头企业。
（2）企业拥有独立的研发机构。
（3）基础产品的附加值、利润极高。
（4）受国外供应链制约。

## （二）专精特新冠军企业的成长模式

上海、苏南和浙江的专精特新冠军企业在成长过程中，经历了不同的发展道路。多年来，这些地区的民营企业家们在市场经济的风口浪尖摸爬滚打，不断探索创新，创造出了很多独特的发展模式，积累了丰富的经验。

### 1. 按照全产业链，集中推进高端产品的研发和产业化的模式

江苏恒神股份有限公司（以下简称恒神）是一家集碳纤维和复合材料设计、研发、生产、销售、技术应用服务于一体的国家高新技术企业。该公司沿袭了世界一流碳纤维企业的发展模式，是行业内唯一拥有从原丝、碳纤维、上浆剂、织物、树脂、预浸料到复合材料制品的全产业链的企业。由于碳纤维属于新兴领域，产业配套尚不成熟，恒神始终坚持"三全"（全高端化定位、全产业化模式、全系列化产品）定位，打造"碳纤维—织物—预浸料—树脂—设计应用服务"的全产业链。在前进路上，恒神多次面对资金和技术攻关方面的压力，始终坚定信念，立志打破国外垄断。在累计投入40多亿元开展产品研发和产业化后，恒神的设计制造和技术服务能力得到了全面提升。

### 2. 对标世界最先进技术、高起点研发创新的模式

长三角地区的资源禀赋决定"专精特新"中小企业的发展可以对标国际最先进的技术，依靠科技创新高起点发展，成为最具发展潜力的隐形冠军"种子"企业。一些企业高起点起步研发，始终在技术、产品和市场上保持领先地位，逐步在细分行业具有影响力和价格决定权。

上海和伍复合材料公司（以下简称和伍）是一家专业从事石墨烯、石墨烯增强金属基复合材料等新材料研发的科技型企业，建有国内领先水平的焊接材料研发中心、石墨烯研发中心、石墨烯增强电接触材料研发中心等。经过近几年的研发投入，和伍成功开发出了单层石墨烯、纳米银离子石墨烯、石墨烯增强银基电接触功能复合材料等具有自主知识产权的系列产品。和伍联手上海交通大学，研发出了一种新型石墨烯改性触点材料，在全球电接触行业首次制备出高导电性、高延伸性、长寿命的银/碳系列铆钉产品，并建立年产50吨石墨烯增强银基电接触材料示范线，填补了国际空白。

### 3. 以高质量产品赢得用户信赖、准确切入市场的模式

江苏恒立油缸公司（以下简称恒立）确立了"以非主流产品切入市场，以高质量赢得用户信赖，逐步向高端主流产品拓展"的发展战略。首先选择的突破点是为非主导产品6吨级小型挖掘机配套的280kg压力多路控制阀，经市场认可后，又突破了350kg压力多路

控制阀的关键技术，从而打开了向 20 吨级中型挖掘机升级的大门，实现了为三一重工、徐工、柳工等龙头企业供货，并成功打入卡特彼勒、日立建机、神钢建机等欧美日系企业的全球供应链体系。2017 年，恒立的挖掘机配套产品销售额增长 4 倍，形势十分喜人。

恒立坚持 25 年，深耕液压领域，跨越了铸造工艺、研发设计、测试分析、品控管理四大门槛。现在，恒立又将此经验引向柱塞泵、控制阀等核心液压零部件的研制。历经多年求索，解决了最为重要的高精密铸件质量问题，产品性能达到并部分超过国际主流产品的水平。恒立还高度重视试验检测，花费巨资用于设计性能试验设备，以保障液压产品的质量和可靠性。

### 4. 零部件与整车（整机）企业联合创新的模式

上海万泰汽车零部件有限公司（以下简称万泰）是专业从事汽车关键零部件研发和生产的企业，主要产品有汽车发动机下缸体、油底壳、转向器管柱支架、凸轮轴的轴承盖、汽车空调汽缸体、汽缸盖等系列产品。

万泰认识到，作为给整车厂提供配套的汽车零部件生产企业，必须了解汽车行业的技术发展趋势，了解整车厂的需求，不断开发和创新产品，才能跟上汽车产业快速发展的需要。万泰通过与上汽通用公司协同研发汽车发动机的关键零部件，不断提升本公司的工艺技术水平，采用精密压铸、真空压铸等先进技术工艺，为整车厂提供铝合金零部件，逐步形成与整车同步开发的能力。

为助力节能与新能源汽车产业的发展，万泰通过自主创新，形成了节能与新能源汽车零部件的自主核心技术。通过与整车厂协同创新，万泰缩小了我国自主品牌汽车零部件产品与外资企业产品之间在一致性和可靠性方面的差距，提高了本公司的研发创新能力。

### 5. 几十年如一日，把简单产品做到极致的"深耕"模式

把简单招数练到极致，就是绝招。把简单产品做到极致就是精品。宁波慈溪公牛集团（以下简称公牛）23 年深耕电器插座行业，一心一意研究产品和市场。2015 年，公牛集团销售总额达 56 亿元，在一个技术不高的产品和一个行业体量不大的市场，它缔造了市场占有率全球第一的"公牛神话"。

20 世纪 90 年代初，慈溪生产插座的作坊多如牛毛，但低劣产品充斥市场，用户口碑很差。但公牛不一样，1995 年，从公牛创办伊始，创始人阮立平就把"做不坏的插座"作为口号，并成立了课题组，专门研究产品的安全性和可靠性。随后，还建立了产品设计中心、电子设计中心和工程工艺中心。大到插头、电线、外壳和开关，小到插座内部的铜片甚至螺丝，每一个插座都要经过 27 道安全性设计和检测。公牛坚持走高质量、高价格路线，虽然价格比其他同类产品贵了一倍多，但使用安全，质量有保证，逐渐在消费者中建立了口碑，销量突飞猛进。在 2001 年的全国插座品牌监测活动中，公牛牌插座以超过

20%的市场占有率夺取了全国冠军。

从2000年起，公牛开始关注国外市场。其出口策略是与欧美巨头飞利浦、罗朗格和贝尔金等合作，学习对方的先进技术和管理模式。2003年，公牛斥资1000万元建成国际上最具权威性的安全实验与鉴定机构——美国UL认证的高标准实验室，可以做防雷测试、升温测试等。在合作学习的过程中，公牛自主创新能力不断加强。随着新产品的不断推出，公牛品牌逐渐走向全球市场，销往美、德、法、日、韩等30多个国家和地区。

慈溪是全国有名的电器制造基地，机会和诱惑很多，经常有人让公牛投资做这做那。但董事长阮立平认为："我们的力量只够做好一件事。我们只做一件事，但在这件事上要做强。"至于其他行业，他认为："做不成领先者，还不如不做。"公牛插座经过23年的修炼，把"小生意"做出了大局面。经过不断推陈出新，成为名副其实的行业领导者。

## 四、工业强基链式突破重点方向和路径

### （一）超大型构件先进的成形及加工制造工艺

#### 1. 必要性

《国家能源发展战略行动计划（2014—2020年）》提出，到2020年，核电装机容量将达到5800万千瓦。核电技术向三代AP1000、CAP1400和华龙一号等方向发展，核电站发电功率不断增大，安全系数要求不断提高，核电设备趋于大型化，核电大型锻件向超大化一体化发展，尺寸越来越大（超大、超长、超厚），两个或多个合在一起形成异形结构，同时质量要求也越来越高，这使得其成形及加工制造难度越来越大。超大型锻件的制造技术已成为制约我国乃至全球核电发展的瓶颈。以前我国超大型锻件依赖进口，受制于人。目前，中国一重、上海电气、中国二重等企业初步具备了核电关键超大型锻件的生产能力，但是尚未全面突破大型锻件的关键共性技术，产品合格率低，质量不稳定，只能"做二保一"甚至"做三保一"。此外，材料利用率低，生产周期长，不能满足国内核电建设的需求，也难以支撑我国核电装备"走出去"战略。

大型铸锻件是核电主设备（核岛、常规岛）的关键组成部分，主要包括核岛核反应堆压力容器、蒸汽发生器中的顶盖、接管段、底封头、上封头、锥形筒体、管板和常规岛内的低压转子。单台核电机组所需的锻件约1800吨，价值约5亿元，每年市场需求近70亿元。核电装备中典型的超大构件见表7-1。

表 7-1 核电装备中典型的超大构件

| 序号 | 构件名称 | 特点（尺寸、质量）及难点 |
|---|---|---|
| 1 | 接管段 | 法兰和接管段，异型锻件，锻造难度大 |
| 2 | AP1000 蒸汽发生器过渡段锥形体 | 呈锥形，锻造难度大 |
| 3 | 管板 | 直径为 4488mm，厚度为 797mm，实心、特厚、饼状，锻造难度大 |
| 4 | 核反应堆压力壳封头 | 封头和法兰由两个锻件合为一个锻件，异性锻件，锻造难度大 |
| 5 | 蒸发器封头 | AP1000 项目水室封头有 5 个支管，形状非常复杂。异性锻件，锻造难度大 |
| 6 | 常规岛整锻低压转子 | CAP1400 堆型的低压转子用了 715 吨的钢锭。钢锭及锻件的成分、组织、性能均匀性问题突出 |
| 7 | 常规岛焊接转子 | 大、厚，断面焊接难度大 |

## 2. 推进路径

针对核电核岛及常规岛成套设备的轴类（大型转子）、筒类（上接管段、下接管段）和饼类（管板、蒸发器封头）对象，推进先进的成形加工制造工艺"一条龙"研究，满足我国核电建设的需要，并支撑我国核电装备"走出去"战略。

推进高纯净钢水冶炼技术、超大型钢锭的夹杂物和宏观偏析控制技术、超大型构件锻造过程的组织缺陷演变与控制技术、超大型构件的均质化热处理技术、大型分段核电转子和异型锻焊结构件的焊接技术、大型构件成形制造全流程工艺分析设计一体化技术 6 项技术。推进路径如图 7-2 所示。

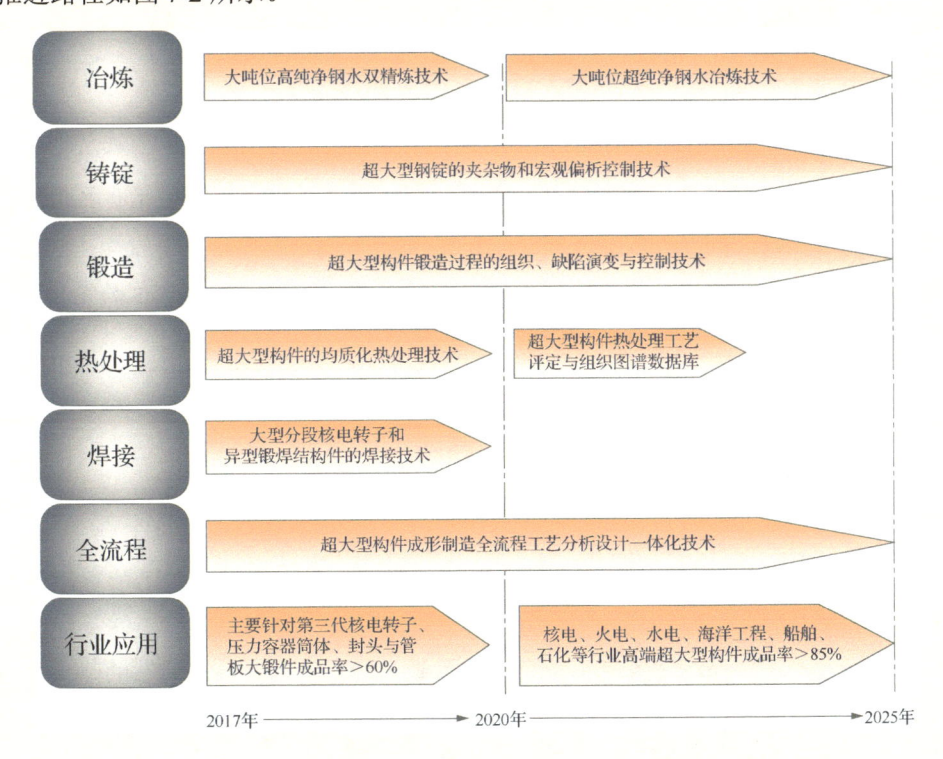

图 7-2 超大型构件成形加工制造工艺"一条龙"推进路径

## （二）轨道交通装备用碳化硅 IGBT 器件

### 1. 必要性

IGBT 器件作为轨道交通装备的"核芯"，被誉为轨道交通装备的"CPU"。IGBT 作为电力电子技术的核心器件，对变流装置及其应用系统的产业拉动作用明显。2015 年，我国所用的 IGBT 总价值超过 100 亿元，直接带动了经济价值约万亿元的产业发展。

作为第三代功率半导体器件的碳化硅 IGBT 器件，具有更高的工作频率、更低的能量损耗，它的应用将推动轨道交通装备向轻量化、小型化的"绿色智能"方向迈进。采用碳化硅 IGBT 器件及其装置的电力电子技术进行交流电力机车的变频调速，可节电近 30 亿千瓦时；用于城市轨道交通装备，可节电 30%左右；用于高速动车组轨道交通装备，可节电 25%左右。

### 2. 推进路径

以高频超高压碳化硅 IGBT 器件为核心，突破低缺陷碳化硅单晶和厚外延材料、高精度栅极工艺、晶圆减薄及薄片加工、低寄生模块封装、超高压绝缘保护、高压高速驱动和保护等关键技术，实现轨道交通装备用碳化硅 IGBT 类芯片和模块关键技术的超越和创新。

以碳化硅 IGBT 和 MOSFET 器件的物理级模型及行为级模型为基础，建立芯片和模块设计仿真平台。以全自动化工艺设备、检测与测试设备作为碳化硅 IGBT 类芯片和模块制造的执行终端，以规模化生产、智能制造及柔性制造作为提升产品可靠性、良品率，进一步丰富和完善碳化硅 IGBT 类芯片和模块封装的设计、制造、测试和试验平台。

## （三）机器人用减速器及伺服系统

### 1. 必要性

RV 减速器是在摆线针轮传动的基础上发展起来的一种二级减速传动装置，作为关节型机器人传动中最关键的核心部件之一，占整机价格的 30%左右，其稳定性及寿命直接影响关节型机器人的定位精度、重复定位精度及承载力等，一直是各国研发的热点。由于我国目前仍未完全掌握 RV 减速器的核心产品设计、制造工艺及热处理、装配工艺等技术，该领域的生产企业大多处于研发、试制、小批量验证等阶段，大批量产业化的企业为数不多，因而应用在各类机器人关节的高精密减速器依赖国外进口。

谐波传动与一般的齿轮传动相比较，具有运动精度高、传动比大、质量轻、体积小、承载能力大、效率高、容易实现零回差、能在密闭空间和存在介质辐射的工况下正常工作等优点。目前，约90%的谐波传动应用在机器人和精密定位系统中。谐波传动技术一出现即引起了各国的重视，在美国、日本、中国、英国、俄罗斯、乌克兰和印度等国都有研究机构在进行此领域的研究工作。日本谐波传动系统有限公司的谐波传动产品不仅垄断了主要国际市场，并且进入了中国市场。虽然我国谐波减速器企业近几年投入大量的研发资金，攻克了技术难关，使国产谐波减速器性能基本达到国际先进水平，但与日本相比，我国谐波减速器产业规模偏小且产品种类少，批量生产能力还远不及日本。

### 2. 推进路径

突破 RV 减速器摆线针轮齿廓曲线修型方法与技术、全寿命周期可靠性技术、关键零部件检测技术等关键共性技术。建设 RV 减速器数字化设计平台，实现 RV 减速器的参数化设计、定制化生产、样机试制、试验验证等；开发 RV 减速器高精度综合性能试验台。建设 RV 减速器数字化车间（恒温恒湿净化车间），满足 RV 减速器生产所必需的制造环境；建设智能加工及装配生产线，研制摆线齿轮、偏心轴等 RV 减速器关键零部件的加工、检测设备，研制适合高精密减速器用的齿轮、轴承材料、热处理及装配工艺。

进一步加强关键共性技术研发，优化齿形设计；开展谐波减速器的柔轮、刚轮和轴承材料及热处理关键技术与工艺研究，开展自动化制造工艺与设备研究；进行等效寿命测试与疲劳性能预测的理论研究，开发谐波减速器多功能加载/加速测试平台；开展谐波减速器振动特性试验研究平台，提出谐波减速器振动与噪声控制方法；建立谐波减速器模拟试验开放平台，进行谐波减速器在机器人整机上的应用性能对比测试，实现规模化批量应用。

## （四）工程机械用高压重载轴向柱塞变量泵、液压多路控制阀、轴向柱塞马达减速总成

### 1. 必要性

在以内燃机作为原动机的公路和非公路移动机器中，液压传动技术以其功率密度比大、控制灵活和效率高的优点而成为最主流的传动技术。广义上的工程机械包括建设机械、土方机械、工业车辆、矿山机械、农业机械等。工程机械配套的液压元器件和系统压力等级高、工作环境和工况恶劣，设计与制造难度大。国内企业一直无法成功地进入 OEM（原始设备供应商）体系，仅服务于主机服务的备品备件市场。高压液压元器件的设计与制造涉及材料、热处理工艺、精密制造、检测、装配与实验方法、清洁度控制等各个环节，液

压元器件的国内上游配套工业基础薄弱，精密制造精神缺失，以及国内该行业企业规模小、利润薄，几乎没有研发体系，难以对新技术有较大规模的投入。因此，工程机械配套的高压产品，如高压重载轴向柱塞变量泵、液压多路控制阀和轴向柱塞马达减速总成三大类产品严重依赖进口。我国已超越美国、日本、欧洲成为全球最大的工程机械市场。在国内市场需求方面，以挖掘机为例，生产其配套用高压重载轴向柱塞变量泵、行走及回转马达和液压多路控制阀的下游企业主要有国内的三一重工、徐工集团、玉柴集团、山河智能、柳工集团等，以及国外的卡特彼勒、小松、神钢、日立、斗山、沃尔沃等。目前，国产工程液压元器件几乎全部在挖掘机的售后服务市场，制约了产品技术水平的提升，售后市场上的产品由于质量问题一直无法进入主机制造商的OEM体系。中国每年进口的液压产品总价值超过100亿元，其中大部分为工程机械配套用高压重载轴向柱塞变量泵、轴向柱塞马达减速总成和液压多路控制阀。

### 2. 推进路径

以挖掘机高压重载轴向柱塞变量泵、液压多路控制阀与轴向柱塞马达减速总成达为目标产品，突破设计方法与手段、材料、制造工艺、质量检测、实验评估与数据库建设、主机系统匹配与应用等共性关键技术，实现小型挖掘机和中型挖掘机产品配套液压元器件的突破。同时把相关技术拓展到其他高端工程机械领域，如路面机械、工程施工机械、高空作业车、起重机等。

提升28~32MPa压力等级的工程机械配套用高压重载轴向柱塞变量泵、液压多路控制阀和轴向柱塞马达减速总成的制造质量，越过"消化吸收"阶段。以小型挖掘机液压泵和控制阀、农业机械液压泵和液压马达集成装置及起重机多路控制阀为重点产品牵引，开发系列化的28~140cc/rev柱塞变量泵，流量规格为80~250L/min的液压多路控制阀。预期产品在13吨以下微型和小型挖掘机、高空作业车、旋挖转机、起重机等工程机械上批量配套应用，进入国内主流工程机械制造商的液压元器件OEM供应商体系，实现大批量配套应用。重点突破的共性关键技术如下：复杂液压元器件的先进设计方法；性能、可靠性和寿命的评估方法、标准与实验装备；复杂结构高压液压元器件的精密铸造技术；微米级精度的零部件批量制造技术；高压重载摩擦副的双金属烧结工艺；液压元器件清洁制造工艺、方法与设备；柔性专用工装、自动化装配工艺与制造单元。

## （五）发动机电控喷油系统

### 1. 必要性

我国将在压燃和点燃发动机的道路车辆全面实施"国五"排放标准，非道路用发动机实施"国四"排放标准。目前，汽油发动机电控喷油系统已经全部被外资企业垄断，道路车辆用柴油发动机电控喷油系统也基本上被国外公司垄断。自"国四"排放标准及部分"国五"排放标准实施以来，博世、德尔福、电装在中国市场总计装机大约350万套，占共轨装机总量的97.2%，而国产共轨总计装机约10万套，占比为2.8%。博世、电装、德尔福这些公司拥有庞大的研发团队、一流的产品开发体系、先进的产品和验证测试平台、现代化的生产装备，以及几十年的电控喷油系统研发和生产经验。随着我国实施的排放标准不断升级，这些国际巨头越来越多地占领中国市场份额。虽然他们在合作时提出强势或者有些不平等的合作条款，但国内柴油发动机企业苦于国内资源的匮乏，都只能接受这些条款或标准。我国发动机生产企业所生产的"国五"排放标准发动机全部配套了外资和合资企业生产的电控喷油系统。

客观而言，我国柴油发动机电控喷油系统的研发和生产已具备一定的基础，虽然我国自主柴油发动机电控喷油系统的研发和生产准备起步晚、技术力量薄弱，但近十余年来，多家生产企业都投入数十亿元巨资进行技术研发和生产工艺升级换代，并通过采用大量国际最先进的制造装备实现柴油发动机电控喷油系统的自主生产。国产电控喷油系统性能虽已具备满足发动机性能、排放使用要求的能力，但是电控喷油系统的精度、一致性和可靠性等关键指标与进口产品仍存在差距。当前自主电控喷油系统主要应用在非道路用的属于"国三"排放标准的发动机上，属于"国五"排放标准的道路车辆至今没有取得产品公告。

基础共性技术落后是自主电控喷油系统的关键问题。共轨系统的性能和可靠性需要精密加工和检测过程控制来保证，但这些大量的高价值设备都是被国外设备厂家控制的。产业链建设环节中的油量计量阀、轨压传感器、喷油器高速电磁阀等关键部件连同一些关键材料也都不得不依赖进口。价格高、测试技术与标定同样是令人头疼的问题，这些都增加了自主电控喷油系统的研发的成本，严重影响了产品的竞争力。这些共性技术问题不是单一企业能攻克的，必须靠国家的"一条龙"工程来解决。

### 2. 推进路径

路线图的推进分"三步走"。

1）采取商业竞标的方式选择2家电控喷油系统生产企业

国际电控喷油系统生产企业竞争格局处于寡头垄断的发展模式，因此，应在国内众多电控喷油系统生产企业中选择2家进行培育，打造出1~2家具有规模优势与国际竞争力的大型电控喷油系统生产企业。以柴油发动机电控喷油系统为突破口，在统一的技术条件与运行环境下，获取各电控喷油系统生产企业的产品性能参数。然后，采取商业竞标的方式综合评价备选企业，选出2家企业作为培育目标，并鼓励企业间的兼并重组。

2）采取联合攻关的方式给予被培育企业技术支持

组织协调高校、科研院所、材料生产企业、工艺装备及测试单位等行业资源，集中解决被培育企业所面临的实际问题。帮助企业解决和完善电控喷油系统性能的一致性、质量的稳定性和提高可靠性，满足"国四"排放标准非道路用和"国五"排放标准道路车辆对电控喷油系统的要求，并在"国五"道路车辆的应用公告方面获得突破。同时，针对影响行业发展的关键工艺设备、关键原材料、关键零部件等进一步实施强基工程，补齐短板，提升国产电控喷油系统产业链的实力，从而增强其竞争力。

3）采取示范工程的方式给予被培育企业产品公告与市场推广支持

选择有应用自主电控喷油系统意愿的道路用和非道路用发动机生产企业与整车企业，在现有产品发动机平台上，完成国家规定的所有验证实验要求，达到可批量应用的程度。

参照电动汽车补贴政策的做法，定义国产电控喷油系统的一定市场份额，出台支持国产共轨系统装机的优惠政策，即组织开展电控喷油系统示范工程，对选用国产电控喷油系统的整车和整机企业，以安排技改补贴资金或后奖励资金的方式，激励其优先选用国产系统。并针对电控喷油系统开展信息化技术应用，实现示范应用的信息实时监测与数据积累。通过国家层面的支持，明确国产电控喷油系统和进口电控喷油系统无差异的公告申报、验证流程，由第三方进行实验的监控，完成所有道路车辆用发动机的"国五""国六"公告的工作流程，最终实现国产电控喷油系统的批量生产。

## （六）工业基础领域数据平台

### 1. 必要性

工业大数据是制造业实现从要素驱动向创新驱动转型的有力手段，"四基"大数据是工业大数据应用的基础，也是实现制造业企业从制造向服务转型的关键支撑技术。要推动我国制造业的转型升级，实施制造强国战略，必须抓紧实施"四基"大数据平台创新能力建设，加速工业大数据和产业互联网的发展，尤其要结合企业实际应用，加强"四基"大数据与制造业的融合。

（1）"四基"大数据平台有助于推动智能制造发展。多国制造业创新战略的实施都是基于工业大数据采集和分析的，并以此为制造系统搭建应用环境。随着物联网、大数据等新一代信息技术与先进制造技术的融合发展，制造业企业的数据将呈爆炸式增长，研发与验证过程、制造过程、产品使用过程都在源源不断地产生大量的数据。建立"四基"大数据平台，将这些数据有效地应用到企业运营管理、产品设计研发、监控与运维等整个生命周期，形成支撑智能制造模式的数据循环系统。因此，"四基"大数据平台是发展智能制造的基石。

（2）"四基"大数据平台有助于加速企业的自主创新。中国"四基"的薄弱主要体现在制造业企业在产品设计等方面自主创新能力不足，以及大部分中小型制造业企业的研发设计不成体系，缺乏有效的研发数据支撑，很多设计图纸等数据化程度不高，无法形成知识的有效积累。建立公共数据平台，促进共性技术资源和可重用数据模块的开放共享，能够有效地实现数字化设计、生产、管理、应用的一体化，缩短研发制造周期。因此，"四基"大数据平台成为企业自主创新的加速器。

（3）"四基"大数据平台有助于加强产品质量控制。目前，大部分工业产品的成品检验都是抽样检验，"四基"大数据平台的应用带来了更可靠的产品质量控制方案，通过收集大量产品的过程工艺参数、成品检验结果参数、抽查不合格品的检验数据，以及对应的工艺、技术、管理数据，找出各种定型、定量数据与成品质量的关系，对产品质量进行预测与判断，从而帮助企业及时改进产品质量。"四基"大数据平台的建立，有助于企业建立新的质量控制与管理手段，并形成质量问题可跟踪、可追溯，促进企业质量目标的提升。

（4）"四基"大数据平台有助于挖掘产业发展潜能。"四基"大数据平台使工业基础数据中所蕴含的价值得以挖掘和展现，从复杂的数据应用中发现新的模式与知识，从而得到有价值的信息，支撑协同制造、大规模个性化定制、设备健康监控、远程运维等新兴制造服务业态的发展，帮助企业挖掘产业潜能，寻找新的利润增长点。"四基"大数据平台将引导企业发现数据价值，通过平台提供的数据引导企业开展协同创新、应用大数据使能工具开展制造服务等。

### 2. 推进路径

针对我国"四基"大数据平台薄弱的问题，提升工业基础信息化与智能化水平，围绕核心基础零部件、关键基础材料、先进基础工艺和产业技术基础四大基础领域建立一大批数据平台，构建"工业大数据 PaaS 云平台+若干行业公有云平台+企业私有云部署"的数据平台分布格局，形成"四基"工业大数据生态圈。依托科研院所、产业联盟和行业协会，建立一批行业专属的"四基"大数据平台；依托数据基础好的龙头企业，建设大量的企业专有数据平台；依托具有公益性质的科研院所及第三方服务机构，建立面向制造业的综合性数据共享和交易平台。"四基"大数据平台布局如图 7-3 所示。

"四基"大数据平台主要围绕四类数据资源展开集成与服务，包括生产经营宏数据、可重用模块化数据、工具类标准化数据、外部通用数据。

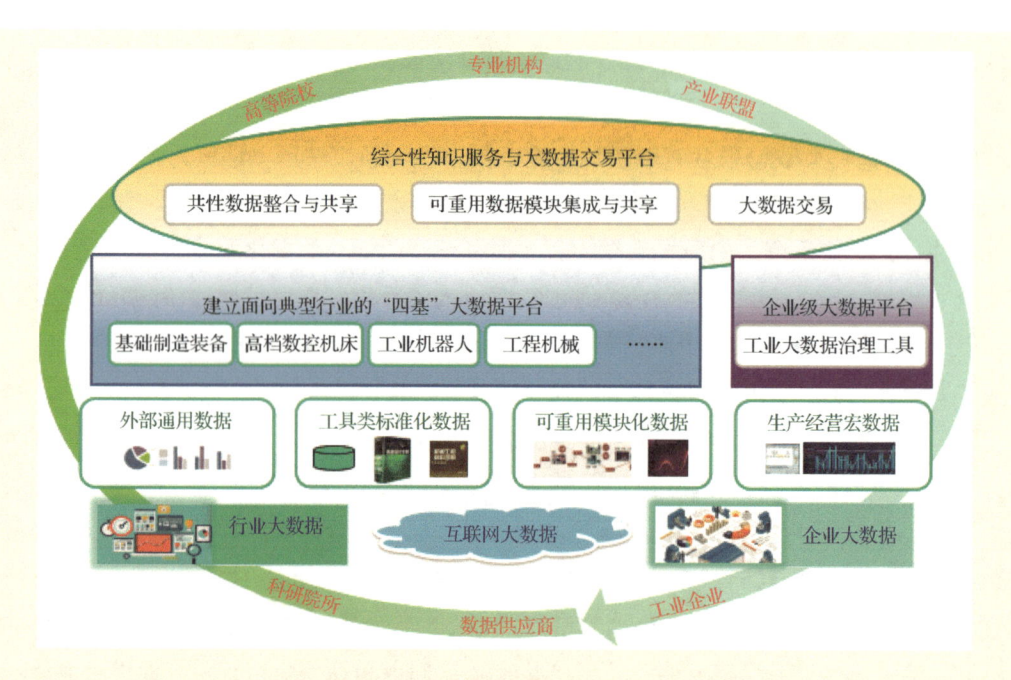

图 7-3 "四基"大数据平台布局

生产经营宏数据主要来自传统企业信息化范围，被收集和存储在企业信息系统内部，包括传统工业设计和制造类软件、企业资源计划（ERP）、制造执行系统（MES）、产品生命周期管理（PLM）、供应链管理（SCM）、客户关系管理（CRM）和环境管理系统（EMS）等。这些信息系统产生并积累了大量的数据，包括产品研发数据、生产性数据、设备数据、经营性数据、客户信息数据、物流供应数据和环境数据。这些数据是工业领域传统的数据资源，在新一代信息技术应用环境下正在逐步扩大范围及数据量。生产经营宏数据主要掌握在制造业企业手里，典型应用场景包括产品创新、产品故障诊断与预测、工业生产线物联网分析、工业企业供应链优化和产品精准营销等，通过数据决策驱动新的业务增长模式。

工具类标准化数据是企业在研发设计、加工制造过程中广泛应用的设计工具类数据，如机械设计常用数据及标准、基础工艺数据、基础材料数据、基础零部件数据、共性技术方案等。这部分数据广泛分布在制造业企业、科研机构的设计手册、标准文件、数据库、工具软件等中。

可重用模块化数据指非标准化的数据、不涉及企业核心技术机密可共享可重用的数据内容。在绿色制造、敏捷制造、智能制造、服务型制造等新兴制造模式及业态下，产生的设计模块数据、工艺仿真数据、非标准化零部件数据、设备运维数据、个性化定制数据等，在支撑企业提升自身设计、制造与服务效率的同时，还可用于形成数据分析解决方案分享给同类企业，降低其研发成本。

外部通用数据指与制造业企业产品决策、市场舆情分析、制造服务能力补充相关的以网络大数据及专业科技服务机构数据为主的数据，如专利、标准、文献、政策、技术动态、行业动态、检测认证信息、企业的动态、市场数据、专家、人才、培训资料等。

## 五、政策措施

### （一）提供法律法规和财税政策保障

德国和日本的经济在2008年国际金融危机爆发后能够快速复苏的关键因素之一，就是工业基础能力强，零部件、基础材料等具有核心竞争力。而工业基础能力强的原因之一就是两国都制定了相关法律保障基础领域的发展。日本针对特殊阶段制定"临时法律法规"，相继出台"机振法""电振法""电机法"，引导机械和电子工业重点发展独立的原材料、元器件生产体系和基础技术，使得电子和机械领域长盛不衰。德国制定严格的本地产品标准、法规，最终"德国制造"成为质量的代名词。工业基础领域企业通常是一些中小企业，在产业链地位弱势，融资困难，必须依靠强有力的、持续的政策保障和支持，才能得到长足发展。

此外，还要加大招标和政府采购支持力度。鼓励企业采购国内"四基"领域企业的产品，在招标或政府采购过程中，优先使用国内"四基"目录中的企业生产的产品。对于国内能够实现自主生产的产品，及时调整《重大技术装备和产品进口关键零部件、原材料商品目录》，取消免税政策，并给予国内"四基"领域企业出口退税优惠。

### （二）发挥金融体系的作用

鼓励和引导社会资本参与工业基础领域的发展，吸引整机、基础企业、金融机构等共同出资，组建工业基础领域产业发展基金，支持工业基础领域技术的研发和产业化工程化的突破。鼓励信用担保行业和保险行业参与工业基础领域的发展。探索建立符合工业基础产品需求的保险产品和服务，通过股权融资、债券融资、实物抵押等多种方式，为工业基础领域的中小企业的信用增级，提高企业贷款偿还能力，降低企业贷款风险。鼓励金融机构对现有授信企业或大型企业进行上下游拓宽，以大型企业或授信企业为标准，给从事基础材料、基础零部件（元器件）等配套生产的中小企业拓宽信贷业务，拓宽工业基础领域中小企业的融资渠道。支持工业基础领域企业在中小企业板、创业板上市融资，扩大企业集合债券和小微企业增信集合债券的发行规模，开展企业股本融资、股份转让、资产重组等活动。建立广覆盖、差异化、高效率的小微企业金融服务机构体系，为小微企业提供资金支持，降低资金使用成本。

### （三）实施重点产品突破与"链式突破"协同推进

针对重点领域发展需要，将制造厂商与主要用户联合起来，将相关材料研制生产企业、相关工艺科研院所与高校及相关试验机构联合起来，进行协同创新。优选标志性核心基础零部件（元器件），针对每种零部件提出包括关键技术研究、产品设计、专用材料开发和产业化、先进工艺开发、公共试验平台建设、批量生产、应用示范与推广的"一条龙"方案。推动整机、系统和基础联合攻关、协同发展。构建基础关键基础材料、核心基础零部件（元器件）和先进基础工艺的竞争力链条，促进产业链互融互动整体提升。鼓励重大工程、重点装备在建设和研制方案中提出基础材料、基础零部件（元器件）需求计划。注重需求侧激励，鼓励整机用户、基础研发和生产企业、高等院校、科研机构开展产需对接，建立产业联盟，实施联合攻关。通过政府和社会资本合作（PPP）模式，围绕辐射带动作用强的关键基础材料、核心基础零部件（元器件）、先进基础工艺组件，成立以企业为主体的、独立非营利性的基础创新研究中心，形成一批具有行业带动作用的技术、资本应用一体化的联合体。

引导主机企业与"四基"领域企业、高校、科研院所产需对接，支持全产业链协同创新和联合攻关，系统解决"四基"工程化和产业化的关键问题。支持"四基"领域企业在重大装备或重大工程初期，参与主机企业的技术研发工作，同步开展研发，并利用互联网和大数据技术，建立良好的互动反馈机制。

### （四）将专精特新冠军企业的培育作为工业强基的重点任务

当前国内外发展形势更迫切地需要我们培育一批专精特新冠军企业，不但要使其掌握最先进的技术，而且能够在此基础上自主研发、创新迭代、市场拓展。只有这样，才能动态、持续有效地解决工业基础薄弱问题。可以说，培育专精特新冠军企业是解决我国工业基础薄弱的最主要途径。到 2020 年，力争在全国培育 300 家制造业专精特新冠军企业，能够基本支撑和满足我国重大装备和重大工程需求。到 2025 年，力争在全国培育 800～1000 家制造业专精特新冠军企业，能够基本上解决我国工业基础薄弱的问题。

### （五）人才永远是决定性的资源

现阶段，我国通过人才引进尚能够解决企业面临的迫切需求，但是，企业的持续发展、基础领域的持续进步离不开一大批既专业又愿意从事基础制造的"匠人"。现阶段，要借鉴德国"双元制"培养人才经验，开展在企业接受实践技能培训和在学校接受理论培养相结合的职业教育形式，重视发展职业教育，倡导企业与学校及科研机构联合开展职业教育和在职培训，增养一大批专业技能人才。引导高等学校、中等专业学校和职业技术学校重视制造业基础学科建设，加强基础科学研究，按照以基础知识实现功能化产业化的要求，通过长期的基础知识和技术的积累，培养优秀的产业技术工人，推动产业发展。

历史的车轮总是不断向前推进的。只有解决好工业基础问题，补上历史欠账，我国制造业的发展才能够"有根""有心"，经济发展才能稳固。

## 课题 7 成员名单

组　长： 路甬祥　周　济

副组长： 辛国斌　陈　钢　尤　政

成　员： 柳百成　干　勇　丁荣军　杨华勇　李　骏
　　　　　王天然　屈贤明　朱明皓　陈　警　杨晓迎
　　　　　邵珠峰　马　飞　韩　亮　胡　杨

执笔人： 朱明皓　杨晓迎　陈　警　薛　塬
　　　　　古依莎娜　臧冀原

# 参 考 文 献

[1] 徐佳宾. 产业经济学导论（自编课本）[M]. 北京：中国人民大学出版社，2018.
[2] 余东华. 以"创"促"转"：新常态下如何推动新旧动能转换[J]. 天津社会科学，2018(01): 105-111.
[3] 马晓河. 中国制造2025：重塑竞争优势[M]. 北京：人民出版社，2017.
[4] 国家制造强国建设战略咨询委员会. 中国制造2025蓝皮书（2016）[M]. 北京：电子工业出版社，2016.
[5] 中国社会科学院工业经济研究所. 中国工业发展报告2017[M]. 北京：经济管理出版社，2017.
[6] 苗圩. 把握趋势抓住机遇促进我国制造业由大变强[J]. 中国工业评论，2015(07): 8-20.
[7] 中国人民大学宏观经济分析与预测课题组，刘凤良，于泽，闫衍. 全球技术进步放缓下中国经济新动能的构建[J]. 经济理论与经济管理，2016(12): 5-20.
[8] 制造强国战略研究项目组. 制造强国战略研究·综合卷[M]. 北京：电子工业出版社，2015.
[9] 制造强国战略研究项目组. 制造强国战略研究·智能制造卷[M]. 北京：电子工业出版社，2015.
[10] 吕薇. 结构性改革助推制造强国建设[J]. 瞭望，2016(42): 40-41.
[11] 路甬祥. 开辟"中国创造"新纪元[J]. 瞭望，2016(30): 9-11.
[12] 工业和信息化部规划司. 关于发挥民间投资作用推进实施制造强国战略的指导意见系列解读：主要任务解读之八——鼓励国际化发展，见 http://www.miit.gov.cn/n973401/n1234620/n1234623/c5948735/content.html.
[13] 制造强国战略研究项目（二期）·制造业服务化发展战略研究课题组. 制造业服务化发展战略研究课题报告[R]. 中国工程院，2016.